A Racionalidade Penal Moderna

A Racionalidade Penal Moderna

REFLEXÕES TEÓRICAS E EXPLORAÇÕES
EMPÍRICAS DESDE O SUL

2020

Carmen Fullin
Maíra Rocha Machado
José Roberto Franco Xavier
Organização

A RACIONALIDADE PENAL MODERNA
REFLEXÕES TEÓRICAS E EXPLORAÇÕES EMPÍRICAS DESDE O SUL
© Almedina, 2020
ORGANIZADORES: Carmen Fullin, Maíra Rocha Machado, José Roberto Franco Xavier
PREPARAÇÃO E REVISÃO: Paula Brito Araújo e Lyvia Felix
DIAGRAMAÇÃO: Almedina
DESIGN DE CAPA: Roberta Bassanetto
ISBN: 9786556270470

Dados Internacionais de Catalogação na Publicação (CIP)
(Câmara Brasileira do Livro, SP, Brasil)

A Racionalidade penal moderna : reflexões teóricas
e explorações empíricas desde o sul /
organização
Carmen Fullin, Maíra Rocha Machado, José
Roberto Franco Xavier. – São Paulo : Almedina Brasil, 2020.

Vários autores.
Bibliografia
ISBN 978-65-5627-047-0
1. Direito penal 2. Direito penal - Brasil
3. Direito penal - Interpretação e construção
I. Fullin, Carmen. II. Machado, Maíra Rocha.
III. Xavier, José Roberto Franco.

20-38172   CDU-343(81)

Índices para catálogo sistemático:
1. Brasil : Direito penal 343(81)
Maria Alice Ferreira - Bibliotecária - CRB-8/7964

Este livro segue as regras do novo Acordo Ortográfico da Língua Portuguesa (1990).

Todos os direitos reservados. Nenhuma parte deste livro, protegido por copyright, pode ser reproduzida, armazenada ou transmitida de alguma forma ou por algum meio, seja eletrônico ou mecânico, inclusive fotocópia, gravação ou qualquer sistema de armazenagem de informações, sem a permissão expressa e por escrito da editora.

Agosto, 2020

EDITORA: Almedina Brasil
Rua José Maria Lisboa, 860, Conj.131 e 132, Jardim Paulista | 01423-001 São Paulo | Brasil
editora@almedina.com.br
www.almedina.com.br

SOBRE OS AUTORES

Camilo Eduardo Umaña Hernández
Advogado. Doutor em Criminologia pela Universidade de Ottawa. Doutor em Sociologia Jurídica pela Universidade do País Basco. Mestre em Sociologia Jurídica pelo Instituto Internacional de Sociologia Jurídica e especialista em Direitos Humanos e Direito Internacional Humanitário pela Universidade Externado.

Carlos Frederico Braga da Silva
Doutor em Sociologia pela Universidade Federal de Minas Gerais (UFMG). Doutor em Criminologia pela Universidade de Ottawa. Pesquisador associado à *Chaire de recherche du Canada en traditions juridiques et rationalité pénale*. Mestre em Direito Constitucional Comparado pela Cumberland School of Law. Instrutor em cursos da Escola Judicial Desembargador Edésio Fernandes, do Tribunal de Justiça de Minas Gerais (TJMG). Juiz de Direito em Belo Horizonte (MG).

Carmen Fullin
Doutora em Antropologia Social pela Universidade de São Paulo (USP). Professora da Faculdade de Direito de São Bernardo do Campo (FDSBC). Pesquisadora associada à *Chaire de recherche du Canada en traditions juridiques et rationalité pénale*.

Carolina Cutrupi Ferreira
Doutoranda em Administração Pública e Governo pela Escola de Administração de Empresas de São Paulo da Fundação Getulio Vargas (FGV EAESP). Mestre em Direito pela Escola de Direito de São Paulo da Fundação

Getulio Vargas (FGV DIREITO SP). Graduada em Direito pela Universidade de São Paulo (USP).

Clara Flores Seixas de Oliveira
Doutoranda no Programa de Pós-Graduação em Ciências Sociais da Universidade Federal da Bahia (PPGCS/UFBA). Mestra em Ciências Sociais pelo PPGCS/UFBA. Bacharel em Direito pela Universidade Estadual do Sudoeste da Bahia (UESB). Pesquisadora do Laboratório de Estudos sobre Crime e Sociedade da Faculdade de Filosofia e Ciências Humanas (FFCH) da UFBA (LASSOS).

José Roberto Franco Xavier
Doutor e Mestre em Criminologia pela Universidade de Ottawa. Professor da Faculdade de Direito da Universidade Federal do Rio de Janeiro (UFRJ).

Juliana Tonche
Doutora em Sociologia pela Universidade de São Paulo (USP) com estágio doutoral na Universidade de Ottawa. Pesquisadora (Pós-Doutorado) do Programa de Pós-Graduação em Ciências Sociais da Universidade Federal da Bahia (PPGCS/UFBA).

Luísa Moraes Abreu Ferreira
Doutoranda em Direito pela Escola de Direito de São Paulo da Fundação Getúlio Vargas (FGV DIREITO SP) e mestre em Direito pela Universidade de São Paulo (USP).

Maíra Rocha Machado
Doutora em Direito pela Universidade de São Paulo (USP). Professora do programa de mestrado e doutorado da Escola de Direito de São Paulo da Fundação Getulio Vargas (FGV DIREITO SP). Com Marta Machado, coordena o Núcleo de Estudos sobre o Crime e a Pena.

Marcelo da Silveira Campos
Doutor em Sociologia pela Universidade de São Paulo (USP) com estágio doutoral na Universidade de Ottawa. Professor adjunto da Universidade Federal de Grande Dourados (UFGD). Pesquisador associado ao Instituto Nacional de Ciência e Tecnologia/Instituto de Estudos Compa-

rados em Administração Institucional de Conflitos (INCT-InEAC\UFF\Faperj). Professor convidado do Instituto de Psiquiatria da Faculdade de Medicina (USP).

Mariana Raupp

Doutora em Criminologia pela Universidade de Ottawa e professora na Escola de Trabalho Social e de Criminologia da Universidade Laval (Canadá). Mestre em Sociologia pela Universidade de São Paulo (USP). Graduada em Direito pela Pontifícia Universidade Católica de São Paulo (PUC-SP).

Mariana Thorstensen Possas

Professora adjunta do Departamento de Sociologia da Universidade Federal da Bahia (UFBA) e do Programa de Pós-Graduação em Ciências Sociais da UFBA (PPGCS/UFBA). Doutora em Criminologia pela Universidade de Ottawa. Mestre em Direito Penal pela Universidade de São Paulo (USP). Uma das coordenadoras do Laboratório de Estudos sobre Crime e Sociedade (LASSOS) da Faculdade de Filosofia e Ciências Humanas (FFCH) da UFBA.

Marta Rodriguez de Assis Machado

Doutora e Mestre em Direito pela Universidade de São Paulo (USP). Professora da Escola de Direito de São Paulo da Fundação Getulio Vargas (FGV DIREITO SP) e pesquisadora do Centro Brasileiro de Análises e Planejamento (CEBRAP).

Riccardo Cappi

Doutor em Criminologia e Mestre em Ciências Econômicas pela Universidade Católica de Louvain (Bélgica). Professor da Universidade Estadual de Feira de Santana (UEFS), da Universidade do Estado da Bahia (UNEB), do Programa de Pós-Graduação em Ciências Sociais da Universidade Federal do Recôncavo da Bahia (UFRB) e do Mestrado em Segurança Pública da Universidade Federal da Bahia (UFBA). Coordenador do Grupo de Pesquisa em Criminologia (GPCRIM) da UEFS e da UNEB.

AGRADECIMENTOS

Esta obra só foi possível pelo apoio técnico e financeiro da *Chaire de recherche du Canada en traditions juridiques et rationalité pénale* (Universidade de Ottawa). Matheus de Barros, Mariana Limeira e Mariana Zambom do Núcleo de Estudos sobre o Crime e a Pena da Escola de Direito de São Paulo da Fundação Getulio Vargas (FGV DIREITO SP) foram fundamentais nas revisões e na organização do material. Imprescindível também para a finalização desta obra foi a participação de Gérald Pelletier, pesquisador residente e coordenador da *Chaire*, que empregou enormes esforços para que várias das pesquisas aqui apresentadas pudessem chegar a termo. Seu trabalho de apoio aos pesquisadores que aqui publicam foi de uma generosidade e profissionalismo admiráveis, razão pela qual temos enorme reconhecimento e gratidão por ele. Por fim, um agradecimento especial deve ser feito ao professor Alvaro Pires. Na condição de diretor da *Chaire* e de orientador ou coorientador da maior parte dos pesquisadores deste livro, foi o grande fomentador, inspirador e interlocutor dos trabalhos aqui apresentados. Sua generosidade nas trocas acadêmicas e o brilhantismo de suas ideias desconcertantes e estimulantes foram marcantes para todos que aqui publicam. Em tempos de aceleração da produção acadêmica, sua resistência à superficialidade das publicações rápidas e sua defesa intransigente do tempo da reflexão ficam para nós como grandes pilares de uma academia socialmente relevante.

APRESENTAÇÃO

Esta obra coletiva é livremente inspirada no livro *La rationalité pénale moderne: réflexions théoriques et explorations empiriques* (*A racionalidade penal moderna – Reflexões teóricas e explorações empíricas*), publicado em 2013. Tal como no livro de 2013 organizado por Richard Dubé, Margarida Garcia e Maíra Rocha Machado, a ideia desta publicação surgiu do desejo de contribuir para a difusão dos resultados de pesquisas elaboradas no diálogo com a teoria da racionalidade penal moderna (RPM), formulada pelo professor Alvaro Pires. Neste livro, contudo, encontramos capítulos voltados mais especificamente para a análise de dados empíricos provenientes da realidade brasileira e também colombiana.

A diversidade de temas e abordagens em torno da teoria da RPM presente nos textos aqui reunidos potencializa um dos objetivos que caracteriza esta obra em particular: disponibilizar a professoras e professores, seja em faculdades de Direito ou de Ciências Sociais, seja em disciplinas relacionadas à temática penal ou à metodologia da pesquisa empírica em direito, um material didático catalisador de novas ideias e reflexões críticas.

Nesse aspecto, convém sublinhar a força criativa de uma teoria que oferece elementos para o exercício de quatro tarefas fundamentais: observar, descrever, compreender e contribuir para transformar o sistema de justiça criminal em curso no Ocidente. Os trabalhos mostram que a teoria não é um fim em si mesmo, mas abre a perspectiva para um programa de ações, algo fundamental em um cenário marcadamente excludente e seletivo, como é o caso do sistema de justiça criminal brasileiro.

Compondo um mosaico de diferentes apropriações da teoria, os textos aqui reunidos apresentam reflexões com variados graus de intensidade e densidade de contato em relação às suas elaborações e aos seus conceitos constitutivos; todavia, compartilham de um ponto de partida estruturante, qual seja o exercício permanente de desnaturalização de concepções de pena e de punição secularmente consolidadas. Com direcionamentos analíticos diversos, a partir de campos empíricos específicos, os trabalhos subsidiam respostas possíveis para a questão que orienta os rumos da teoria: é possível pensar e agir de outro modo quando se trata do sistema de justiça criminal?

O capítulo "Racionalidade penal moderna, inovação e regressão: uma trilogia conceitual para distinguir as maneiras de pensar as respostas às condutas criminalizadas", de Riccardo Cappi, apresenta didaticamente elementos centrais da teoria da RPM com o propósito de sugerir parâmetros possíveis para a análise das mudanças em curso na cena penal brasileira contemporânea. Ao fazer isso, o autor recupera ponto por ponto as ideias que permitem compreender o importante questionamento aberto pela teoria, a respeito do alcance inovador de racionalidades punitivas ditas alternativas. Retira de seu estudo sobre debates parlamentares em torno da redução da maioridade penal os subsídios empíricos que lhe permitem refletir sobre os sinais de uma problemática "regressão" nos modos de reagir às condutas criminalizadas.

A problemática da mudança nos hábitos de pensar a punição também é tema do capítulo "Por que é tão difícil reduzir o uso da prisão como pena? Obstáculos cognitivos na reforma penal de 1984", de Mariana Raupp. Nesse caso, a autora mobiliza a teoria para refletir mais especificamente sobre a resistência à mudança (permanências), identificada nas justificativas, reflexões e propostas de juristas envolvidos na última grande reforma penal brasileira, cuja ambição era limitar o uso da pena de prisão. Sobressai nesse capítulo o exercício de reconstrução detalhada da racionalidade penal presente nas ideias de juristas envolvidos, por meio do exaustivo levantamento de documentos sobre a reforma produzidos pelos próprios membros da comissão e também de entrevistas reflexivas. A autora explora o instrumental analítico da teoria da observação mobilizada por Alvaro Pires para indicar os pontos cegos decorrentes de certo modo de ver o direito penal que explicaria a inviabilidade dos resultados inicialmente almejados pela comissão de reforma.

A contribuição da teoria para o desvelamento de pontos cegos que impedem o avanço no conhecimento de certos fenômenos reaparece em outra dimensão, no capítulo "A racionalidade penal moderna como ferramenta para entender a impunidade", de Camilo Umaña. Nesse caso, o contato com a teoria permitiu ao pesquisador recolocar sua pergunta de pesquisa, ampliando seu campo de interpretação sobre um fenômeno polissêmico como o da chamada "impunidade". Se de início a impunidade insinuava-se para ele como a evidente hipótese explicativa para a violação dos direitos humanos estudados, o contato com a teoria permitiu-lhe um deslocamento de olhar e a necessidade de modular o conceito criticamente. Essa operação cognitiva e seus resultados são explicitados no capítulo que parte da descrição do que denomina "sete pontos cardeais da observação sociológica do sistema penal", segundo a teoria da RPM.

O debate sobre o tema da impunidade prossegue com a contribuição de Clara Flores Seixas de Oliveira e Mariana Possas. No capítulo "A criação da Lei do Feminicídio na perspectiva da racionalidade penal moderna: vocabulário de motivos e discurso de combate à impunidade", as autoras examinam, por meio da análise de documentos parlamentares e entrevistas com envolvidos na criação da Lei do Feminicídio, como se construiu discursivamente a criminalização da violência fatal contra mulheres. A teoria da RPM é a grade de referência para a problematização das diversas concepções e expectativas sobre o papel da lei penal, sobretudo daquelas fundamentadas no midiatizado argumento do "combate à impunidade". As autoras demonstram como esse argumento, atravessado por conteúdos característicos de certa racionalidade punitiva, favorece um tipo de resposta estatal tendente a minimizar a complexidade dos conflitos de gênero. Com isso retomam um tema recorrente nos trabalhos de Alvaro Pires sobre a tensa relação entre o discurso progressista e a adoção de penas aflitivas centradas na prisão.[1]

A discussão sobre o alcance limitado de respostas punitivas – em geral aflitivas – como forma de responsabilização de agressores envolvidos em violência doméstica é examinada por Marta Rodriguez de Assis Machado em texto subsequente. Em "O sentido da responsabilização no direito: ou melhor, a invisibilização de seu sentido pelo direito", a autora combina elementos da teoria da RPM e da teoria da responsabilização de Klaus Günther para demonstrar os limites cognitivos dos sistemas jurídicos ocidentais em si mesmos, de responderem aos conflitos à altura de suas com-

---

[1] Ver, sobretudo: PIRES, Alvaro. A racionalidade penal moderna, o público e os direitos humanos. *Novos Estudos Cebrap*, São Paulo, v. 68, p. 39-60, mar. 2004.

plexidades. Os depoimentos de pessoas envolvidas no debate da criação da Lei Maria da Penha (Lei n. 11.340/2006) trazidos para o texto ilustram de maneira contundente a maneira naturalizada com que modos tradicionais de pensar a punição se manifestam.

Em "A proteção à sociedade nos crimes contra a administração pública e contra agentes públicos: um estudo empírico de projetos de lei sobre crimes hediondos", de autoria de Carolina Cutrupi Ferreira, é possível verificar a riqueza teórica e, sobretudo, metodológica que pesquisas atentas aos processos de criação e/ou mudança legislativa trazem para o estudo das mentalidades em matéria penal. A autora identifica em perspectiva diacrônica (de 1990 a 2017) um número considerável de projetos de lei em favor da ampliação do rol de crimes hediondos, para os quais são previstas regras mais gravosas de processamento e cumprimento de pena. Realiza uma espécie de radiografia dos projetos para, em seguida, examinar qualitativamente a justificativa de alguns deles, à luz de elementos da teoria da RPM. Nesse caso, a teoria opera como um instrumento analítico que permite identificar a perenidade e a força com que certos argumentos atualizam o recurso à pena aflitiva, também no que concerne ao seu regime de cumprimento.

O texto legislativo também constitui um dos materiais de pesquisa trabalhado por Marcelo da Silveira Campos no capítulo "A racionalidade penal moderna e a Lei de Drogas no Brasil". Nele, o autor explicita as contribuições da teoria da RPM para identificar aspectos presentes tanto na formulação como na aplicação da Lei n. 11.343, de 2006, que tiveram, como demonstra, um considerável impacto no fenômeno da intensificação do encarceramento por tráfico de drogas. O texto destaca ainda o modo como elementos da teoria da observação – sobretudo a operação epistemológica baseada na distinção –, incorporados na metodologia de análise desenvolvida por Alvaro Pires, permitiram-lhe, entre outros, problematizar o suposto potencial de inovação contido na Lei de Drogas.

O teor de decisões judiciais em meio a um campo de possibilidades cognitivas inovadoras segue em foco no capítulo "Decifra-me ou te devoro! A prevalência da racionalidade penal moderna entre os sistemas de ideias na Justiça Juvenil", de Carlos Frederico Braga da Silva. Setenta acórdãos do Tribunal de Justiça de Minas Gerais constituem a amostra selecionada pelo autor para observar como desembargadores mobilizam a semântica sociojurídica e outras racionalidades para fundamentar sanções destinadas aos jovens em conflito com a lei. O recorte metodológico escolhido permitiu-lhe descortinar as tensões e amálgamas entre racionalidades decisórias distintas. Ao decifrar a teia de significados que constituem tais decisões, identifica uma forma peculiar de julgamento que compromete a estabilização de entendimentos favoráveis à vocação protetiva do Estatuto da Criança e do Adolescente.

Na sequência de estudos sobre decisões judiciais em segunda instância presentes neste livro, apresentamos o capítulo "Penas iguais para crimes iguais? Uma análise da aplicação da pena em crimes de roubo no Tribunal de Justiça de São Paulo e de alternativas que privilegiam a individualização", de Luísa Moraes Abreu Ferreira. A partir de uma amostra por saturação de sessenta acórdãos em que foi aplicada a mesma pena de cinco anos e quatro meses, a pesquisa revela diversas implicações do constrangimento que a pena mínima de prisão impõe ao processo decisório sobre a pena. O texto destaca as fortes diferenças no tocante às características do caso concreto que gerou a imputação de roubo com uma ou mais causas de aumento, bem como a fragilidade das fundamentações que, quando existiam, mobilizavam formulações genéricas como "gravidade abstrata do crime" e "periculosidade" do agente, fornecendo material rico para a reflexão sobre as ideias de discricionariedade judicial, individualização da pena e uniformidade decisória.

Tal como em textos anteriores, os três capítulos que seguem também examinam situações empíricas nas quais janelas de oportunidade para a emergência de alternativas à RPM estão abertas. Nesses últimos, entretanto, são exploradas empiricamente situações nas quais a possibilidade concreta, iminente, de desvios em relação à obrigação de punir de maneira tradicional surge como opção em favor de desfechos mais compositivos, para as situações problemáticas capturadas pelo sistema de justiça criminal.

Segue nessa direção o capítulo intitulado "O que está em jogo na transação penal? Alternativas ao processo à sombra da racionalidade penal moderna", de Carmen Fullin. A observação das chamadas "audiências de Jecrim (Juizado Especial Criminal)" foi a técnica de pesquisa escolhida pela autora para compreender as decisões tomadas por juízes e promotores diante de um sistema sancionatório situado em uma região periférica do sistema criminal. Ainda que penas aflitivas como a prisão estejam fora do horizonte decisório, elementos da RPM como a "temporação do sofrimento" estão presentes, definindo propostas de substituição ao processo e indagando-nos sobre os desafios de uma nova semântica punitiva mesmo em territórios onde o que está em jogo são "infrações de menor potencial ofensivo".

Em seguida, José Roberto Franco Xavier em "O problema de aceitação da vítima não punitiva no sistema de direito criminal" recapitula a discussão sobre a visibilidade e a importância adquiridas pelas vítimas como características emblemáticas da justiça criminal contemporânea. E, a partir disso, discute, com base em 44 entrevistas semidiretivas com membros da magistratura e do Ministério Público, a percepção desses atores sobre as vítimas. O texto destaca, em particular, as razões apresentadas pelos entrevistados para recusar a participação de vítimas não punitivas no processo de determinação de uma resposta criminal.

No capítulo "Justiça restaurativa e racionalidade penal moderna, uma alternativa possível", Juliana Tonche retoma a instigante distinção entre antropofagia e *antropoemia* sugerida pelo antropólogo Claude Lévi-Strauss, para apresentar dois "modelos de justiça" radicalmente diferentes. Do exercício de elaboração detalhada dos contrastes entre dois modos diferentes de fazer e pensar o direito criminal moderno, a autora retira elementos que lhe permitem formular hipóteses sobre os desafios de institucionalização da chamada justiça restaurativa em meio às experiências brasileiras observadas. A autora demonstra de que maneira a aplicação da teoria da RPM permitiu-lhe identificar com mais clareza os pontos de resistência que obstaculizam a adoção de modelos *autocompositivos* e inclusivos de responsabilização penal. Interessante notar também como a autora articula esse debate às reflexões sobre as disputas profissionais no campo do direito.

O livro finaliza com um capítulo que sublinha o propósito didático desta publicação. Maíra Rocha Machado, em "De dentro para fora e de fora para dentro: a prisão – no cinema – na sala de aula", apresenta um dispositivo pedagógico para estudar a questão prisional com base em registros cinematográficos. E, a partir disso, oferece subsídios para discutir em sala de aula as três concepções de direito e justiça projetadas pelas teorias da pena – retribuição e dissuasão, reabilitação prisional e reabilitação não prisional – e, ainda, pela teoria da observação – tomando o cineasta como observador e o filme como observação.

Carmen Fullin
Maíra Rocha Machado
José Roberto Xavier

SUMÁRIO

1. Racionalidade penal moderna, inovação e regressão: uma trilogia conceitual para distinguir as maneiras de pensar as respostas às condutas criminalizadas   19
   Riccardo Cappi

2. Por que é tão difícil reduzir o uso da prisão como pena? Obstáculos cognitivos na reforma penal de 1984   53
   Mariana Raupp

3. A racionalidade penal moderna como ferramenta para entender a impunidade   81
   Camilo Eduardo Umaña Hernández

4. A criação da Lei do Feminicídio na perspectiva da racionalidade penal moderna: vocabulário de motivos e o discurso de combate à impunidade   107
   Clara Flores Seixas de Oliveira / Mariana Thorstensen Possas

5. O sentido da responsabilização no direito: ou melhor, a invisibilização de seu sentido pelo direito   139
   Marta Rodriguez de Assis Machado

6. A proteção à sociedade nos crimes contra a administração pública e contra agentes públicos: um estudo empírico de projetos de lei sobre crimes hediondos   159
   Carolina Cutrupi Ferreira

7. A racionalidade penal moderna e a Lei de Drogas do Brasil   189
   Marcelo da Silveira Campos

8. Decifra-me ou te devoro! A prevalência da racionalidade penal moderna entre os sistemas de ideias na Justiça Juvenil   205
Carlos Frederico Braga da Silva

9. Penas iguais para crimes iguais? Uma análise da aplicação da pena em crimes de roubo no Tribunal de Justiça de São Paulo e de alternativas que privilegiam a individualização   229
Luísa Moraes Abreu Ferreira

10. O que está em jogo na transação penal? Alternativas ao processo à sombra da racionalidade penal moderna   257
Carmen Fullin

11. O problema da aceitação da vítima não punitiva no sistema de direito criminal   285
José Roberto Franco Xavier

12. Justiça restaurativa e racionalidade penal moderna, uma alternativa possível   303
Juliana Tonche

13. De dentro para fora e de fora para dentro: a prisão – no cinema – na sala de aula   325
Maíra Rocha Machado

Capítulo 1
Racionalidade penal moderna, inovação e regressão: uma trilogia conceitual para distinguir as maneiras de pensar as respostas às condutas criminalizadas

RICCARDO CAPPI

Introdução
Uma das principais qualidades da teoria da racionalidade penal moderna (RPM) é ter evidenciado e esclarecido conceitualmente a existência de um "sistema de pensamento" (PIRES, 1998a, 2001a, 2004, 2006) ou de um "sistema de ideias" (PIRES e GARCIA, 2007) dominante no mundo ocidental, em matéria penal. O objetivo deste capítulo é, além de precisar alguns conteúdos da teoria em tela, detalhar conceitualmente duas maneiras de pensar que se diferenciam da RPM, isto é, dedicar nossa atenção às racionalidades alternativas à RPM. Os conceitos de inovação penal e de regressão serão aprofundados: eles nos permitem formular uma leitura conceitual mais detalhada das diferentes maneiras de conceber as respostas às condutas criminalizadas, servindo, inclusive, para identificar os modos concretos de intervenção que podem estar aí associados.

Esse exercício de diferenciação conceitual nos parece interessante na medida em que, por um lado, a atualidade propõe uma série de tentativas práticas que, de maneira esparsa e às vezes pouco conceitualizada, pretendem oferecer caminhos de superação inovadora – e menos aflitiva – de fórmulas consagradas na resposta às condutas criminalizadas, que dominam rigidamente a cena penal há mais de dois séculos. Do lado oposto, observamos também, na mesma realidade penal brasileira contemporânea, uma série de propostas voltadas ao endurecimento das penas, à redução das garantias processuais e, ainda, à concretização de modalidades de intervenção que se afastam da racionalidade punitiva tradicional, dessa vez para privilegiar lógicas de neutralização e até de eliminação, mesmo sumária, de pessoas designadas como autores de fatos incriminados.

Antes de avançar no estudo teórico dessa trilogia, convém observar que o conceito de RPM, bem como aqueles referentes às suas alternativas – inovação e regressão –, apresenta dois traços característicos. De uma parte, eles adotam nomenclatura e definições de tipo encadeado; em outras palavras, a "inovação" e a "regressão" são entendidas e conceituadas unicamente em relação à RPM. De outra parte, eles produzem uma leitura das racionalidades entendidas como maneiras de conceber a intervenção penal no que concerne aos autores de condutas criminalizadas: isso significa que não trataremos aqui da (não) pertinência da criminalização das condutas, e sim das ideias referidas a seu tratamento no âmbito penal.

Enfim, entendemos que essa trilogia conceitual oferece um instrumento eficiente para analisar materiais empíricos específicos, tais como discursos parlamentares, entrevistas de juízes, relatórios de comissões de reforma do código penal. Nos concentraremos aqui sobretudo nos aspectos teóricos, remetendo a leitora e o leitor a outros trabalhos para sua aplicação em análises empíricas.[1]

1. RPM: uma maneira de pensar a resposta às condutas criminalizadas pautada na aflição

Apresentamos rapidamente os elementos essenciais da teoria da RPM, entendida como maneira de pensar e de construir o direito penal, que prevaleceu nas sociedades democráticas ocidentais. Esse exercício tem para nós um duplo valor. Por um lado, ele fornece uma leitura conceitual das principais características do sistema de pensamento da justiça criminal, tal como configurado a partir da segunda metade do século XVIII (PIRES, 2004, p. 39). Por outro, possibilita distinguir pensamentos que dele se distanciam, como veremos a seguir.

O conceito de RPM designa um sistema de pensamento que estabelece uma base teórica e ideológica para o direito penal e suas modalidades de

---

[1] O texto que segue apresenta uma versão retrabalhada da abordagem proposta em Cappi (2017), que, aliás, constitui um exemplo de análise empírica voltada à aplicação dessa trilogia conceitual.

intervenção. São os trabalhos de Pires que, desde os anos 1990, propõem-se a descrever e compreender tal sistema de pensamento, percebido como dominante e concebido, por outro lado, como um obstáculo cognitivo à transformação do próprio direito penal. Tomando a metáfora de Cauchie (2009), evocando os muros da prisão – modalidade consagrada de execução da pena – existem os "muros das ideias", que têm dificuldade de cair ou, ao menos, de ser entreabertos para que emerjam perspectivas cognitivas que valorizem soluções alternativas. O conjunto das ideias que caracteriza a RPM contribuiu de maneira decisiva para a construção e consolidação do direito penal como subsistema do direito relativamente autônomo e explicitamente diferenciado, oferecendo um "autorretrato essencialmente punitivo" (PIRES, 2001a, p. 184). A resposta preconizada em face da transgressão é, nesse sentido, obrigatoriamente aflitiva, excluindo, por isso, formas de resposta diferentes. Em outras palavras, o sofrimento infligido a título de pena é pensado como resposta justa, proporcional e necessária à transgressão, e sustentado pelo que se convencionou chamar de as teorias da pena, entendidas aqui como combinações de ideias e programas de ação (GARCIA, 2010, p. 111): elas são portadoras de ideias que guiam os autores em suas decisões, e intervêm igualmente no plano da ação.[2] Como diz Pires, essas teorias contribuem para "justificar a punição, em sentido forte, e [para] rechaçar as medidas alternativas e as filosofias de intervenção que não exigem a obrigação de punir" (PIRES, 1998a, p. 10).

As teorias clássicas da pena concorrem assim, de maneira decisiva, para esse autorretrato do direito penal, na medida em que elas se mostraram fortemente associadas à cultura jurídico-penal ocidental, e seriam, portanto – ainda segundo Pires –, as mais mobilizadas no sistema de direito criminal. De certa maneira, a RPM conseguiu reuni-las em uma mesma "rede de sentidos" (PIRES, 2001a, p. 181) que, para além de suas diferenças respectivas, pôde oferecer uma estrutura compacta a esse sistema de pen-

---

[2] Citando a intuição de Durkheim, a autora aponta o fato de que essas teorias, mais do que descrever ou explicar o que é, indicam o que deve ser, prefigurando o universo das possibilidades (GARCIA, 2010, p. 112). Assim, segundo o conhecido sociólogo: "seu objetivo não é descrever ou explicar o que é ou o que foi, mas sim determinar o que deve ser. Elas não estão orientadas nem para o presente, nem para o passado, mas para o futuro. Elas não se propõem a expressar fielmente realidades dadas, mas decretar normas de conduta. Elas não nos dizem: eis o que existe e qual é o porquê disso, mas sim eis o que se deve fazer" (DURKHEIM, 1922, p. 67, *apud* GARCIA, 2010, p. 112).

samento; as características comuns predominam sobre as diferenças, contribuindo de maneira decisiva para a construção do "autorretrato". A força dessas teorias da pena reside no fato de que, como discursos autorizados (PIRES, 2001a; CAUCHIE; KAMINSKI, 2007b), reúnem uma quantidade de ideias e estabelecem determinado número de princípios que gozam de uma autoridade particular, notadamente por terem sido valorizados ao longo dos séculos. A despeito da existência de outras ideias e outros princípios na esfera do direito penal, as ideias e os princípios defendidos pelas teorias da pena reafirmam um sistema de pensamento dominante em matéria penal, desde o início da modernidade até os dias de hoje. Eis, então, uma evocação resumida dessas teorias da pena: a teoria da retribuição, a teoria da dissuasão, a teoria da denunciação e a teoria da reabilitação.

1.1. Teoria da retribuição

Segundo essa teoria – da qual se conhece a origem religiosa –, a pena é um mal necessário, que deve restaurar o mal causado pela conduta proscrita. A sanção deve infligir sofrimento, ou ao menos dar essa impressão, para realizar a expiação do mal produzido pelo ato de transgressão: o mal (do crime) não pode ser curado senão pelo mal (da pena). O mal da pena é, portanto, concebido como o único meio que pode restabelecer, legitimamente, a justiça. Mais ainda, "somente a pena, no âmbito exclusivo da justiça criminal, pode restabelecer a justiça: todo o resto remete à noção de impunidade" (PIRES, 1998b, p. 197). Note-se que a teoria da retribuição não prevê a busca de outros objetivos, a não ser a própria inflição de um mal, proporcional ao mal cometido pelo condenado. Enfim, "a finalidade da punição é a própria punição" (PIRES, 1998b, p. 199). Assim, o direito de punir adquire fundamento em uma "espécie de obrigação moral, que teria a autoridade hierárquica de restabelecer a ordem, impondo um sofrimento ao culpado" (PIRES, 1998b, p. 196). De acordo com a teoria retributivista, o direito de punir se distingue da autorização de punir, constituindo de fato uma obrigação de punir, no sentido moral do termo (PIRES, 2001a, p. 185). A teoria da retribuição desconsidera, portanto, toda maneira de resolver conflitos ou de garantir o controle social, formal ou informalmente, que se diferencie da lógica aflitiva: os modos alternativos de resolução de conflitos – por exemplo, a indenização, a realização de um acordo ou uma intervenção reabilitativa – não alteram absolutamente a obrigação moral de punir que se impõe ao Estado ou ao juiz. Ademais, deve-se estabelecer uma equivalência, dita horizontal, entre o ato infracional e a pena, em natureza e intensidade, sendo o mal infligido, na hora da punição, correspondente – e não pode exceder – ao mal produzido no momento do crime. No contexto dessa teoria, como o discernimos, o crime não é considerado um conflito concreto entre cidadãos – o agressor e a vítima –, mas, sim, uma oposição entre um indivíduo culpado e uma terceira instância superior: o Estado, a lei, a moral, Deus. Assim, a vítima é relegada – na melhor das hipóteses – a um papel secundário, de natureza instrumental, no contexto da produção da prova ao longo do processo penal. A reparação do dano sofrido, ou mesmo a resolução concreta do conflito, para (ou por) aqueles que dele participam diretamente, não constitui um objetivo para essa teoria, que se revela indiferente à sorte reservada aos "laços sociais" (Pires, 2001a, p. 184) ao final da contenda.

1.2. Teoria da dissuasão

A teoria da dissuasão, em sua primeira versão moderna, é apresentada por Cesare Beccaria em seu livro *Dos delitos e das penas*, escrito em 1764. Essa obra pode ser compreendida como uma aplicação das ideias filosóficas do Iluminismo ao direito penal, em reação às torturas, aos suplícios e a outras modalidades punitivas infamantes praticadas até então. Para Pires, trata-se de um período importante na formação da RPM (Pires, 1998c, p. 120). Nessa concepção, a pena, como inflição de um mal legítimo, não se deve a uma obrigação de punir, de natureza moral, mas sim a uma necessidade de punir, de caráter utilitário. Em relação à teoria da retribuição, a obrigação de punir é reafirmada, dessa vez, com uma justificativa diferente: é preciso punir para evitar que o culpado cometa novos crimes ou para dissuadir o conjunto da população de cometê-los. Distinguimos facilmente a concepção de um ser humano tido como dotado de livre-arbítrio, racional, que se guia em função de um cálculo custos/benefícios; ou, como diria Bentham, em função "das penas e dos prazeres" esperados (Bentham *apud* Pires, 1998c, p. 123). A pena é assim concebida como uma consequência negativa associada a um comportamento dado, devendo desempenhar papel determinante na decisão do cidadão referentemente a esse mesmo comportamento: a de se abster dele. Graças à sua influência dissuasiva, a pena é supostamente útil para proteger a sociedade e, consequentemente, "maximizar a felicidade da maioria", segundo a célebre expressão do marquês italiano. Notemos que, aqui também, somente a pena aflitiva estatal – aquela que é decidida e aplicada no âmbito do direito penal – é tida como legítima para o exercício da dissuasão. Assim como na teoria da retribuição, as outras modalidades de resolução de conflitos estão descartadas, ainda que por razões diferentes. A teoria de Beccaria sugere que as penas devam ser suficientemente severas para dissuadir os indivíduos. Se esse princípio parece conter uma mensagem de moderação – a limitação do direito de punir –, na medida em que não seria sensato (seria até mesmo injusto) ir além de um sofrimento estritamente necessário à dissuasão, ele contém igualmente as bases para o exercício da severidade; e isso, por duas razões. Em primeiro lugar, porque o princípio da proporcionalidade vertical consagrado pela teoria (PIRES, 1998b, p. 168) – que prevê uma severidade crescente em função da gravidade dos delitos – não impede *a priori* o estabelecimento de importantes níveis de intensidade da pena, entre um delito e outro, à medida que sua gravidade aumenta. A proporcionalidade vertical não constitui assim, em absoluto, uma garantia de moderação. Em segundo lugar, porque a severidade da pena é considerada menos importante do que a sua justeza: a não aplicação da pena – por meio do perdão ou das medidas alternativas – é logo descartada, visto que isso acabaria favorecendo um sentimento de impunidade possível, contrário ao princípio de dissuasão.

1.3. Teoria da denunciação

Pires (2007, p. 11) inclui a teoria da denunciação no conjunto das teorias da pena que compõem o sistema de pensamento da RPM. Essa teoria surge somente na segunda metade do século XIX, distinguindo-se claramente das teorias da retribuição e da dissuasão somente a partir da segunda metade do século XX (GARCIA, 2010, p. 122-123). A teoria da denunciação, também denominada teoria da prevenção positiva, ou teoria da reafirmação dos valores, prevê que a imposição de um castigo constitua, por excelência, a maneira de exprimir a indignação e a desaprovação social ante a conduta proscrita. A severidade da pena é, portanto, diretamente proporcional à importância da reprovação – aquela sendo necessária a esta. Percebe-se a diferença dessa teoria em relação às outras uma vez que ela se refere a um efeito produzido não sobre o autor de atos infracionais, mas sobre o conjunto da sociedade, indicando, assim, o "bom funcionamento do sistema" (RYCHALK, 1990, *apud* GARCIA, 2010, p. 123), dedutível da denunciação que exprime a pena. O sofrimento – real – dos autores sancionados deve ter, portanto, um efeito simbólico para os outros cidadãos, oferecendo, assim, uma resposta de acordo com as expectativas sociais. Além do mais, isso parece dissociar essa teoria do princípio de moderação na aplicação das penas – como no caso da teoria da retribuição –, sendo expresso o nível de reprovação, proporcionalmente, pelo montante de sofrimento infligido. No limite, como observam Pires e Garcia, a teoria da denunciação não "distingue entre repressão e reprovação" (PIRES, 2007; GARCIA, 2010, p. 123) – a ideia é acalmar o público por meio da pena, sem que nenhum elemento favoreça a redução do sofrimento infligido. A reprovação é, nesse sentido, tanto mais clara quanto mais severa a punição: "ser claro" significa "bater forte" (PIRES, 2001a, p. 198). Essa teoria pode ser evidentemente relacionada "judiciarização da opinião pública" (PIRES, 2001a) – o público torna-se um elemento de peso para a tomada de decisão em matéria de punição. Como diz Pires, "o público deixa de ser, então, um simples destinatário da norma jurídica, ou ainda, um elemento do ambiente do sistema penal, para se tornar, simultaneamente, uma espécie de critério e de prolongamento interno desse sistema" (PIRES, 2001a, p. 194-195).

1.4. Teoria da reabilitação

A teoria da reabilitação constitui outra teoria da pena, que, sob influência da escola positivista italiana, toma forma no final do século XIX. Entretanto, ela está, em parte, ligada à história da prisão moderna, que tem início em fins do século XVIII. Essa teoria atribui uma nova finalidade à pena: a de reabilitar, reeducar e, mesmo, tratar o detento. Diferentemente da teoria da dissuasão, que apresenta uma leitura consequencialista da pena, tem-se aqui um objetivo instrumental, visto que consiste em intervir de maneira mais ou menos "competente" – com o auxílio da ciência – sobre a pessoa do detento, de tal modo que ele seja transformado, "melhorado", tornado apto para a vida em sociedade; consequentemente, a proteção da sociedade fica garantida.

 A prisão, pensada como lugar onde é possível e necessário desenvolver uma intervenção sobre o indivíduo, permanece, contudo, um local de exclusão, de confinamento do indivíduo. Ela continua sendo, por excelência, o lugar de execução da pena. Fechada, vigiada, controlada, ela é concebida como favorável à intervenção reformadora, seja por meio do silêncio, da penitência, do trabalho, do aprendizado da disciplina, da formação e, posteriormente, da intervenção de natureza terapêutica e/ou educativa.

Notemos que em função dos objetivos perseguidos, necessariamente inseridos na temporalidade – longa, por vezes –, a teoria da reabilitação tenderá a considerar favoravelmente o uso de penas indeterminadas. Assim, a escola positivista italiana, por exemplo, propõe que a determinação da pena seja realizada em função não da gravidade do crime cometido, mas da (evolução da) periculosidade do indivíduo durante a execução dela. Enquanto forem reconhecidos os aspectos dessa periculosidade, a coerção institucional estará justificada, já que necessária à proteção da sociedade.

Segundo Pires e Acosta (1994), a teoria da reabilitação, também conhecida como "teoria da penitenciária" (FOUCAULT, 1975), apresenta-se mais como uma forma de complexificação do sistema de pensamento dominante do direito criminal moderno do que como uma teoria alternativa proveniente de outra racionalidade. Ainda que o sofrimento não seja aí valorizado da mesma maneira – ele não é, aliás, denunciado –, seria excessivo ver a emergência de um novo paradigma.[3] A teoria da reabilitação, em sua formulação inicial – dita da "primeira modernidade" –, aparece mais como uma variante, permitindo enriquecer o quadro das funções atribuídas à pena, entendida essencialmente em sua modalidade privativa de liberdade.

Será preciso esperar pela segunda metade do século XX para ver surgir uma nova concepção da reabilitação, diferente daquela que consideramos aqui. Consistirá, portanto, na "teoria da reabilitação da segunda modernidade" (PIRES, 2006, p. 225), no cerne da qual será possível perceber uma ideia de reabilitação dissociada das de exclusão e de sofrimento tipicamente relacionadas ao encarceramento. De acordo com essa teoria, a intervenção – terapêutica, educativa ou outra – é produzida fora do contexto carcerário, privilegiando a adoção de práticas em meio aberto, isto é, promovidas dentro da própria comunidade, e atentas à preservação, à (re)construção dos laços sociais e mesmo à participação autônoma do próprio apenado. Nesse caso, estão estabelecidas as bases para um distancia-

---

[3] Como bem o diz Garcia, "a teoria da reabilitação não leva em conta os sofrimentos humanos que a opção do cárcere como lugar de tratamento acarreta" (GARCIA, 2010, p. 140). Encontramos aí, portanto, também certa tolerância diante do sofrimento; se não há uma verdadeira valorização do sofrimento, permanece uma ideia de indiferença quanto à dimensão aflitiva da intervenção penal. Mesmo no caso da teoria da reabilitação, em sua versão dita da primeira modernidade, a prisão se torna o local útil e necessário para a implementação da intervenção reabilitativa ao condenado.

mento em relação à lógica promovida pela RPM. Retornaremos a isso ao descrevermos as ideias que fundamentam a inovação.

Depois de revisar essas quatro teorias, é interessante lembrar, com Pires, que, para além de suas divergências, elas se fortalecem reciprocamente para solidificar o sistema de pensamento – como nos lembra, também, van de Kerchove (1981). A RPM afirma, portanto, as ideias de animosidade e de exclusão social para com o autor da transgressão; de uma pena aflitiva determinada em relação à gravidade do crime – exceto segundo algumas aplicações da teoria da reabilitação –; do caráter obrigatório e benéfico da pena que, de qualquer modo, se aplica apenas de maneira cirúrgica ao autor de atos infracionais. Ou seja, as teorias da pena formam um núcleo duro, um conjunto, do ponto de vista cognitivo, que, a despeito das diferenças entre elas, instituem um único e mesmo "programa de pensamento e de ação" (GARCIA, 2010, p. 134).

Nesse sentido, podemos compreender que, segundo essa teoria, a proteção da sociedade é concebida de maneira hostil, abstrata, negativa e atomista.

> Hostil, porque o desviante é representado como um inimigo do grupo inteiro, e porque se pretende estabelecer uma espécie de equivalência necessária, e mesmo ontológica, entre o valor do bem ofendido e a aflição a ser produzida no desviante. Abstrata, porque o mal (concreto) causado pela pena é reconhecido, mesmo sendo concebido como devendo causar um bem moral imaterial [...]. Negativa, já que que essas teorias excluem qualquer outra sanção visando reafirmar o direito por uma ação positiva (a indenização, etc.), e estipulam que somente o mal concreto e imediato causado ao desviante pode produzir um bem-estar para o grupo, ou reafirmar o valor da norma. E, finalmente, atomista, porque a pena – na melhor das hipóteses – não tem de se preocupar com os laços sociais concretos entre as pessoas, a não ser de uma forma completamente secundária e acessória. (PIRES, CELLARD e PELLETIER, 2001, p. 198)

Podemos, então, reter dois elementos essenciais da RPM: a obrigação de punir e a valorização da (severidade da) pena aflitiva; a valorização da exclusão social e do encarceramento em detrimento das medidas alternativas.

As teorias da pena argumentam a obrigação da punição em resposta às condutas de transgressão à lei penal, operando, consequentemente, "uma mudança de sentido, indo da autorização à obrigação de punir" (PIRES,

2001a, p. 185). Elas constroem, portanto, uma ligação indissolúvel entre o crime e a pena, dando a impressão de um todo inseparável (PIRES, 2001a, p. 183) – sendo isso, aliás, o que produz a estrutura telescópica da formação da norma penal, prevendo uma associação inevitável entre uma norma de comportamento (a definição do ato infracional) e uma norma de sanção (a pena a ele correspondente); confere, assim, uma visibilidade particular às penas aflitivas (PIRES, 2001a, p. 183).

Cada uma das teorias valoriza a dimensão aflitiva da pena – feita uma distinção relativa para a teoria da reabilitação –, "a imposição intencional da dor", na expressão de Nils Christie (2005, p. 19). O mal infligido é, assim, valorizado, seja para compensar um mal produzido, para dissuadir, para responder às expectativas da opinião pública ou como condição do tratamento.

Da mesma maneira, cada uma das teorias faz da prisão a modalidade essencial de pena ou, como diria Foucault (1975), a "forma essencial de castigo". Assim, se o nascimento da prisão não dependeu especialmente das teorias da pena, estas ofereceram, em contrapartida, um apoio a essa modalidade de execução do castigo. Pires afirma que "todas as teorias da pena justificam essa pena, geralmente à exclusão de outras sanções" (PIRES, 1990, p. 448, *apud* GARCIA, 2010, p. 143). A despeito do fato de a prisão ter sido objeto de inúmeros debates relativos a seus impasses e às reformas que, desde seu nascimento, foram julgadas necessárias – ou ainda aos fracassos dessas reformas –, a universalização da pena privativa de liberdade não parece perto de ser questionada.

As teorias dominantes trazem, assim, uma estrutura cognitiva resistente ao ideal da prisão, que continua sendo a forma essencial de punição, deixando pouco lugar para outras formas de pensamento e para a teorização de sanções alternativas que são logo desvalorizadas por essas teorias. Tais teorias não propõem marcos para valorizar as alternativas à prisão ou, de um modo geral, à pena aflitiva; mas, ao contrário, concorrem para a sua desvalorização. Como o afirma Pires, "as teorias da pena fazem apologia da pena a um ponto tal, que elas rejeitam, todas (em sua formulação nos séculos XVIII e XIX), e em quase todas as circunstâncias, o bem como alternativa autônoma" (PIRES, 2001b, p. 154).

Para concluir este item, gostaríamos de chamar atenção para uma característica importante, surgida ao longo das pesquisas sobre a RPM. Consiste em afirmar – segundo a expressão que Pires toma de Feeley e Simon (1994)

– que a RPM pode ser entendida como um sistema de pensamento "pré--político" ou "transpolítico", na medida em que "ele se sedimenta antes, ou independentemente, das visões políticas do mundo" (Pires, 2001a, p. 186). Esse aspecto indica a força e o enraizamento de um semelhante sistema de pensamento, já que ele parece pouco passível de ser questionado pela cisão das ideias fomentadas pelos conflitos políticos (por exemplo, entre esquerda e direita). Esse é um aspecto importante a ser considerado no momento da análise do material empírico, uma vez que ele pressupõe que em matéria penal as cisões sejam menos fáceis de identificar do que os consensos, inclusive entre conservadores e progressistas.

2. A inovação como forma de superar a inércia aflitiva da resposta penal

A RPM constitui não só um sistema de ideias consistente; consequentemente, afirma-se como obstáculo epistemológico a qualquer outra maneira de pensar as respostas estatais às condutas criminalizadas. Conforme sugere Cauchie, existe sem dúvida um "muro das ideias":

> [...] um muro que a superexposição, ao mesmo tempo que a evidência, tornaram paradoxalmente menos visível [...]. Não é esse muro o adversário mais cruel das tão mal denominadas alternativas à prisão? Esse muro, que o direito criminal construiu pacientemente há 250 anos, para barrar toda sanção que não merecesse o nome de punição. Esse muro, que aparece cada vez que se tenta pensar de outro modo que em termos de retribuição, exclusão ou estigmatização; cada vez que se abordam questões relativas à segurança, periculosidade, risco, dissuasão ou denunciação. Esse muro, que aparece cada vez que se questiona a associação crime/pena, a obrigação de punir, ou ainda, a naturalização de uma semântica aflitiva da pena. (Cauchie, 2009, p. 36)

Buscaremos aqui discutir o que poderia realmente existir além desse muro cognitivo, separando a RPM de outras perspectivas de resposta às situações problemáticas. Para tanto, mobilizaremos alguns trabalhos contemporâneos referentes a uma conceitualização da "inovação penal". Essa passagem pela abordagem teórica nos permitirá não só esclarecer o conceito de inovação, como também situar as referências teóricas constitutivas do que seriam alternativas não inovadoras, isto, é regressivas, à RPM.

Falar em inovação penal consiste evidentemente em saber qual é a situação inicial em relação à qual se pode dizer que uma inovação se produz.

Nos reportamos aqui a trabalhos que indicam um referencial preciso: o ponto de partida é constituído pela RPM (CAUCHIE e KAMINSKI, 2007a, 2007b; CAUCHIE, 2005; KAMINSKI, 2010; PIRES, 1998a, 2002, 2004, 2006; PIRES; CELLARD; PELLETIER, 2001). Falar em inovação penal significa, portanto, considerar uma modificação perante a persistência dessa racionalidade dominante, que caracteriza o sistema de direito penal moderno desde o século XVIII (PIRES, 1998a, 2002; CAUCHIE e KAMINSKI, 2007b, p. 3). Buscamos, assim, "definir as inovações em relação a suas potencialidades transformadoras da penalidade" (KAMINSKI, 2010, p. 170), rumo a uma nítida diferenciação da RPM. Assim, entendemos que uma mudança pode ser tida como inovadora quando promove algo diferente da racionalidade aguerrida, baseada na aflição, segundo a concepção da proteção da sociedade pautada em respostas de caráter hostil, abstrato, negativo e atomista – cristalizada no sistema desde o final do século XVIII (PIRES, CELLARD e PELLETIER, 2001). O conceito de inovação se constrói, portanto, em contraponto ao sistema de pensamento dominante no âmbito do sistema penal, segundo o qual a proteção da sociedade e a afirmação de normas só podem ocorrer pela produção de um mal e de uma instituição especificamente destinada a essa finalidade.

Vimos como as teorias da pena, ainda que contraditórias em alguns aspectos, coexistem nesse sistema de pensamento. A produção estatal de sofrimento é justificada, sucessiva ou cumulativamente, de várias maneiras: pela necessidade moral de responder ao mal causado pelo crime, pela utilidade social de dissuadir o cometimento de outros delitos, pela importância de expor a reprovação ao ato incriminado ou, ainda, pela possibilidade de reabilitar o autor em contexto da privação de liberdade. Esse sistema de pensamento dominante pode ser, portanto, associado a certa inércia na maneira de pensar a resposta às condutas criminalizadas. Propomos a metáfora da inércia por entendermos que essa imagem faz eco ao caráter constante, estático, repetitivo, instalado e pesado da resposta aflitiva em nosso sistema penal. Inércia como obstáculo à mudança, "criado pelo conhecimento" (BACHELARD *apud* PIRES, 2002, p. 88).

Pensar a inovação significa pensar as condições de produção de mudanças na penalidade, e sobretudo em nossa maneira de pensar em relação a esse sistema de ideias dominante, no qual é possível reconhecer, ao mesmo tempo, consistência e, sob certas condições, possibilidades de transformação. A esse respeito, Cauchie e Kaminski (2007b, p. 5) nos alertam a respeito de uma literatura científica qualificável de reformista, que subavalia a consistência e a resistência da RPM, levando a confundir novidades esporádicas com a inovação dentro do sistema; bem como de uma literatura crítica que comete, eventualmente, o erro de sacralizar a lógica aflitiva da RPM, a ponto de ser pensada como inexoravelmente repetível.

A primeira questão que se põe é aquela do objeto da inovação. De fato, uma mudança, quer seja inovadora, quer não seja, pode afetar o conjunto ou somente alguns aspectos do que designamos como penalidade[4] ou, mais simplesmente, sistema penal. Dito claramente, uma novidade que afeta um dos elementos do sistema penal não atingirá necessariamente os demais, embora seja possível imaginar uma interdependência entre eles em sentidos até diferentes: produzindo "dinamizações recíprocas" (CAUCHIE e KAMINSKI, 2007b, p. 6), no sentido do aprofundamento da mudança; ou, ao contrário, produzindo efeitos de homeostase – podendo uma mudança em um sentido ser compensada por outra mudança em sentido inverso, em outro local do sistema.

Em virtude da definição de penalidade adotada, que compreende – no âmbito e no entorno do sistema penal – as estruturas de pensamento, as organizações, os instrumentos e as práticas na esfera penal, podemos preconizar que uma mudança possa atingir objetos diferentes, como as ideias, as normas (de sanção), as organizações ou as próprias práticas voltadas à implementação da lei. Assim, uma mudança pode afetar a atuação de um ator isolado, a formulação de uma norma ou até as ideias a respeito das respostas a dar às condutas criminalizadas ou, ainda, as teorias que subentendem tais respostas. Trata-se de ideias que podem ser propostas por um dos atores atuando em ponto específico do sistema (por exemplo, um policial, um juiz, um promotor, um assistente social, etc.). Vale salientar a diferença entre os pontos de vista individuais dos atores e os sistemas de ideias, afirmando que estes funcionam, por assim dizer, independentemente daqueles.[5] Entretanto, a mudança pode afetar também uma norma

---

[4] Segundo Kaminski, a penalidade é definida como "conjunto de estruturas de pensamentos, organizações, instrumentos e práticas, que dão vida ao poder conferido à autoridade pública de punir comportamentos considerados como socialmente problemáticos" (KAMINSKI, 2010, p. 7).

[5] Esse último aspecto corresponde ao postulado epistemológico segundo o qual, "no plano da observação, a cognição social se distingue da cognição psíquica" (GARCIA, 2010, p. 268). A RPM é um exemplo disso, na medida em que ela constitui um sistema de ideias que

de sanção inscrita na lei, por exemplo, em um sentido que se afasta da racionalidade dominante. Aliás, como salienta Pires, as mudanças mais significativas em matéria de regime penal parecem requerer necessariamente uma modificação das normas de sanção e de procedimento (PIRES, 2002, p. 91). Embora estas dependam efetivamente das normas de primeira ordem – as normas de comportamento, a lista das condutas incriminadas –, são realmente elas que constituem a questão central das mudanças na penalidade que nos interessam quando o assunto é inovação. Assim, como salientam Cauchie e Kaminski (2007b, p. 7), uma "nova" sanção poderá iniciar uma semântica menos aguerrida e menos estigmatizante da pena. Enfim, as mudanças ou as inovações podem ser produzidas igualmente no nível das organizações penais e das práticas voltadas à implementação das sanções. Não nos dedicaremos a analisar aqui esse tipo de mudança, embora seja fácil pensar na possibilidade de forte interdependência entre o funcionamento das organizações e a difusão ou a neutralização de mudanças produzindo-se, por exemplo, no nível das ideias ou das normas.

De qualquer modo, quando se trata de inovação é possível falar em etapas, ainda que isso não deva ser tomado de forma rígida, uma vez que o próprio processo da inovação pode seguir caminhos inovadores e, consequentemente, pouco sujeitos a planejamento. Retemos, contudo, a ideia de etapas (CAUCHIE e KAMINSKI, 2007a, p. 6), visando dar conta das características de um processo no qual, posteriormente, será possível distinguir a inovação de outras mudanças pontuais, que não afetariam a penalidade de maneira globalmente significante e realmente transformadora, nem em sua extensão, nem em sua profundidade. Em outras palavras, não podemos atribuir um caráter de inovação – no sentido em que tentamos defini-la – a qualquer mudança intervindo para um dos objetos da penalidade sem observar alguns desenvolvimentos que permitem que ela se afirme, se estenda e se estabilize. Torna-se, assim, possível e necessário fazer distinções para apreender o caráter evolutivo (ou não) de uma mudança. Em palavras simples, cabe se perguntar se a aparição de uma andorinha só faz ou não verão!

Assim, podemos distinguir três etapas diferentes na produção da (possível) inovação: a complexificação, a seleção e a estabilização. A "complexi-

---

permanece consistente, não importando as posições defendidas por um ou outro ator. Cauchie (2005, p. 402) afirma também, com base no pensamento de Pires, que os sistemas têm um ponto de vista próprio, que existe independentemente daquele dos atores sociais.

ficação" remete à "constatação de uma multiplicação das fontes cognitivas e normativas" (CAUCHIE, 2005, p. 401) disponíveis, no âmbito da penalidade; trata-se da emergência de novidades, sejam elas internas, sejam externas ao sistema penal, que de fato "complexificam" seu funcionamento. Esse momento é, portanto, o da diversificação (ou da variedade) que surge dentro – e no contexto – dos sistemas penais modernos, podendo dar-se no nível das ideias, das normas, das práticas ou das técnicas. Nas últimas décadas, a penalidade conheceu a emergência de um bom número de ideias ou práticas alternativas, ou que se apresentam como tais (novas formas de implementação da pena, alternativas à privação de liberdade, medidas educativas novas no âmbito da execução da pena, etc.).

Contudo, a complexificação não pressupõe absolutamente a inovação. Ela pode ser absorvida, tornando-se progressivamente inócua, e realizar a chamada "reprodução pela diferença" (CAUCHIE, 2005, p. 409) da racionalidade dominante. Em outras palavras, a presença de uma simples novidade não implica necessariamente a modificação, em extensão e em profundidade, das características cognitivas, normativas ou práticas da penalidade. A novidade pode ser depois neutralizada, colonizada ou marginalizada pela racionalidade dominante que se reproduzirá, incorporando, à sua maneira, essa diferença. É isso o que ocorre, por exemplo, quando medidas socioeducativas em relação aos jovens delinquentes são interpretadas ou implementadas no espírito das teorias clássicas da pena; ou ainda, quando a privação de liberdade permanece como o modelo de resposta privilegiado, a despeito da diversidade de medidas (e de ideias) disponíveis.

A "seleção" constitui um passo importante no sentido da consolidação da inovação, na penalidade, de uma ideia, de uma norma ou de uma prática nova. Ela se produz, por exemplo, quando a novidade é adotada pelo programa normativo: como ocorre quando as medidas novas são reconhecidas por uma lei específica – pode-se dizer, então, que essas medidas foram selecionadas no programa normativo geral. Tal passo é inegavelmente importante, a complexificação se consolida em uma norma específica, mas nem por isso ele define a inovação. Podemos aqui lembrar a afirmação de Cauchie (2005, p. 417): "não é porque um elemento potencialmente inovador é selecionado pelo sistema, que ele se estabilizará (e até se ampliará) no mesmo espírito daquele que organizou a sua seleção". Assim, ainda que seja votada uma lei que ratifica formas alternativas – à RPM – de intervenção, as organizações responsáveis pela implementação dessa lei poderiam não ter (ainda) integrado a inovação em sua maneira de pensar.[6]

A "estabilização" da inovação ocorre quando uma estrutura penal – teorias da pena, doutrina, leis, jurisprudência, modos de intervenção, etc. – adota, de modo estável e difuso, a novidade até promover uma modificação de sua própria identidade. A mudança é inovadora quando o elemento novo é valorizado a ponto de ser integrado nas operações futuras do sistema, e reconhecido como seu (DUBÉ, 2004, *apud* CAUCHIE e KAMINSKI, 2007a). Isso requer não somente a adoção, valorização e difusão da novidade, como também o esforço de consolidação de teorias para sustentá-la, até promover, finalmente, a aquisição de uma racionalidade nova.

Estamos, agora, aptos a listar as condições empiricamente observáveis que, por sua verificação acumulada, permitiriam atribuir à mudança, ou a uma alternativa penal, um caráter de fato inovador. De acordo com Cauchie e Kaminski, a mudança em exame deve:

> (1) abandonar a ideia de que o mal é necessário para produzir um bem, e deve participar de uma visão identitária do direito penal menos hostil, menos abstrata, menos negativa e/ou menos atomista, da proteção da sociedade, ou da afirmação das normas; (2) apresentar características irredutíveis, não previsíveis e não dedutíveis em relação à racionalidade penal moderna; (3) ser selecionada e estabilizada por uma estrutura penal receptora qualquer (teorias da pena, jurisprudência, doutrina, leis); (4) ganhar estatuto de indicador cognitivo (mesmo frágil) da evolução identitária do sistema de direito penal. (CAUCHIE e KAMINSKI, 2007a, p. 6-7)

A proposição dos autores belgas fornece, nos pontos 3 e 4, indicações precisas, de natureza processual, que devem permitir, por meio da observação empírica, diferenciar as simples mudanças – que surgem de maneira mais ou menos isolada no sistema – das inovações propriamente ditas.

Por outro lado, os dois primeiros pontos dessa proposição permitem estabelecer, por sua vez, o conteúdo da inovação, pela negatividade, especificando rigorosamente o que ela não deve ser. Podemos completar a apre-

---

[6] Este é, aliás, um fenômeno que caracteriza, por exemplo, a justiça juvenil, na medida em que a implementação das medidas socioeducativas continua obedecendo ao modelo dominante: apesar da promoção legal das medidas em meio aberto (art. 112 do ECA), elas são ainda largamente subutilizadas em favor de medidas de caráter eminentemente aflitivo – ver, a esse respeito, a Lei n. 12.594, de 2012 (Lei do SINASE), e Sposato (2006).

sentação desses aspectos para caracterizar, ao menos de forma especulativa, os possíveis conteúdos positivos da inovação.

Assim, as quatro características mencionadas podem encontrar, respectivamente, contrapontos consistentes, que explicitamos a seguir.

A resposta *negativa*, pautada na aflição, é substituída por uma resposta menos negativa ou francamente *positiva*. Isso significa que, nesse plano, a mudança inovadora prevê intervenções que atentem para a questão do sofrimento, no sentido de não o encorajar ou limitar ou, melhor ainda, dirigida à produção de aportes positivos para os protagonistas do conflito criminalizado. Assim, podemos encarar como respostas positivas aquelas voltadas ao ressarcimento do dano provocado, podendo ser pautadas em uma perspectiva de cunho restaurativo.[7] Da mesma maneira, entendemos como resposta positiva aquela pautada na ideia de reabilitação,[8] que exclui a privação de liberdade. Aludimos aqui a perspectivas de intervenção no âmbito penal que começaram a ser praticadas e teorizadas na segunda metade do século XX, segundo uma nova concepção da reabilitação, especificamente referida às intervenções em meio aberto. De acordo com Alvaro Pires, aludimos à "teoria da reabilitação da segunda modernidade" (PIRES, 2006, p. 225), no cerne da qual será possível perceber uma ideia de reabilitação dissociada das ideias de exclusão e de sofrimento tipicamente relacionadas ao encarceramento. De acordo com essa teoria, a intervenção – terapêutica, educativa ou outra – é produzida fora do contexto carcerário, privilegiando a adoção de práticas em meio aberto, isto é, promovidas dentro da própria comunidade, e atentas à preservação, à (re)construção dos laços sociais e mesmo à participação autônoma do próprio apenado. Nesse caso, estão estabelecidas as bases para um distanciamento em relação à lógica promovida pela RPM.

---

[7] Ver os aportes sobre esse tema nesta mesma publicação, como a contribuição de Juliana Tonche.
[8] Vale salientar que adotamos a palavra "reabilitação" em razão de sua utilização difusa no campo criminológico. Caberia uma crítica desse conceito – que, contudo, foge ao escopo deste capítulo –, segundo a qual existe nele uma possível supervalorização da dimensão transitiva da intervenção. Assim, a expressão "reabilitação" pressupõe frequentemente a existência de um polo ativo da reabilitação – o agente estatal – e um polo passivo – o apenado. Tal concepção merece um estudo mais aprofundado para distinguir e desvendar entre as utilizações, teóricas e práticas, da reabilitação aquelas que permanecem ancoradas à centralidade do "agente ativo" ou, ainda, às modalidades autoritárias de suas práticas, apesar de estas acontecerem longe do ambiente carcerário.

Na esteira do raciocínio apresentado, o caráter *abstrato* da resposta penal é substituído, nas propostas à vocação inovadora, por sua dimensão *concreta*. Assim, por exemplo, entre os princípios da justiça restaurativa encontramos a ideia segundo a qual a intervenção é concebida para ter um impacto direto e tangível no devir do conflito criminalizado, ou porque vai proporcionar o ressarcimento do dano decorrente dele, vai mudar de fato as condições do conflito e as relações associadas a ele, ou, ainda, porque os protagonistas do conflito vão encontrar novas formas de lidar com este ou, ainda, desenvolver habilidades que, de maneira duradora, lhes permitirão evitar conflitos de natureza análoga ou manejá-los limitando suas consequências negativas. Esse último aspecto, ligado à aquisição de novas habilidades, encontra-se igualmente presente – em diferentes medidas – nas abordagens reabilitadoras em meio aberto.

Prosseguindo a leitura comparativa da inovação, ao caráter *atomista* tipicamente associado à resposta penal se contrapõe a perspectiva *participativa*, pela qual os protagonistas do conflito são chamados a contribuir para seu desfecho ou solução, de acordo com seus interesses, capacidades e motivações. Novamente, a perspectiva restaurativa, em bom número de suas formulações, sustenta o caráter participativo da intervenção ou, de toda maneira, a clara necessidade de considerar os laços sociais, comunitários e familiares no âmbito da produção da resposta que será dada à conduta criminalizada. Podemos dizer o mesmo para a perspectiva reabilitadora em meio aberto, quando o trabalho educativo é desenvolvido com a preocupação de inclusão de diversos atores na proposta de intervenção, a começar pelo próprio apenado.

Enfim, a mentalidade *hostil* promovida pela RPM dá espaço, sob uma perspectiva inovadora, a outra maneira de enxergar os protagonistas das condutas criminalizadas. Cabe aqui pensar em uma atitude pouco evocada, e menos ainda praticada, que responde ao conceito de *empatia*. Em uma criminologia "compreensiva" ou "fenomenológica" – tal como proposta por Christian Debuyst e pela Escola de Louvain –, trata-se de uma abordagem centrada essencialmente na consideração do ponto de vista do sujeito (DEBUYST, 1989). Nessa visão, a noção de empatia remete à capacidade de escutar e acessar, na medida do possível, esse ponto de vista que é próprio ao sujeito – inserindo-se em seu contexto sociocultural e em sua história de vida – para construir caminhos viáveis de intervenção.

De maneira geral, poderíamos acrescentar que o conteúdo da inovação precisa ser construído em uma perspectiva casuística, fazendo prova de criatividade, condição que está dramaticamente em falta nas respostas pautadas na racionalidade penal dominante. Em outras palavras, trata-se de trilhar caminhos que permitam vencer a inércia típica das respostas punitivas preconizadas no âmbito da RPM, a começar pelos obstáculos cognitivos característicos das maneiras de pensar subjacentes a ela.

3. A regressão penal: outra maneira, mais temível, de abandonar a RPM

Em face do esforço teórico esboçado aqui, voltado a caracterizar a inovação, cabe realizar, em perspectiva análoga, porém inversa, um exercício que busca igualmente apreender a existência de ideias, na seara penal, anunciando alternativas à RPM não inovadoras, que podem ser entendidas como indícios de regressão.

Por "regressão"[9] entendemos outra maneira de abandonar a visão da RPM, podendo ser associada, agora, a um retrocesso em relação a ela ou, ainda, a um "importante questionamento de alguns princípios ou critérios que a racionalidade penal moderna dominante estabeleceu; a saber: as aquisições evolutivas pelas quais a racionalidade pôde se distinguir dos aspectos *mais discriminatórios e mais simplificadores* da pré-modernidade" (CAUCHIE, 2005, p. 417, grifos do autor). À luz dessa definição, Cauchie examina o dispositivo conhecido sob o nome de *"three strikes and you're out"*, a saber: um "procedimento de pronúncia automática de penas de prisão perpétua, após uma dupla ou tripla recidiva" (CAUCHIE, 2005, p. 418). Esse dispositivo constitui, de acordo com o autor, um índice de regressão, pois entende que,

> "mesmo retomando alguns princípios caros à racionalidade penal dominante (agravar a pena em caso de recidiva), esse dispositivo a fragiliza, abandonando *princípios de proporcionalidade* encontrados nas teorias da dissuasão e da retribuição; ou abandonando o *tratamento psicossocial das situações*. A reintrodução da pena de morte para homicídio, ou para outros tipos de atos infra-

---

[9] Não estamos completamente satisfeitos com essa expressão, pois refere uma leitura temporal de caráter linear, ainda que em um sentido de inversão. Mantemo-la, por enquanto, para acompanhar a nomenclatura e o raciocínio propostos por Cauchie, entendendo que poderia ser substituída para melhor traduzir o propósito desta discussão.

cionais poderia também ser concebida como uma regressão". (CAUCHIE, 2005, p. 418, grifos nossos)

Para compreender a ideia de regressão, outra afirmação nos interessa: "Se, do ponto de vista da racionalidade penal dominante, não parece *crível exigir 'demasiada pena'*, ou ainda, *opor-se aos direitos dos infratores*, seria igualmente pouco crível não demandar a pena" (CAUCHIE, 2005, p. 406, grifos nossos). Essa proposição, uma vez invertida, pode nos ajudar a reproduzir o argumento que pretendemos defender aqui: se, do ponto de vista da racionalidade penal dominante, não parece crível deixar de demandar a pena, seria também pouco crível exigir "demasiada pena", por exemplo rompendo de maneira drástica com o princípio de proporcionalidade, ou, ainda, opor-se, para além de determinado limite, aos direitos dos infratores.

A partir do exposto, as alternativas regressivas podem ser pensadas como aquelas cujo dispositivo é caracterizado pelo abandono de um ou vários princípios moderadores – incluídos e defendidos,[10] mesmo a título acessório, pela RPM – que, contudo, limitam o caráter aflitivo, estigmatizante e discriminatório da pena.

Esses princípios moderadores são:

- o princípio de proporcionalidade (como moderador da pena);
- o respeito, mesmo mínimo, aos direitos dos infratores;
- o princípio de legalidade (associado aos precedentes);
- o interesse, mesmo mínimo, pela reabilitação[11] (ou o tratamento psicossocial das situações).

A regressão caracteriza-se, portanto, pelo abandono de um ou de alguns desses princípios moderadores que, mesmo no âmbito da RPM, limitam a inflição de dor pela ação estatal punitiva. Não é possível definir exatamente o limite entre a RPM e a regressão, mas sim sustentar que essa linha de demarcação existe. Sem podermos detalhar aqui, o próprio Pires nos lembra de que "[a] linha de demarcação entre a doutrina da severidade

---

[10] Como o assinala Pires, esses princípios provêm de outras áreas do direito, por exemplo, o direito constitucional (PIRES, 1999, p. 84).

[11] Esse último princípio merece um tratamento diferenciado, já que ele não é diretamente associável à "matriz nucleica" (PIRES, 2006) da RPM, por não estar diretamente ligado à ideia de aflição. Não é menos verdade que o abandono desse princípio integre, em nossa opinião e também como afirma Cauchie, uma posição regressiva.

máxima, no século XVII, e as teorias modernas da pena existe, mas ela não é tão demarcada como se o supõe" (PIRES, 1998d, p. 55). Em outras palavras, acreditamos que, apesar de tudo, haja limites para a punição na perspectiva da RPM, pelo fato de que, nessa racionalidade, seria pouco crível exigir "demasiada pena" ou, ainda, opor-se, para além de determinado limite, aos direitos dos infratores ou à sua reabilitação.

Podemos aprofundar mais um pouco a discussão sobre a regressão, sobretudo a partir das observações realizadas no âmbito da nossa pesquisa voltada ao estudo dos discursos parlamentares sobre a redução da maioridade penal (CAPPI, 2017, p. 264-273).

Entre os discursos favoráveis à redução da maioridade penal, listamos alguns que entendemos compatíveis com uma racionalidade regressiva, tal como a propomos. Trata-se de discursos que alegam constatações que apoiam a necessidade de agir, diante da "onda de violência que devastou o país"[12] ou que "se apoderou do país".[13] O tom dramatizado desses discursos é bastante elevado: "a insegurança é total. A violência tomou corpo e tomou conta de nós no país".[14] "O povo brasileiro está prestes a ser massacrado pelos bandidos."[15] "Catastrófica é mesmo a expressão mais adequada para qualificar a situação da segurança no Brasil."[16]

Parece não haver espaço para o distanciamento nesses discursos pronunciados na tribuna da Câmara. O perigo está aí e afeta realmente a maneira de tomar conhecimento da situação. Os cidadãos "estão sitiados em suas casas e em seus escritórios, na impossibilidade de exercer o direito de se deslocar livremente".[17] "É um verdadeiro genocídio."[18] O perigo é percebido em seu nível extremo. A definição é a de uma situação em que o sujeito e o grupo se sentem literalmente ameaçados de inexistência. "Estou preocupado e angustiado com a maneira como esses jovens cometem crimes, com um ódio inexplicável."[19] Identificamos a ten-

---

[12] Magno Malta, PL, 29 de março de 2003; Valter Pereira, PMDB, 28 de fevereiro de 2007; Gerson Camata, PMDB, 22 de março de 2007; Ney Suassuna, PMDB, 12 de setembro de 1996.
[13] Magno Malta, PR, 14 de fevereiro de 2007; Romero Jucá, PMDB, 5 de março de 2007.
[14] Magno Malta, PR, 14 de fevereiro de 2007.
[15] Gerson Camata, PMDB, 12 de fevereiro de 2007.
[16] Gerson Camata, PMDB, 22 de março de 2007.
[17] Valter Pereira, PMDB, 28 de fevereiro de 2007.
[18] Demostenes Torres, PFL, 7 de março de 2007.
[19] Romeu Tuma, PFL, 19 de novembro de 2003.

dência em se atribuírem intenções totalmente malévolas àqueles que são considerados responsáveis ou causa da situação, em uma reação "intencionalizante e redutora" (DEBUYST, 1985, p. 29). Como vimos, o vocabulário apresenta variações para o mesmo tema da "barbárie inimaginável",[20] dos "monstros"[21] ou outras "feras soltas".[22] A sociedade é considerada à mercê desses "monstros", animados por más intenções e percebidos como a causa do problema.

Esse tipo de leitura exclui a consideração da complexidade, assim como qualquer tentativa de explicação minimamente sistemática, ou ainda a possibilidade de valorização de certos aspectos da situação. O discurso científico é descartado, pois ele não estaria próximo da realidade. Como diz Garland, assiste-se à "emergência de um discurso mais visceral, enfatizando o medo do crime sentido pelo público e a extensão da ira contra os criminosos. O crime foi redramatizado. O tom emocional do discurso penal passou do frio ao quente" (GARLAND, 2007, p. 391). Afirma-se aí que a delinquência juvenil contribui significativamente para o panorama de insegurança percebido, sem oferecer explicações a não ser a evocação de notícias criminais amplamente divulgadas pela imprensa, tendo impressionado a opinião pública. A esse sentimento de insegurança profusamente mencionado associa-se, em geral, a percepção de uma sociedade – totalmente – degradada moralmente. Nesse sentido, esses discursos podem ser relacionados à ideia de um "populismo penal" (PRATT, 2007) e de "cultura do medo" (PASTANA, 2003; BATISTA, 2003; ESPINHEIRA, 2008). Em resumo, o conhecimento elaborado é redutor, contingente e emocional, destinado a fomentar esse mesmo sentimento de medo, pela atribuição de características altamente ameaçadoras aos jovens delinquentes. Esses discursos tendem assim a desqualificar fortemente esses jovens, que só são, portanto, percebidos como um grupo perigoso e causa do aumento da insegurança, contra os quais é preciso dar uma resposta vigorosa, exemplar. Os modos de ação propostos nesse tipo de discurso são essencialmente voltados para a ideia de uma punição dura, vingativa, implícita ou explicitamente entendida como fugindo aos princípios e às garantias jurídicas que devem enquadrar a atividade punitiva do Estado, e abandonando, portanto, qualquer princípio de moderação.

[20] Artur da Távola, PSDB, 9 de março de 1998.
[21] Valter Pereira, PMDB, 28 de fevereiro de 2007.
[22] Magno Malta, PR, 14 de fevereiro de 2007.

Caminham na mesma direção as propostas que preconizam, a título complementar ou substitutivo, medidas que devem neutralizar os responsáveis pelas condutas proibidas, incluindo a pena capital. Enfim, nesse mesmo grupo de discursos identificamos propostas que, de uma maneira mais ou menos tácita, se mostram tolerantes ou favoráveis às práticas sociais de punição participativa, podendo provocar a morte, tal como o linchamento em espaço público ou nos estabelecimentos penitenciários. Percebe-se uma abordagem extremamente defensiva, tanto no nível da construção da situação e de seus personagens como no que concerne aos modos de ação punitivos, por um lado, ou neutralizantes ou eliminatórios, por outro lado, afastando-se de qualquer princípio moderador.

Essa constatação nos leva a complexificar a leitura da regressão, tal como foi conduzida até agora, no sentido de acrescentar à lógica da inflição de dor sem moderação outra lógica, a de neutralização e eliminação, também sem critérios limitadores.

Esse tipo de abordagem é discutido na literatura jurídica crítica brasileira, que faz referência aos debates latino-americanos acerca do "direito penal do inimigo".[23] Tais debates se reportam à hipótese de Jakobs (2005), de que o direito penal, a partir do final do século XX, estaria dividido em dois ramos, um do "direito penal do inimigo" e outro do "direito penal do cidadão". Segundo essa abordagem, haveria duas categorias de seres humanos: os cidadãos e os inimigos. Para os primeiros, subsiste um direito penal do fato ou do ato, baseado na culpabilidade, e "tradicionalmente associado aos cânones de um direito penal democrático" (CARTUYVELS *et al.*, 2009, p. 286), enquanto para os segundos entraria em vigor um direito penal do autor, baseado em sua periculosidade. No primeiro caso, a pena constitui uma reação repressiva à conduta criminalizada, visando manter uma dimensão de interação simbólica com o responsável pelos fatos, ainda considerado sujeito, cidadão ou ser humano. No segundo caso, a pena é entendida como uma medida baseada na força, visando a um efeito físico de proteção e de segurança, também entendido como obstáculo antecipado a um fato futuro. Trata-se de uma medida de prevenção – em uma lógica de pura gestão dos corpos –, e não de uma pena, visando lutar contra o perigo, mesmo o antecipando por meio de uma interposição física,

---

[23] Ver, por exemplo, Bianchini e Gomes (2002); Shecaira (2009); Jakobs (2009); Zaffaroni (2007); e Baratta (1999).

uma ação profilática em escala societária. O elemento central da filosofia de Jakobs é realmente o da diferenciação entre duas categorias de seres humanos. De um lado, os cidadãos, tidos como pessoas humanas, racionais, autores de fatos "normais" e capazes de guardar certa fidelidade às "expectativas normativas da comunidade": eles não "desafiam a sociedade". De outro lado, os inimigos, que se distinguem por uma "insubordinação jurídica intrínseca", um "estado de guerra contra a sociedade": eles perdem a sua condição humana, de detentores de direitos, pois são percebidos em sua condição sub-humana, em posição de desafio contra a sociedade.

A referência ao "direito penal do inimigo" nos permite identificar uma ruptura significativa entre, de uma parte, as ideias regressivas e, de outra parte, a racionalidade penal dominante. De fato, poderíamos ser levados a crer que essas ideias correspondem apenas a uma variação enrijecida da lógica da RPM. Ora, em nossa opinião, não é esse o caso, segundo duas linhas de raciocínio que expomos a seguir.

Vejamos a primeira linha de raciocínio. No cerne da RPM, como vimos, tem-se a valorização da punição, entendida como modalidade essencialmente "hostil, abstrata, negativa e atomista" de proteção da sociedade e de valorização das normas (PIRES, CELLARD e PELLETIER, 2001). Segundo Pires, as teorias clássicas da pena (retribuição e dissuasão) "introduzem – e conservam – uma concepção notavelmente hostil, negativa e abstrata da proteção dos direitos e dos bens jurídicos, e mesmo da noção de 'justiça'". O autor prossegue, salientando que "toda teoria que justifica *essencialmente as penas* está ligada, de forma incontornável, a um direito criminal do inimigo" (PIRES, 2001b, p. 154, grifos do autor).

Além disso, a abordagem de Pires, na qual está citada a teoria de Günther Jakobs, parece orientada para um objetivo principal, que é mostrar que "as teorias da pena constituem um obstáculo epistemológico e cultural de peso para a construção de um *verdadeiro* 'direito criminal do cidadão' e de uma nova racionalidade penal ao mesmo tempo mais humana, mais respeitosa da liberdade de todos, mais criativa e mais adaptada à complexidade da sociedade atual" (PIRES, 2001b, p. 145, grifos do autor). À primeira vista, pareceria, portanto, que o autor associa a RPM ao direito criminal do inimigo ou, em todo caso, a um direito criminal que não seria verdadeiramente o do cidadão.

Pires demonstra, de modo convincente, que a noção de garantias jurídicas não foi e não é capaz de transformar o direito criminal, no sentido de um verdadeiro direito do cidadão, na medida em que ela contribui, apesar dela mesma, para formar um direito criminal "em primeiro lugar e acima de tudo punitivo" (PIRES, 2001b, p. 152).

Parece-nos, contudo, que a demonstração é essencialmente motivada pela necessidade de diferenciar, de um lado, um direito criminal alimentado pelas teorias clássicas da pena; e, de outro lado, um direito criminal que inauguraria uma nova racionalidade "mais positiva e marcada por uma preferência cidadã" (PIRES, 2001b, p. 152). Assim como em outros trabalhos do mesmo autor, encontramos essa importante exigência de distinguir a RPM de um verdadeiro direito criminal do cidadão, com um alerta em relação a tentativas que só se situariam falsamente nessa direção.

Concordando com o raciocínio de Pires, queremos, todavia, afirmar uma ideia diferente, que poderíamos formular da seguinte maneira: se as teorias clássicas da pena estão, de modo incontornável, ligadas a um direito criminal do inimigo, as garantias jurídicas, por sua vez, apontam nele um princípio de moderação. Estas, embora legitimando a punitividade, impõem a ela – e à sua hostilidade – uma série de limitações, tanto em relação aos processos de produção das normas quanto àqueles ligados à sua operacionalização no âmbito dos processos de criminalização das pessoas. Nos termos de Pires, podemos assim postular a existência de uma fronteira, certamente móvel, entre um direito criminal do inimigo com moderação e um direito criminal do inimigo sem moderação. Em outras palavras, a RPM, embora defenda respostas hostis e aflitivas, conseguiu incorporar, apesar de tudo, aspectos que a diferenciam de um direito penal do inimigo, no sentido em que o entende Jakobs; ou, pelo menos, garantiu ou tornou possível o "enfrentamento entre dois autorretratos": um "no qual o direito vigia o indivíduo, nas relações com os outros indivíduos", e o outro em que ele controla o "Estado, nas relações com seus sujeitos" (PIRES, 2001b, p. 148).

Voltemos brevemente aos discursos dos parlamentares, mobilizando dois excertos ilustrativos da abordagem regressiva: "Os bandidos podem matar, como fizeram ontem, mas o policial, se ferir o criminoso, certamente será constrangido pelos defensores dos direitos humanos e correrá risco até mesmo de responder a inquérito administrativo, o que manchará sua carreira."[24] "Que mudem as leis brasileiras, para que os menores de

---

[24] Marçal Filho, PMDB, 30 de agosto de 2001 (discurso proferido na Câmara dos Deputados).

idade possam responder por qualquer crime que cometerem, e para que esse garoto possa ficar o resto de sua vida na cadeia. Isso é o mínimo que ele poderia pegar. Esse assassino não tem caráter para viver em nossa sociedade."[25] Tudo indica que nos discursos regressivos esse enfrentamento de que fala Pires, essa tensão entre hostilidade e distanciamento moderador, sejam eliminados. Essas precisões nos parecem cruciais, não só de um ponto de vista teórico, mas também em relação aos processos históricos e políticos que caracterizam a realidade brasileira.

O sociólogo Francisco de Oliveira afirma que "um simulacro de constitucionalidade, que esconde mal uma dominação que, uma vez mais, inverte a fórmula de Gramsci, de 80% de consenso e 20% de violência, em proporções opostas" (OLIVEIRA, 2000, p. 62). A violência que caracteriza as relações entre o Estado e o cidadão constitui um fenômeno marcante, que imerge suas raízes em um passado colonial, autoritário, e que se reatualiza no contexto do capitalismo neoliberal. A fórmula "direito penal do inimigo" – no sentido atribuído por Günther Jakobs – seria assim, de certo modo, inadequada. Concretamente, ao falar do "inimigo", o autor alemão se refere a figuras de exceção, ao passo que no que concerne à realidade penal brasileira, as estratégias de aflição exorbitante, de disciplinarização e de exclusão dirigem-se às massas pauperizadas (BATISTA, 2003, p. 20), as quais podem ser comparadas aos "dejetos humanos", de que fala Bauman (2007, p. 42): esse imenso número de "indivíduos tornados supérfluos pelo triunfo mundial do capitalismo" (2007, p. 43).

E aqui aparece uma segunda linha de raciocínio, para caracterizar o abandono da racionalidade penal. Os discursos regressivos podem ser agora associados, portanto, a essa tradição autoritária, que permite, a nosso ver, utilizar a fórmula do *homo sacer* (AGAMBEN, 2004), essa figura de ser social caracterizada pelo fato de que ele pode ser morto sem que isso constitua um crime. Trata-se de uma "não pessoa", que pode ser eliminada e em relação à qual todos podem agir na condição de soberano. Ela é reduzida à "vida nua" (AGAMBEN, 2004), simples *zoé*, e não *bios*.[26] O *homo sacer* é, nesse caso, constituído pelos jovens – essencialmente negros – dos meios pauperizados, e percebidos como "ontologicamente" diferentes, perigosos, elimináveis, em uma perspectiva de "permanente exceção"

---

[25] Feu Rosa, PP, 17 de novembro de 2003 (discurso proferido na Câmara dos Deputados).
[26] *Bios* se refere à vida não apenas zoológica (*zoé*), mas também política.

(AGAMBEN, 2004) ao Estado de direito. Paradoxalmente, esse grupo social está incluído na vida pública... por sua exclusão recursiva.

O conjunto dessas pessoas encontra-se maciçamente fora do direito: para matá-las, nenhum ritual específico será necessário. A exclusão ou a matança tornam-se assim legítimas, autorizadas pelo Estado, podendo ocorrer, como vimos, sob a forma do linchamento ou da utilização autoritária das competências institucionais. Os discursos regressivos nos parecem formular, portanto, a ideia da banalização da eliminação ou da morte para essa categoria não residual da população brasileira – os jovens negros pobres –, desse modo, desumanizada, reificada, rebaixada ao nível de sua mera vida "zoológica" (*zoé*). Isso nos remete à necessidade urgente de racializar a leitura das racionalidades que operam no âmbito e no entorno do sistema penal, percebendo o racismo em sua dimensão estrutural e como ele opera a "desumanização tão profunda de corpos não brancos" (PIRES, 2018, p. 1.057), assumindo "a incomensurabilidade entre a zona do ser e a zona do não ser" (PIRES, 2018, p. 1.057).

"A condição de aplicação da legalidade na zona do ser tem sido sustentada na violência, como regra, na zona do não ser" (PIRES, 2018, p. 1.057). A eliminação ou a morte podem mesmo ser concebidas como formas de tratamento dos "dejetos humanos", nas quais a própria ideia de punição desaparece: trata-se, antes, de uma operação técnica de limpeza social e étnica (FLAUZINA, 2008), destinada ao restabelecimento de um estado definido pela autoridade como normal ou adequado. Na mesma linha, a ideia de eliminação pode ser associada à noção de necropolítica, proposta por Achilles Mbembe (2003), para dar conta da experiência de negras e negros em sua condição em face do poder penal, entendido como uma das "tecnologias de poder moderno" (ALVES, 2010), que remetem não mais à lógica do castigo de sujeitos humanos, mas à de gestão dos corpos incluindo a perspectiva de sua pura e simples eliminação.

Essas últimas considerações nos levam a ampliar a ideia de regressão a ponto de não ficarmos totalmente satisfeitos com o próprio termo. De fato, Cauchie atribuiu a essa expressão uma conotação prevalentemente temporal. Conservamos o termo, até porque não achamos, até agora, outro mais satisfatório, pressupondo que possa haver regressões inseridas em "soluções" novas, com novos princípios, alimentadas, como vimos, por lógicas essencialmente eliminatórias, ligadas a aspectos discriminatórios e simplificadores – o termo é bastante apropriado –, especialmente em alta no período que atravessamos. Em outras palavras, se existe a possibilidade de pensar a regressão como castigo sem limites, de alguma maneira ainda associado à perspectiva da RPM, sustentamos uma nova conceitualização em que a lógica do castigo de sujeitos é drasticamente substituída pela da eliminação de corpos – em sua maioria não brancos –, apesar dos disfarces jurídico-penais que lastreiam essas maneiras de pensar e agir.

Conclusão

Acabamos de propor uma leitura pormenorizada de três distintas maneiras de pensar, no âmbito penal, as respostas às condutas criminalizadas. Foi descrita a RPM, que ocupa um lugar preponderante e transversal na maneira de conceber a pena e seu sistema de administração, orientando-o para respostas de tipo aflitivo e/ou geradoras de exclusão social. Algumas ideias presentes nos discursos em vigor no âmbito penal parecem, contudo, distinguir-se do sistema de pensamento dominante. Esse traço diferenciador nos conduziu a examinar, sob o ângulo teórico, duas outras maneiras de pensar, que denominamos inovação e, ainda que provisoriamente, regressão.

Obviamente, é útil colocar a grade de leitura proposta à prova da observação para averiguar a sua pertinência, verificando de que maneira as três racionalidades estão presentes em materiais empíricos específicos – observando, por exemplo, discursos parlamentares, entrevistas de atores do sistema penal ou documentos programáticos.[27]

Vale ressaltar que a inovação e a regressão, apesar de definidas em relação à RPM – construindo, assim, uma nomenclatura de tipo encadeado –, não ocupam posições simétricas em relação a esse sistema de pensamento. A inovação, por um lado, distingue-se nitidamente da RPM, ao preconizar respostas, cuja pretensão reside precisamente em sair do terreno da aflição e da exclusão. Por outro lado, a regressão pode ser entendida, em determinados aspectos, como uma racionalidade que só se distingue da RPM pelo abandono de princípios que moderam o caráter aflitivo, estigmatizante e discriminatório da resposta às condutas delituosas.

Contudo, os desdobramentos da reflexão sobre a regressão nos levam a crer que ela merece uma atenção específica, que reforça seus delineamentos distintivos, por razões teóricas e políticas. Do ponto de vista teórico, o conceito de regressão – mantendo esse nome como provisório – nos con-

---

[27] Por exemplo, ver Budó e Cappi (2018).

vida a aprofundar a análise de ideias que, além de prover respostas aflitivas que afastam os princípios de moderação, tal como expressos pelas exigências legais, acaba englobando lógicas que remetem ao princípio de neutralização, igualmente imune a princípios de moderação, podendo até chegar à ideia da eliminação de indivíduos, concebida como solução necessária ante situações problemáticas, e distinguindo-se nitidamente da ideia de aflição. A realidade política brasileira, tanto hoje como ontem, sugere que atribuamos atenção maior ainda para esse conceito, diante das manifestações autoritárias, altamente encarceradoras e letais do sistema penal, notadamente em função de uma racialização das operações do sistema penal em seus diferentes segmentos.

Por fim, gostaríamos de sugerir, para outro desenvolvimento, um ulterior movimento na leitura das maneiras de pensar a resposta às transgressões penais. A RPM, a inovação e a regressão foram tomadas como racionalidades distintas, referidas essencialmente às maneiras de conceber a intervenção em relação a autores de condutas criminalizadas. Ora, é possível propor uma leitura teórica que confere maior importância, na observação, às maneiras de ver – ou de apreender – as situações problemáticas e seus protagonistas. Entendemos que essa leitura é complementar à análise desenvolvida à luz da RPM, pois aprofunda o exame das formas de apreender os autores das condutas criminalizadas, por exemplo, segundo a modalidade da empatia ou da hostilidade, ou até do ódio ou do ostracismo racializado. Assim[28] seria nossa maneira de ver os protagonistas das condutas criminalizadas – mais do que nossa forma de pensar as respostas às suas condutas –, que constitui a condição para modificar as formas de intervir no âmbito penal. Em um sentido ou em outro.

Referências

AGAMBEN, Giorgio. *Homo sacer*: II potere sovrano e la nuda vita. Torino: Giulio Einaudi, 2004.

ALVES, Jaime Amparo. Necropolítica racial: a produção espacial da morte na cidade de São Paulo. *Revista da Associação Brasileira de Pesquisadores/as Negros/as (ABPN)*, Uberlândia, v. 1, n. 3, p. 89-114, nov. 2010/fev. 2011. Disponível em: http://www.abpnrevista.org.br/revista/index.php/revistaabpn1/article/view/276/256. Acesso em: 12 mar. 2018.

---

[28] Parafraseando a expressão de Pires: "É *nossa forma de pensar os jovens*, e não nossa forma de pensar o direito criminal, que parece ter modificado a forma de intervir penalmente junto aos jovens" (PIRES, 2006, p. 228, grifos do autor).

BARATTA, Alessandro. Droits de l'homme et politique criminelle. *Déviance et Société*, [s.l.], v. 23, n. 3, p. 239-257, 1999. Disponível em: https://www.persee.fr/docAsPDF/ds_0378-7931_1999_num_23_3_1695.pdf. Acesso em: 22 maio 2019.

BATISTA, Vera Malaguti. *O medo na cidade do Rio de Janeiro*: dois tempos de uma história. Rio de Janeiro: Revan, 2003.

BAUMAN, Zygmunt. *Le présent liquide*: peurs sociales et obsession sécuritaire. Paris: Seuil, 2007.

BECCARIA, Cesare. *Des délits et des peines*. Paris: Flammarion, 1991.

BIANCHINI, Alice; GOMES, Luiz Flávio. *O direito penal na era da globalização e seus sete pecados capitais*. São Paulo: Revista dos Tribunais, 2002.

BUDÓ, Marília de Nardin; CAPPI, Riccardo. *Punir os jovens?* A centralidade do castigo nos discursos midiáticos e parlamentares sobre o ato infracional. Belo Horizonte: Letramento, 2018.

CAPPI, Riccardo. *A maioridade penal dos debates parlamentares*: motivos do controle e figuras do perigo. Belo Horizonte: Letramento, 2017.

CARTUYVELS Yves *et al*. La justice des mineurs en Belgique au prisme des sanctions. *Déviance et Société*, [s.l.], v. 33, n. 3, p. 271-293, 2009. Disponível em: https://www.cairn.info/revue-deviance-et-societe-2009-3-page-271.htm. Acesso em: 22 maio 2019.

CAUCHIE, Jean-François. *Peines de travail*: justice pénale et innovation. Bruxelles: Larcier, 2009.

CAUCHIE, Jean-François. Un système pénal entre complexification et innovations. *Déviance et Société*, [s.l.], v. 29, n. 4, p. 399-422, 2005.

CAUCHIE, Jean-François; KAMINSKI, Dan. Éléments pour une sociologie du changement pénal en Occident. Éclairage des concepts de rationalité pénale moderne et d'innovation pénale. *Champ Pénal/Penal Field, Nouvelle Eevue Internationale de Criminologie*, v. 4, 2007a. Disponível em: http://champpenal.revues.org/613. Acesso em: 8 maio 2019.

CAUCHIE, Jean-François; KAMINSKI, Dan. L'innovation pénale: oxymore indépassable ou passage théorique obligé? *Champ Pénal/Penal Field, Nouvelle Nevue Internationale de Criminologie*, Séminaires Innovations Pénales, 2007b. Disponível em: http://champpenal.revues.org/1353. Acesso em: 08 de maio de 2019. Acesso em: 22 maio 2019.

CHRISTIE Nils. *Au bout de nos peines*. Trad. Dan Kaminski. Bruxelles: De Boeck, 2005.

DEBUYST, Christian. *Modèle éthologique et criminologie*. Liège: Mardaga Éditeur, 1985.

DEBUYST, Christian. Perspectives cliniques en criminologie. Le choix d'une orientation. *Revue Internationale de Criminologie et de Police Technique*, [s.l.], n. 4, p. 405-418, out. 1989. Disponível em: https://addi.ehu.es/bitstream/handle/10810/27244/27%20-%20Perspectives%20cliniques.pdf?sequence=1. Acesso em: 22 maio 2019.

DUBÉ, Richard. *Les conditions d'émergence des idées innovatrices en matière de justice pénale*. Le cas des auto-descriptions pénales du Comité Canadien de la Réforme pénale et correctionnelle. Texto não publicado, Université d'Ottawa, 2004.

ESPINHEIRA, Gey (org.). *Sociedade do medo*. Teoria e método da análise sociológica em bairros populares de Salvador: juventude, pobreza e violência. Salvador: EDUFBA, 2008.

FEELEY, Malcolm; SIMON, Jonathan. Actuarial justice: the emerging new criminal law. *In*: NELKEN, David (ed.). *The futures of criminology*. London: Sage, 1994. p. 173-201.

FLAUZINA, Ana Luiza Pinheiro. *Corpo negro caído no chão*: o sistema penal e o projeto genocida do Estado brasileiro. Rio de Janeiro: Contraponto, 2008.

FOUCAULT, Michel. *Surveiller et punir*: naissance de la prison. Paris: Gallimard, 1975.

GARCIA, Margarida. Innovation et obstacles à l'innovation: la réception des droits de la personne par le système de droit criminel. *Champ Pénal/Penal Field, Nouvelle Revue Internationale de Criminologie*, Séminaire Innovations Pénales, 2007. Disponível em: http://champpenal.revues.org/1192. Acesso em: 5 maio 2019.

GARCIA, Margarida. *Le rapport paradoxal entre les droits de la personne et le droit criminel*: les théories de la peine comme obstacles cognitifs à l'innovation. 2010. Tese (Doutorado em Sociologia) – Universidade de Québec, Montreal, 2010. Disponível em: https://archipel.uqam.ca/2742/1/D1884.pdf?gathStatIcon=true. Acesso em: 22 maio 2019.

GARLAND, David. Adaptations politiques et culturelles des sociétés à forte criminalité. *Déviance et Société*, [s.l.], v. 31, n. 4, p. 387-403, 2007. Disponível em: https://www.cairn.info/revue-deviance-et-societe-2007-4-page-387.htm. Acesso em: 22 maio 2019.

JAKOBS, Günther. Aux limites de l'orientation par le droit: le droit pénal de l'ennemi. *Revue de Science Criminelle et de Droit Pénal Comparé*, [s.l.], n. 1, p. 7-18, 2009.

JAKOBS, Günther. *Direito penal do inimigo*: noções e críticas. Porto Alegre: Livraria do Advogado, 2005.

KAMINSKI, Dan. L'éthique du réductionnisme et les solutions de rechange. *Criminologie*, [s.l.], v. 40, n. 2, p. 89-101, 2007. Disponível em: https://www.erudit.org/en/journals/crimino/2007-v40-n2-crimino1890/016853ar/abstract/. Acesso em: 22 maio 2019.

KAMINSKI, Dan. *Pénalité, management, innovation*. Namur: Presses Universitaires de Namur, 2010.

MBEMBÉ, Achille. Necropolitics. *Public Culture*, [s.l.], v. 15, n. 1, p. 11-40, 2003. Disponível em: https://muse.jhu.edu/article/39984/summary?casa_token=sKII4xP3YB8AAAAA:E58t92L-7iPphieeCwVKKAMzVkQcXfXHZOrAHTOYOV_rKl89BED3XQ-86prUCunVp4rwrS_YWlog. Acesso em: 22 maio 2019.

OLIVEIRA, Francisco de. Memórias do despotismo. *Estudos Avançados*, São Paulo, v. 14, n. 40, p. 59-63, set./dez. 2000. Disponível em: http://www.scielo.br/scielo.php?pid=S0103--40142000000300007&script=sci_arttext&tlng=pt. Acesso em: 22 maio 2019.

PASTANA, Débora Regina. *Cultura do medo*: reflexões sobre violência criminal, controle social e cidadania no Brasil. São Paulo: IBCCrim, 2003.

PELLETIER Yvan. *Le syllogisme hypothétique (sa conception aristotélicienne)*. Monographies Philosophia Perennis 1. Société d'Études Aristotéliciennes, 2005. Disponível em: http://docteurangelique.free.fr. Acesso em: 8 maio 2019.

PIRES, Alvaro. Aspects, traces et parcours de la rationalité pénale moderne. *In*: DEBUYST, Christian; DIGNEFFE, Françoise; PIRES, Alvaro. *Histoire des savoirs sur le crime et la peine*. Vol 2: La rationalité pénale et la naissance de la criminologie. Bruxelles: De Boeck Université, Presses de l'Université de Montréal et Presses de l'Université d'Ottawa, 1998a. p. 3-52.

PIRES, Alvaro. Kant face à la justice criminelle. *In*: DEBUYST, Christian; DIGNEFFE, Françoise; PIRES, Alvaro. *Histoire des savoirs sur le crime et la peine*. Vol 2: La rationalité pénale et la naissance de la criminologie. Bruxelles: De Boeck Université, Presses de l'Université de Montréal et Presses de l'Université d'Ottawa, 1998b. p. 145-206.

PIRES, Alvaro. Beccaria, l'utilitarisme et la rationalité pénale moderne. *In*: DEBUYST, Christian; DIGNEFFE, Françoise; PIRES, Alvaro. *Histoire des savoirs sur le crime et la peine*. Vol 2: La rationalité pénale et la naissance de la criminologie. Bruxelles: De Boeck Université, Presses de l'Université de Montréal et Presses de l'Université d'Ottawa, 1998c. p. 83-143.

PIRES, Alvaro. La doctrine de la sévérité maximale au siècle des lumières. *In*: DEBUYST, Christian; DIGNEFFE, Françoise; PIRES, Alvaro. *Histoire des savoirs sur le crime et la peine*. Vol 2: La rationalité pénale et la naissance de la criminologie. Bruxelles: De Boeck Université, Presses de l'Université de Montréal et Presses de l'Université d'Ottawa, 1998d. p. 53-81.

PIRES, Alvaro. Un noeud gordien autour du droit de punir. *In*: DEBUYST, Christian; DIGNEFFE, Françoise; PIRES, Alvaro. *Histoire des savoirs sur le crime et la peine*. Vol 2: La rationalité pénale et la naissance de la criminologie. Bruxelles: De Boeck Université, Presses de l'Université de Montréal et Presses de l'Université d'Ottawa, 1998e. p. 207-220.

PIRES, Alvaro. Alguns obstáculos a uma mutação "humanista" do direito penal. *Sociologias*, Porto Alegre, v. 1, n. 1, p. 64-95, jan./jun. 1999. Disponível em: https://seer.ufrgs.br/sociologias/article/view/6896. Acesso em: 23 maio 2019.

PIRES, Alvaro. La rationalité pénale moderne, la société du risque et la juridicisation de l'opinion publique. *Sociologie et Sociétés*, [s.l.], v. 33, n. 1, p. 179-204, 2001a. Disponível em: https://www.erudit.org/en/journals/socsoc/2001-v33-n1-socsoc71/001562ar/abstract/. Acesso em: 22 maio 2019.

PIRES, Alvaro. La "Ligne Maginot" en droit criminel: la protection contre le crime versus la protection contre le prince. *Revue de Droit Pénal et de Criminologie*, [s.l.], v. 81, n. 2, p. 145-170, 2001b.

PIRES, Alvaro. Codifications et réformes pénales. *In:* MUCCHIELLI, Laurent; ROBERT, Philippe (dir.). *Crime et sécurité*: l'État des savoirs. Paris: La Découverte, 2002. p. 84-92.

PIRES, Alvaro. A racionalidade penal moderna, o público e os direitos humanos. *Novos Estudos Cebrap*, São Paulo, v. 68, n. 3, p. 39-60, mar. 2004. Disponível em: https://edisciplinas.usp.br/pluginfile.php/121354/mod_resource/content/1/Pires_A%20racionalidade%20penal%20moderna.pdf. Acesso em: 22 maio 2019.

PIRES, Alvaro. Tomber dans un piège? Responsabilisation et justice des mineurs. *In*: DIGNEFFE, Françoise; MOREAU, Thierry (dir.). *La responsabilité et la responsabilisation dans la justice pénale*. Bruxelles: Larcier, 2006. p. 217-246.

PIRES, Alvaro. Une "utopie juridique" et politique pour le droit criminel moderne? *Criminologie*, [s.l.], v. 40, n. 2, p. 9-18, 2007.

PIRES, Alvaro; ACOSTA, Fernando. Les mouches et la bouteille à mouches: utilitarisme et rétributivisme classiques devant la question pénale. *Carrefour: Revue de la Société de Philosophie de l'Outaouais*, [s.l.], XVI, v. 16, n. 2, p. 8-39, 1994.

PIRES, Alvaro; CAUCHIE, Jean-François. Un cas d'innovation "accidentelle" en matière de peines: une loi brésilienne sur les drogues. *Champ Pénal/Penal Field*, 2007. Disponível em: http://champpenal.revues.org/1541. Acesso em: 5 maio 2019.

PIRES, Alvaro; CELLARD, André; PELLETIER, Gérald. L'énigme des demandes de modifications législatives au code criminel canadien. *In:* FRAILLE, Pedro (ed.). *Régulations et gouvernances*. Le contrôle des populations et du territoire en Europe et au Canada. Une perspective historique. Barcelone: Éditions de l'Université de Barcelone, 2001. p. 195-217.

PIRES, Alvaro; GARCIA, Margarida. Les relations entre les systèmes d'idées: droits de la personne et théories de la peine face à la peine de mort. *In*: CARTUYVELS, Yves; DUMONT, Hugues; OST, François; VAN DE KERCHOVE, Michel; VAN DROOGHENBROECK, Sébastien. *Les droits de l'homme, bouclier ou épée du droit pénal*. Bruxelles: Éditions Bruylant, 2007. p. 291-336.

PIRES, Thula Rafaela de Oliveira. Estruturas intocadas: racismo e ditadura no Rio de Janeiro. *Revista Direito e Práxis*, Rio de Janeiro, v. 9, n. 2, p. 1054-1079, abr./jun. 2018.

PRATT, John. *Penal populism*. London & New York: Routledge, 2007.

SHECAIRA, Sérgio Salomão. Tolerância zero. *Revista Internacional de Direito e Cidadania*, [s.l.], v. 5, p. 165-176, 2009.

SPOSATO, Karyna Batista. *Direito penal juvenil*. São Paulo: Revista dos Tribunais, 2006.

VAN DE KERKHOVE, Michel. Culpabilité et dangerosité. Réflexions sur la clôture des théories relatives la criminalité. *In*: DEBUYST, Christian, TULKENS, Françoise. *Dangerosité et justice pénale*. Ambiguïté d'une pratique. Genève: Masson. Médecine et Hygiène, 1981. p. 291-309.

ZAFFARONI, Eugenio Raúl. *O inimigo no direito penal*. Rio de Janeiro: Revan, 2007.

Capítulo 2
Por que é tão difícil reduzir o uso da prisão como pena? Obstáculos cognitivos na reforma penal de 1984

Mariana Raupp

Introdução

As críticas à prisão são inúmeras e redundantes (Foucault, 1975; Rothman, 1980; Pires, 2013, entre outros). Desde *Vigiar e punir* (Foucault, 1975), constatamos a dificuldade de transformar a crítica à prisão em mudanças legislativas capazes de reduzir quantitativamente (em termos de frequência) e, sobretudo, qualitativamente (em termos simbólicos) o uso da prisão como pena. Nos diferentes países do mundo ocidental, norte global e sul global, centro ou periferia, reformas visando reduzir o uso da prisão tentaram inúmeras vezes alcançar esse objetivo, e, sem dúvida, algumas mais do que outras conseguiram melhoras pontuais. Todavia, apesar desses esforços frequentemente atribuídos a uma conjuntura penal favorável, as críticas à prisão continuam a andar em círculos. A prisão é concebida como a pena por excelência do direito penal, ainda que, em alguns países, como no Canadá, ela não seja a pena mais aplicada pelos tribunais. Ela predomina nos Códigos penais do mundo jurídico-penal ocidental e é a ela que se pensa prioritariamente em caso de fracasso de uma pena em meio aberto, por exemplo. No caso do Brasil, como em outros países, podemos falar mesmo em encarceramento de massa (Thompson, 1976; Paixão, 1987; Adorno e Bordini, 1989; Adorno, 1993; Zaluar, 1999; Campos e Alvarez, 2017). Ocupando o terceiro lugar do *ranking* mundial da taxa de encarceramento, atrás somente dos Estados Unidos e da

Rússia, a população carcerária brasileira era de 726.712 pessoas em 2016 (DEPEN, 2017), número que compreende igualmente as pessoas presas provisoriamente, sem condenação. Em 1973, o então senador Franco Montoro falava já de "pena sem prisão", argumentando que, "em lugar de constituir uma solução, [as prisões] estão sendo, na realidade, um problema" (p. 27). Heleno Fragoso, jurista progressista, dizia nos anos 1980 que "o problema da prisão é a própria prisão, que apresenta um custo social demasiadamente elevado" (1980, p. 5). Comissões de reforma, anteprojetos de lei, leis foram instituídas justamente com o objetivo de reduzir o lugar da prisão como pena, mas a centralidade da prisão continua presente no direito penal. Como podemos compreender esse fenômeno? Como aumentar a probabilidade dessas reformas de alcançarem seu objetivo?

Este capítulo pretende pensar as dificuldades de reduzir o recurso à pena de prisão a partir da observação de reformas penais que visam precisamente esse objetivo. Falar de reformas penais que têm como objetivo a redução do uso da prisão em uma conjuntura na qual se assistem no mundo ocidental em geral, e no Brasil em particular, políticas penais que vão justamente no sentido contrário (GARLAND, 2001; PRATT, 2007; LANDREVILLE, 2007; DAEMS, 2008; DOOB, 2012; TEIXEIRA, 2014; AZEVEDO e CIFALI, 2015; CAMPOS, 2010; entre outros) pode parecer, à primeira vista, anacrônico e mesmo improdutivo. Sustentamos, contudo, que tal proposta é pertinente, pois ela permitirá observar as dificuldades que se situam no interior dessas reformas, uma vez que os fatores ditos externos, como o contexto sociopolítico ou a conjuntura jurídico-penal, aparecem ao menos *a priori* favoráveis a essas reformas, sem os quais elas não teriam sido nem sequer propostas. Trata-se de estudar as reformas que apresentam uma vontade de mudar a ordem das coisas, e compreender, assim, o enigma de seu "fracasso".

Nosso ponto de observação empírica consiste nos trabalhos de uma comissão de reforma composta exclusivamente por juristas que atuou entre 1980 e 1983 no Brasil e cujo objetivo era propor um projeto de reforma visando reduzir o uso da prisão e criar penas alternativas a esta. No final de seu mandato, a Comissão propôs dois anteprojetos de lei que foram enviados ao Congresso Nacional e transformados em leis sem grandes mudanças significativas.[1] Trata-se da reforma penal de 1984, que criou uma nova

---

[1] Isso não significa dizer que a Comissão não encontrou dificuldades políticas significativas para a aprovação da reforma. É certo que os reformadores por vezes anteciparam dificuldades

Parte Geral do Código Penal (CP), destinada ao estabelecimento de princípios e regras gerais que enquadram a aplicação da pena. A reforma também criou a primeira lei federal sobre a execução penal, a Lei de Execução Penal. Em certo sentido, essa reforma foi recepcionada pela comunidade penalista brasileira como uma reforma progressista. Ela certamente apresentou novidades e fez avançarem alguns temas ao introduzir, por exemplo, pela primeira vez na legislação penal brasileira penas alternativas à prisão, como a prestação de serviço comunitário. No entanto, argumentamos que, apesar das boas intenções dos reformadores, os avanços alcançados permaneceram muito tímidos e isso se deu em razão de certos obstáculos encontrados no interior da própria cultura penalista.

Ao observar tal reforma e seus obstáculos cognitivos, não questionamos a autenticidade do objetivo declarado da Comissão de reduzir o uso da prisão como pena. Os reformadores afirmaram diversas vezes, inclusive em nossas entrevistas, que a reforma tinha essa preocupação central e, com toda a verossimilhança, levou-a a sério. Não iremos, portanto, adotar a distinção entre objetivos declarados e objetivos ocultos, que pressupõe que a redução do uso da prisão não seria um objetivo "verdadeiro". Pelo contrário, partimos da convicção de que a Comissão tinha de fato esse objetivo, mesmo que os reformadores não tenham conseguido, obviamente, alcançá-lo de maneira significativa.

O material empírico da pesquisa na qual este capítulo se baseia compõe-se sobretudo de documentos e algumas entrevistas.[2] Os documentos incluem os textos de reflexão[3] sobre as propostas de reforma elaboradas

e consequentemente adaptaram algumas das suas propostas a essas expectativas, mas este não é o problema – negligenciado no nosso caso – do qual vamos tratar aqui. Concentrar-nos-emos nas dificuldades cognitivas encontradas pelos próprios reformadores, isto é, problemas inerentes à cultura penalista (na sua versão brasileira).
[2] O tipo de entrevista que utilizamos foi a reflexiva semiestruturada (Pires, 2004), e tinha como objetivo estimular ativamente a reflexão entre o entrevistado e o entrevistador e explorar as ideias apresentadas para apoiar as propostas legislativas, pois nosso objeto era justamente o saber penal mobilizado pelos reformadores.
[3] Esses documentos foram coletados a partir de livros e artigos publicados pelos membros da Comissão durante o período de atividade desta (1980-1983), no período do processo legislativo (1984) e no período posterior à publicação das novas leis (1984-1990), porque alguns juristas membros da Comissão publicaram livros e artigos para explicar a reforma depois da sua transformação em lei. Os documentos de reflexão da Comissão também foram coletados em anais de congressos jurídicos realizados para debater a reforma.

pelos juristas que participaram da Comissão, além das propostas legislativas em si (versões dos anteprojetos de lei elaborados pela Comissão). Entrevistamos também os juristas membros da Comissão que estavam disponíveis durante a realização da pesquisa, assim como alguns juristas que na época acompanharam o trabalho da Comissão e que serviram como informantes para a coleta do material empírico.[4]

O presente capítulo estrutura-se da seguinte maneira. Primeiro, explicitaremos o quadro teórico da pesquisa, a teoria da RPM de Pires, apresentando a problemática e o conceito de obstáculos cognitivos; em segundo lugar, caracterizaremos brevemente o caso analisado. Na sequência, descreveremos a proposta legislativa principal da Comissão para reduzir o uso da prisão: o mecanismo de substituição desta. Essa parece-nos a proposta mais provável de afetar a prática do uso da pena de prisão pelos tribunais. Em seguida, vamos então identificar e analisar alguns obstáculos cognitivos encontrados pelos reformadores.

1. Observar os obstáculos cognitivos das reformas penais: a teoria da RPM, seu alcance e seus limites

A literatura sobre transformações em matéria de política penal já enfatizou amplamente a importância de fatores externos à reforma penal para explicar a dificuldade de mudar o *status quo* penal, especialmente no que diz respeito ao lugar da prisão. Pensando o problema da emergência e da permanência da prisão como pena (Dubé, 2014), Foucault (1975) sustenta a tese da gestão diferencial dos ilegalismos e a relaciona a uma mudança de regime de poder realizada de maneira capilar no tecido social: a emergência do poder disciplinar. Foucault estabelece, assim, uma relação entre um duplo movimento: a mudança na natureza dos crimes (a passagem dos ilegalismos de direitos para os ilegalismos de bens e a necessidade de reconfigurar outro regime de poder) e a mudança na punição, "a necessidade de definir uma estratégia e novas técnicas de punição" (Dubé, 2014, p. 104). Na fórmula proposta por Foucault, a prisão e suas críticas, existen-

---

[4] Do grupo de doze juristas formalmente envolvidos na referida Comissão, entrevistamos três membros (Dr. Miguel Reale Junior, Dr. René Ariel Dotti e Dr. Jair Leonardo Lopes), bem como o Ministro da Justiça na época, Dr. Ibrahim Abi-Ackel, que criou a referida Comissão. Os outros juristas envolvidos já tinham falecido ou estavam inacessíveis por razão de saúde antes do início da pesquisa.

tes desde sua emergência, não representariam assim um fracasso, mas, pelo contrário, um sucesso em termos de gestão diferenciada dos ilegalismos.

Garland (2001), por sua vez, ao identificar mudanças na penalidade contemporânea, trata do tema da permanência da prisão na forma discreta do diagnóstico da sua reinvenção. Para explicar tais mudanças, Garland insiste na tese segundo a qual elas seriam o resultado de transformações na sociedade, transformações essas produzidas em um quadro de uma modernidade tardia e de uma maior sensibilidade cultural em face da experiência do crime. Essas duas causas juntas seriam responsáveis por uma nova cultura do controle do crime. A partir do conceito de campo do controle do crime, Garland não se concentra no direito penal propriamente dito, mas fornece, em termos gerais, um retrato amplo do que aconteceria em um contexto social mais abrangente. No entanto, ele termina por atribuir maior importância aos fatores contextuais na explicação da mudança (ou do endurecimento penal) em direção ao que ele chama de "reinvenção da prisão" ou "virada punitiva", ocorrida nas décadas de 1980 e 1990 nos Estados Unidos e no Reino Unido.

Apesar das diferenças teóricas e empíricas entre esses dois autores, podemos notar ao menos uma semelhança entre essas duas abordagens: tanto Foucault quanto Garland parecem atribuir o diagnóstico da permanência ou da mudança na intervenção penal a fatores externos às próprias reformas penais concretas (em particular, às leis penais). A explicação permanece associada à conjuntura sócio-política enquanto que o papel das ideias, mais especificamente dos saberes penais "eruditos" e institucionalizados que são subjacentes às reformas, na sua justificação, e à estrutura normativa das leis propostas, na sua elaboração, continuam subestimados.

A teoria da RPM de Pires contribui justamente nessa questão. Para estudar esse ponto cego existente nas pesquisas sobre reforma penal e criação de leis, Pires propõe observar os obstáculos cognitivos das reformas penais. A partir do conceito de obstáculo epistemológico de Bachelard (1938), Pires (1995) desenvolve o conceito de obstáculos cognitivos[5] para caracterizar as dificuldades relacionadas ao quadro de referência sobre o qual

---

[5] Para a teoria da RPM, esse tipo de dificuldade aparece nas duas grandes tradições jurídicas ocidentais (a de *common law* e a de direito romano-germânico) e não está circunscrito às fronteiras nacionais ou jurisdicionais. A teoria associa tal problema à cultura jurídico-penal ocidental.

reformas em matéria penal são pensadas e construídas. Para observar esse quadro de referência, as teorias modernas da pena (teorias da retribuição, da dissuasão, da denunciação ou prevenção geral positiva e da reabilitação, ou ressocialização, pela prisão) tornam-se um objeto privilegiado, porque formam um corpo discursivo, institucionalizado e reconhecido como legítimo e apropriado pelo direito penal (DUFF e GARLAND, 1994) e também pelo sistema político quando da criação de leis penais. Elas incorporam assim certa realidade e são mobilizadas para apoiar determinadas operações tanto do direito penal quanto do sistema político. Ao funcionar como um *estoque de conhecimento* (SCHUTZ, 1987), as ideias defendidas pelas teorias modernas da pena são mobilizadas não só para *legitimar* determinadas práticas (por exemplo, fornecendo justificativas para a adoção de uma proposição legislativa), mas também para *conceber e construir* tais práticas, funcionando como *recursos cognitivos* (GARCIA, 2013) (por exemplo, modulando determinada maneira de estabelecer critérios de admissibilidade para a aplicação de uma prestação de serviço comunitário). Em outras palavras, sem referência a essas teorias, a prática (no nosso caso, de se pensar, propor e fazer leis penais) poderia ser concebida de maneira diferente, especialmente no que diz respeito às normas de sanção.[6]

A distinção feita pela teoria da RPM é entre obstáculos cognitivos e outros obstáculos (por exemplo, obstáculos materiais, políticos, etc.). No caso da Comissão, objeto de nosso estudo, uma explicação utilizada por seus membros sobre as dificuldades encontradas na reforma do CP para alcançar os objetivos desejados refere-se à falta de recursos financeiros e materiais e à falta de vontade dos juízes para colocar em prática as penas alternativas à prisão. É a explicação dada em entrevista pelo membro da Comissão Renê Ariel Dotti:

> Então, nós tivemos essas dificuldades que se projetam até hoje. As penas alternativas sofreram restrições porque o juiz não aplicava, não queria aplicar, os promotores também não, mas elas se impuseram porque a própria sociedade passou, e centros, grupos de organizações não governamentais, setores do ministério público passaram a compreender isso [...] criaram setores inclusive para acompanhar os trabalhos em favor da comunidade, aquilo que era

---

[6] Pires define as normas de sanção como as normas associadas a tudo o que se refere à pena: a determinação da pena, as etapas de decisão sobre a pena, a escolha do tipo de pena, do seu *quantum* e da maneira de executá-la, etc. Sobre tal conceito, ver Machado (2016).

natural desde o começo [...] levou 20 anos pra ser ainda não bem implementado. Qual é o problema? O problema do controle, da fiscalização, estabelece uma pena de prestação de trabalho na comunidade e não tendo quem acompanhe aquilo é um pouco difícil porque torna uma letra morta a lei.

De fato, se o sistema político não fornece os recursos necessários, o sistema jurídico terá dificuldade em estabelecer e promover certos tipos de penas. Todavia, sem subestimar o peso desses tipos de obstáculo, a teoria da RPM nos permite argumentar que essa observação é altamente seletiva. Essa alegação não é utilizada, por exemplo, com relação às más condições da prisão, que permanece um problema permanente no Brasil. Se não há recursos financeiros e materiais para garantir boas condições da prisão, por que deveríamos manter a prática da pena mínima de prisão? A falta de recursos para garantir condições prisionais que respeitem as leis e os marcos internacionais parece não ser seriamente observada como uma razão (adicional) para eliminar o uso da pena mínima obrigatória de prisão ou para reduzir o tempo da pena prisional. As ideias que valorizam e fundamentam a pena privativa de liberdade são mais presentes e mais poderosas que as razões contra o recurso à prisão. O argumento da falta de recursos é, portanto, especialmente pensado e mobilizado quando se discutem as penas alternativas à prisão, o que muitas vezes leva a reiterar a prática prisional.

Outro ponto a considerar é que esses dois tipos de obstáculos (cognitivos e outros) não se sobrepõem necessária nem completamente. Muitas reformas que visam reduzir o uso da prisão podem ser propostas sem a necessidade de acrescentar novos recursos materiais. Por exemplo, é possível abolir as penas mínimas (ou reduzir consideravelmente sua extensão) ou eliminar o critério de ausência de reincidência como requisito para a aplicação de uma pena alternativa à prisão, sem acrescentar recursos materiais. Com tais reformas, poderíamos até mesmo economizar recursos materiais. Da mesma forma, é possível criar mais espaço para uma maior utilização da pena de multa e do acordo entre as partes, reduzir a escala de severidade da pena, facilitar o livramento condicional e assim por diante.

A teoria da RPM explora, assim, a questão das condições cognitivas do direito penal que o levam a permanecer nesse impasse. Um obstáculo material é mais facilmente identificável do que um obstáculo cognitivo porque ele é externo ao observador. Este observa o que falta materialmente para fazer alguma coisa. Por outro lado, quando tal observador mobiliza ou valoriza uma ideia que dificulta a realização de um objetivo, é muito mais difícil para ele identificar essa ideia como uma dificuldade ou como um empecilho. Para a teoria da RPM, se, de fato, podemos observar a presença de obstáculos que permanecem externos às ideias apoiadas pela proposição legislativa, no entanto, existem obstáculos mais inquietantes do ponto de vista da observação e da cognição para repensar e reconstruir a prática penal.

Dessa maneira, a teoria da RPM não se preocupa com todos os tipos de obstáculos que o direito penal possa encontrar na sua prática e nas suas tentativas de reconstrução. Seu alcance é bem circunscrito aos problemas no plano do conhecimento em matéria penal. Por isso, Pires a define como uma teoria cognitiva: ela atribui um papel central às ideias e a um sistema de ideias bem particular (a RPM) para compreender a problemática da reconstrução do direito penal e de suas práticas.

Pires a define igualmente como uma teoria sistêmica, pois ela estabelece uma distinção entre representação social dos atores e representação social de um quadro institucional de referência. Assim, não se trata de uma teoria que visa explicar o comportamento dos atores, mas que quer compreender por que o direito penal encontra dificuldades no plano das ideias para repensar e reconstruir suas normas de sanção. Desse modo, a teoria observa o ponto de vista oficial e institucional do direito penal e associa certas ideias a certas práticas legislativas e jurídicas em matéria penal.

2. A Comissão de juristas da reforma penal de 1984: contexto, características e desafios

Em 27 de novembro de 1980, quando o Brasil encontrava-se no início da transição do período da ditadura civil-militar (1964-1985) para a redemocratização, o Ministro da Justiça criou uma comissão composta *exclusivamente de juristas*[7] com o objetivo geral, segundo ele, de "estudar a legislação

---

[7] A *Comissão responsável pelo estudo e pela elaboração da Parte Geral do Código Penal*, criada em 27 de novembro de 1980, era composta pelos seguintes juristas: Francisco de Assis Toledo (presidente), Francisco de Assis Serrano Neves, Ricardo Antunes Andreucci, Miguel Reale Junior, Hélio Fonseca, Rogério Lauria Tucci e René Ariel Dotti. Em seguida, em 25 de junho de 1981, o Ministro da Justiça criou a *Comissão de revisão*, que tinha como objetivo apresentar o anteprojeto final da nova Parte Geral do CP. Faziam parte dessa Comissão: Francisco de Assis Toledo, Dinio de Santis Garcia, Jair Leonardo Lopes e Miguel Reale Junior. Para a elaboração do projeto de Lei de Execução Penal, a Comissão era composta pelos juristas Francisco de

penal e conceber as reformas necessárias" (Exposição de Motivos). De acordo com a justificativa do ministro, a reforma ambicionava impor limites ao uso da pena de prisão, buscando outras soluções penais para o crime. A criação da Comissão de 1980 pode ser vista como uma continuidade ao movimento de reforma, iniciado na década de 1970, que buscou soluções para o problema penitenciário no Brasil (TEIXEIRA, 2014). Na entrega da primeira versão do anteprojeto da Parte Geral do Código, o presidente da Comissão, Francisco Assis Toledo, dizia que tal projeto tinha "por fim último a modernização de nossa justiça criminal e a formulação de uma política criminal que possam levar a cabo a difícil tarefa de reconstrução de nosso sistema penitenciário" (BRASIL, 1981, p. 2). A Comissão questionava, assim, o uso abusivo da prisão.

Dois elementos tornam essa Comissão e seu trabalho particularmente interessantes. Primeiro, trata-se da última grande reforma do CP de 1940 no Brasil. Assim, não foi um projeto de reforma pontual, pois trouxe de imediato uma mudança significativa no CP brasileiro, substituindo uma parte completa deste, sua Parte Geral. Além disso, estamos falando de um movimento de reforma que mobilizou não só os juristas membros da Comissão, mas também a comunidade penalista. De fato, essa primeira etapa do processo legislativo, capitaneada pela Comissão e pelo Ministério da Justiça, foi marcada por uma série de congressos, conferências e debates em revistas jurídicas dos quais participaram diversos juristas e penalistas. Além disso, a reforma foi percebida pelos juristas que a apoiaram como uma reforma progressista, especialmente por causa de seu propósito de reduzir o uso da prisão.

Quando começou seus trabalhos, a Comissão tinha diante de si um CP no qual a prisão ocupava um lugar central na estrutura das penas previstas no Código. Na Tabela 1, apresentamos o retrato do Código na sua versão de 1980, listando as penas previstas e quantificando sua incidência nos tipos penais previstos na Parte Especial do Código.[8] Podemos, assim, observar

Assis Toledo, René Ariel Dotti, Benjamin Moraes Filho, Miguel Reale Junior, Rogério Lauria Tucci, Ricardo Antunes Andreucci, Sergio Marcos de Moraes Pitombo e Negi Calixto.

[8] Os crimes, tipos penais, na legislação penal brasileira não são previstos somente no CP, na sua Parte Especial. Outros crimes são previstos em leis especiais. Para dar uma ideia da representação da distribuição dos crimes de acordo com o tipo de legislação, em 2009, 56% dos crimes previstos integravam a legislação especial, 40% integravam o CP e 4% integravam a Lei de Contravenção Penal (MACHADO et al., 2009, p. 31).

a distribuição dos tipos de penas de acordo com os crimes previstos no CP, bem como a frequência dessas penas.[9] Nós comparamos o retrato do Código na sua versão de 1980 com o retrato da sua versão em 2009. Como podemos constatar, de uma época para outra, a maneira de se construir a Parte Especial do Código parece não ter mudado.

Tabela 1 – As penas previstas no Código Penal[10]

		Código Penal em 1980		Código Penal em 2009	
	Penas	Tipos penais		Tipos penais	
Penas prisionais	Privativa de liberdade (sem multa)	197	35%	239	35%
	Privativa de liberdade *e* multa	252	45%	330	49%
	Privativa de liberdade *e/ou* multa	0	0%	1	0%
	Privativa de liberdade *ou* multa	97	17%	97	14%
	Subtotal	**546**	**97%**	**667**	**99%**
Penas não prisionais	Somente multa	0	0%	2	0%
	Possibilidade de perdão judicial ou causas excludentes de ilicitude	15	3%	5	1%
	Subtotal	**15**	**3%**	**7**	**1%**
	TOTAL	561	100%	674	100%

Fonte: SISPENAS (MJ, PNUD, Direito GV) e CP de 1940 (versão de 27 de novembro de 1980).[11]

[9] Esse retrato é fornecido a partir do banco de dados conhecido como SISPENAS, uma base de dados elaborada pelos pesquisadores da Escola de Direito da Fundação Getulio Vargas de São Paulo com o apoio do Ministério da Justiça e do Programa das Nações Unidas para o Desenvolvimento (PNUD-Brasil). O SISPENAS "sistematiza e organiza as informações sobre os crimes previstos na legislação penal, suas penas respectivas e as medidas alternativas à prisão que podem ser eventualmente aplicadas a cada crime". Contudo, na época da realização desta pesquisa o SISPENAS fornecia a informação válida para 2009, data da última atualização na época. Para retratar o CP em vigor em 1980, nós calculamos a distribuição dos tipos penais e das penas manualmente a partir da versão do Código de 27 de novembro de 1980, data da criação da Comissão. Utilizamos a mesma metodologia empregada pelos pesquisadores do SISPENAS. O SISPENAS considera tipos penais "unidades de incriminação", isto é, um conjunto de comportamentos para os quais há uma pena designada. Se, por exemplo, em um único artigo do Código houver uma pena por roubo simples e outra pena por roubo qualificado, o SISPENAS contará dois crimes (duas "unidades de incriminação"). Nosso inventário do Código em 1980 indica que o CP de 1940, no momento da criação da Comissão, totalizava 561 tipos penais (unidades de incriminação). Para mais informações sobre o SISPENAS, ver Machado *et al.* (2009).
[10] Essa tabela foi concebida a partir da tabela indicada por Machado *et al.* (2009, p. 38).
[11] CP consultado: http://www.planalto.gov.br/ccivil_03/decreto-lei/del2848.htm.

No momento em que os reformadores iniciaram seus trabalhos, o CP em vigor valorizava de forma excessiva a prisão como pena na prática legislativa, ou seja, na *maneira de fazer as leis e pensar* o direito penal referente à pena.[12] A prisão era prevista para 97% dos tipos penais existentes na Parte Especial do Código, e 80% dos tipos penais não permitiam nenhuma alternativa. Em apenas 17% dos tipos penais, o juiz podia escolher entre a prisão e a multa, e o Código fornecia apenas quinze casos, ou seja, o equivalente a 3% dos tipos penais, e a pena de prisão não era prevista. O Código não incluía nenhum tipo penal pelo qual a multa seria a única pena aplicável. Além disso, no caso de reincidência, apenas a pena privativa de liberdade estava disponível ao juiz. Essa era, então, a realidade enfrentada pelos reformadores: a prisão ocupava lugar quase absoluto *na maneira de pensar e fazer a legislação penal* no Brasil. Se podemos compreender a vontade da Comissão de reduzir o uso da prisão, temos que perceber ainda mais as dificuldades enfrentadas, inclusive, como veremos, em razão das ideais compartilhadas na época pelos seus membros e pela comunidade de penalistas em geral. Em outras palavras, os reformadores tiveram que lutar contra eles próprios.

Dada a magnitude desses obstáculos, o que a Comissão de 1980 conseguiu fazer? Na busca de seu objetivo, os reformadores criaram um mecanismo de substituição da pena de prisão, previsto na Parte Geral do Código, que permite ao juiz substituir a pena privativa de liberdade aplicada no caso concreto por uma pena não prisional. Tal mecanismo, com diferentes critérios, continua sendo a lógica existente na legislação penal brasileira para a imposição de penas não prisionais.[13] Como veremos, tal mecanismo acaba valorizando a prisão como pena, mesmo que seu objetivo seja substituí-la. E isso em razão das ideias que fundamentam a lógica da substituição. A questão que colocamos é a seguinte: o que levou a Comissão e a comunidade jurídica a desvalorizar as penas não prisionais já que um dos objetivos da reforma era justamente a redução do uso da prisão? É o hábito de pensar o direito penal em termos de retribuição e de dissuasão e de ver na severidade da pena a expressão dos valores protegidos pelo direito penal. As teorias da pena conduziram os reformadores a perderem de vista um dos objetivos da reforma ou ao menos reduziram o peso desse objetivo na reforma. Vejamos como foi pensado e quais ideias fundamentam tal mecanismo.

---

[12] Não falamos aqui da prática judiciária (a aplicação da prisão pelos tribunais).
[13] Com exceção dos casos previstos na Parte Especial do Código somente com pena de multa.

3. Obstáculos cognitivos da reforma penal de 1984

A Comissão não tratou da Parte Especial do Código, que continuou a prever penas mínimas de prisão para quase todos os crimes previstos. Para reduzir a incidência da prisão como pena, os reformadores pensaram em um mecanismo de substituição da pena de prisão por outra pena ou medida não prisional. Como funciona tal mecanismo? Em um primeiro tempo (t_1), a prisão continua sendo a pena de entrada do juiz, que se vê obrigado a aplicá-la ao caso concreto. Em seguida (t_2), de acordo com as condições previstas para cada caso de substituição, o juiz decide qual pena ou medida não prisional aplicar. As medidas substitutas permanecem como uma espécie de concessão feita à pena principal, que é a prisão. Até a reforma de 1984, o único mecanismo que oferecia uma alternativa à prisão era o *sursis*. Podemos resumir as medidas substitutas propostas pelos reformadores na Figura 1.

Figura 1 – Mecanismo de substituição da pena de prisão

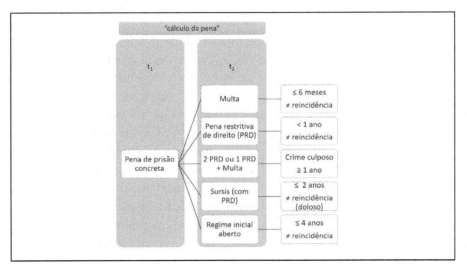

Como podemos notar, a pena de prisão aparece no centro da estrutura das penas do Código. Os reformadores estavam conscientes desse problema e, na primeira versão do anteprojeto, haviam proposto como primeiro critério a pena de prisão abstrata prevista na Parte Especial do Código, não obrigando o juiz a aplicar uma pena de prisão:

As penas restritivas [de direitos] são postas em lugar das privativas de liberdade, que, entretanto, continuam prevalecentes, no sistema, muito diversamente do que sucedia no anteprojeto, pelo qual elas e a multa inseriam-se quais verdadeiras penas alternativas. Antes a alternatividade se achava só nas mãos do aplicador, visto que todas as penas detinham a mesma importância e ele as escolhia, consoante o necessário e o suficiente. Agora, o juiz, ao condenar o réu, imporá uma das penas privativas de liberdade e, se necessário e suficiente para a reprovação e a prevenção da infração penal, poderá trocá-la por restritiva, ou restritivas de direitos e ou multa. Vê-se, consequentemente, que as duas últimas sanções emergem hierarquicamente inferiores, no plano da aplicação. (REALE JUNIOR *et al.*, 1987, p. 138)

Outra possibilidade seria já prever as penas restritivas de direitos para certos crimes. Todavia, os reformadores não a levaram adiante. Tal ideia foi mesmo desvalorizada pelo ministro da justiça que criou a Comissão, Dr. Ibrahim Abi-Ackel. Durante nossa entrevista, pedimos ao ex-ministro da justiça para reagir à ideia seguinte: "por que um juiz não poderia aplicar diretamente uma pena de prestação de serviços à comunidade sem ter que aplicar anteriormente uma pena de prisão para em seguida a substituir? Como nós veremos pela sua resposta, suas preocupações giravam em torno da eventualidade do não respeito à prestação de serviço comunitário. Ele se questionava sobre o que aconteceria se a pessoa condenada decidisse não respeitar a ordem do tribunal. Ele não imaginava um sistema de controle da execução das penas (por exemplo, por um juiz de execução, por agentes de execução da pena, etc.). Ele não pensava no fato de o juiz poder exigir que a pessoa se apresentasse novamente ao tribunal em caso de não respeito à sentença ou que ele poderia mesmo acrescentar imediatamente um período de prisão em caso de não respeito da pena imposta, tudo isso sem ter que começar pela prisão. O tribunal poderia substituir a pena de prestação de serviço imposta previamente por outra pena não prisional, como uma pena de multa. Ou seja, o problema da execução das penas restritivas de direitos não foi totalmente explorado e o resultado foi a reprodução da pena de prisão como pena hegemônica. Vejamos como ele explicou sua escolha:

Mas ela tem que ser necessariamente substitutiva. Pensa bem... muita gente alegou isso. A pena se chama pena alternativa à prisão. [...] O juiz aplica tantos meses de prisão, [...] ele transforma a pena de prisão em pena alternativa.

[Se] o indivíduo não cumpre a pena alternativa, obviamente o juiz deixa de aplicar a pena alternativa e aplica a prisão. Se você aplicar só a pena alternativa, ele chega na porta do tribunal e vai dizer assim: "doutor juiz, até logo, vai amolar outro, vai pra casa", não tem sanção nenhuma que o juiz aplicou...

De fato, tal problema poderia ser resolvido sem que a pessoa condenada fosse punida a partir da referência à escala da pena de prisão com o seu tempo mínimo e o seu tempo máximo. Isso permitiria, inclusive, contornar o problema da pena mínima existente na Parte Especial do Código. A prisão, no lugar de ser pensada como pena de referência, teria outro estatuto, um estatuto de apoio a outra pena. Contudo, os reformadores perderam de vista tal possibilidade. Em razão da recepção não tanto acolhedora da primeira versão do anteprojeto pela comunidade penalista e mesmo da opinião do ministro da justiça, os reformadores reformularam o mecanismo de substituição.

Para além da questão mal pensada e do obstáculo externo sem dúvida importante, que já indica uma maneira de conceber as novas penas não prisionais propostas pela Comissão como penas insuficientes e que, por isso, precisariam ser acompanhadas da pena de prisão, quais outros fatores impediram os reformadores de considerar outra solução? Destacaremos alguns obstáculos "mais profundos", como diria Pires, que contribuíram para reduzir substancialmente o objetivo da reforma que nos interessa aqui (a redução da pena de prisão): (2.4.1.) a determinação da pena como um cálculo; (2.4.2.) a relação entre crime e pena; e (2.4.3.) a reincidência como critério que exclui as alternativas. Queremos chamar a atenção para o estatuto de evidência que os reformadores deram a algumas ideias e como estas moldaram a proposta legislativa dos reformadores. Este é um ponto cego dos reformadores. Eles não observam que, mobilizando essas ideias, a probabilidade de a reforma atingir o objetivo principal foi reduzida consideravelmente.

3.1. A determinação da pena como um cálculo e o juiz como um matemático

Os reformadores de 1980 não mudaram o modo contábil de pensar a determinação da pena que o Código de 1940 havia adotado. A proposta dos reformadores sobre o processo de escolha da pena pelo juiz valoriza-o ainda mais como cálculo. Para evitar questões doutrinárias sobre o sistema bifásico, presente nos debates com a comunidade de penalistas, os reformadores criaram um artigo do Código chamado de "o cálculo da pena". Nele, cada passo da operação matemática de "fixar a pena" foi descrito. Eles denominaram a nova proposta sistema trifásico. A diferença entre esses dois sistemas, como veremos, não foi substancial.

Na Parte Geral do Código de 1940 antes da reforma de 1984, o ponto de partida era a pena de prisão, pois quase todos os crimes dele previam uma pena mínima e uma pena máxima de prisão. O juiz deveria, assim, fixar a duração da pena de prisão avaliando, primeiro, os antecedentes, os motivos do crime e as circunstâncias agravantes e atenuantes presentes. Quanto ao peso respectivo dessas últimas, o Código previa uma operação aritmética: duas agravantes menos uma atenuante resulta em uma agravante. Na fase seguinte, o juiz deveria realizar outra operação aritmética entre as causas de aumento e de diminuição da pena. Tal como as atenuantes e as agravantes, tratava-se aqui também de uma operação quantitativa, e não qualitativa.

O que foi pensado, proposto e alterado com a reforma de 1984 em comparação com a disposição de 1940? O que era bifásico virou trifásico: a antiga primeira fase transformou-se em duas fases. Na primeira fase, novamente tendo como referência a escala dada entre a pena mínima e a pena máxima de prisão prevista na Parte Especial, o juiz deve definir a pena-base de prisão com base nos elementos previstos no novo art. 59 do Código: "culpabilidade, antecedentes, conduta social, personalidade do agente, motivos, circunstâncias e consequências do crime, comportamento da vítima [...], conforme seja necessário e suficiente para a reprovação do crime". Em seguida, na segunda fase, o juiz faz o cálculo entre as circunstâncias atenuantes e agravantes do caso. Finalmente, na terceira e última fase, ele acrescenta novamente ao tempo obtido no final da segunda fase o resultado da operação igualmente aritmética entre as causas de diminuição e de aumento da pena. E assim a pena final de prisão, com seu tempo de duração, é calculada.

A representação do juiz expressa nesse mecanismo de 1980 foi bem retratada neste trecho de uma intervenção de um jurista externo à Comissão durante um congresso para debater o anteprojeto dos reformadores:

> [...] o mecanismo de aplicação da pena tem ensejado a cristalização de um estado de caos que chega a suprimir o poder discricional do juiz, alterando a própria diretriz que informou o sistema. Isto porque a complexidade da

técnica de aplicação da pena, [...] transforma o juiz, forçado a realizar complicadas e múltiplas operações, em um especialista em aplicação da pena, *double* de jurista e matemático, mais matemático do que jurista (PIRES, 1982, p. 150).

Como podemos constatar, as duas maneiras de escolher e de determinar a pena não são substancialmente diferentes. Os reformadores de 1980 não conseguiram reverter o espírito contábil do processo de escolha da pena do Código de 1940. As circunstâncias atenuantes e agravantes são tratadas a partir de um cálculo. Assim, se uma circunstância atenuante é qualitativamente mais importante que uma agravante, ela é completamente perdida de vista. Essa maneira de conceber o processo de determinação da pena comunica uma valorização da exclusão social do culpado que ainda hoje é central nas práticas punitivas no Brasil. Observamos uma dificuldade de não perder de vista a pessoa condenada no contexto da determinação da sua pena. Tal processo é guiado simplesmente por uma equação (especialmente quantitativa) entre o crime e a pena.

Essa mentalidade matemática, reproduzida na reforma de 1984, inclusive, neutralizou até mesmo uma proposição da Comissão que poderia trazer mais discricionariedade ao juiz na sentença. Trata-se da criação de uma circunstância atenuante genérica. Os reformadores criaram um artigo que permite ao juiz considerar uma circunstância relevante um fator atenuante, ainda que o Código não a estabelecesse como uma circunstância atenuante.[14] No entanto, embora esse artigo tenha aumentado a discricionariedade do juiz, ele entra no cálculo quantitativo entre agravantes e atenuantes e acaba sendo neutralizado.

Passemos para outro obstáculo cognitivo que se refere à própria lógica do mecanismo de substituição da pena de prisão: a relação entre crime e pena.

3.2. A lógica da relação entre crime e pena: a inevitabilidade da prisão "apesar de tudo"

A lógica do mecanismo de substituição da pena de prisão por uma pena não prisional funda-se na ideia de que a pena deve ser pensada em função da gravidade do crime. Assim, entre as diferentes penas alternativas à prisão

---

[14] "Art. 66. A pena poderá ser ainda atenuada em razão de circunstância relevante, anterior ou posterior ao fato, embora não prevista expressamente em lei.".

possíveis existe uma hierarquia que segue uma lógica de graduação: a pena de prisão mais curta, associada em tese a um crime menos grave, permitiria a aplicação de uma pena alternativa em tese de menor severidade. Como mostra a Figura 1, temos, de um lado, a graduação que segue a gravidade do crime representada pela duração da pena de prisão aplicada em um primeiro tempo e, de outro, a graduação das penas ou medidas não prisionais elegíveis para substituição. Nessa hierarquia de penas não prisionais (totalmente), a multa (sozinha) seria a pena menos severa e a prisão em regime aberto seria a mais severa. Essa graduação e hierarquização de acordo com o grau de sofrimento associado a cada medida estabelece uma associação hierárquica entre a prisão e as penas ou medidas não prisionais.

A teoria moderna da retribuição, condensada nos escritos filosóficos de Kant, de acordo com Pires (1998, p. 182), sustenta como critério para escolher o tipo de pena a identidade mimética entre pena e crime. Porque o crime é um mal, a pena deve representar um mal (VAN DE KERCHOVE, 2005). Assim, a teoria da retribuição exclui do direito penal qualquer reparação visando à vítima e qualquer outro tipo de punição cuja finalidade em primeiro plano não seja infligir intencionalmente um sofrimento. A punição é um imperativo categórico, "um dever incontornável da autoridade" (PIRES, 1998, p. 179). Isso significa que a teoria recomenda que todos os casos conhecidos sejam judiciarizados, que todos os condenados recebam uma pena e que esta seja aplicada integralmente. Ao seguir a ideia da punição como um imperativo categórico, as práticas de desjudiciarização ou de moderação das penas são desvalorizadas.

Quanto à teoria da dissuasão, em sua versão moderna, ela também recomenda que as autoridades escolham penas que possuem certa correspondência com o crime. Bentham fala do princípio da analogia entre crime e pena, que defende que deve haver uma identidade básica entre crime e pena.[15] Além disso, para essa teoria, a pena deve representar um custo maior que os benefícios associados ao crime para desencorajar os indivíduos de cometerem crimes. Podemos entender melhor, a partir desse critério, porque a teoria da dissuasão considera insuficiente a reparação

---

[15] Tanto Bentham quanto Beccaria valorizam esse princípio, mas eles não o consideram um critério absoluto para escolher a pena. Por exemplo, os dois são contrários à pena de morte no caso de homicídio. Esse princípio perde toda a sua relevância com a emergência da prisão como pena no século XIX. Contudo, a relação entre o crime e a pena como referência principal no processo de determinação da pena continua sendo importante.

do dano causado à vítima como pena. Para Beccaria, "[para] que [o] castigo seja suficiente, é necessário que o mal que ele causa supere o crime" (BECCARIA, 1764, p. 82). Para determinar a justa severidade da pena, a teoria da dissuasão, por sua vez, mobiliza, como o faz a teoria da retribuição, o princípio da proporcionalidade. Como Pires distingue, a proporcionalidade é aqui entendida de uma maneira diferente: não se trata de uma proporcionalidade horizontal (ou como um espelho) entre crime e pena, mas, sim, de uma escala global de gravidade do crime (PIRES, 1998). O legislador é, portanto, convidado a estabelecer uma escala de gravidade entre os diferentes tipos de crime e uma escala correspondente de severidade de penas. Quanto mais grave o crime, mais severa deve ser a punição. No caso de crimes menos graves, embora as sanções sejam menos graves, eles devem sempre ser punidos com uma pena que exprima o excedente punitivo capaz de superar os benefícios do crime (VAN DE KERCHOVE, 1981).

Ora, essas duas teorias da pena estão no centro da proposta dos reformadores. Os próprios reformadores observaram que a prisão ainda tinha um lugar central e hierárquico quanto às penas restritivas de direitos, como vimos anteriormente. No entanto, essas duas teorias da pena levaram os reformadores a perder de vista o objetivo principal de sua reforma ou, pelo menos, reduzir o peso desse objetivo na reforma.

De acordo com os reformadores, a pena é um mal necessário e isso parece significar que a autoridade deve necessariamente procurar causar ou comunicar esse mal. A ideia valorizada aqui é que o sofrimento infligido pela pena deve se exprimir na qualidade da pena (o tipo de pena escolhido), na quantidade da pena (o *quantum* da pena) e também na qualidade do tipo de regime prisional. Eles estabelecem uma relação entre o mal do crime e o sofrimento que a pena deve causar ou comunicar:

> E a pena, como "necessidade amarga" que é, não se pode despir de sua natureza aflitiva, concebida como sofrimento e dor. A exigência da proporcionalidade como medida de referência para valorar a culpa e o dano constitui a face visível da retribuição. [...] A pena retributiva e com fins de prevenção se justifica à luz de sua necessidade (e não de um critério utilitário) e se limita pela suficiência, através da qualidade, da quantidade e do regime. Trata-se, com a presente fórmula, de viabilizar o princípio da retribuição proporcionada. (REALE JUNIOR *et al.*, 1987, p. 35-37)

Nessa citação, precisamos distinguir duas maneiras diferentes de pensar. Uma delas é dizer que é impossível eliminar a possibilidade do sofrimento em qualquer pena do direito penal, uma vez que o sofrimento pode acompanhar (e muitas vezes acompanha) qualquer sanção penal. Outra maneira bem diferente é argumentar que a autoridade deve ter em vista a produção desse sofrimento, criando, por exemplo, tipos diferenciados de intensidade em nome do princípio da proporcionalidade. Nessa segunda maneira, podemos observar como o princípio da proporcionalidade no direito penal tornou-se um instrumento de apoio à inflição do sofrimento e um mecanismo que se apresenta como obstáculo à redução do uso da prisão.

Os reformadores estavam conscientes do problema da prisão. Em entrevista, René Ariel Dotti disse que a Comissão via a pena de prisão como uma "pena total" e que "deveria ter alternativa para esse tipo de pena total". A Comissão, de acordo com Dotti, queria apresentar soluções ao problema já identificado por Foucault "quando ele dizia que para todas as dores há o mesmo remédio... ele criticava muito a exclusividade da prisão como resposta penal". O comissário Miguel Reale Junior, em entrevista, disse-nos que os reformadores justificaram o projeto para diversificar as penas a partir da promoção da ideia de um "sistema de penas *à la carte*". Como nós o compreendemos, a aplicação dessa ideia significaria que o juiz teria no momento da sentença uma lista de opções de pena para escolher sem ser obrigado a optar pela pena privativa de liberdade:

> [É] pena *à la carte*. Então, o juiz aplica dois anos, ele pode dizer não, eu não aplico o *sursis*, eu aplico a pena privativa de liberdade a ser cumprida em sistema semiaberto, ou ele pode dizer não, aqui em dois anos, eu vou aplicar o *sursis* porque interessa mais nesse caso o *sursis* porque ele vai ser o necessário e o suficiente para a prevenção.

Os reformadores mencionaram essa ideia várias vezes em nossas entrevistas, o que indica que eles a valorizaram. No entanto, como podemos ver na Figura 1, ela não se materializou nas propostas de reforma. Certamente tal ideia apareceu no discurso que acompanhou as propostas de reforma, mas não apareceu nas próprias proposições de reforma. O juiz, assim, continuou a ser conduzido para o caminho da prisão e tinha pouco espaço para se desviar dessa trajetória. Ele não poderia realmente escolher "*à la carte*". Privilegiar a relação entre crime e pena acaba por valorizar excessivamente o grau de sofrimento que deve ter cada pena de acordo com a gravidade do crime, o que leva os reformadores diretamente à prisão. Esta torna-se, assim, imprescindível.

É importante destacar que não se trata aqui de um obstáculo político. Não foram os políticos que se opuseram às penas não prisionais ou que procuraram reduzir o campo de incidência delas no momento de escolher a pena na sentença. O empecilho aqui se encontra na cultura interna do próprio direito penal.

A Figura 1 indica outro problema cognitivo referente à maneira de pensar a reincidência quando da substituição da pena de prisão aplicada. É possível pensar no tratamento penal dado à reincidência para além das teorias da pena que formam o sistema de ideias da RPM? As penas e medidas propostas pelos reformadores para reduzir o uso da prisão estavam sujeitas – e continuam até hoje – a várias condições que limitam sua incidência. De todas essas condições, a mais restritiva foi a reincidência. Mesmo os crimes de pouca gravidade não escaparam dessa limitação, que bloqueou todas as medidas substitutivas à prisão planejadas pelos reformadores. Como então os reformadores conceberam a questão da reincidência?

3.3. A construção da reincidência: a neutralização das críticas à prisão

O termo "reincidência" pode ter vários significados sobre o que se considera reincidência (uma nova condenação? Em qual instância? Por um tipo de crime em particular?, etc.) e também sobre o que se considera implicações jurídicas diante de um caso de reincidência (uma pena de prisão obrigatória? Um agravamento da pena? Depende de cada caso concreto?, etc.) (LANDREVILLE, 1982; SCHNAPPER, 1983; HALPÉRIN, 2010).

As teorias da pena desempenham um papel fundamental na construção do significado atribuído à reincidência pelo direito penal. No nosso caso, os reformadores a pensaram a partir da visão dada por duas teorias da pena: retribuição e dissuasão. Além disso, eles pensaram sobre a reincidência sem ter em conta os problemas da prisão como a superlotação prisional ou o uso abusivo dela como pena ou mesmo as diversas causas sociais e psicológicas possíveis da reincidência. A resposta à reincidência foi assim construída de uma forma estritamente moral, em termos de "maior culpabilidade" (retribuição) e de "déficit de severidade da pena anterior" (dissuasão). Resultado: a prisão deixou de ser um problema, mas a única solução para todos os casos.

Na citação a seguir, extraída de um trabalho coletivo publicado pelos reformadores de 1984, eles justificam uma intervenção mais severa em caso de reincidência, tendo como consequência a exclusão da possibilidade de substituir a pena de prisão por uma pena não prisional. Eles argumentam que a reincidência indicaria um aumento do grau de culpabilidade. Dessa maneira, de acordo com os reformadores, apoiados pela teoria da retribuição, como a severidade da pena deveria seguir o grau de culpabilidade do autor do crime, a reincidência justificaria uma maior reprovação, simbolizada por uma pena capaz de comunicar maior sofrimento. Esse maior sofrimento também é justificado por outra razão inspirada pela teoria da dissuasão. Como podemos observar na citação, os reformadores alegam que a reincidência demonstra uma vontade de cometer um crime mais grave e um maior desprezo pela pena aplicada anteriormente e, assim, pelo direito penal. De acordo com esse raciocínio, uma pena mais severa justifica-se para restaurar a força intimidativa da pena e do direito penal.

> A reincidência refere-se à culpabilidade do réu, e decorre da própria estrutura do direito penal da culpa. [...] E o reincidente, sem se constituir, a nosso ver, em tipo normativo de autor, sem ser a reincidência uma qualidade permanente, indica, no entanto, a presença, na prática do fato delituoso novo, de uma vontade do ilícito mais intensa. Esta maior intensidade, revelada na prática do segundo fato, [...] decorre da circunstância de haver menosprezado a condenação anterior, e toda a força intimidativa da lei penal [...]. O novo delito revela a ineficácia da persecução penal e da condenação, com vistas à prevenção especial individual do condenado, e a maior culpa pela obrigação de respeitar a lei pela lembrança da experiência vivida. (REALE JUNIOR et al., 1987, p. 175-177)

Ao conceber a reincidência dessa maneira, o direito penal permanece indiferente às críticas à prisão que incentivaram a própria criação da Comissão. Essas críticas tornam-se uma espécie de ruído no ambiente do direito penal e este continua reproduzindo as estruturas cognitivas que apoiam a prisão como pena.

Essa maneira de pensar as consequências da reincidência na escolha da pena não considera todas as condições que conduzem à reincidência, e acaba por criar, assim, sua própria racionalização do problema da reincidência. De acordo com essa racionalização, o indivíduo seria inteiramente responsável pelo que acontece com ele, inclusive, sua reincidência. Como consequência, a resposta penal, nesse quadro, é simplificada: diante da reincidência, o direito penal agirá de maneira mecânica, indiscriminada, sem reflexão, sem a avaliação do juiz do processo, e canalizada para a aplicação da pena de prisão. O direito penal acaba assim se desresponsabilizando do problema da reincidência.

O que queremos destacar aqui é como a Comissão tratou da questão da reincidência a partir das lentes fornecidas pelas teorias da retribuição e da dissuasão. Se a Comissão utilizasse, por exemplo, as lentes da teoria da reabilitação, o tratamento dado à reincidência seria outro. A teoria da reabilitação não trata a reincidência a partir de uma regra geral, mas sim a partir de cada caso concreto. Do ponto de vista dessa teoria, a regra geral estipulando mecanicamente que a pessoa reincidente deve receber a pena de prisão é absurda e inadequada. Em alguns casos (por exemplo, consumo de drogas ou de álcool, violência doméstica), a reincidência é até mesmo uma etapa do processo de reabilitação, portanto, uma expectativa. Desse modo, na perspectiva dessa teoria, a reincidência não implica necessariamente um agravamento da situação nem mesmo um desprezo moral da pessoa pela lei ou pela autoridade, mas simplesmente uma situação sobre a qual é necessário agir de maneira refletida, minuciosa e de acordo com o caso concreto.

Ao tomar como quadro de referência as ideias das teorias da retribuição e da dissuasão, os reformadores reduziram mais uma vez o alcance da reforma, particularmente no que diz respeito ao objetivo de reduzir o uso da pena privativa de liberdade.

4. Considerações finais

Neste capítulo, queríamos mostrar a contribuição da teoria da RPM proposta por Pires à compreensão do fenômeno da permanência da prisão como pena no direito penal, apesar das suas inúmeras e repetidas críticas. O objetivo era mostrar como o papel desempenhado pelas ideias penais eruditas e institucionalizadas no direito penal, as teorias da pena, na construção de propostas legislativas em matéria penal, não deve ser subestimado. Os reformadores afirmaram que não queriam entrar em debates filosóficos ou privilegiar uma teoria em detrimento de outra. A reforma foi, assim, apresentada como uma reforma "realista". Ser realista para a Comissão significava não colocar os debates ditos "teóricos" no centro da sua atenção e reflexão, "uma postura realista, sem ortodoxias e comprometimentos teóricos, instaurando-se um realismo humanista que vê a pena como reprimenda; que busca humanizar o direito penal recorrendo a novas medidas que não o encarceramento [...]" (REALE JUNIOR, 1983, p. 48).

Nesse sentido, a Comissão estava certa em querer ser realista, em querer livrar-se dos debates em torno das teorias da pena. No entanto, esse sentimento de exaustão e de cansaço quanto a tal debate não foi suficiente para conduzir a Comissão fora do quadro cognitivo dado em cada teoria da pena (e do debate interno entre as teorias) e mesmo para questionar o enquadramento normativo dado por tais teorias, como vimos neste capítulo. A teoria da RPM fornece justamente as ferramentas conceituais para observar o papel dessas teorias nos trabalhos de reflexão da Comissão, ferramentas essas de que os reformadores não dispunham na época.

O que a Comissão utilizou e que a impediu de observar as teorias da pena como quadro cognitivo foi a distinção entre formulações teóricas e formulações práticas, privilegiando o lado formulações práticas e desvalorizando o lado formulações teóricas. Ora, podemos falar de práticas institucionalizadas, recorrentes e generalizadas sem ideias para fundamentá-las? Seja como for, o ponto central aqui é que a Comissão percebeu uma lacuna entre formulações teóricas e o que estava acontecendo na prática. Em sua opinião, a prática não correspondia às formulações teóricas. Como resultado, os problemas identificados nas práticas do direito penal, como o abuso do uso da prisão, não tinham nada a ver com as ideias (teorias da pena) do direito penal. O problema do direito penal, então, recaiu exclusivamente sobre a não realização das formulações teóricas. Esta é a ideia que emerge da citação a seguir, retirada de um trabalho coletivo desenvolvido por alguns membros da Comissão:

> As afirmações generalizadoras de que "a penitenciária é a universidade do crime", ou a de que "a prisão não cura; corrompe", demonstram a contradição do sistema global de direito penal na medida em que as práticas punitivas se opõem radicalmente às formulações teóricas com seus princípios e regras de individualização, personalidade e proporcionalidade da pena, além de outros como o da humanização do processo de execução, que não conflita com os postulados do direito penal da culpa. (REALE JUNIOR *et al.*, 1987, p. 12)

O problema dessa observação (e da sua distinção) é que ela cria um mecanismo de aceitação *a priori* das formulações teóricas. A forma de pensar a pena *do* direito penal moderno é excluída da observação, ou seja, do centro de atenção da Comissão. Esta, encarregada de pensar o direito penal e elaborar uma proposição legislativa, adotou, assim, uma postura antirreflexiva paradoxal: privou-se de refletir sobre as ideias e os mecanismos do direito penal que favorecem o uso da prisão.

A RPM foi assim imunizada. A distinção entre formulações teóricas e formulações práticas é problemática para ambos os lados da distinção. Para as práticas penais, sua complexidade reduz-se a um problema de inaplicabilidade das formulações teóricas. A premissa aqui é de que, se as formulações teóricas forem bem implementadas, as práticas punitivas melhorarão. Para as formulações teóricas, a distinção reforça a ideia de que as formulações teóricas estão sempre acima de qualquer decepção. Há tanta confiança no quadro de referência do direito penal que a responsabilidade por problemas na prática está sempre ligada a outras questões, às questões políticas, à "falta de boa vontade [...], [à] falta [de] capacidade de trabalhar, de fazer", como nos confiou em entrevista um dos membros da Comissão, referindo-se aos juízes, mas nunca ao próprio quadro cognitivo de referência. É como se o direito penal se protegesse do questionamento da sua própria maneira de conceber e de praticar o direito de punir.

No entanto, apesar da postura de não observar as teorias da pena, a Comissão as mobilizou para apoiar sua reflexão e construir suas propostas, como vimos, mesmo que tal mobilização não tenha sido diretamente explicitada. Esse é um dos efeitos da RPM identificado por Pires: as teorias da pena são naturalizadas. O fracasso da ambição da Comissão pode ser compreendido pela sua associação a algumas ideias sustentadas pelas teorias da pena, como a teoria da retribuição e a teoria da dissuasão. Tais ideias acabam valorizando o uso da prisão (DUBÉ, 2014), uma espécie de paradoxo da Comissão que visava reduzir a incidência da prisão e criar alternativas.

Como vimos ao longo deste capítulo, a Comissão selecionou e mobilizou, sim, as teorias da pena para apoiar sua reflexão e modular suas propostas legislativas. Apesar de não ter feito uma escolha explícita e refletida, o mecanismo de substituição da pena de prisão criado pelos reformadores mostra que eles, na verdade, não deram a mesma importância a todas as teorias da pena. As teorias da retribuição e da dissuasão foram amplamente valorizadas, e impediram em grande parte os reformadores de realizar de uma maneira mais ampla e efetiva um dos seus principais objetivos. Paradoxalmente, a reforma permaneceu indiferente às críticas às prisões e continuou a reproduzir as estruturas cognitivas que favorecem o uso da prisão como pena. Sem abandonar o quadro de referência dado por essas teorias, a prisão se tornou uma fatalidade e a crítica à prisão se tornou um tipo de ruído que os reformadores não conseguiram decodificar. Com as ideias de retribuição e de dissuasão, as críticas à prisão e a intenção de reduzir seu alcance encontraram rapidamente seus próprios limites.

Referências

Adorno, Sérgio. Criminalidade urbana violenta no Brasil: um recorte temático. *Boletim Informativo e Bibliográfico de Ciências Sociais*, Rio de Janeiro, n. 35, p. 3-24, jan./jun. 1993.

Adorno, Sérgio; Bordini, Eliana. Reincidência e reincidentes penitenciários em São Paulo, 1974-1985. *Revista Brasileira de Ciências Sociais*, Rio de Janeiro, v. 9, n. 3, p. 70-94, fev. 1989.

Alvarez, Marcos César. *Bacharéis, criminologistas e juristas*: saber jurídico e nova escola penal no Brasil. São Paulo: IBBCrim, 2003.

Azevedo, Rodrigo Ghiringuelli de; Cifali, Ana Cláudia. Política criminal e encarceramento no Brasil nos governos Lula e Dilma. Elementos para um balanço de uma experiência de governo pós-neoliberal. *Civitas* – Revista de Ciências Sociais, Porto Alegre, v. 15, n. 1, p. 105-127, jan./mar. 2015.

Bachelard, Gaston. *La formation de l'esprit scientifique*. Paris: Vrin, 1999.

Beccaria, Cesare. *Des délits et des peines*. Genève: Droz, 1965.

BRASIL. Ministério da Justiça. *Anteprojeto de lei* – Código Penal. Brasília: Departamento de Imprensa Nacional, 1981.

Campos, Marcelo da Silveira. *Crime e Congresso Nacional*: uma análise da política criminal aprovada de 1989 a 2006. São Paulo: IBCCrim, 2010.

Campos, Marcelo da Silveira; Alvarez, Marcos César. Políticas públicas de segurança, violência e punição no Brasil (2000-2016). *In*: Miceli, Sergio; Martins, Carlos Benedito (org.). *Sociologia brasileira hoje*. São Paulo: Ateliê Editorial, 2017. p. 143-217.

Daems, Tom. *Making sense of penal change*. Oxford: Oxford University Press, 2008.

DEPARTAMENTO PENITENCIÁRIO NACIONAL (DEPEN). *Levantamento Nacional de informações penitenciárias* – INFOPEN. Brasília: Ministério da Justiça e Segurança Pública, Departamento Penitenciário Nacional, 2017.

Doob, Anthony N. Principes de détermination de la peine, politiques publiques et modération en matière de recours à l'incarcération: la rupture du Canada avec son histoire. *Champ Pénal/Penal Field*, v. 9, 2012.

Dubé, Richard. Michel Foucault et les cachots conceptuels de l'incarcération: une évasion cognitive est-elle possible? *Champ Pénal/Penal Field*, v. 11, 2014.

Duff, Antony; Garland, David (ed.). *A reader on punishment*. Oxford: Oxford University Press, 1994.

Foucault, Michel. *Surveiller et punir*. Paris: Gallimard, 1975.

Fragoso, Heleno Cláudio. Alternativas da pena privativa da liberdade. *Revista de Direito Penal*, [s.l.], n. 29, p. 5-17, jan./jun. 1980.

FRANCO MONTORO, André. Pena sem prisão. *Revista de Informação Legislativa*, [s.l.], v. 10, n. 40, p. 27-42, out./dez. 1973.

GARCIA, Margarida. La réforme du droit entre action sociale et choix systémiques: réflexion à partir d'une étude de cas sur les demandes de modification des règles de procédure du Code criminel canadien. *Revue Générale de Droit*, [s.l.], v. 43, n. 2, p. 333-379, 2013.

GARLAND, David. *The culture of control.* Crime and social order in contemporary society. Chicago: University of Chicago Press, 2001.

HALPÉRIN, Jean-Louis. La doctrine pénaliste et la récidive au XIXe siècle. *In*: ALLINNE, Jean-Pierre; SOULA, Mathieu (dir.). *Les récidivistes*: représentations et traitements de la récidive aux XIXe-XXIe siècles. Rennes: PUR, 2010. p. 87-95.

LANDREVILLE, Pierre. Grandeurs et misères de la politique pénale au Canada: du réformisme au populisme. *Criminologie*, [s.l.], v. 40, n. 2, p. 19-51, 2007.

LANDREVILLE, Pierre. La récidive dans l'évaluation des mesures pénales. *Déviance et société*, Genève, v. 6, n. 4, p. 375-388, 1982.

MACHADO, Maíra Rocha. Entre a lei e o juiz: os processos decisórios na definição de penas. *Revista Brasileira de Ciências Criminais*, São Paulo, n. 126, p. 181-222, dez. 2016.

MACHADO, Marta Rodriguez de Assis; MACHADO, Maíra Rocha; ANDRADE, Fábio Knobloch de; OLIVEIRA, Priscilla Soares; LUZ, Yuri; FERREIRA, Carolina Cutrupi; MATSUDA, Fernanda Emy. Sispenas: Sistema de consulta sobre crimes, penas e alternativas à prisão. Secretaria de Assuntos Legislativos do Ministério da Justiça. *Série Pensando o Direito*, [s.l.], n. 6, 2009.

PAIXÃO, Antonio Luiz. *Recuperar ou punir?* Como o Estado trata o criminoso. São Paulo: Cortez, 1987.

PIRES, Alvaro. Aspects, traces et parcours de la rationalité pénale modern. *In*: DEBUYST, Christian; DIGNEFFE, Françoise; PIRES, Alvaro. *Histoire des savoirs sur le crime et la peine*. Vol. 2: La rationalité pénale et la naissance de la criminologie. Bruxelles: De Boeck Université, Presses de l'Université de Montréal et Presses de l'Université d'Ottawa, 1998. p. 1-52.

PIRES, Alvaro. La recherche qualitative et le système pénal. Peut-on interroger les systèmes sociaux? *In*: KAMINSKI, Dan; KOKOREFF, Michel (dir.). *Sociologie pénale*: système et experience. Ramonville Sait-Agnès: Édition Éres, 2004. p. 173-198.

PIRES, Alvaro. Postface: Naissance et développement d'une théorie et ses problèmes de recherché. *In*: DUBÉ, Richard; GARCIA, Margarida; MACHADO, Maíra (dir.). *La rationalité pénale moderne*: réflexions théoriques et explorations empiriques. Ottawa: Presses de l'Université d'Ottawa, 2013. p. 289-323.

PIRES, Alvaro. Quelques obstacles à une mutation du droit pénal. *Revue Générale de Droit*, [s.l.], v. 26, n. 1, p. 133-154, mar. 1995.

PIRES, Ariosvaldo de Campos. A simplificação do Código Penal no âmbito da aplicação da pena. *In*: BRASIL. Ministério da Justiça. *Anais I Congresso Brasileiro de Política Criminal e Penitenciária*, 1982. p. 149-154.

PRATT, John. *Penal populism*. London & New York: Routledge, 2007.

REALE JUNIOR, Miguel. Pressupostos do novo sistema penal. *In*: REALE JUNIOR, Miguel. *Novos rumos do sistema criminal*. Rio de Janeiro: Forense, 1983. p. 46-48.

REALE JUNIOR, Miguel et al. *Penas e medidas de segurança no novo código*. Rio de Janeiro: Forense, 1987.

ROTHMAN, David J. *Conscience and convenience*. The asylum and its alternatives in Progressive America. New York: Aldine de Guyter, 1980.

SCHNAPPER, Bernard. La récidive, une obsession créatrice au XIXe siècle. Le récidivisme. *In*: XXIè congrès de l'Association française de criminologie, p. 25-64, 1983.

SCHÜTZ, Alfred. *Le chercheur et le quotidien*. Phénoménologie des sciences sociales. Paris: Méridiens Klincksieck, 1987.

TEIXEIRA, Alessandra. Políticas penais no Brasil contemporâneo: uma história em três tempos. *L'Ordinaire des Amériques*, [s.l.], n. 216, p. 1-12, 2014.

THOMPSON, Augusto F. G. *A questão penitenciária*. Petrópolis: Vozes, 1976.

VAN DE KERCHOVE, Michel. Culpabilité et dangerosité. Réflexions sur la clôture des théories relative à la criminalité. *In*: DEBUYST, Christian. *Dangerosité et justice pénale*. Genève: Médecine et Hygiène, 1981. p. 291-309.

VAN DE KERCHOVE, Michel. Les fonctions de la sanction pénale. *Informations Sociales*, [s.l.], v. 7, n. 127, p. 22-31, 2005.

ZALUAR, Alba. Violência e crime. *In*: DE CASTRO, Eduardo Viveiros; MICELI, Sergio. *O que ler nas ciências sociais brasileiras*. São Paulo: Sumaré, 1999. v. 1. p. 13-107.

Capítulo 3
A racionalidade penal moderna como ferramenta para entender a impunidade[1]

CAMILO EDUARDO UMAÑA HERNÁNDEZ

Introdução

Eu tinha atravessado meio mundo para ocupar a *Chaire de recherche en traditions juridiques et rationalité pénale* da Universidade de Ottawa. Tinha sido aceito para fazer meu doutorado sob a supervisão do professor Alvaro Pires, a quem vinha acompanhando com assiduidade há alguns anos.

O projeto de pesquisa, base para este capítulo, tinha como escopo contribuir para a compreensão do fenômeno da impunidade a partir de uma perspectiva criminológica e sociojurídica. A impunidade, entendida como um problema social, era para o projeto um ponto de observação crítico para entender os porquês das violações dos direitos humanos.

O que tínhamos em mente era a existência de uma infinidade de crimes praticados por membros de esferas de poder que simplesmente eram imunes à ação do sistema penal. Apesar da relevância social que reconhecíamos no fenômeno, faltava-nos uma delimitação clara do problema: o que é e até onde chega a impunidade?

As primeiras discussões e leituras sobre a teoria da *racionalidade penal moderna* (doravante, RPM) a partir do projeto de pesquisa coincidiram com a publicação do livro coordenado por Richard Dubé, Margarida Garcia e Maíra Rocha Machado (2013) intitulado *La rationalité pénale moderne: réflexions théoriques et explorations empiriques*. Com esse material e por meio

---
[1] Tradução do espanhol: Global Translations.BR. Revisão da tradução: Lyvia Felix.

das trocas com Alvaro Pires, a aproximação à teoria adquiriu ritmo e elevou a reflexão.

Desde o início do processo investigativo, a teoria da RPM deixou clara uma excelente aptidão para nos dotar de ferramentas de observação empírica da realidade social, bem como de um marco teórico robusto e comprometido com a crítica das ideias que irradiam o sistema penal. Afinal, o objetivo da pesquisa não se limitava a tentar estabelecer uma delimitação do que pode ser entendido socialmente como impunidade; procurava reconstruir de maneira crítica o conceito.

Diante dessa inquietação, a teoria se apresentava como um marco prolífico para a conscientização sobre os pontos cegos que frequentemente dificultam o avanço do conhecimento do fenômeno da impunidade e, portanto, permitia uma fase de reconstrução dos discursos e das práticas sociais relacionados ao problema, bem como tentar uma reconstrução crítica do conceito.

A pergunta que tentaremos responder neste capítulo é: como (des)construir o conceito de impunidade a partir de uma perspectiva criminológica utilizando a teoria da RPM?

Em um primeiro momento, este texto apresenta alguns pontos básicos sobre a teoria da RPM com o propósito de reconstruir um conceito crítico de impunidade. A partir desses pontos, serão traçados, na segunda parte, alguns pontos gerais sobre o entendimento que o fenômeno da impunidade tem tido socialmente. Por último, apresentaremos as conclusões sobre a contribuição da teoria da RPM para o entendimento integral da impunidade como problema social.

Este texto irá descrever a contribuição da teoria para o trabalho de pesquisa doutoral concluído no seio do Centro de Pesquisa em Tradições Jurídicas e Racionalidade Penal da Universidade de Ottawa: "Impunity: in the search of a socio-legal concept. Elucidations from a State Crime Case Study". Este capítulo não oferecerá um resumo de todas as descobertas da pesquisa, de modo que se limitará a estabelecer a relação entre a pesquisa sobre impunidade e a RPM.[2] Vamos começar com alguns pontos básicos sobre a teoria para depois nos aprofundarmos no problema que nos diz respeito.

---

[2] Para se aprofundar nos pontos aqui estabelecidos e em outros que fogem ao foco deste texto, consultar a pesquisa em: Umaña (2017).

1. Pontos básicos da RPM para um estudo da impunidade como fenômeno social

O pensamento penal moderno está constituído com fundamento em um sistema de ideias liderado pelas teorias penais modernas. Tal sistema estrutura, seleciona e prioriza práticas, ideias e discursos que fornecem identidade ao sistema penal. Por serem identitárias e racionais, tais ideias estabelecem um marco para se pensar o sistema penal e, ao mesmo tempo, são a orientação de sua atuação. Por esse motivo, não são simplesmente discursivas, e sim reproduzidas pelas práticas e operações do sistema penal. Essa constatação está na base daquilo que Alvaro Pires nomeou de teoria da RPM.

Inicialmente formulada por Pires (2013) como um conceito e, mais tarde, aceita pela comunidade científica como uma teoria,[3] a RPM experimentou diversas fases de desenvolvimento conduzidas por aqueles presentes nas pesquisas da *Chaire de Recherche du Canada en Traditions Juridiques et Rationalité Pénale* da Universidade de Ottawa, a partir de uma pluralidade de perspectivas e contextos; no caso que desenvolve este capítulo, a partir do ponto de vista da impunidade.

De maneira resumida, com o objetivo de mostrar os encontros com o tema da impunidade, é preciso formular determinados pontos básicos da teoria. Tais pontos não são exaustivos, são mínimos e essenciais para entendermos o contato entre a teoria e o estudo do fenômeno, sua aptidão e contribuição para um entendimento crítico do problema. Podem ser assim formulados:

(1) A teoria da RPM observa que foi formado um sistema jurídico diferenciado ao qual chamamos de *sistema penal*. Para afirmar que o sistema penal existe e que, como tal, pode se distinguido de outros subsistemas jurídicos, foi sendo forjada uma progressiva distinção entre danos e consequências civis e infrações e medidas penais. Enquanto as primeiras foram progressivamente emolduradas no conceito de reparação e entendidas

---

[3] A respeito disso, Pires descreve em seu artigo o surgimento "inconsciente" da teoria – no sentido de que não foi planejada –, que foi desenvolvida a partir de algumas hipóteses explicativas e de uma série de problemas de pesquisa que se apresentaram sob três fases: i) a fase de surgimento, sob a influência de Roberto Lyra Filho; ii) a fase de desenvolvimento da hipótese inicial, influenciada principalmente pela obra de Michel Foucault; e iii) a fase de desenvolvimento do projeto, com a ajuda da "caixa de ferramentas" da teoria dos sistemas de Niklas Luhmann.

principalmente como um detrimento patrimonial, estas últimas foram entendidas como uma ofensa à sociedade cuja resposta baseia-se na adoção de uma pena.

"[A] justiça penal produz o seu próprio sistema de pensamento na medida em que se constitui como um subsistema do sistema jurídico, no âmbito de um processo em que o direito [penal] se diferencia no interior do direito. Dessa maneira, o direito penal moderno será construído e percebido como um subsistema jurídico com identidade própria". (PIRES, 2004, p. 40)

(2) O sistema penal, assim constituído, tem como missão diferenciar comportamentos criminosos dos não criminosos a partir de uma perspectiva jurídica (código crime/não crime), bem como associá-los a uma consequência jurídica. A definição de um comportamento social criminoso depende da ativação de uma consequência que tem sido entendida desde a modernidade como a atribuição da pena. A qualificação de uma conduta como criminosa traz implícita a missão de punir: as infrações penais têm como elemento correlato a pena, a qual, desde a modernidade, é sustentada filosoficamente nas teorias da pena.

(3) As diferentes teorias da pena constituem o programa de ação do sistema penal. Como tal, são um marco racional que delimita a identidade do sistema e, com isso, o que deve ser feito e como deve ser feito. Como adverte Garcia (2013, p. 47), embora existam outras ideias que exercem influência sobre o sistema penal, as teorias da pena preponderam sobre as demais.

As teorias modernas da pena procuram responder racionalmente a perguntas básicas para a operação do sistema, como: O que é "castigar" e o que não é? Quando devemos castigar e em quais condições? Qual é a finalidade (fim) da intervenção institucional e sobre o que deve focar sua atenção? Qual deve ser a pena, em dimensão e qualidade? E, se a pena pressupõe uma dimensão temporária, por quanto tempo deve durar a medida punitiva?[4]

Assim, as teorias da pena estabelecem os conteúdos, os limites e os contornos da punição. Depois, orientam como as penas devem ser definidas, assim como a execução da decisão legislativa nos tribunais.

(4) Um aspecto fundamental das teorias da pena que regem a RPM é a *obrigação de condenar*. Segundo esse princípio, a identidade do sistema é

---

[4] Perguntas extraídas da palestra de Alvaro Pires (2008a) intitulada "La teoría de la 'pena rehabilitiva': ¿inclusión o exclusión social?" para a Organização dos Estados Americanos.

atribuir penas a condutas definidas como criminosas. Essa obrigação se apresenta fundamentada em diferentes motivos, tais como: devolver o mal causado por um mal proporcional (retribuição); proteger a sociedade por meio da imposição de um castigo aflitivo que atue como elemento de dissuasão, impedindo a prática de novos crimes (prevenção especial); educar a sociedade; conservar a aversão ao crime e expressar a rejeição social (prevenção geral) ou reeducar e reabilitar os culpados (ressocialização).

Apesar da diversidade de critérios para condenar provenientes da teoria da pena (divergência motivacional), o certo é que todas as teorias modernas convergem em suas práticas quanto à formulação da pena como "um 'mal necessário' no sentido forte da expressão: um mal ao qual o subsistema jurídico, o sistema penal, deve recorrer sempre, posto que foi convocado a intervir" (PIRES, 2001, p. 80, tradução nossa). Isto é, em detrimento de outras medidas que seriam operacionalmente possíveis do ponto de vista do funcionamento do sistema (GARCIA, 2013, p. 46).

Sob o entendimento geral de que a ausência de pena evita a resolução do conflito penal (GARCIA, 2013, p. 54), para a RPM, toda possibilidade de não punir, de esquecer ou de perdoar é relegada (MACHADO, 2013, p. 261). Toda evasão à obrigação de condenar se encaixa no problema da impunidade, opondo-se ao restabelecimento da justiça (entendida como contraponto da pena) e posterga a necessidade de restabelecer os valores sociais negados com o ato criminoso (HILL, EXLINE e COHEN, 2005, p. 486). Isso porque se cria uma situação em que não se permite responder ao mal causado, aumenta-se a reincidência, passa-se a ideia de que o crime compensa ou simplesmente obstrui-se o aprendizado dos infratores sobre valores sociais em jogo em razão do fenômeno delituoso.

(5) As teorias da pena são oferecidas como fundamentos diferentes e alternativos para se pensar o direito penal (divergência motivacional), apesar de haver um programa de ação convergente que, como mencionado, está emoldurado na obrigação de condenar. Tal convergência oferece uma distinção sem diferença (*distinction without difference*) entre as teorias da pena que constitui a RPM.

A obrigação de condenar de acordo com a RPM pode ser descrita, em termos gerais, pela concepção e pela implementação de medidas aflitivas que, como tal, são caracteristicamente *hostis*, já que representam o infrator como inimigo da sociedade; *abstratas*, de modo que há uma medida de correspondência entre o mal concreto da ação e um mal abstrato que representa a pena; *negativas*, que pregam que apenas uma consequência punitiva de sofrimento pode gerar bem-estar social – "[f]azer sofrer é um 'bem' que a prisão *promete* e *realiza*" (PIRES, 2013, p. 306, tradução nossa); *excludentes*, de modo que a pena não pode levar o sujeito a uma inclusão maior na sociedade, pelo menos não de maneira imediata; e *atomistas*, de modo que a pena não se preocupa com os vínculos sociais e sua preservação – concentra-se na exclusão do infrator como medida de atenção do conflito criminalizado, à qual, no melhor dos casos, subordina a inclusão de tal pessoa (PIRES, CELLARD e PELLETIER, 2001).

(6) Como a teoria da RPM observa, a condenação das condutas criminosas está focada na privação de liberdade. Essa maneira de organizar o sistema de ideias que dão forma ao sistema penal estabelece uma correlação entre uma escala de gravidade de condutas e uma escala abstrata temporal, cujos limites são formulados na esfera legislativa e cuja taxação é determinada especificamente pela atividade judicial.

A concentração no tempo como medida da obrigação de condenar é o que a teoria denomina mediante o neologismo "temporalidade do sofrimento" ou "temporalidade da pena" (PIRES e GARCIA, 2007; PIRES, 2015). "Isso significa que o sofrimento legítimo deveria se expressar, especialmente a partir do advento da prisão como pena, em termos de tempo e não mais concentrando-se no corpo do culpado, nem em condições cruéis de vida na prisão. Esse mecanismo cultural nos permite sustentar um autorretrato 'humano' e, ao mesmo tempo, nos permite perpetuar nossa prática de penas radicais e a definição dominante de punição como intenção direta de comunicar um sofrimento" (UMAÑA e PIRES, 2016, p. 7-8, tradução nossa).

Nesse contexto racional, a exclusão social da pessoa declarada culpada é a regra de reação: a medida penal não pode levar ao resultado de que o 'culpado' esteja mais ou melhor integrado à sociedade, pelo menos não imediatamente. "Atualmente, a teoria utiliza a distinção diretriz de inclusão/exclusão (ou indiferença à inclusão) para observar e descrever tal sistema de ideias (PIRES, 2006, 2008b e 2010). Essa distinção permite ver que todas as teorias da pena são, em um primeiro plano, indiferentes à inclusão social" (GARCIA, 2013, p. 52).

(7) A racionalidade penal moderna construiu uma forma de pensamento dominante que dificultou as transformações do direito penal a partir da modernidade (PIRES, 2012). Apesar do patente fracasso social das

penas privativas da liberdade e, especialmente, da prisão como instituição, as alternativas são formuladas sugerindo a modulação das escalas punitivas, ou a implementação de programas sociais nas prisões, muito além do que autênticas alternativas à disposição e à orientação do esquema de responsabilidade penal. Por quê? A teoria da RPM observa que existe um obstáculo cognitivo para a inovação do sistema penal, seguindo a definição de Bachelard, ou uma "*formulae for redundancy*" como diz Luhmann, de acordo com o qual existem obstruções epistemológicas que desencorajam a transformação das estruturas racionais do sistema penal (PIRES, 2013).

Isso foi descrito de uma maneira provocativa pela teoria da RPM como uma "armadilha para moscas" (originalmente inventado por Pires e Acosta em 1994). Essa ideia sugere uma analogia com o sistema de ideias que descrevemos antes, pois, tal como a armadilha, dispõe de uma aparelhagem desenhada racionalmente para atrair o observador, bem como para evitar sua saída. Por sua disposição, o dispositivo leva a uma captura de acordo com a qual, apesar de permanecer aberto à saída, o observador é mantido em seu interior, inclusive sendo confrontado com o próprio desconforto.

Nesse sentido, pode-se dizer que o sistema de racionalidade penal é um 'sistema que se pensa pensado' (Gauchet): não percebe que se tem o poder de alterar as ideias que os formam e mudar os valores atuais por valores (ou formas) menos beligerantes e mais garantistas sobre a concepção de normas de sanção. (GARCIA, 2013, p. 68, tradução nossa)

Em termos mais explícitos, esses sete pontos sucintos estabelecem o marco orientador de observação sociológica do sistema penal que foi formulado pela teoria da RPM. Esses pontos básicos da RPM são relevantes para visualizar, entender e traçar uma análise das correlações que tais ideias dotaram para o modo como entendemos a impunidade. Passemos então à nossa próxima exploração: o problema da impunidade.

2. A contribuição da RPM para a compreensão integral do fenômeno da impunidade

Para a reconstrução do fenômeno da impunidade, a pesquisa que originou este capítulo fez um levantamento de fontes com o objetivo de definir o significado conferido à impunidade nos discursos sociais. Isso foi feito a partir da consulta de *discursos jurídicos especializados* provenientes, especialmente, dos direitos humanos (adiante justificaremos essa decisão investigativa), bem como da consulta de *discursos não jurídicos*. Exploremos cada uma dessas fontes:

i) Os *discursos não jurídicos* são aqueles que provêm de fontes cujo foco de experiência não está centrado no estudo da impunidade a partir do direito, cujo interesse não é o de avançar uma compreensão jurídica abstrata do fenômeno, e cujo uso do tema é feito desde uma perspectiva em que a missão primordial não é concluir um projeto teórico. Não obstante, devem ser desconsideradas suas contribuições.

Além de ter uma frequência considerável e uma capacidade de difusão assustadora, em muitos casos as fontes sobre as quais falamos partem de sua experiência e do cotidiano social, bem como de campos de ação que abrangem uma multiplicidade de carreiras, disciplinas e posições socioeconômicas e políticas. Por conseguinte, refletem as percepções vivenciadas pela sociedade de uma maneira relevante para o estudo do problema que aqui abordamos. Em outras palavras, tais discursos têm seu próprio status de experiência que não está incorporado nos discursos jurídicos especializados.

A teoria da RPM fornece um enfoque rigoroso para analisar o fenômeno da impunidade a partir de suas expressões sociais em fontes *não jurídicas*; usando palavras anteriores, a teoria apresenta uma aptidão para fornecer ferramentas de observação empírica da realidade social, junto com um marco teórico sólido. De fato, "tomando emprestada uma linda imagem de Bateson (1972, p. 28), podemos dizer que a teoria [da RPM] está formada e se desenvolve a partir de 'uma espécie de operação de pinça': ela apresenta um ponto de partida empírico e outro ponto de partida teórico. A teoria não é nem dedutiva, nem indutiva. [...] A pesquisa empírica é, portanto, formadora da teoria a qual, por sua vez, pode ser desafiada por observações empíricas" (PIRES, 2013, p. 316, tradução nossa).

Com essa ferramenta epistemológica, os *discursos não jurídicos* foram explorados por meio de uma varredura dos meios de comunicação, pela observação de diferentes manifestações do sistema político e de movimentos sociais, bem como adiantando uma pesquisa nacional realizada na Colômbia pelas Universidades de Wisconsin e Externado. A pesquisa foi feita em 2014, em 10 cidades colombianas,[5] tendo sido entrevistadas 1.102

---

[5] As cidades são: Medellín, Barranquilla, Bogotá, Cartagena, Manizales, Villavicencio, Pasto, Cúcuta, Pereira e Cali.

pessoas, de uma amostra pensada para representar a população adulta urbana do país – 76% dos 47,6 milhões de habitantes da Colômbia vivem em zonas urbanas (DANE, s.d.) –, dos quais 44,7% são homens e 55,3% mulheres. Nesta seção faremos considerações sucintas sobre tais fontes, que podem ser aprofundadas e ampliadas na pesquisa de fundo.

Uma primeira conclusão da análise das fontes não jurídicas é que o tema da impunidade foi desenvolvido por uma imensa quantidade de fontes laicas, com uma escassa reflexão conceitual e um acúmulo infinito de pressupostos: encontramos um extenso material para a análise com uma abordagem mais episódica, denunciatória ou estratégica do que como contribuição teórica para o entendimento integral do fenômeno.

Muitas dessas fontes recorrem a expressões como "cultura da impunidade"[6] e outras denominações generalizantes que ampliam as fronteiras do problema até a globalidade das relações sociais de uma determinada sociedade e que em diversas ocasiões afastam a compreensão do fenômeno que fica em um emaranhado de multiplicidade de problemas sociais. Em busca de um olhar articulador, dialético talvez, tal abordagem do problema torna-o progressivamente indistinguível de outros.

Outras fontes enfatizam determinados efeitos particulares da impunidade para formular tipologias do fenômeno (impunidade social, impunidade moral, impunidade midiática, etc.). Essas expressões têm uma força denunciativa sugestiva, mas, ao mesmo tempo, retiram a especificidade do problema. Ao focar em um efeito ou causa possíveis para descrever a globalidade do fenômeno, torna-se difícil sua observação quando o elemento denunciado não existe (nem toda impunidade traz consigo um desinteresse social ou uma negligência moral ou indiferença dos meios de comunicação), e torna-se confuso quando o sistema penal funciona de maneira adequada, mas um dos efeitos denunciados permanece vigente.

De uma grande parte desses discursos decorre a dificuldade de encontrar limites rigorosos sobre o assunto da impunidade, obstáculo que se incorpora habitualmente nas comunicações cotidianas. De fato, ao estudar o assunto da impunidade nos meios de comunicação, por exemplo,

---

[6] Nas propostas de governo de Bolsonaro, atual presidente eleito do Brasil, se lê por exemplo que "[o] Brasil passará por uma rápida transformação cultural, onde a impunidade, a corrupção, o crime, a 'vantagem', a esperteza deixarão de ser aceitos como parte de nossa identidade nacional, POIS NÃO MAIS ENCONTRARÃO GUARIDA NO GOVERNO" (BOLSONARO, 2018).

é possível encontrar menções ao problema tanto nas páginas judiciais dos jornais como na seção de política, ou até mesmo nas seções de cultura, esportes ou entretenimento, muitas delas de uma maneira errática que, às vezes, impede até mesmo atribuir um sentido à noção de impunidade.

Um exemplo especialmente curioso foi encontrado no renomado meio de comunicação BBC (2010). A rede britânica, em uma reportagem minuto a minuto do jogo das quartas de final de Wimbledon disputado entre Jo-Wilfried Tsonga e Andy Murray, publicou: "What a contrast from the first two sets – the TsongServe as reliable as our auto-refresh system, a double-fault followed by a sit-up-and-beg second serve that gets punished with impunity". A relação do tema da impunidade com um evento esportivo desse tipo mostra a dimensão que se dá ao assunto na mídia. Adicionalmente, a expressão "punished with impunity", enigmática para um leitor consciencioso, mostra o déficit de sentido conceitual que é introduzido no fluxo dos discursos sociais.

Muitos dos relatos não jurídicos, conforme estudamos na pesquisa, apontam para assuntos de grande diversidade que são utilizados pelo sistema político para impulsionar propostas que podem estar mediadas por campanhas de "mão dura"[7] contra "o crime e a violência"[8] ou a "corrupção", programas de ampliação da capacidade punitiva do Estado, de restrições contra a justiça transicional,[9] legislações e decretos que limi-

---

[7] Por exemplo, as propostas de governo de Iván Duque, eleito presidente da Colômbia, dizem que terá "a vontade férrea de atuar de forma decidida contra a impunidade [...]", sob o argumento de que "os colombianos estão indignados. [...] Nos afeta ver que a justiça premia aqueles que cometeram os piores crimes da nossa história, sob o abuso da palavra 'pa' ". Entre outras coisas, quanto à política criminal, o presidente eleito propôs que os crimes menores sejam atendidos "implementando diretrizes e iniciativas de legislação com a finalidade de aumentar o nível de rigor e punibilidade dos criminosos e reincidentes" (DUQUE e RAMÍREZ, 2018, tradução nossa).

[8] "As abordagens que prometem ser 'duras contra o crime' são atrativos para a opinião pública. Líderes autoritários e populistas costumam usá-las, já que soam 'moralmente justas' e voltadas para a ação. Presidentes, governadores e prefeitos da esquerda e da direita frequentemente estão dispostos a suspender os direitos e as liberdades dos cidadãos em nome da 'ordem pública'. De fato, os cidadãos amiúde dão boas-vindas a medidas ditas de 'mão dura', sob a promessa de deter o crescimento das taxas de criminalidade" (MUGGAH, GARZÓN e SUÁREZ, 2018, tradução nossa).

[9] Para estudar este assunto, pode-se consultar Umaña (2017).

tam liberdades públicas[10] e garantias judiciais, projetos de criminalização de condutas ou de radicalização das penas atribuíveis às condutas já criminalizadas, de relegação de medidas de anistia ou perdão, legal ou judicial.

Na pesquisa nacional mencionada anteriormente, a qual foi desenvolvida com base no trabalho de investigação que fundamenta este capítulo, deparamo-nos com o fato de que a impunidade é um assunto que mobiliza diferentes ideias em sua definição. Não obstante, ao menos na população urbana da Colômbia, evoca na maioria dos participantes uma ideia de (in)justiça: a impunidade como ausência percebida de justiça para um assunto socialmente relevante.

Para delimitar a temática de (in)justiça que subjaz na percepção do problema em questão devemos adiantar resultados de pesquisas mais amplas para poder definir os limites da referência. No entanto, pudemos captar ideias de proporcionalidade, severidade, igualdade na pena e, de modo geral, de castigo, que realçam o sistema penal como ponto pertinente de referência. Assim, sob esse aspecto é visível na pesquisa a mobilização de ideias que se identificam com os discursos tradicionais da punição.

Além do tema da justiça, na pesquisa pudemos observar que há uma parcela expressiva da população que carece de um conceito orientador para diferenciar o fenômeno. Essa tipologia de respostas é debatida entre a reprovação social – captada em respostas do tipo: "tudo na Colômbia é impunidade" –, e a simples ausência de uma elaboração conceitual – apesar de muitas vezes ser expressa uma opinião sobre o problema.

As observações anteriores nos fazem pensar que os discursos sobre a impunidade são alimentados, de um lado, por discursos sobre a justiça penal emoldurados na RPM e, de outro, pela ausência de uma elaboração conceitual do assunto. A respeito disso, no estudo sobre o fenômeno da impunidade, ficou visível a convivência entre a visibilidade do problema

---

[10] Em uma recente pesquisa nacional da Gallup na Colômbia, que envolveu 1.200 pesquisas nas 5 maiores cidades do país, 54% dos entrevistados afirmaram que estariam dispostos a perder algumas liberdades para tentar melhorar a segurança. Embora essa afirmação esteja longe do pico percentual de aceitação da perda de liberdades públicas que se deu no governo Uribe (com 65%), é um indicador em ascensão (na última medição no governo Santos a aprovação foi de 46%), fato que se deve a retóricas governamentais progressivamente focadas na segurança (GALLUP, 2018).

para os entrevistados e sua dificuldade para identificar medidas que permitissem sair completamente da impunidade, em parte porque o fenômeno, embora sugestivo para a denúncia social, carece de contornos claros para a observação.

ii) Dentro das *fontes jurídicas*, entre os desenvolvimentos das disciplinas penais, os avanços menos frequentes da filosofia do direito e as ainda incipientes explorações criminológicas e sociojurídicas, o campo dos direitos humanos tem sido o centro de gravidade da procura pela elucidação do problema da impunidade.

A liderança dos direitos humanos no desenvolvimento desse assunto permitiu que a luta contra a impunidade se tornasse um dos lemas centrais do ativismo pelos direitos civis e políticos, bem como um dos emblemas mais frequentes não apenas do sistema jurídico, mas também dos movimentos sociais que reivindicam direitos de diferentes comunidades: "[d]esde os primórdios do século XXI, o movimento de direitos humanos vem sendo visto como sinônimo de luta contra a impunidade" (ENGLE, 2015, tradução nossa).

Os direitos humanos assumiram a impunidade como um descrédito à sua vigência. Como tal, impulsionaram uma série de regras jurídicas sob uma agenda anti-impunidade. Mencionaremos que foi possível constatar dois pontos essenciais sob essa observação:

Em primeiro plano, paralelamente à luta contra a impunidade, os direitos humanos procuraram ampliar a proibição da anistia e outras formas de exclusão da responsabilidade por violações de direitos humanos. Assim, os direitos humanos partiram da obrigação de condenar (mais que da sua compreensão como uma faculdade) como um dos pressupostos do combate à impunidade.

Whereas in an earlier era, criminal punishment had been considered one tool among many, it has gradually become the preferred and often unquestioned method not only for attempting to end human rights violations, but for promoting sustainable peace and fostering justice. (ENGLE, MILLER e DAVIS, 2016, p. 1)

Essa descoberta junta-se àquilo que é preconizado pela teoria da RPM, já que indica que o descumprimento do dever de impor uma pena diante de uma infração penal acarreta impunidade, a qual é entendida, por sua vez, como causa e consequência das violações, além de ser qualificada em si mesma como uma violação dos direitos humanos.

Apesar de ser possível observar alguns indicadores de interesse a partir dos direitos humanos por medidas restaurativas,[11] bem como pelo projeto de penas alternativas ou mesmo alternativas à pena, como sugerido por Nils Christie (2005), a predominância da elaboração racional penal moderna tem seu próprio status hegemônico diante de outras ideias que não são claramente articuladas pelo movimento de direitos humanos como consequência esperada do sistema de imputação da responsabilidade penal por violação dos direitos humanos. Isso é gradualmente visível de acordo com a gravidade percebida da infração: quanto mais grave se percebe que é uma violação aos direitos humanos, mais difícil se torna sair do âmbito da RPM ao formular uma consequência adequada.

Em segundo plano, como pode ser estudado em documentos como o Conjunto de Princípios Atualizado para a Proteção e a Promoção dos Direitos Humanos por meio da Luta contra a Impunidade, das Nações Unidas – também conhecidos como Princípios Joinet –, o conceito de impunidade se incorporou aos direitos das vítimas.

O estudo das fontes provenientes dos direitos humanos permite verificar a aproximação da luta contra a impunidade aos direitos das vítimas; assim, o descumprimento de algum dos direitos das vítimas, especialmente do direito à justiça (entendido como inseparável de direitos como a verdade, a reparação e as garantias de não repetição), encaixa-se no problema da impunidade.

Convencida, consequentemente, da necessidade de adotar a tal fim medidas nacionais e internacionais, para que, no interesse das vítimas de violações dos direitos humanos, seja garantido em conjunto o respeito efetivo do direito de saber que traz em si o direito à verdade, o direito à justiça e o direito de obter reparação, sem os quais não pode existir recurso eficaz contra as consequências nefastas da impunidade.

Preâmbulo do Conjunto de Princípios contra a Impunidade (UN, 2005, tradução nossa).

Essa perspectiva, amplamente difundida pelos direitos humanos, é formulada sob uma finalidade garantista – é vital atingir uma responsabilidade integral para a vigência dos direitos e a proteção de seus titulares. Não obstante, do ponto de vista da compreensão integral do fenômeno e

---

[11] Para um maior desenvolvimento dessa questão específica, pode-se consultar Tonche e Umaña (2017).

da viabilidade das medidas de atenção do problema, a ampliação exponencial do conceito dificulta a aproximação científica ao fenômeno e, em último caso, corre o risco de transformá-lo em um problema inerente às violações de direitos humanos. Desse modo, como superá-lo?

Deixemos o campo dos direitos humanos por um instante. Como sugerimos, muitas das fontes sobre a impunidade não são jurídicas, sequer acadêmicas, mas têm sua origem em programas políticos, em relatórios de organizações sociais, ou até mesmo de expressões espontâneas em manifestações públicas, protestos e demandas cidadãs. Muitas dessas fontes partem de uma percepção de injustiça social e de falta de resposta institucional aos problemas sociais.

A luta contra a impunidade em muitos dos discursos explorados emerge sob a égide da aversão pelo crime, sob a ideia de que constitui uma ameaça contra a ordem pública, diante da qual, como tal, a sociedade deve buscar uma proteção adequada. Essa representação do problema da impunidade, advertimos, tem um potencial claramente identificável para consolidar "uma representação do Estado e da lei penal como os únicos defensores do contrato social e dos valores fundamentais da sociedade" (PIRES, 1998, p. 51, tradução nossa); "uma visão bélica da proteção da sociedade; [...] uma obrigação pragmática ou política de castigar; uma valoração exclusiva dos castigos aflitivos; a exclusão de penas alternativas (reparação, etc.) e o perdão; uma definição de conflito que exclui ou instrumentaliza a vítima e a falta de reparação pelo restabelecimento objetivo dos laços sociais (pela 'inclusão social')" (DUBÉ, 2008, p. 50, tradução nossa).

Nesse sentido, a influência do sistema de ideias da RPM sobre o programa de ação da luta contra a impunidade permite-nos identificar a aptidão de alguns de seus discursos para mobilizar ideias tradicionais (modernas) de justiça penal, que, por conseguinte, pode ser um obstáculo cognitivo para a inovação dos discursos sobre a responsabilidade penal: *a impunidade como uma noção utilizada para a reprodução das estruturas de direito penal caracterizadas sob um programa de ação de impor sofrimento.*

Neste ponto chegamos a uma aplicação do combate à impunidade que tem fundamental apoio na teoria da RPM. Essa descoberta, contudo, é apenas uma das noções com que nos deparamos diante da questão da impunidade; não obstante, seu peso cognitivo ganhou destaque relevante, tendo sua extensão nos discursos sociais, sua presença histórica e geográfica, assim como sua capacidade de reprodução de discursos e práticas decorrentes.

Como sugerimos em linhas anteriores, a impunidade é um assunto cujo significado e conteúdo têm um desenvolvimento heterogêneo nos discursos sociais. Seu conteúdo plurissemântico evoca, no entanto, uma rejeição generalizável para a observação sociológica: apesar de ser difícil para nós chegarmos a um acordo sobre uma definição, é improvável encontrar discursos que reivindiquem (de maneira explícita pelo menos) a impunidade como um bem social, como meio ou como meta política.

Entre as constatações da pesquisa, no tocante a esse ponto deve-se destacar que uma conclusão central do estudo é que a impunidade está dotada de uma grande diversidade de conteúdos e significados que acumulam expectativas sociais em torno da justiça, mas também reivindicações de verdade, justiça, reparação e, muitas vezes, reivindicações sociais mais amplas em função de injustiças sociais percebidas. Claro que uma categoria social que acumula tal volume de ansiedades sociais, sob uma considerável polissemia, perde plano de fundo, profundidade e, principalmente, possível solução ou ao menos um modo coerente de abordagem.

A impunidade é amplamente percebida dentro de uma grande diversidade de reivindicações de justiça que, em sua grande maioria, se aglutinam em volta da justiça penal. Tal fato parte de um marco cognitivo no qual, como mostra a teoria da RPM, "[...] la notion même de justice est devenue identifiée à une seule de ces justices, la justice pénale. Le mot 'justice' fera l'objet de glissements de sens réitérés" (CASAMAYOR, 1979). "Quand on dit 'que justice soit faite' on pense usuellement à la justice pénale et à la peine comme si elles seules pouvaient rendre la meilleure justice" (PIRES, 1998, p. 10).

As reivindicações ao redor da impunidade como uma noção utilizada para reprodução das estruturas de direito penal caracterizadas sob um programa de ação para infligir sofrimento convidam-nos a focar o programa de ação da responsabilidade penal na obrigação de atribuir uma pena aos infratores da lei penal. Nesse cenário, condenar, em seus diversos significados, não é entendido como um poder, mas, sim, um dever e uma missão do sistema: onde não há punição, há impunidade. Para essa definição ampla, a teoria da RPM é de especial utilidade para observar com cautela o conteúdo que é atribuído à pena e, de maneira subordinada, à luta contra a impunidade.

O estudo sobre a impunidade encontrou importantes indicadores de convergência entre a luta contra a impunidade e a RPM, de acordo com o qual, a punição, como contraposto da impunidade, é entendida como uma medida de responsabilidade com a qual deve responder o sistema penal a toda infração criminalizada. Não se trata simplesmente de condenar, trata-se de fazê-lo de maneira adequada. A luta contra a impunidade sob a influência da RPM leva à reivindicação de uma intervenção aflitiva, severa o suficiente e caracteristicamente restritiva dos direitos dos infratores.

Estudando os diferentes discursos decorrentes da luta contra a impunidade, a anterior constatação está enraizada na expectativa social de acordo com a qual as penas devem envolver um grau de sofrimento identificável na privação da liberdade. Isso é, sob condições que excluam o luxo ou as vantagens punitivas e que estabeleçam alguma correlação com o sofrimento causado com a infração penal, em alguns casos com a convicção da necessidade de más condições punitivas.

Do contrário, conforme pudemos resgatar de alguns discursos sociais sobre a questão da impunidade, a observação de diferentes atores é que, se a pessoa está em condições benéficas, ou, inclusive, em determinados cenários de violações especialmente graves, se está em condições mínimas de dignidade (salubridade, segurança, higiene, privacidade, lazer), ela entraria em um cenário de impunidade.

Ao observar a impunidade como o oposto de um castigo inadequado, alguns dos atores que participaram da pesquisa de base deste capítulo mencionaram assuntos como a duração da sentença ou as condições de prisão. Quando se solicitou a esses atores que desenvolvessem esses fatores utilizados para avaliar o que é o castigo adequado (em contraste com a impunidade), eles utilizaram ideias de proporcionalidade (medindo a gravidade do castigo de acordo com a gravidade do crime), a igualdade em relação a outros criminosos ("devem ser condenados em igualdade de condições como os outros criminosos") e a igualdade em relação ao sofrimento das vítimas ("deveriam sofrer, no mínimo, tanto quanto as vítimas") – apesar de ser possível constatar em muitos dos casos que nem a pior das condições se assemelha à violação dos direitos de origem.

Em resumo, para os *discursos de reprodução das estruturas de direito penal caracterizadas sob um programa de ação para infligir sofrimento*, a pena, entendida como o oposto da impunidade, mostra-se como um acúmulo de tempo (suficiente) de privação de liberdade (ou de peso pecuniário suficiente no caso das multas, de maneira claramente relegada) e condições penitenciárias restritivas o suficiente para expressar de modo "adequado" a reprovação da conduta.

Tal representação identitária do sistema penal promove uma série de discursos radicais que se instalam em torno da luta contra a impunidade. Essa caracterização, decerto banaliza o tempo de privação da liberdade, demandando acumular condições precárias de cumprimento da medida punitiva para sair de uma situação de impunidade (impunidade/medida punitiva de sofrimento).

A RPM foca em medidas *abstratas*, de acordo com as quais existe uma medida de correspondência entre o mal concreto da ação e um mal abstrato que representa a pena: "[A] pessoa que causa um mal deve sofrer na proporção de sua culpa (tarifa): isto é a justiça".[12] Nesse sentido, os diferentes atores do sistema, quando lhes foi perguntado sobre a impunidade em um caso específico de desaparecimento forçado, recorriam a abstrações usando ideias a respeito do tempo, a privação de liberdade, a proporcionalidade, a necessidade, os direitos das vítimas, entre outros, com o objetivo de elucidar uma escala que atendesse a correlação entre a pena e a conduta que se reprova.

Não obstante, nos casos de desaparecimento forçado analisados no estudo da impunidade que deu origem a este capítulo, a correlação específica entre a conduta reprovada e a medida do sistema penal salta à vista como sendo simplesmente impraticável. Nesse sentido, as necessidades específicas das vítimas, como a procura dos desaparecidos, o estabelecimento da verdade e a reconstrução das relações sociais destruídas pela subtração forçada de uma pessoa, ficavam simplesmente relegadas (inclusive em determinados casos pelas próprias vítimas) diante da concentração fixa e unidirecional do sistema penal de focar sua ação em estabelecer a responsabilidade individual e atribuir uma pena expressa em tempo na prisão.

De um lado, em certas fontes a observação da impunidade está estreitamente vinculada a conteúdos abstratos mais do que às necessidades específicas das vítimas (existe impunidade se a pena é desproporcionalmente baixa, mas não necessariamente se não é possível estabelecer o paradeiro final dos desaparecidos, ou se não se estabelece uma verdade integral). Em

---

[12] Extraído da conferência de Alvaro Pires (2008a), "A teoria da 'pena reabilitadora': inclusão ou exclusão social?", em Organização dos Estados Americanos, A criminalidade e a Violência: Perspectivas da Sociedade Civil, 6 e 7 de agosto.

contraste, encontramos outros discursos que valorizam mais as necessidades objetivas da sociedade e as vítimas da conduta criminosa na observação da impunidade, de maneira que seria fundamental encontrar as pessoas desaparecidas para entender que o sistema se afasta do problema da impunidade.

Efetivamente, alguns discursos sociais, em especial aqueles provenientes das vítimas, têm uma aptidão especial para se afastar do sofrimento como conteúdo da luta contra a impunidade, de modo que o elemento relevante para a observação do fenômeno da impunidade recairia em outros fatores alheios ao programa punitivo de sofrimento, como o esclarecimento da verdade e o restabelecimento das relações sociais de suas vidas.

Diferentes discursos também revelaram que a impunidade, separada de uma resposta punitiva tradicional, evidenciava um problema de neutralização da atuação penal. Assim, para além das condições penitenciárias ou do tempo de privação de liberdade, ficava evidente que o problema da impunidade estava relacionado à (im)possibilidade concreta de reação por parte do sistema penal diante de um crime: o problema da impunidade se revelava como a neutralização para que o sistema de responsabilidade pudesse atuar. Nesse sentido, deixando de lado a observação do problema em um determinado resultado ou nas condições punitivas ou no tempo de restrição da liberdade, emerge como fundamental a submissão das pessoas responsáveis pelos crimes ao estado de direito. Nessa dimensão da impunidade, princípios como a igualdade ou a proporcionalidade, e inclusive a decisão sobre a medida específica a ser adotada, passam para o segundo plano, surgindo como principal para a caracterização do problema da impunidade a obstrução ou neutralização da operação do sistema de justiça penal.

Essa elaboração do problema da impunidade foi especialmente relevante tendo em vista a amostra empírica da pesquisa, que se tratava de um evento de desaparecimento forçado, estudado sob uma análise geral sobre a criminalidade estatal – o que pode ser revisto em detalhes no trabalho de pesquisa. Abordando as dificuldades conceituais que tal expressão traz em seu bojo, ficou visível para o projeto a existência de um tipo de criminalidade que é exercida por agentes estatais que utilizam os meios destinados ao exercício de sua função pública em condutas criminosas praticadas sob o pálio da estrutura geral do Estado, por meio do uso de uma tal diversidade de recursos que permite constatar a natureza organizacional da conduta.

Uma das formas para detectar o caráter organizacional desses crimes é a existência de uma estratégia de obstrução da operação do sistema de responsabilidade jurídico. Aqui, foi especialmente relevante como indicador conceitual e empírico a inexistência ou a inoperância de formas de controle efetivas das ações, bem como a existência de diferentes estratégias de negação da conduta ("isso não aconteceu"), de suas consequências ("aconteceu, mas não foi para tanto"), de sua interpretação ("o que aconteceu não foi um crime, pelo contrário") ou de seu conteúdo ("isso aconteceu, mas não foi cometido por nenhum dos nossos agentes") que criam formas de santuários capazes de abstrair as condutas do escrutínio do sistema jurídico.

Sob a figura do santuário pudemos visualizar a formação de um sistema de proteção das condutas como parte da modalidade própria da criminalidade estatal sob a forma de um condicionante para o funcionamento autônomo do sistema jurídico. Tal condicionante, que pode ser expresso como uma estratégia de obstrução, não se trata de um mero obstáculo ou tensão entre a organização geral do Estado ou o sistema político e o sistema jurídico. O estudo da criminalidade estatal nos permitiu constatar que o problema de impunidade, ao contrário, se tratava de um fenômeno decerto específico: este problema emerge quando o sistema judicial não pode manter, preservar e garantir sua possibilidade de implementar de maneira autônoma o programa de ação de direito penal. Essa perspectiva, proveniente da caracterização da criminalidade estatal, trouxe elementos importantes para uma reconstrução sociológica do conceito de impunidade. Tratemos agora de fornecer algumas reflexões finais a respeito disso.

3. Algumas reflexões finais

A impunidade é entendida como um problema social próprio do sistema penal. Como tal, afeta o sistema jurídico e pode ter variados impactos em diferentes campos sociais. Por esse motivo, para a compreensão teórica do fenômeno, para sua observação empírica, e, por último, para sua reflexão sociológica, a exploração investigativa não deve se limitar ao campo jurídico.

Pode-se encontrar múltiplos desenvolvimentos que utilizam a luta contra a impunidade em programas políticos, meios de comunicação ou manifestações cidadãs e reivindicações de movimentos sociais. A ampla presença da temática da impunidade nos discursos sociais, no entanto, apresenta um déficit de ponderação sobre os contornos do fenômeno.

A grande diversidade de discursos sociais em torno da impunidade foi agrupada neste capítulo sob a distinção de discursos jurídicos especializados e não jurídicos. Na primeira extremidade mencionamos os discursos jurídicos, entre os quais os direitos humanos se destacam como uma força sociopolítica fundamental para a criação de diferentes instrumentos jurídicos, mas também para fornecer uma base teórica e prática cujo objetivo é colocar na agenda global a luta contra a impunidade.

Os direitos humanos propuseram uma definição de impunidade como um fenômeno expansivo inerente aos direitos das vítimas, o que, embora com uma finalidade garantista, envolve uma determinada dificuldade na delimitação do problema e, por conseguinte, o aproxima de um fenômeno dificilmente abrangível cuja atenção se mostra caracteristicamente deficitária.

Nos discursos não jurídicos pudemos constatar uma ênfase especial na necessidade percebida de provisão de justiça diante de fenômenos entendidos como socialmente nocivos. A amplitude de reivindicações sociais que colocam em destaque um problema percebido de justiça estende a pertinência do fenômeno da impunidade para todo tipo de situações sociais que fogem à possibilidade de ação do sistema de justiça penal.

As ideias sobre a luta contra a impunidade não são inequívocas nem uniformes, pois, como mencionado neste capítulo, o fenômeno tem múltiplos entendimentos: a impunidade é um termo plurissemântico. A ambiguidade da noção, no entanto, não debilita a presença social do lema anti-impunidade.

Um unanimismo errático, isto é, uma unanimidade que converge na aceitação da luta contra a impunidade, mas que ao mesmo tempo é errática ao não estabelecer os limites dessa luta... até onde e a partir de quando se fala de impunidade, quais são os meios dessa luta e em que consiste efetivamente: é a justiça penal, é a consciência moral dos povos, é a quantidade ou qualidade das penas, é a rejeição, a verdade ou o esquecimento, é talvez a reparação ou o fato de voltarem a fazer a mesma ação sem qualquer consequência ao substrato da impunidade? Por último, diríamos: é generalizada a aceitação da luta contra a impunidade, somente não se sabe o que é a impunidade, nem em que consiste a luta realmente. (UMAÑA, 2016).

A ausência de uma compreensão conceitual integral do problema, sustentamos, traz a consequência de que sob o lema do combate à impunidade se desenvolvam os mais variados projetos. Uma das reivindicações anti-impunidade que detectamos como especialmente dominante é *a reprodução das estruturas de direito penal caracterizadas sob um programa de ação para infligir sofrimento*. Utilizando a teoria da RPM, observamos que as reclamações em torno da impunidade, caracterizadas em muitos dos discursos sociais sob a noção ampla do oposto do dever de condenar, escolhem um conteúdo próprio de tal obrigação.

A desconstrução da luta contra a impunidade pela teoria da RPM habilita a caracterização sociológica da obrigação de atribuir uma pena com o objetivo de atribuir medidas *hostis* que representam o infrator como inimigo da sociedade; *abstratas*, segundo as quais existe uma medida de correspondência entre o mal concreto da ação e um mal abstrato que representa a pena cristalizada mediante a "temporalização do sofrimento" ou "temporalização da pena" (PIRES e GARCIA, 2007; PIRES, 2014); *negativas*, que consideram que apenas uma consequência punitiva de sofrimento pode gerar bem-estar social; *excludentes*, segundo as quais a pena não pode levar o sujeito a permanecer incluído na sociedade, pelo menos não de maneira imediata; e, *atomistas*, de modo que a pena não se preocupa com os vínculos sociais e sua preservação (PIRES, CELLARD e PELLETIER, 2001).

A noção da impunidade que se assemelha à reprodução das estruturas de direito penal caracterizadas sob um programa de ação para infligir sofrimento está claramente inserida na RPM. Essa dimensão, dominante mas não exclusiva da impunidade, favorece a reprodução de um obstáculo cognitivo para a inovação do sistema penal e para as reivindicações que são mobilizadas por meio do lema contra a impunidade.

Considerando as contribuições da teoria da RPM, pudemos identificar diferentes elementos a serem excluídos de uma reconstrução crítica do conceito de impunidade se quisermos defender uma noção do problema que permita o desprendimento da função de reprodução das estruturas de direito penal caracterizadas sob um programa de ação para infligir sofrimento. A respeito disso, é preciso ter cautela crítica diante de pelo menos três obstáculos epistemológicos para entender o problema:

i) A ausência de contornos teóricos e, portanto, de reflexividade do conceito de impunidade; *ii)* a convivência da luta da impunidade com práticas punitivas radicais e sua aptidão para ser utilizada politicamente por reivindicações que refreiam a inovação dos sistemas de responsabilidade e que retroalimentam o populismo punitivo; e, *iii)* a existente contradição entre o propósito da garantia dos direitos humanos e a agenda de sofrimento punitivo que se apresenta em muitas ocasiões sob o lema do combate à impunidade.

Esses três parâmetros de reprodução das estruturas de direito penal caracterizadas sob um programa de ação para infligir sofrimento devem ser considerados no momento de construir e reconstruir a luta contra a impunidade a partir de uma perspectiva crítica. Do contrário, a luta contra a impunidade pode ser utilizada para dificultar qualquer tipo de alternativa ao programa de ação moderno do sistema penal sob o argumento de que se mudarmos a forma de entender o que é feito pelo sistema penal nos arriscaríamos a alimentar a impunidade (cujo único oposto seria a pena aflitiva de exclusão social).

A teoria da RPM propõe um trabalho de reflexão crítica da atuação punitiva na sociedade. A partir disso, é uma ferramenta essencial para a reconstrução do conceito de impunidade que se tenta aprofundar na pesquisa de base que dá origem a este capítulo, e que pode ser explicada por enquanto da seguinte maneira: quando se tenta a reconstrução crítica do conceito de (luta contra a) impunidade, mais do que um fenômeno de tal amplitude e que não é distinguível de um estado de coisas inerente ao crime ou às violações de direitos humanos, mais do que um problema global diante de todo tipo de injustiça (a impunidade é um fenômeno do sistema penal e, portanto, deve ser entendida diante das condutas criminalizadas), mais do que determinada medida que obrigatoriamente deva ser implementada pelo sistema (é possível inovar nas formas penais de atuação), mais do que a efetividade total do sistema penal (podem ser relegados diferentes comportamentos criminalizados como uma forma perfeitamente desejável de funcionamento do sistema), no nosso trabalho tentamos a seguinte definição: a impunidade é um problema do sistema penal que consiste em uma maneira de neutralização da implementação autônoma do programa de ação do direito penal.

Referências

BBC – British Broadcasting Corporation. *Wimbledon: Jo-Wilfried Tsonga v Andy Murray*, 2010. Disponível em: http://news.bbc.co.uk/sport2/hi/tennis/8777043.stm. Acesso em: 13 mai. 2019.

Bolsonaro, Jair. *O caminho da prosperidade, proposta de plano de governo*, 2018. Disponível em: http://divulgacandcontas.tse.jus.br/candidaturas/oficial/2018/BR/BR/2022802018/280000614517/proposta_1534284632231.pdf. Acesso em: 13 mai. 2019.

Casamayor. Préface. *In*: Beccaria, Cesare. *Des délits et des peines*. Paris: Flammarion, 1979.

Christie, Nils. *Au bout de nos peines*. Bruxelas: Larcier, 2005.

Colômbia. Dane (s.d.). *Departamento Administrativo Nacional de Estadística* (Departamento Administrativo Nacional de Estatística). Disponível em: www.dane.gov.co. Acesso em: 13 mai. 2019.

Dubé, Richard. *Système de pensée et réforme du droit criminel: les idées innovatrices du rapport Ouimet*. 1969. Tese (Doutorado em Sociologia) – Universidade do Quebec em Montreal, Canadá, 2008.

Dubé, Richard; Garcia, Margarida; Machado, Maíra (dir.). *La rationalité pénale moderne: réflexions théoriques et explorations empiriques*. Ottawa: Presses de l'Université d'Ottawa, 2013.

Duque, Iván; Ramírez, Marta Lucia. *Proposta 18 dentre "203 PROPUESTAS" de governo*, 2018. Disponível em: https://s3.amazonaws.com/ivanduquewebsite/static/propuestas.pdf. Acesso em: 13 mai. 2019.

Engle, Karen. Anti-impunity and the Turn to Criminal Law in Human Rights. *Cornell Law Review*, v. 100, n. 5, p. 1069-1127, 2015.

Engle, Karen; Miller, Zinaida; Davis, D. M. Introduction. *In*: Engle, Karen; Miller, Zinaida; Davis, D. M. (eds.). *Anti-Impunity and the Human Rights Agenda*. Cambridge: Cambridge University Press, 2016, p. 1-12.

Gallup. *Gallup Poll*. Colombia, Bogotá, n. 126, ago. 2018. Disponível em: https://www.elpais.com.co/especiais/pesquisa-gallup-216.pdf. Acesso em: 13 mai. 2019.

Garcia, Margarida. La théorie de la rationalité pénale moderne: un cadre d'observation, d'organisation et de description des idées propres au système de droit criminel. *In*: Dubé, Richard; Garcia, Margarida; Machado, Maíra Rocha (org.). *La rationalité pénale moderne*: réflexions théoriques et explorations empiriques. Ottawa: Les Presses de l'université d'Ottawa, 2013. p. 37-72.

Hill, Peter C.; Exline, Julie Juola; Cohen, Adam B. The Social Psychology of Justice and Forgiveness in Civil and Organizational Settings. *In*: Worthington, Everett L. (ed.) *Handbook of Forgiveness*. New York: Routledge, 2005. p. 477-490.

Machado, Maíra Rocha. Qu'advient-il de la rationalité pénale moderne quand on parle de problemes internationaux? *In*: Dubé, Richard; Garcia, Margarida; Machado, Maíra Rocha (org.). *La rationalité pénale moderne*: réflexions théoriques et explorations empiriques. Ottawa: Presses de l'Université d'Ottawa, 2013, p. 247-267.

Muggah, Robert; Garzón, Juan Carlos; Suárez, Manuela. La "Mano Dura": Los costos de la represión y los beneficios de la prevención para los jóvenes en América Latina. *Instituto Igarapé*, artigo estratégico, n. 36, mai. 2018.

Pires, Alvaro. Aspects, traces et parcours de la rationalité pénale moderne. *In*: Debuyst, Christian; Digneffe, Françoise; Pires, Alvaro Penna. *Histoire des savoirs sur le crime et la peine*. Volume 2: La rationalité pénale et la naissance de la criminologie. 2. ed. Bruxelas: De Boeck Université et Larcier, 1998. p. 3-52.

PIRES, Álvaro. La 'Ligne Maginot' en droit criminel: la protection contre le crime versus la protection contre le prince. *Revue de Droit Pénal et de Criminologie*, v. 81, n. 2, p. 145-170, 2001.

PIRES, Alvaro. A racionalidade penal moderna, o público e os direitos humanos. *Novos Estudos Cebrap*, v. 68, n. 3, p. 39-60, 2004.

PIRES, Alvaro. *Questions et réponses sur la rationalité pénale moderne*. Working paper inédito. Chaire de recherche du Canada en traditions juridiques et rationalité pénale, Université d'Ottawa, 2006.

PIRES, Alvaro. La teoría de la "pena rehabilitiva": ¿inclusión o exclusión social? *In*: Organización de los Estados Americanos (Organização dos Estados Americanos), *La criminalidad y la violencia*: perspectivas de la sociedad civil. 6 e 7 ago. 2008a. Disponível em: https://www.oas.org/seguridad_hemisferica/documents/present%20Alvaro%20Pires-esp.pdf. Acesso em: 13 mai. 2019.

PIRES, Alvaro. *Nouvelles questions et réponses sur la rationalité pénale moderne*, document de travail inédit, Chaire de recherche du Canada en traditions juridiques et rationalité pénale, Université d'Ottawa, 2008b.

PIRES, Alvaro. Esquisse d'une théorie systémique sur les théories de la peine et sur un problème d'évolution, document de travail inédit, Chaire de recherche du Canada en traditions juridiques et rationalité pénale, Université d'Ottawa, 2010.

PIRES, Alvaro. Introduction. Les peines radicales: construction et «invisibilisation» d'un paradoxe. *In*: MEREU, Italo. *La mort comme peine*. Bruxelas: Larcier, 2012. p. 8-47.

PIRES, Alvaro. *Naissance et développement d'une théorie et ses problèmes de recherche*. La rationalité pénale moderne: réflexions théoriques et explorations empiriques. Ottawa: Les Presses de l'université d'Ottawa, 2013, p. 289-325.

PIRES, Alvaro. L'adoption intersystémique des énoncés de sens: le concept de punition en matière criminelle. *In*: SOSOE, Lukas K. (ed.). *Le droit – un système social/Law as a social system*. Um commentaire coopératif de Niklas Luhmann. Hildesheim, Zürich, New York: Georg Olms Verlag, 2015. p. 233-278.

PIRES, Alvaro; CELLARD, André; PELLETIER, Gérald. L'énigme des demandes de modifications législatives au Code criminel canadien. *In*: FRAILLE, Pedro (ed.). *Régulation et gouvernance. Le contrôle des populations et du territoire en Europe et au Canada. Une perspective historique*. Barcelona: Éditions de l'Université de Barcelone, 2001. p. 195-217.

PIRES, Alvaro; GARCIA, Margarida. Les relations entre les systèmes d'idées: droits de la personne et théories de la peine face à la peine de mort. *In*: CARTUYVELS, Yves; DUMONT, Hugues; OST, François; VAN DE KERCHOVE, Michel; VAN DROOGHENBROECK, Sébastien. *Les droits de l'homme, bouclier ou épée du droit pénal*. Bruxelas: Éditions Bruylant, 2007, p. 291-336.

TONCHE, Juliana; UMAÑA, Camilo Eduardo. Sistema Integral de Verdad, Justicia, Reparación y No Repetición: un acuerdo de justicia ¿restaurativa? *Revista Derecho del Estado*, Colômbia, n. 38, p. 223-241, 2017.

UMAÑA, Camilo. La mula muerta: el tema de la impunidad en Colombia y el contexto de las negociaciones en La Habana. Universidad Externado de Colombia, *Serie Documentos de Trabajo*, n. 58, 2016.

UMAÑA, Camilo. *Impunity:* In the Search of a Socio-Legal Concept. Elucidations from a State Crime Case Study. 2017. Tese (Doutorado em Criminologia) – Social Science Faculty, University of Ottawa, Canada (Faculdade de Ciências Sociais, Universidade de Ottawa, Canadá), 2017. Disponível em: https://ruor.uottawa.ca/handle/10393/36916?mode=full. Acesso em: 13 mai. 2019.

UMAÑA, Camilo Eduardo; PIRES, Alvaro. Derechos humanos y penas radicales: ¿crítica o justificación? La recepción del derecho internacional humanitario en el Código Penal colombiano. *Past, Present and Future of Sociology of Law*, Oñati Socio-legal Series, v. 6, n. 3, p. 877-900, 2016.

UN – United Nations (Nações Unidas). *Report of the independent expert to update the Set of Principles to combat impunity*. UM Commission on Human Rights. 18 fev. 2005. Disponível em: https://www.refworld.org/docid/42d66e7a0.html. Acesso em: 13 mai. 2019.

Capítulo 4
A criação da Lei do Feminicídio na perspectiva da racionalidade penal moderna: vocabulário de motivos e discurso de combate à impunidade

CLARA FLORES SEIXAS DE OLIVEIRA
MARIANA THORSTENSEN POSSAS

Introdução

Em 9 de março de 2015, foi sancionada no Brasil a Lei do Feminicídio (Lei n. 13.104/2015 – LF), que tornou a morte violenta intencional de mulheres um crime distinto do homicídio, acompanhando uma tendência dos países latino-americanos de incorporar o termo "feminicídio" nas suas legislações penais e seguindo também uma recomendação expressa da Organização das Nações Unidas (ONU).[1] O projeto de lei foi construído por uma Comissão Parlamentar Mista de Inquérito (CPMI) criada para investigar o problema da violência contra a mulher no país. O processo de criação da lei envolveu diversos setores, como órgãos do executivo e do sistema de justiça, organizações internacionais, pesquisadoras, organizações não governamentais (ONGs) e movimentos feministas. O feminicídio foi definido como o homicídio praticado contra a mulher "por razões da condição de sexo feminino"[2] e inserido no Código Penal (CP) como uma das moda-

---

[1] Nas Conclusões Acordadas da 57ª Sessão da Comissão sobre o Status da Mulher da ONU, em 2013, há uma recomendação expressa aos países-membros para que reforcem a legislação nacional de modo a punir assassinatos de mulheres relacionados ao gênero. Foi a primeira vez que o termo "feminicídio" apareceu em um documento internacional acordado (BRASIL, 2013).
[2] Considera-se que há razões de condição do sexo feminino quando o crime envolve: "violência doméstica e familiar" e/ou "menosprezo ou discriminação à condição de mulher" (BRASIL, 2015).

lidades de homicídio qualificado (o que implica um aumento da pena, para 12 a 30 anos de reclusão, em relação ao homicídio comum, que é de 6 a 20 anos) e também incorporado ao rol dos crimes hediondos.

A proposta de criação da LF insere-se em um contexto mais geral em que diversos representantes do público (movimentos sociais, movimentos de vítimas, ONGs, etc.) têm demandado ao sistema político a edição de leis relacionadas às suas pautas específicas, com a expectativa de, por meio da legislação, verem reconhecidos seus direitos e/ou protegê-los de violações (PIRES, 2004a). Tratando-se de leis *penais*, especificamente, algumas questões particulares entram em cena. Os argumentos utilizados como motivos para a criação das leis explicitam determinadas expectativas que estão relacionadas a concepções sobre o papel da lei penal e das penas, que nos interessa investigar e problematizar.

Este capítulo é fruto de pesquisa de mestrado realizada entre 2015 e 2017, no Programa de Pós-Graduação de Ciências Sociais da Universidade Federal da Bahia (PPGCS/UFBA), que analisou o processo de criação da LF no Brasil em sua *dimensão cognitiva* (PIRES, CELLARD e PELLETIER, 2001; ENGUÉLÉGUÉLÉ, 1998), isto é, no plano das ideias, dos conhecimentos, que são reunidos, mobilizados e traduzidos de diferentes formas na arena de produção da lei. Naquela pesquisa buscamos observar como foram produzidos sentidos acerca do problema a ser enfrentado (a violência contra a mulher, especificamente a morte de mulheres apresentada como feminicídio) e da solução postulada (a criação de um novo crime e, portanto, de uma punição criminal correspondente) no processo de elaboração da lei (OLIVEIRA, 2017).

Analisamos documentos parlamentares (projeto de lei, substitutivos, pareceres, notas taquigráficas, relatórios de comissões, etc.), a fim de observar como se constrói discursivamente o problema da criminalização do feminicídio. Também fizemos 12 entrevistas qualitativas com interlocutoras que participaram direta ou indiretamente do processo de elaboração da lei, sendo cinco parlamentares (três deputadas federais e dois senadoras); três militantes feministas; duas pesquisadoras sobre o tema e dois juristas operando no sistema de justiça. Nas entrevistas, buscamos apreender tanto a experiência vivida pelas pessoas entrevistadas – como testemunhas e/ou partícipes do processo de elaboração da lei – quanto a experiência em uma dimensão mais *cognitiva*, isto é, referente às ideias, às maneiras de observar o problema do feminicídio e da sua criminalização (PIRES, 2004b).

Neste texto vamos discutir alguns achados empíricos da pesquisa a partir da referência da teoria da RPM (PIRES, 1998 e 2004a), a fim de observar como esse sistema de pensamento é atualizado (ou não) nos discursos acerca da criação da LF no Brasil. Pires, Cellard e Pelletier (2001) afirmam que o uso da expressão "criação de lei" pode gerar a interpretação equivocada de que o legislador cria as normas a partir do zero, quando, na realidade, são os diversos atores sociais que desenvolvem e projetam, a partir do seu ponto de vista cotidiano, uma grande variedade de expectativas que podem, ou não, penetrar na arena legislativa. Assim, o que ocorre não é propriamente uma criação, mas sim um complexo processo de *seleção* e de atribuição de "dignidade simbólica" às expectativas normativas, que são formatadas e enquadradas em um programa jurídico específico (LUHMANN, 1989) e consagradas como normas de direito com força vinculativa.

Segundo Pires, Cellard e Pelletier (2001), esse processo de seleção de expectativas normativas é mediado pelo sistema político, porém o sistema jurídico, com seus diferentes programas (civil, penal, empresarial, etc.) e seus sistemas de pensamento próprios, também exerce um papel importante. Assim, compreendem que não é interessante estabelecer uma *causalidade linear* entre a conjuntura e os atores sociais (causa) que tornaram visível determinada demanda legislativa e a efetiva modificação da lei (efeito), como boa parte das pesquisas sobre reformas legais faz. Em matéria penal, especificamente, esse modelo de causalidade linear não daria conta de explicar o alto índice de homogeneidade nas modificações legislativas demandadas em diferentes conjunturas por atores com perspectivas políticas diversas e, inclusive, contrárias (PIRES; MACHADO, 2010). Por que mesmo atores com posicionamentos progressistas em muitos aspectos não consideram, por exemplo, a possibilidade de penas alternativas em suas demandas por reformas? Para responder a essa pergunta, Pires *et al.* (2001) sugerem considerar a influência sistêmica exercida pela RPM como sistema de pensamento em matéria penal nos processos de criação de lei criminais.

Para esta publicação especificamente, propomos um enfoque nos discursos que justificam a opção por responder ao problema do feminicídio pela criação de uma lei que estabelece uma qualificadora e aumenta a pena atribuída. Apresentamos então o "vocabulário de motivos" (WRIGHT MILLS, 2016) para criar a lei, depreendido da análise dos documentos e das entrevistas. Na segunda parte, discutimos mais a fundo um dos motivos que nos chamou especialmente a atenção – o "combate à impunidade" –, buscando identificar quais sentidos de impunidade estão associados aos discursos construídos nessa chave e como eles fazem importante recurso à resposta penal.

Garantido o anonimato das entrevistadas, referimo-nos a elas ao longo do texto pela categoria a que pertencem (parlamentares, militantes, pesquisadoras e juristas), seguida pelas letras que as identificam (A, B, C...). Também estabelecemos uma enumeração para os documentos que compõem o corpo empírico da pesquisa, a fim de facilitar a citação dos trechos no corpo do texto (DOC. 1, DOC. 2, DOC. 3...). Nas referências, indicaremos a qual documento se refere cada um deles. Enquanto nas entrevistas houve garantia do anonimato, optamos por manter a referência aos nomes das pessoas cujas falas aparecem nos documentos, tendo em vista que são todos públicos e de livre acesso.

1. "Vocabulário de motivos" para criação do crime de feminicídio

São muitos os motivos apresentados para justificar a necessidade de uma lei que tornasse o feminicídio um crime. Nessa pesquisa, pudemos acessar os motivos "oficiais", selecionados e publicizados na arena parlamentar como justificação do projeto de lei, assim como os motivos "refletidos" apresentados pelas entrevistadas, quando, no contexto das entrevistas, propomos a elas uma reflexão acerca das razões para a criação da lei.

Motivos são, segundo Wright Mills (2016), palavras por meio das quais os atores sociais imputam ou declaram significantes a determinadas ações ou programas. Questionados, os indivíduos mobilizam discursos e vocabulários persuasivos ou dissuasivos, como justificativas para ações do passado, do presente ou do futuro. Os motivos verbalizados pelos atores sociais não são tomados como "impulsionadores" subjetivos e íntimos das ações, mas, antes, como mecanismos linguísticos de justificação destas. Esse exercício proposto por Wright Mills permite observar como os atores acionam determinados "vocabulários de motivos" típicos, normalmente aceitos para cada situação específica.

Os vocabulários de motivos influenciam as ações e as operações de construção de sentido, na medida em que nos atraem para escolhas e decisões "pré-legitimadas" (GARCIA, 2010). Assim, por exemplo, dificilmente encontraremos, no vocabulário de motivos acionado para justificar a condenação de um réu em um processo judicial, argumentos explicitamente racistas ou classistas (embora estes possam ser os impulsionadores da tomada de decisão do juiz), pois isso seria inaceitável em tal contexto. Por outro lado, é possível encontrar justificativas amplamente aceitas, como "é preciso punir para dissuadir a prática do crime", ou "é preciso punir para ressocializar o acusado" (RAUPP, 2015). Independentemente da discussão de serem justas, científicas ou adequadas politicamente, elas são motivos "possíveis" de serem mobilizados, motivos disponíveis para os juízes usarem em suas sentenças.

O uso do quadro teórico proposto por Wright Mills[3] na análise das justificativas para a criação da LF nos permite deslocar a análise do ponto de vista da subjetividade do agente para uma dimensão mais propriamente social, na qual o repertório de motivos está disponível a todos aqueles atores.

Outra vantagem desse enquadramento é a possibilidade de lançar luz ao fato de que muitos argumentos utilizados não estão necessariamente ligados ao problema do feminicídio em particular. São, antes, atualizações de um vocabulário de motivos tipicamente mobilizado para justificar a atividade legislativa de criação de leis penais em geral. A RPM, como sistema de pensamento em matéria de penas, estabilizado e institucionalizado na sociedade ocidental moderna, aparece então como sistema de pensamento de base dos motivos apresentados para criar leis penais.

Os motivos encontrados foram divididos em grandes sete tipos: (1.1) visibilidade ao feminicídio como problema; (1.2) combate à violência fatal contra as mulheres; (1.3) orientação ao direito; (1.4) orientação à mídia; (1.5) mudança de valores; (1.6) combate à impunidade.

1.1. Visibilidade ao feminicídio como problema

O motivo para criação da lei que aparece com maior ênfase no material empírico é a necessidade de dar visibilidade ao problema do feminicídio:

> [...] A qualificadora do homicídio, o feminicídio, tem como objetivo *dar visibilidade* ao crime cometido contra a mulher. (DOC. 3, grifos nossos)

---

[3] Seguindo, assim, os passos de pesquisadores como Pires e Machado (2010), Garcia (2010) e Raupp (2015), que utilizam o esquema proposto por Wright Mills em suas pesquisas empíricas sobre a produção de leis penais e o sistema de justiça criminal.

[...] a importância é *dar visibilidade*, né, à violência, sobretudo à morte por conta da questão de gênero. (Parlamentar E, entrevista, 2017, grifos nossos)

Esse sentido geral de "dar visibilidade" assume contornos diferentes nas várias comunicações em que está presente. Um deles é o reconhecimento da existência do feminicídio, ou seja, da assunção do feminicídio como realidade:

A importância de tipificar o feminicídio é *reconhecer, na forma da lei, que mulheres estão sendo mortas pela razão de serem mulheres, expondo a fratura da desigualdade de gênero* que persiste em nossa sociedade. (DOC. 2, grifos nossos)

A criação da lei seria, assim, uma forma de o Estado reconhecer pública e oficialmente que o feminicídio existe – isto é, que as mulheres estão sendo mortas por serem mulheres – e que esse é um problema grave. Isto é, não se quer apenas chamar atenção para o fato de que o assassinato de mulheres é uma realidade, mas também lançar luz sobre aspectos desse fenômeno que estariam invisibilizados nas abordagens dadas ao tema antes da criação da lei (como o sexo das vítimas e a relação da desigualdade de gênero com a motivação dos crimes). Aposta-se na *nomeação* da situação-problema como estratégia capaz de destacar esses aspectos: "no momento que tem esse nome, não pode esconder" (Pesquisadora B). A lei penal funcionaria, então, como uma espécie de atestado público da existência do feminicídio como problema social.

A visibilidade também é expressa na forma de um reconhecimento pelo Estado de sua responsabilidade com o enfrentamento do problema do feminicídio.

É importante que diga: *há feminicídio no Brasil*. Ele tem que ser reconhecido que há, *e reconhecida a condição de contestá-lo, de que o Estado tem responsabilidade*, com a sociedade civil, de *poder enfrentá-lo*. (Parlamentar B, entrevista, 2017, grifos nossos)

Em terceiro lugar, a visibilidade assume o sentido de promover o debate sobre o feminicídio na sociedade em geral, aumentando o interesse das pessoas e das instituições no tema:

O primeiro passo para o enfrentamento do feminicídio é falar sobre ele, e nomeá-lo como tal, e *torná-lo visível e presente na opinião pública, nas univer-*

sidades, nas delegacias, perícias, promotorias, defensorias públicas e juizados. Não é possível que a morte violenta de mulheres seja invisibilizada e naturalizada. (DOC. 17, Nadine Gasman, grifos nossos)

O primeiro papel, eu acho que a primeira coisa é gerar todo esse debate que a gente está fazendo. (Militante A, entrevista, 2017)

Embora o fenômeno do assassinato de mulheres sempre tenha existido, até pouco tempo atrás ele não aparecia representado, no debate público brasileiro, pela palavra "feminicídio". Então, um dos motivos para criar a lei é justamente projetar o tal termo no debate público e, com isso, despertar o interesse das pessoas para que se informem, pesquisem e cobrem respostas. A aposta é que, dessa maneira, se possa retirar o feminicídio de uma situação de invisibilidade e naturalização.

A ideia de visibilidade está relacionada, assim, a algumas expectativas acerca da criação da lei, como a sua capacidade de atestar a existência do feminicídio como problema e de projetá-lo no debate público. Ou, ainda, sua capacidade de visibilizar o sexo das vítimas e as razões dos crimes. Ou mesmo como reconhecimento do compromisso do Estado no enfrentamento ao problema. Nas falas aqui reunidas, a lei penal é vista como uma espécie de meio de comunicação do Estado, por meio do qual ele envia mensagens à sociedade, com "qualidade" de "discurso oficial", isto é, dotadas de credibilidade, legitimidade e capacidade de difusão. Não há, nesses argumentos, a ênfase no aspecto punitivo propriamente dito: não se fala sobre a repressão ao crime ou sobre a necessidade de incrementar a punição ou infligir um sofrimento ao autor.

Da leitura desse primeiro grande grupo de motivos, as razões pela escolha do direito penal como veiculador da mensagem não são explicitadas. A teoria da RPM, no entanto, lembra-nos que o direito penal funciona como um grande palco para expressão dos valores mais importantes da sociedade. Ser "admitido" no direito penal é, portanto, sinônimo de alto prestígio social.

1.2. Combate à violência fatal contra as mulheres

Outro motivo que aparece repetidas vezes no material empírico é o de que essa lei estaria sendo criada para combater o problema da violência fatal contra as mulheres. "Combater", "enfrentar", "inibir" e até "erradicar" são os verbos mais comumente utilizados para expressar essa expectativa:

> [...] o Senado Federal possa, enfim, dar essa *resposta concreta* no *combate à violência contra mulher*. (DOC. 10, fala da senadora Gleisi Hoffmann, grifos nossos)
>
> [...] impõe-se que a prática de crimes de homicídio contra as mulheres, pela simples razão de serem mulheres, seja *mais firmemente combatida*, por meio de sua tipificação penal específica. (DOC. 14, grifos nossos)

De modo geral, o que se comunica nesse conjunto de argumentos é a expectativa – mais modesta (combater, enfrentar) ou mais ambiciosa (inibir, erradicar) – de que a lei possa contribuir "concretamente" para que se resolva o problema do assassinato de mulheres. Contudo, afirmar que vai combater esse tipo de violência, por si só, não diz muitas coisas sobre como se pretende fazê-lo efetivamente.

A afirmação de que a LF combate o problema da violência fatal contra as mulheres parte da premissa implícita de que as leis penais são ferramentas efetivas de combate à violência. Como o feminicídio é uma forma de violência, enfrentamos o problema criando uma lei penal. A premissa maior, portanto, não precisa ser explicitada, explicada ou comprovada nos discursos, pois figura como uma certeza amplamente aceita no pensamento ocidental, nos marcos da RPM: a crença de que o problema da violência é resolvido com a criação de leis penais. Mais especificamente, com um modelo de lei penal em que se acopla a descrição da conduta proibida (norma de comportamento) às penas mínima e máxima de prisão (norma de sanção). Quando se repete o motivo aparentemente óbvio de que a lei é criada para combater a violência, dispensam-se mais discussões sobre a pertinência da resposta escolhida para enfrentar esse problema ou a possibilidade de selecionar outras respostas.

Muitas vezes o argumento do combate à violência não é mobilizado de forma isolada, mas aparece relacionado a outros motivos. Funciona, assim, como um motivo genérico, que introduz a argumentação, para, em seguida, desdobrar-se em uma série de outros motivos que explicitam melhor as expectativas sobre como a criação da lei pode contribuir para o combate ao feminicídio. Uma dessas possibilidades está relacionada à ideia de *prevenção*:

> Crimes contra as mulheres deverão ser considerados crimes hediondos, com a pena aumentada, para que isso sirva como *punição, intimidação* e *prevenção* à violência contra as mulheres. (DOC. 11, fala da deputada Moema Gramacho, grifos nossos)

[...] *quando você pune um crime, automaticamente você tá gerando uma consciência coletiva de prevenção* para esse crime, a sociedade debate sobre ele, principalmente no feminicídio, de debater essas questões que são estruturantes da opressão de gênero na nossa sociedade, justamente pra *prevenir outros crimes*, né? Combater esse discurso da violência e do ódio contra a mulher. (Militante A, entrevista, 2017, grifos nossos)

No primeiro trecho, o foco é o rigor punitivo – a qualificação como crime hediondo e o aumento da pena – como estratégia capaz de, além de punir os condenados em cada caso concreto, intimidar possíveis agressores e, assim, prevenir novos crimes. No segundo trecho, comunica-se a expectativa de que a punição para o crime de feminicídio funcione como um exemplo negativo para toda a sociedade, gerando uma consciência coletiva contrária à opressão de gênero, à violência e ao ódio contra a mulher que contribua para a prevenção, ao dissuadir outros indivíduos a praticarem crimes dessa natureza. Aqui, novamente, identificamos uma premissa maior, estreitamente relacionada à anterior, que é a ideia de que a punição (especificamente, a pena de prisão) é capaz de prevenir outros crimes. É interessante notar que aqui a punição aparece de maneira explícita nos discursos, diferentemente dos motivos do grupo anterior, em que não se valoriza o aspecto punitivo da lei.

Segundo Machado e Machado (2013), a noção de "prevenção" abarca várias finalidades atribuídas à lei penal e é utilizada por diferentes teorias sobre a pena, como a dissuasão, a reabilitação e a denunciação. A teoria da dissuasão, ou teoria da "prevenção geral negativa", afirma que a função da pena é dissuadir o condenado e outras pessoas a cometerem crimes no futuro (PIRES, 1998). O termo "prevenção" é utilizado também na teoria da denunciação, ou da "prevenção geral positiva", que atribui à pena um papel positivo de reforçar as normas, os princípios e os valores e bens jurídicos (MACHADO e MACHADO, 2013). Larrauri (2005) fala no "mito da prevenção geral", alertando-nos sobre a falta de comprovação empírica da função preventiva da pena.

Um fato intrigante é que uma das interlocutoras que afirmou a expectativa de prevenção como motivo para criação da lei, em outro momento da entrevista, apresentou uma relativização de sua opinião, questionando o potencial preventivo da lei penal:

[...] E pensar na *responsabilização como prevenção de novos crimes*, né? *Também é utópico*, mas, assim... será que os caras têm medo, hoje em dia? Estão um pouco mais... porque tem a Lei Maria da Penha? Mas ao mesmo tempo, é tão sinistro isso, o quê que a gente percebe? Quando a gente vai conquistando direitos, a gente minorizados, também a gente tem uma reação, né? Então, assim... parece que os crimes vão ficando com mais requinte. São pessoas muito mais contrárias, a gente tem Bolsonaro lá no Congresso, dizendo que a gente não tem que existir... (Militante A, entrevista, 2017, grifos nossos)

Essa militante levanta a possibilidade de que ocorra um efeito paradoxal com a criação da lei: em vez de prevenir novos crimes, a lei ocasione uma reação negativa que intensifique os discursos de ódio e violência contra as mulheres, aumentando os requintes de crueldade nos crimes praticados. É curioso observar como a interlocutora reproduz, em um primeiro momento, uma ideia estável e tipicamente aceita do vocabulário de motivos para criação de uma lei penal, mas, em seguida, demonstra não estar convencida da sua efetividade. Essa ressalva da entrevistada sugere a existência de questionamentos ao argumento da prevenção, reproduzido automaticamente nas demais falas. No trecho a seguir, retirado do parecer da Comissão de Constituição, Justiça e Cidadania (CCJ), de autoria da senadora Ana Rita, aparece outro questionamento do potencial de prevenção:

Importante salientar que a inclusão da qualificadora *não visa prevenir o cometimento* deste crime, pois *não é o direito penal instrumento adequado à prevenção de condutas delituosas*. O projeto pretende nominar circunstâncias características de um crime de gênero, que atinge as mulheres, e que se denomina de feminicídio. (DOC. 3, grifos nossos)

A ideia de prevenção aparece no material empírico, portanto, de duas maneiras contraditórias: como motivo central para a criação da lei; e, por outro lado, como efeito definidamente afastado. Para essa última posição, a criação do crime como resposta ao problema estaria fundada, assim, apenas no objetivo de nominar expressamente determinados assassinatos como feminicídio.

Outro motivo na mesma ordem do combate ao crime para a criação da lei é de que, com a especificação do sexo da vítima no tipo penal, assim como das razões que levariam ao cometimento do crime (as "razões de condição do sexo feminino"), haveria uma melhoria nas informações sobre o fenômeno, o que ajudaria nas investigações e na formulação de políticas públicas de prevenção:

> A previsão da qualificadora do feminicídio *incentiva a investigação dos motivos da morte* e, portanto, pode *trazer à luz das estatísticas a magnitude do fenômeno e estimular políticas públicas de prevenção*. (Jurista A, entrevista, 2017, grifos nossos)

Nas entrevistas e nos documentos analisados, é mencionado o problema da falta de informações precisas acerca do fenômeno do feminicídio. O crime genérico de homicídio, ao não especificar o sexo da vítima e as razões do crime, não possibilitava a produção de um diagnóstico seguro acerca da dimensão do problema e das circunstâncias em que ocorrem os feminicídios no país. Argumenta-se então que, com a criação da lei, seria possível melhorar a qualidade das informações e, assim, as estratégias de investigação. Há também aqui, assim como no grupo de motivos anterior, uma ideia de *visibilizar*, lançar luz sobre determinados aspectos do fenômeno que estariam até agora encobertos. Contudo, nesses argumentos, a luz é voltada para a investigação e a prevenção dos crimes. Enquanto no bloco anterior a lei penal era vista como um meio de comunicação do Estado, aqui existe uma dimensão utilitária: a lei é vista como um instrumento de combate à violência, de maneira mais genérica ou, mais especificamente, como meio de prevenção de novos crimes – pela punição e intimidação – ou pela melhoria das informações, das investigações e da formulação de políticas públicas.

1.3. Orientações ao direito

Há um conjunto de motivos que se voltam diretamente ao direito: espera-se que, com a criação da lei, haja uma mudança na forma como o direito observa e decide sobre o crime de feminicídio. O termo "direito", tal como utilizado aqui, refere-se a comunicações jurídicas de um modo geral (LUHMANN, 1989), contidas tanto nos processos judiciais quanto em outros meios em que os operadores e as instituições manifestem seus pontos de vista sobre o tema.

Uma dessas expectativas refere-se à maneira como o feminicídio é abordado nas narrativas dos processos judiciais. Espera-se que haja um abandono, por parte dos atores jurídicos no processo penal, de teses jurídicas tidas como anacrônicas e inaceitáveis:

[...] evitando que feminicidas sejam beneficiados por interpretações jurídicas anacrônicas e moralmente inaceitáveis, como o de terem cometido "crime passional". (DOC. 2)

A tipificação do feminicídio ainda visa impedir o surgimento de interpretações jurídicas anacrônicas e inaceitáveis, tais como as que reconhecem a violência contra a mulher como "crime passional". (DOC. 4)

A maneira como os crimes contra as mulheres são tratados e julgados nos processos criminais reproduz muitas vezes preconceitos e estereótipos de gênero. Por muito tempo no país, o assassinato de mulheres por seus maridos nem sequer era considerado crime. Para a parlamentar "D", a LF vem como uma resposta a essa situação histórica, e tem como objetivo modificar os modos como os atores jurídicos interpretam esses crimes nos processos criminais. Espera-se, assim, que, a partir da nova lei, os juízes, advogados e promotores se vejam compelidos a incorporarem os sentidos associados ao feminicídio nas peças judiciais, de modo que argumentos como "matou em nome do amor" ou "matou em nome da honra" sejam abandonados em detrimento de "matou por ser mulher" ou "matou por razões de gênero". Espera-se ainda que o crime seja situado em um contexto de violência de gênero e que o histórico de violências seja mencionado nas sentenças.

Além de uma mudança no entendimento do fenômeno por parte dos juristas, espera-se também que haja uma mudança no enquadramento jurídico da situação-problema. Quando a jurista "B" fala que "[...] os jurados fazem a opção pelo privilégio, por conta do ser passional", ela está se referindo à modalidade de "homicídio privilegiado", prevista no § 1º do art. 121 do CP, que institui a possibilidade de atenuação da pena quando o crime for cometido "por motivo de relevante valor social ou moral, ou sob o domínio de violenta emoção, logo em seguida a injusta provocação da vítima". Esse enquadramento costumava ser proposto para reduzir a punição para crimes que envolviam uma suposta traição da vítima. Espera-se que passe a ser aplicada a qualificadora do feminicídio nessas situações. O Quadro 1 sintetiza as expectativas de mudanças nos processos judiciais com a criação da LF.

Quadro 1 – Expectativas de mudanças na abordagem do feminicídio nos processos judiciais

Interpretação do crime nas peças processuais	**Antes da lei**	**Depois da lei**
	Crime passional: "matou em nome do amor" / Legítima defesa da honra: "matou em nome da honra". Não se menciona o histórico de violências.	Feminicídio: "matou por ser mulher". Menciona-se o histórico de violências (feminicídio como contínuo de violências).
Enquadramento jurídico	Possibilidade de homicídio privilegiado (caso de diminuição de pena: art. 121, § 1º, do CP).	Homicídio qualificado (art. 121, § 2º, VI, do CP).

Fonte: Oliveira (2017).

Encontramos ainda um sentido mais amplo dessa "orientação ao direito", relacionado a uma mudança mais geral na mentalidade dos atores jurídicos:

> É um instrumento [...] que pode, sobretudo, construir novos valores, desenvolver e consolidar o conceito de respeito nas relações entre os sexos, no poder judiciário, na defensoria pública, que atua, no ministério público, em várias outras práticas que envolvem o processo legal. (Parlamentar C, entrevista, 2017)

Além de mudanças no processo criminal em si, espera-se que a LF possa contribuir para uma mudança na mentalidade dos atores jurídicos, ao levá-los a debater sobre as questões de gênero, contribuindo para a construção de novos valores nesse campo de atuação e, assim, "ganhando aliados" na luta contra a violência. Nos discursos aqui reunidos, enfatiza-se mais a dimensão pedagógica da lei do que o aspecto punitivo. A questão da punição só aparece de maneira implícita no debate sobre o enquadramento jurídico do crime (homicídio privilegiado/qualificado). De qualquer modo, a ênfase da discussão é sobre a possibilidade de mudança na forma como o feminicídio é interpretado nos processos judiciais, e não no rigor mesmo da pena.

1.4. Orientação à mídia

Na justificação do projeto de lei, afirma-se que a LF "protege, ainda, a dignidade da vítima, ao obstar de antemão as estratégias de se desqualificarem, midiaticamente, a condição de mulheres brutalmente assassinadas, atribuindo a elas a responsabilidade pelo crime de que foram vítimas" (DOC. 2). Esse motivo para a criação da lei está voltado, portanto, para a mídia. Espera-se que os veículos midiáticos incorporem os sentidos de feminicídio nas suas comunicações, deixando de reproduzir enunciados que atribuam às mulheres a responsabilidade pelo crime de que foram vítimas.

Pires (2004a) discute como, a partir dos anos 1960 e 1970, o "público" passa a ser integrado nas operações de reprodução do sistema penal. Essa participação se dá em diferentes esferas: na apresentação de demandas por alterações legislativas; nas sentenças judiciais em que os tribunais se referem ao clamor público, à opinião pública ou à midiatização de algum caso como critério pertinente para justificar alguma decisão; ou, ainda, quando se atribui ao sistema penal a função de "orientar o público" ou "guiar a opinião pública". No vocabulário de motivos para criar a LF, podemos observar essa integração do "público" em várias dimensões. Espera-se que a lei sirva para orientar o público no sentido de determinada interpretação ou abordagem para a situação-problema do feminicídio, por meio da atuação da mídia.

1.5. Mudança de valores sociais

Esse argumento mais geral está relacionado aos precedentes e, de certa maneira, já se anuncia em alguns trechos do corpo empírico já mencionados. Comunica-se aqui a expectativa de que, com a criação da lei, e em parte como consequência dos outros motivos, se possa promover uma mudança cultural mais ampla, avançar na disputa de imaginários, criar um "contra imaginário":

> [...] A gente é doutrinada e culturalmente educada para um imaginário feminicida, né? A partir do momento que a gente criminaliza o feminicídio, *a gente cria um contraimaginário*. Então pra mim, o mais importante talvez da lei vem um pouco disso... da gente criar uma perspectiva de combate ao feminicídio. Agora o quão efetivo isso vai ser, não sei. *Talvez seja mais uma mudança cultural*, da gente tentar trazer o tema à tona, eu acho que é um *start* pra uma caminhada longa [...]. (Militante C, entrevista, 2017, grifos nossos)

Então, essa visibilidade, isso que é fundamental, a gente acredita que dessa forma a gente consegue construir, ir construindo uma sociedade que seja uma sociedade mais tolerante [...]. (Parlamentar E, entrevista, 2017)

Esse motivo está relacionado à ideia da visibilidade, mas a ultrapassa: além de promover o debate sobre o feminicídio, espera-se que a lei exerça uma função educativa, seja em relação ao autor da violência e seus familiares, seja em relação à sociedade de modo geral, ao difundir um "contraimaginário" que vá no sentido contrário ao imaginário feminicida. A partir dessa função pedagógica, a lei promoveria uma efetiva mudança cultural, pela afirmação de novos valores que contribuam para construir uma sociedade mais justa e tolerante. Ao colocar ênfase na dimensão dos valores, esses argumentos adentram em um debate mais *moral* acerca da criação da lei.

1.6. Proteção às vítimas

Outro motivo dado para criar a lei é a proteção das vítimas dessa forma de violência:

Devemos, portanto, aprimorar a legislação penal e processual penal, a fim de *proteger as vítimas dessa modalidade covarde de violência*. (DOC. 5, grifos nossos)

Hoje, o eleitorado [feminino] é 51% da população brasileira. Então, Senadora Ana Rita, é extremamente relevante, politicamente, *que sejam cobertas, protegidas como seres humanos* na sua amplitude maior, vez que são mães, mulheres, filhas e seres humanos que merecem todo o nosso respeito. (DOC. 8, fala de Jamilson Haddad Campos, grifos nossos)

Esses discursos, ao enunciarem o motivo da proteção às vítimas de maneira genérica, não dizem muito sobre seu significado. A proteção poderia ser pensada como uma intervenção mais concreta em situações específicas de violência, em que a retirada do agressor do convívio social poderia garantir a segurança da vítima, mas não há elementos suficientes nesses fragmentos do corpo empírico para deduzir esse sentido.

Por outro lado, o argumento de proteção à vítima também é mobilizado no trecho, já citado anteriormente, sobre a expectativa de mudança nas abordagens da mídia acerca do crime de feminicídio: "[...] protege, ainda, a dignidade da vítima, ao obstar de antemão as estratégias de se desqualificarem, midiaticamente, a condição de mulheres brutalmente assassinadas, atribuindo a elas a responsabilidade pelo crime de que foram vítimas" (DOC. 2). Nesse sentido, trata-se de uma proteção à imagem da vítima diante da possibilidade de ataques da mídia.

Pires (2004a) discute como se justifica o incremento da punição, a partir da RPM, mobilizando a semântica dos direitos. Demandas por punição são traduzidas como "direitos de proteção" de certos indivíduos em relação a outros: a proteção se transforma em um direito de ver alguém ser submetido a uma pena aflitiva.

> Ora, é a associação da pena com a proteção e os direitos que nos dá a impressão e a ilusão de que essas demandas são efetivamente legítimas demandas de proteção, e até de proteção de "direitos humanos", relativas a bens jurídicos fundamentais. Pedir proteção converte-se então em algo semelhante a pedir mais pena aflitiva ou mais sofrimento, e responder afirmativamente a esses pedidos transforma-se em algo semelhante a dar uma proteção efetiva ou a reconhecer um direito a tal tipo de demanda. (PIRES, 2004a, p. 56)

Reginato (2014) fala como a figura simbólica da vítima é utilizada nos processos de reforma criminal para reafirmar a crença na punição e na retribuição, estratégia essa utilizada por muitos movimentos feministas. O fato de o proponente de uma demanda ser qualificado como uma vítima acaba por dificultar o debate público e confere um tom de incontestabilidade às reformas pleiteadas, segundo a autora. Sobre esse aspecto, é importante retomar a ressalva de Pires (2004a), de que as demandas de direitos ante o sistema penal movidas pelas vítimas são muito mais variadas e complexas do que a simples demanda por aumento do sofrimento ao condenado. As motivações das vítimas são uma coisa e a maneira como o sistema seleciona e processa as demandas é outra, afirma o autor. Os movimentos pelos direitos das vítimas podem requerer, por exemplo, o direito de relatar seus sofrimentos perante o tribunal apenas para comunicar ou denunciar, não visando ao aspecto punitivo, mas o sistema pode selecionar essa demanda e associá-la a um efeito sobre as penas. Isto é, as operações feitas *em nome* das vítimas não necessariamente refletem os reais interesses das vítimas. Podem, inclusive, ser feitas *apesar* das vítimas (PIRES, 2004a).

1.7. Combate à impunidade

Por fim, mas não por isso menos importante, o "combate à impunidade" aparece como um dos motivos centrais da criação da LF:

[...] *combater a impunidade*, evitando que feminicidas sejam beneficiados por interpretações jurídicas anacrônicas e moralmente inaceitáveis, como o de terem cometido "crime passional". (DOC. 2, grifos nossos)

Temos certeza de que, com a aprovação desse projeto, de um lado, combateremos e vamos erradicar essa violência contra a mulher *e também acabar com a impunidade*. (DOC. 8, fala de Flávio Crocce, grifos nossos)

[...] *combater a impunidade penal nesses casos*, promover os direitos das mulheres e estimular a adoção de políticas de prevenção à violência baseada no gênero. (DOC. 15, grifos nossos)

Envia, outrossim, mensagem positiva à sociedade de que o direito à vida é universal e *de que não haverá impunidade*. (DOC. 2, grifos nossos)

O conceito de feminicídio é importante e deve ser utilizado, em nossa opinião, tanto na discussão acadêmica quanto na legislação. Tem que ter um *impacto importante na luta contra a impunidade*. Cada poder, executivo, legislativo e judiciário, tem responsabilidades específicas para garantir que as mulheres vivam suas vidas livre de violência e com acesso à justiça. (DOC. 17, fala de Nadine Gasman, grifos nossos)

Nesses trechos a "impunidade" é algo que se anuncia como uma categoria autoexplicativa; não se observa uma necessidade ou um esforço de descrição mais apurada da categoria em si. No entanto, as ideias que aparecem imediatamente associadas a ela nos dão muitas indicações de como os autores compreendem seu significado. Apesar de a palavra indicar a ausência específica de punição, não é necessariamente esse o sentido empiricamente mobilizado nas comunicações analisadas. O que então se está chamando de impunidade e como a criação da lei pode enfrentar esse problema? No primeiro trecho citado, por exemplo, a impunidade aparece como uma espécie de benefício de que gozariam os autores do crime de feminicídio, por meio da utilização de teses jurídicas que anulam ou mitigam a sua culpa. A impunidade se daria, assim, na esfera do processo criminal, cujo resultado esperado é que os autores da violência não serão condenados ou o serão de maneira insatisfatória quanto à punição atribuída.

Por outro lado, no último trecho, a luta contra a impunidade parece estar associada a algo maior, que busca o cumprimento das responsabilidades dos Poderes Executivo, Legislativo e Judiciário na garantia de que as mulheres vivam sem violência e acessem a justiça. Nesse sentido, a impunidade seria um problema que extrapola o âmbito do Judiciário. Nos demais fragmentos, a impunidade aparece como uma categoria justificadora, porém sem nenhuma substantivação. É utilizada como se seu significado fosse evidente, dispensando explicações.

O Quadro 2 apresenta uma síntese do vocabulário de motivos para a criação da LF e as subjacentes concepções sobre a lei penal.

Quadro 2 – Vocabulário de motivos e concepções sobre a lei penal

Vocabulário de motivos		Concepções sobre a lei penal
Visibilidade ao problema	Atestado de existência	Lei como meio de comunicação do Estado
	Reconhecimento do compromisso do Estado	
	Promoção do debate	
Combate à violência	Prevenção de novos crimes	Lei como ferramenta de combate à violência
	Contribuição à investigação do crime	
Orientações ao direito	Mudança na abordagem do feminicídio nos processos judiciais	Lei como ferramenta de "pedagogia social"
	Mudança de mentalidade dos atores jurídicos	
Orientações à mídia		
Mudança de valores sociais		
Proteção às vítimas		Lei como ferramenta de proteção às vítimas
Combate à impunidade		Lei como ferramenta de combate à impunidade

Fonte: Oliveira (2017).

Os motivos mobilizados nos discursos para justificar a criação da lei expressam expectativas de que variados efeitos sejam produzidos com a vigência da nova lei. Quando se justifica a criação da lei a partir da ideia de visibilidade ao problema, está-se apostando na lei penal como um meio de comunicação pelo qual o Estado envia mensagens à sociedade: de que o problema do feminicídio existe e de que há um compromisso oficial do Estado brasileiro com o seu enfrentamento, cumprindo, assim, o papel de difundir esse debate por toda a sociedade. A lei penal também é vista como uma ferramenta de combate à violência. Aposta-se, então, na sua capacidade de produzir efeitos mais concretos e imediatos para reduzir o índice de feminicídios no país ao, supostamente, dissuadir essa prática com o incremento da punição. Nessa mesma chave, a proteção das vítimas (da violência) também entra como motivo de efeito concreto. Também se enuncia, com ela, a promoção de melhorias na produção de informações sobre as ocorrências envolvendo violência de gênero e em suas estratégias de investigação.

Em outros discursos, enfatiza-se o potencial sociopedagógico da lei penal: ao nominar determinados assassinatos de mulheres como feminicídios, com todos os sentidos daí decorrentes, a lei serviria para *educar* a sociedade em diferentes níveis – o direito e seus operadores, a mídia, a população em geral –, promovendo mudanças na forma como se observa o problema e contribuindo, assim, para que se cultivem novos valores sociais.

Por fim, o "combate à impunidade" aparece como motivo importante e revela vários sentidos atribuídos ao conceito de impunidade. Entre os sentidos selecionados, os mais presentes nos discursos são os que associam diretamente a impunidade à inexistência de uma pena criminal imposta, cumprida na prisão e por longo período de tempo.

2. A reivindicação de "combate à impunidade" e o recurso às penas severas de prisão

O vocabulário de motivos usado nos permite ver em que termos se justifica a criação da LF, seja nos documentos oficiais, seja nas entrevistas feitas com atores sociais envolvidos no processo. Os motivos encontrados se debruçam muito mais sobre a inserção da categoria feminicídio no CP do que a necessidade de modificar a pena prevista para esse crime. À exceção de um caso, em que se utiliza o conhecido argumento de que o aumento da pena serve para prevenir novos crimes, os motivos mobilizados não indicam o incremento da punição em relação ao homicídio comum como resposta ao problema concreto do feminicídio.

Da leitura dos documentos legislativos, poderíamos supor que o aumento do rigor punitivo para o crime de feminicídio – com o aumento da pena, a inclusão no rol de crimes hediondos e a inclusão de causas de aumento de pena – foi um consenso no processo de elaboração da lei. Isso porque, enquanto a caracterização do tipo penal e a definição das suas circunstâncias (normas de comportamento) foram objeto de discussões e emendas, não há registro de debates parlamentares ou propostas de modificação acerca da pena propriamente dita (norma de sanção), exceto a inclusão das causas de aumento. No projeto de lei inicial e em todas as emendas apresentadas, o enquadramento do feminicídio como qualificadora para o crime de homicídio e a previsão da pena de reclusão (de doze a trinta anos) permanecem inalterados.

Contudo, durante as entrevistas, apareceram falas que apontavam para a existência de conflitos e dilemas silenciados sobre essa questão, que foi se mostrando mais complexa do que a leitura dos documentos sugeriu inicialmente. Por exemplo, notamos que algumas entrevistadas discordavam da ideia de que o aumento da pena serviria para reduzir a violência. Contudo, relatam que havia um clima de "obsessão em torno do aumento das penas" no Congresso Nacional, em que "não fazia sentido para o debate legislativo" inserir o feminicídio no CP apenas para dar visibilidade ao problema, sem aumentar a pena aplicável ao crime. Para a pesquisadora "A", essa conjuntura haveria influenciado fortemente para que a demanda pela criação da LF tomasse o rumo do reforço da resposta punitiva, afastando-a do objetivo central, que era dar visibilidade ao problema (OLIVEIRA, 2017).

Observamos, em vários trechos das entrevistas, argumentos críticos ao recrudescimento penal. Discursos de origem parlamentar, da militância e do direito se encontram e culminam em uma mesma e delicada posição: a de uma contradição assumida. De um lado, reconhecem os problemas do acionamento da resposta punitiva: a punição não é eficaz para combater a violência, o sistema punitivo é autoritário, violento, seletivo, e essa resposta fortalece um discurso fundamentalista que o feminismo deve combater (já que, inclusive, levanta pautas "abolicionistas", como a questão do aborto, por exemplo). Por outro lado, em face da necessidade de tomar uma atitude diante da realidade da violência sofrida pelas mulheres, assumem certa conformidade com a resposta punitiva, já que esta desponta como a única ou a mais fácil estratégia disponível no contexto atual: "era parte daquele momento", "é o que temos para hoje". Como diz a parlamentar "B", trata-se da contradição de alimentar o fundamentalismo punitivo para fazer frente ao fundamentalismo feminicida. No sopesar entre duas bandeiras legítimas – o combate ao recrudescimento penal e o combate à violência contra as mulheres –, o que acaba falando mais alto é a necessidade de dar alguma resposta ao problema da violência, ainda que, paradoxalmente, se tenha consciência das limitações da resposta mobilizada no real enfrentamento do problema (OLIVEIRA, 2017).

Entre essas falas destacamos aquelas que justificaram a criação do feminicídio em nome da luta pela impunidade. Esta segunda parte do texto apresenta então o acionamento do discurso sobre a necessidade de penas (severas) diante do problema do feminicídio a partir da mobilização de uma categoria discursiva específica: o "combate à impunidade".

A mobilização do discurso do combate à impunidade não é uma singularidade da LF. Pires e Machado (2010), analisando as justificativas de projetos de leis criminais no Brasil que tramitaram na Câmara de Deputados entre 1988 e 2006, observaram o emprego recorrente do termo "impunidade" para expressar a frustração de alguma expectativa, uma "ausência", algo que deveria ter acontecido e não aconteceu. Os autores notam, entretanto, que esse "algo" nem sempre é a prisão. Em alguns casos, o termo busca expressar a ausência de um reconhecimento por parte do Estado e da sociedade em geral quanto à gravidade do problema social e de que algo precisa ser feito; ou, ainda, é empregado para descrever uma "sensação de impunidade" que respalda e incentiva a ação do agressor.

Seja nos documentos, seja em entrevistas realizadas, o "combate à impunidade" aparece de maneira explícita, fazendo referência, assim como apontado por Pires e Machado (2010), a ausências. Também aparece indicando mais propriamente "falhas", que por sua vez gerariam as ausências. De qualquer modo, há uma diversidade que acompanha o termo, que assume então diversos, ainda que imprecisos, significados. Como estratégia de análise, buscamos identificar os principais sentidos associados a ele e refletir sobre a sua utilização em discursos sobre a criação de leis penais.

Por outro lado, a despeito da diversidade observada, há um elemento comum em muitos dos "discursos de impunidade": a referência ao Judiciário, sendo a ele dirigida a reivindicação de outra atuação no âmbito do processo criminal ou da decisão sobre as penas. Por essa razão, distinguimos dois grandes grupos de sentidos associados à impunidade: os que caracterizam a impunidade como um problema, ou uma falha, da justiça (Judiciário) e os que a caracterizam como um problema de outra ordem. Nesse segundo grupo, localizamos os que caracterizam a impunidade dos agressores como um problema de polícia, especificamente como um problema de investigação criminal e os que a associam a estruturas mais amplas, como a própria existência da cultura machista e autoritária. Por tratar-se de uma dimensão mais ampla, vamos começar com esse último.

2.1. Problema cultural: a impunidade como reflexo da cultura (machista)

Algumas falas expressam a ideia de que a existência de uma cultura de permissividade ante o fenômeno do feminicídio funcionaria como uma espécie de condição de possibilidade (cultural) para o problema da violência e da impunidade:

> [...] A clássica frase "em briga de marido e mulher, ninguém bota a colher" ainda é viva até os dias de hoje. Então, *esse conceito de superioridade do homem sobre a mulher é um dos alimentadores da impunidade da violência contra a mulher* e, entre eles, do feminicídio. Então, eu diria que há dois componentes: um componente tradicional, do próprio poder do Estado, elitista e autoritário, e um componente cultural desse conceito do poder do homem sobre a mulher como algo que lhe é próprio. E, nesse caudal, é, se mantém ainda muito forte a *impunidade* nos crimes de violência contra a mulher, particularmente, nos crimes de feminicídio. (Parlamentar C, entrevista, 2017, grifos nossos)

A impunidade dos agressores é percebida como um reflexo da "cultura", no sentido das ideias e dos valores assimilados socialmente. Nesse caso, não se trata de uma instituição específica a quem a falha está sendo atribuída, mas de uma construção social mais difusa. A mudança a ser exigida, portanto, se localizaria também nesse nível. A partir desse trecho, a resposta penal não parece desempenhar nenhum papel específico.

Em outra entrevista, a dimensão cultural aparece novamente, de maneira inclusive a colocar em dúvida a capacidade da lei de enfrentar o problema da impunidade, ou do cometimento do crime, como parece sugerir o trecho a seguir:

> Então a lei por si só, ela não vai resolver esse *quadro da impunidade*. Ela tem que vir com mudanças culturais. Ainda que a gente faça uma parte fazendo a lei, sem mudanças culturais, a gente vai ampliar cada vez mais a violência e aumentar cada vez mais a impunidade. Porque a impunidade tem a ver com uma certa permissividade daquela violência praticada. (Parlamentar A, entrevista, 2017, grifos nossos)

Essa atribuição de sentido cultural permite uma leitura mais ampla do problema, desconstruindo a expectativa de que o problema concreto da violência será efetivamente reduzido com a criação de uma lei.

2.2. Problema de polícia: a impunidade como falta de investigação policial

A impunidade aparece, ainda, empiricamente, associada a uma ineficácia na ação da polícia, especialmente de investigação criminal:

> *E ainda há muita impunidade.* Aqui parece que nós temos que realmente pesquisar esses dados, porque nós temos dados gerais que dizem que, quando se refere a homicídios no Brasil, nós temos uma taxa de investigação em torno de 8%, o que significa que, a cada 100 homicídios, 92 sequer seriam investigados. [...] Quando se fala em relação a feminicídio aí parece que nós devemos investigar. Então, há, sim, impunidade, e a impunidade com relação à mulher nos parece que é muito maior. (DOC. 8, fala de Flávio Crocce Caetano)

> A perícia não leva em conta, muitas vezes, o fato de que essas mulheres, em muitos momentos anteriores, já tinham sido vítimas de violência. As marcas do seu corpo poderiam estar falando por elas. Então, o que a gente vai ver é que as instituições do Estado, tanto na parte pericial quanto na investigação policial, quanto no processo criminal ainda estão muito marcadas por essa ideia de que a violência contra as mulheres não é algo tão grave que mereça uma política criminal específica. (DOC. 8, fala de Leila Linhares)

Seja caracterizada por falta de investigação, seja por má condução nas investigações e da perícia, a impunidade é caracterizada nesses discursos como um problema de polícia. Em outras palavras, a impunidade é um problema de identificação de culpados, tarefa tradicionalmente atribuída à polícia judiciária.

2.3. Problema de justiça: impunidade como falta de resposta do Judiciário

A impunidade apresentada como um problema da Justiça, ou seja, do Poder Judiciário, é o sentido mais frequente entre as construções discursivas. Isso significa que na maior parte das falas a reivindicação de combate à autoridade é dirigida ao Poder Judiciário, apontando seja para a abertura do processo, seja para o seu andamento, seja para o julgamento final. As expectativas em relação às respostas do Judiciário são de várias ordens, sendo apresentadas ora de maneira vaga, reivindicando uma reação, ora de maneira bem precisa, como a aplicação mais rigorosa da pena de prisão destinada ao agressor.

2.3.1. Reação do Judiciário: responsabilização judicial

O Judiciário é incitado a dar respostas de diferentes ordens, com efeitos esperados de diferentes tipos. Na justificação do projeto de LF, podemos ler:

> Como apontado pelo Secretário-Geral da ONU, "a impunidade da violência contra as mulheres compõe o efeito dessa mesma violência como um mecanismo de controle. Quando o *Estado falha* em responsabilizar os perpetradores, a *impunidade* não apenas *intensifica a subordinação* e impotência dos alvos da violência, mas também *manda* uma poderosa *mensagem à sociedade* de que a violência dos homens contra as mulheres é simultaneamente aceitável e inevitável. Como resultado, padrões de comportamento violento são considerados normais. (DOC. 2, grifos nossos)

A impunidade traduz aqui uma ausência, uma má atuação do Estado naquilo que seria o seu dever: responsabilizar os perpetradores de violência contra as mulheres. Essa ineficácia do Estado no cumprimento da sua obrigação teria como efeito a normalização de comportamentos violentos e a intensificação da subordinação, ao "mandar uma mensagem à sociedade" de que essas práticas são aceitas e inevitáveis. Contudo, esse argumento, com seu alto grau de generalidade, não nos permite inferir em que nível da ação estatal se dá essa falha – é um problema na investigação policial? Na atuação dos tribunais? Na execução da pena? Ou, ainda, em todos esses níveis? – nem qual o significado concreto dessa responsabilização (embora a intuição possa nos levar a lê-la como sinônimo de aplicação de pena de prisão).

Nas Conclusões Acordadas da 57ª Reunião da Comissão sobre a Situação da Mulher da ONU, documento internacional que respalda a demanda pela criminalização do feminicídio, também se associa a impunidade a uma falta de responsabilização dos autores de violência, porém trazendo o aspecto da punição de maneira mais explícita:

> *Acabar com a impunidade*, garantindo a *responsabilização* e *punir* autores dos crimes mais graves contra as mulheres e meninas ao abrigo da legislação

nacional e internacional, sublinhando a necessidade que os alegados autores de tais crimes sejam responsabilizados pela justiça nacional ou, quando aplicável, justiça internacional. (DOC. 16)

2.3.2. Falhas do processo judicial

Em alguns discursos, a categoria impunidade é utilizada para indicar ausências no âmbito do processo judicial. Aqui, vários tipos de ausências são apontados:

> [...] Lembramos, a propósito, do assassinato de Christina Gabrielsen, ocorrido na capital pernambucana em 11 de novembro de 1995 e até hoje ainda não julgado. Como se percebe, *o crime está para prescrever, e a impunidade bate outra vez à porta do Poder Judiciário brasileiro*. (DOC. 1, grifos nossos)

Nesse trecho, a impunidade está diretamente relacionada ao andamento – lento – do processo, que gera pela prescrição a impossibilidade de seu término e, portanto, o julgamento do agressor. Em outras falas, o problema em relação ao processo judicial é a possibilidade de interpretações jurídicas, avaliadas como anacrônicas, que poderiam beneficiar o agressor, reduzindo-lhe a pena e atribuindo parte da culpa às mulheres:

> A importância de tipificar o feminicídio é reconhecer, na forma da lei, que mulheres estão sendo mortas pela razão de serem mulheres, expondo a fratura da desigualdade de gênero que persiste em nossa sociedade, e é social, por *combater a impunidade*, evitando que feminicidas sejam beneficiados por interpretações jurídicas anacrônicas e moralmente inaceitáveis, como o de terem cometido "crime passional". Envia, outrossim, mensagem positiva à sociedade de que o direito à vida é universal e de que *não haverá impunidade*. (DOC. 2, grifos nossos)

Outra ausência indicada no âmbito do processo judicial é a invisibilidade da violência de gênero nos processos judiciais. Não se trata, nesse caso, de um problema de punição propriamente dita, mas de visibilidade social do problema, dentro mesmo do processo. A entrevistada menciona os casos em que vítimas são responsabilizadas pelas mortes, o que nos remete ao caso do "crime passional". Isso significa que existir o processo e mesmo o julgamento não significa que não haja impunidade: se o processo der espaço para determinadas teses jurídicas, mesmo a condenação pode significar que a violência de gênero não foi devidamente percebida e valorizada.

[...] Então essa é uma questão a ser debatida na lei do feminicídio, *de qual impunidade nós estamos falando*. Acho que esse é um tema que nós temos que pesquisar melhor, de que impunidade nós estamos falando? Nós estamos falando de uma impunidade que se resume à possibilidade de condenação e à pena aplicada, *ou nós estamos falando de uma impunidade relacionada à invisibilidade da violência baseada no gênero* que permanece dentro do processo, e que permite *que vítimas sejam responsabilizadas* pelas mortes, enfim, toda a discussão que se coloca no crime passional. (Pesquisadora A, entrevista, 2017, grifos nossos)

Nesse caso, a entrevistada deixa claro que o problema com a justiça não é mais a punição em si, mas a maneira como o caso é interpretado e julgado nas narrativas judiciais:

[...] não se trata de punir mais, mas de punir da forma adequada, punir mostrando que se trata de um crime que é um crime evitável, né? Se estamos dizendo que as mulheres morrem por razões de gênero, morrem por serem mulheres, e são punidas por isso. (Pesquisadora A, entrevista, 2017)

2.3.3. Determinação de penas pouco severas

A impunidade também aparece associada à possibilidade de o agressor receber a pena do feminicídio e não as dos demais crimes que pode ter cometido. Aqui a preocupação é garantir o máximo possível de penas a serem aplicadas, de modo a não "incentivar a impunidade".

Vale ressaltar que tais características [do crime de feminicídio] podem constituir crimes autônomos, e que a aplicação da pena do feminicídio não exclui, em hipótese alguma, a aplicação das penas relacionadas aos demais crimes, a exemplo do estupro. Não fosse assim, estar-se-ia criando um *benefício ao agressor* e *incentivando a impunidade*, propósito contrário ao deste projeto de lei. (DOC. 2, grifos nossos)

A utilização de teses e mecanismos jurídicos que visem, de alguma maneira, mitigar ou reduzir a responsabilidade dos autores dos crimes contra as mulheres – o que significa, aqui, reduzir a pena – é lida como concessão de benefícios, privilégios aos autores de violência, o que incentivaria a impunidade. Esta, portanto, não está relacionada aqui à ausência de julgamento, mas a uma falha no julgamento quanto à pena atribuída: diante desses benefícios, não se alcançaria um desfecho do processo considerado satisfatório, rigoroso o suficiente para que não seja lido como uma situação de impunidade. No trecho a seguir, há um sentido aproximado deste:

> Na campanha do secretário-geral da ONU, Bakimn, pelo fim da violência contra as mulheres, a impunidade é apontada como um dos efeitos agravantes da violência contra as mulheres. [...] *Punições condizentes com a violência praticada são respostas da justiça às vítimas e para a sociedade*, assim que esses crimes sejam reprimidos e punidos. (DOC. 17, fala de Nadine Gasman, grifos nossos)

Impunidade descreveria, por essa perspectiva, a aplicação de punições consideradas "não condizentes" com a violência praticada. Aumentar o rigor punitivo seria, então, uma maneira de combater a impunidade. Nota-se, aqui, a ideia de que a gravidade da punição comunica o nível de desaprovação do comportamento criminalizado. Uma violência grave como o feminicídio demandaria uma punição tão grave quanto. Nos marcos da RPM, o valor de um bem jurídico é representado sob a forma de "tarifas de sofrimento": quanto mais pena aflitiva é aplicada a determinado crime, maior o valor do bem jurídico que está sendo violado (PIRES, 2004a).

Nesse caso, podemos observar uma das teorias sobre a pena – a *teoria da denunciação* – funcionando como "teoria prática" (GARCIA, 2010), isto é, orientando a operação política de tomada de decisão. Para a teoria da denunciação, o objetivo da pena é denunciar publicamente o comportamento criminalizado. Essa teoria aposta na pena aflitiva que se considera necessária para exprimir energicamente a desaprovação e a indignação diante da conduta criminalizada, a reprovação do crime. A severidade da pena é vista como determinante para comunicar o nível de reprovação da "opinião pública" em relação a esse tipo de crime (GARCIA, 2010). A partir dessa lógica, o aumento da pena para o crime de feminicídio é tido como necessário para que a lei cumpra o papel de exprimir publicamente a desaprovação desse tipo de violência.

O Quadro 3 resume os sentidos mais claramente identificados nas falas.

Quadro 3 – Os sentidos associados à impunidade

Dimensões sociais	Sentidos
Problema cultural	Impunidade é reflexo da cultura machista e autoritária.
Problema de polícia	Impunidade é ausência de suspeitos identificados nas investigações criminais.
Problema de justiça	Impunidade é ausência do ato de responsabilização judicial.
	Impunidade é falha de encaminhamento no processo judicial. • Não finalização do processo (prescrição). • Interpretações jurídicas anacrônicas (crime passional). • Invisibilidade da violência de gênero.
	Impunidade é falha na aplicação de penas severas. • Não atribuir penas combinadas de outros crimes. • Penas pouco severas.

Fonte: Elaboração própria.

É importante ressaltar que o motivo de "combate à impunidade" – com todos os possíveis sentidos que essa palavra pode ativar – não pode ter uma interpretação independente dos demais motivos. Na verdade, o combate à impunidade aparece como uma espécie de *slogan* amplo, que parece funcionar bem para legitimar a necessidade de criação da lei. Esse *slogan* ou *medium* (LUHMANN, 1989) é utilizado para reforçar outros motivos, valorizando o propósito da criação da lei. "Combater a impunidade" aparece como um vocabulário não só adequado, mas que também indica uma percepção determinada sobre os efeitos da lei. Quando se caracteriza o feminicídio como um fenômeno marcado pela impunidade, ainda que esse dado não esteja explícito na frase, reclama-se uma resposta de ordem criminal e, mais especificamente, uma pena severa.

Machado e Machado (2013) afirmam que a força que o discurso da impunidade tem na esfera pública dificulta o avanço do debate acerca das múltiplas possibilidades de responder à violência, pois, embora o termo possa referir-se a uma série de "ausências" distintas, seu emprego deságua sempre em uma única demanda: a de mais prisão. Esse parece ser, afinal, o grande desafio em relação à maneira como construímos nosso pensamento (ocidental) sobre penas e leis criminais. Independentemente do tema a que o crime se refere, parece que sofremos de uma espécie de "síndrome reducionista" que age sobre o pensamento quando se trata de punição, e resulta em uma operação cognitiva que reduz enormemente a complexidade dos problemas. A expressão concreta disso é a repetição da demanda por penas severas, por meio de diversos *slogans*.

E, como bem formularam as autoras, ainda que as deficiências e os limites do sistema de justiça para resolver o problema sejam evidentes, "o discurso da impunidade nunca coloca em causa a resposta prisional e fecha o espaço para pensarmos sobre a melhor forma de resolver o problema" (MACHADO e MACHADO, 2013, p. 344-345).

Conclusão

A RPM influencia o processo político de criação de leis em diferentes níveis. Como um "braço pedagógico invisível", age sobre os atores que mobilizam demandas de criminalização, de modo que os argumentos por eles utilizados, considerados estratégicos para valorizar suas demandas, atualizam as "promessas" do sistema de pensamento, como a de que a pena vai dissuadir o crime e reduzir os níveis de violência. Exerce também uma "pressão cognitiva" sobre os operadores jurídicos e outros atores técnicos envolvidos no processo legislativo, para que se adaptem a essa forma institucionalizada de pensar e agir, instalando uma tensão entre o que esses indivíduos acreditam ser apropriado e o que o sistema de pensamento impõe como solução (PIRES, CELLARD e PELLETIER, 2001).

No caso da criação da LF, vemos a "pressão cognitiva" da RPM agir em vários momentos da formulação e da produção da lei. Assim como em outras situações em que estamos diante de uma violência muito grave e muitas vezes repugnante, a grande pauta da discussão legislativa é a inserção do ato no rol dos crimes, mas pouco se discute ou questiona a pena a ele associada.

É interessante observar como no caso da LF muitos dos argumentos utilizados para criar a lei não se referem ao problema concreto da violência de gênero em particular. A demanda por penas criminais severas é um denominador comum de todos os casos de violência considerados graves. No entanto, a violência de gênero é uma realidade de violência muito particular, que envolve vítima e autor de uma maneira complexa, atualizando os padrões da nossa realidade cultural (brasileira) de práticas sociais machistas e autoritárias na forma de encaminhar os conflitos.

As penas previstas, que poderiam, pelo menos em tese, ser pensadas para gerar efeitos positivos e concretos no problema objetivo da violência de gênero e especificamente no feminicídio, são, antes, atualizações de um vocabulário de motivos tipicamente mobilizado para justificar a atividade legislativa de criação de leis penais em geral.

Refletir sobre as penas e apontar os problemas não significa diminuir o valor da preocupação com o tema do feminicídio nem a importância de buscar uma solução para o problema. Significa, ao contrário, buscar identificar que tipo de respostas estão sendo buscadas como caminho de solução para o problema. E, claramente, obriga-nos a pensar em termos de sua adequação à realidade como resposta oficial do sistema de justiça.

Referências

BRASIL. Câmara dos Deputados. Comissão Permanente Mista de Combate à Violência Contra a Mulher. *Requerimento nº 24 de 2016*. Brasília, DF: Câmara dos Deputados, 2016. Disponível em: http://www.camara.gov.br/proposicoesWeb/fichadetramitacao?idProposicao=858860. Acesso em: 16 jan. 2017 (DOC. 14).

BRASIL. Câmara dos Deputados. *Diário da Câmara dos Deputados*. Ano LXX, n. 029, quarta-feira, 04 de março de 2015. Brasília, DF: 04 mar. 2015. Disponível em: http://www.camara.gov.br/proposicoesWeb/fichadetramitacao?idProposicao=858860. Acesso em: 16 jan. 2017 (DOC. 11).

BRASIL. Secretaria Especial de Política para as Mulheres. *Diretrizes Nacionais Feminicídio – Investigar, Processar e Julgar*. Brasília, DF: SPM/ONU-Mulheres, 2016. Disponível em: http://www.onumulheres.org.br/wp-content/uploads/2016/04/diretrizes_feminicidio.pdf. Acesso em: 16 jan. 2017 (DOC. 15).

BRASIL. Senado Federal. Comissão de Constituição, Justiça e Cidadania. *Emenda Substitutiva*. Brasília, DF: Senado, 2014. (Senador Aloysio Nunes Ferreira). Disponível em: http://www.camara.gov.br/proposicoesWeb/fichadetramitacao?idProposicao=858860. Acesso em: 16 jan. 2017 (DOC. 5).

BRASIL. Senado Federal. Comissão de Constituição, Justiça e Cidadania. *Notas taquigráficas 19/11/2013. 68ª Reunião extraordinária da Comissão de Constituição, Justiça e Cidadania*. Brasília, DF: 2013. Disponível em: http://www.camara.gov.br/proposicoesWeb/fichadetramitacao?idProposicao=858860. Acesso em: 16 jan. 2017 (DOC. 8).

BRASIL. Senado Federal. Comissão de Constituição, Justiça e Cidadania. **Parecer**. Brasília, DF: Senado, 2013. (Relatora: Senadora Ana Rita). Disponível em: http://www.camara.gov.br/proposicoesWeb/fichadetramitacao?idProposicao=858860. Acesso em: 16 jan. 2017 (DOC. 3).

BRASIL. Senado Federal. Comissão de Constituição, Justiça e Cidadania. *Parecer*. Brasília, DF: Senado, 2014. (Relatora: Senadora Gleisi Hoffmann). Disponível em: http://www.camara.gov.br/proposicoesWeb/fichadetramitacao?idProposicao=858860. Acesso em: 16 jan. 2017 (DOC. 4).

BRASIL. Senado Federal. Comissão Mista Parlamentar de Inquérito. *Relatório Final*. Brasília, DF: Senado, 2013. Disponível em: http://www.camara.gov.br/proposicoesWeb/fichadetramitacao?idProposicao=858860. Acesso em: 16 jan. 2017 (DOC. 1 e 2).

BRASIL. Senado Federal. *Diário do Senado Federal*. Ano LXIX, n. 207, quinta-feira, 18 de dezembro de 2014. Brasília, DF: 18 dez. 2014. Disponível em: http://www.camara.gov.br/proposicoesWeb/fichadetramitacao?idProposicao=858860. Acesso em: 16 jan. 2016 (DOC. 10).

ENGUÉLÉGUÉLÉ, Stéphane. Les communautés épistémiques pénales et la production législative en matière criminelle. *Droit et Société*, n. 40, p. 563-581, 1998. Disponível em: http://www.persee.fr/doc/dreso_0769-3362_1998_num_40_1_1452. Acesso em: 22 nov. 2015.

GARCIA, Margarida. *Le rapport paradoxal entre les droits de la personne et le droit criminel*: les théories de la peine comme obstacles cognitifs à l'innovation. 2010. Tese (Doutorado em Sociologia) – Université du Québec, Montréal, 2010. Disponível em: https://archipel.uqam.ca/2742/1/D1884.pdf?gathStatIcon=true. Acesso em: 13 maio 2019.

LARRAURI, Elena. Criminología crítica: abolicionismo y garantismo. *Revista de Estudos Criminais*, Porto Alegre, v. 5, n. 20, p. 11-38, 2005.

LUHMANN, Niklas. Law as a social system. *Northwestern University Law Review*, v. 83, n. 1 e 2, p. 136-150, 1989. Disponível em: https://heinonline.org/HOL/Page?handle=hein.journals/illlr83&div=12&g_sent=1&casa_token=O4EVSy1HwCMAAAAA:_nQNY2pVM1lNV90EurG7TLfG6mzJWx0I8mxxMmLRG_T_c9AdRnGqKP0nlvVD8yjWZESWU--bHdw&collection=journals&t=1557758626. Acesso em: 13 maio 2019.

MACHADO, Marta Rodriguez de Assis; MACHADO, Maíra Rocha. O direito penal é capaz de conter a violência? *In*: SILVA, Felipe G.; RODRIGUEZ, José Rodrigo (org.). *Manual de sociologia jurídica*. São Paulo: Saraiva, 2013. p. 327-350.

OFICINA sobre feminicídio. *Produção: Conselho Nacional do Ministério Público, ONU-Mulheres e Secretaria de Políticas para as Mulheres*. Brasília, DF: CNMP/ONU-Mulheres/SPM, 2014e. Vídeo (3:46:04). Disponível em: https://www.youtube.com/watch?v=Nyc_Y480M58. Acesso em: 16 jan. 2017 (DOC. 17).

OLIVEIRA, Clara Flores Seixas de. *Do pensamento feminista ao Código Penal*: o processo de criação da lei do feminicídio no Brasil. Dissertação (Mestrado em Ciências Sociais) – Faculdade de Filosofia e Ciências Humanas, Universidade Federal da Bahia, Salvador, 2017. Disponível em: http://repositorio.ufba.br/ri/handle/ri/24650. Acesso em: 13 maio 2019.

PIRES, Alvaro. A racionalidade penal moderna, o público e os direitos humanos. *Novos Tempos*, São Paulo, n. 68, p. 39-60, mar. 2004a. Disponível em: https://edisciplinas.usp.br/pluginfile.php/121354/mod_resource/content/1/Pires_A%20racionalidade%20penal%20moderna.pdf. Acesso em: 13 maio 2019.

PIRES, Alvaro. Aspects, traces et parcours de la rationalité pénale moderne. *In*: DEBUYST, Christian; DIGNEFFE, Françoise; PIRES, Alvaro. *Histoire des savoirs sur le crime et la peine*. Ottawa: De Boeck Université, 1998. v. 2. p. 3-52.

PIRES, Alvaro. La recherche qualitative et le système pénal. Peut-on interroger les systèmes sociaux? *In*: KAMINSKI, Dan; KOKOREFF, Michel (org.). *Sociologie pénale*: système et expérience: pour Claude Faugeron. Les Éditions Érès. 2004b, p. 173-198.

PIRES, Alvaro; CELLARD, André; PELLETIER, Gérald. L'énigme des demandes de codifications législatives au code criminel canadien. *In*: FRAILE, Pedro (org.). *Régulation et gouvernance*. Le contrôle des populations et du territoire en Europe et au Canada. Une perspective historique. Barcelona: Publicacions Universitat de Barcelona, 2001. p. 195-217.

PIRES, Alvaro; MACHADO, Maíra Rocha (coord.). *Análise das justificativas para a produção de normas penais*. Projeto Pensando o Direito: Série Pensando o Direito. (Relatório de Pesquisa). Escola de Direito de São Paulo da Fundação Getulio Vargas. Ministério da Justiça: Secretaria de Assuntos Legislativos, Brasília, São Paulo, 2010.

RAUPP, Mariana M. As pesquisas sobre o "sentencing": disparidade, punição e vocabulários de motivo. *Revista de Estudos Empíricos em Direito*, São Paulo, v. 2, n. 2, p. 174-191, jan. 2015. Disponível em: https://revistareed.emnuvens.com.br/reed/article/view/81. Acesso em: 13 maio 2019.

REGINATO, Andréa D. de A. *Obrigação de punir*: racionalidade penal moderna e as estratégias de controle da violência doméstica contra a mulher. 2014. Tese (Doutorado em Sociologia) – Universidade Federal de Sergipe, 2014. Disponível em: https://www.acervo.ufs.br/handle/riufs/6242. Acesso em: 22 maio 2019.

WRIGHT MILLS, Charles. Ações situadas e vocabulários de motivos. Trad. Mauro Guilherme Pinheiro Koury. *RBSE – Revista Brasileira de Sociologia da Emoção*, [s.l.], v. 15, n. 44, p. 10-20, ago. 2016. Disponível em: http://www.cchla.ufpb.br/rbse/RBSEv-15n44ago2016.pdf. Acesso em: 13 maio 2019.

Capítulo 5
O sentido da responsabilização no direito: ou melhor, a invisibilização de seu sentido pelo direito

Marta Rodriguez de Assis Machado

Introdução
Este texto foi originalmente publicado em uma coletânea organizada pelo Instituto de Estudos da Religião (ISER) que reunia reflexões em torno do Serviço de Educação e Responsabilização para Homens Autores de Violência Doméstica (SerH) (Machado, 2013). Essa iniciativa pioneira focada na educação e responsabilização para homens autores de violência contra mulheres foi conduzida pelo ISER no âmbito da Secretaria Municipal Assistência Social e Prevenção da Violência da Prefeitura de Nova Iguaçu/RJ, em parceria com a Secretaria Nacional de Segurança Pública. Os organizadores da coletânea me pediram para escrever sobre o sentido da responsabilização no direito, e, na época, eu achei isso muito curioso, pois minhas reflexões, que juntavam a RPM com a Teoria da Responsabilidade de Klaus Günther, levaram-me a constatar que o direito vê pouco sentido na responsabilização e que possivelmente esta faz muito mais sentido fora do direito do que dentro dele.

Isso parece paradoxal, porque o direito tem uma série de mecanismos jurídicos que envolvem a imputação de responsabilidade a alguém por uma ação, uma omissão ou um dano, mas normalmente a imputação de responsabilidade está ligada a uma sanção. A responsabilização é vista quase somente como o requisito que autoriza a sanção, e seu sentido próprio é invisibilizado.

Essa dominância da lógica sancionatória – que no direito penal é qualificada pela automatizacão da pena de prisão – traz uma série de efeitos contraproducentes nas discussões sobre políticas públicas.

Argumentarei neste capítulo que o direito deve abrir-se para reconhecer a importância social da responsabilização, o que seria, porém, apenas um passo para começar a confrontar o senso comum, que vê a pena de prisão como resposta evidente a todos os problemas sociais que se apresentam como graves.

1. O direito penal e sua dupla naturalização: a punição e a prisão

Podemos dizer que se produziu no campo do direito penal – e do debate especializado e não especializado sobre ele – uma dupla naturalização: em primeiro lugar, se há crime, temos a obrigação de punir, e, em segundo lugar, a pena há de ser a inflição de sofrimento ao autor, tendo a prisão assumido um lugar dominante no sistema penal há mais de dois séculos.

Alvaro Pires, autor que se dedicou a estudar o sistema de pensamento e as práticas institucionais que se formaram nos sistemas penais ocidentais a partir da segunda metade do século XVIII, identifica um conjunto de ideias e práticas que se mantém desde então. Ele as identifica e as caracteriza como uma "RPM", que tem por efeito naturalizar algumas ideias e estruturas ligadas ao sistema de justiça penal. Elas são até hoje dominantes não só na prática das instituições, mas também na nossa forma de ver, pensar e configurar esse sistema.[1] Essa análise nos ajuda a compreender por que os discursos em torno da questão penal são reféns dessas ideias fixas que mencionei – é preciso punir e, para punir, é preciso prender – e não abrem espaço para a inovação. Segundo Pires (2004, p. 41),

> privilegia-se uma linha de pensamento medieval segundo a qual é a pena aflitiva que comunica o valor da norma de comportamento e o grau de reprovação em caso de desrespeito. Dessa forma, a pena aflitiva deve ser sempre imposta e o seu *quantum* deve se harmonizar com o grau de afeição ao bem, indicando assim o valor da norma de comportamento.

Para ilustrar esse ponto, basta lembrar o episódio recente que envolveu a discussão sobre a Lei de Tóxicos (Lei n. 11.343/2006). A lei traz o tipo penal de porte de entorpecentes para uso pessoal em seu art. 28, mas

---

[1] Para aprofundar tal descrição, ver Pires (2004).

não prevê para esse crime a pena de prisão. Ela prevê como possíveis consequências jurídicas para essa conduta a advertência sobre os efeitos das drogas, a prestação de serviços à comunidade e a medida educativa de comparecimento a programa ou curso educativo. Por não trazer a definição da sanção em termos de pena de privação de liberdade, muita gente – inclusive alguns juristas – começou a dizer que o uso de entorpecentes havia sido descriminalizado. Essa conduta, no entanto, continuava sendo enunciada como crime em uma lei penal e processada pelas instituições do sistema de justiça criminal, como a polícia, o Ministério Público e o juiz penal. Então, como compreender esse mal-entendido?

Esse episódio é um entre outros da nossa experiência contemporânea que mostra que há de fato uma dificuldade no debate público sobre conceber um direito penal em que não exista a pena e, arrisco a dizer, a pena de prisão. Ou seja, para ser levada a sério, a pena não pode ser a advertência, não pode ser o tratamento, não podem ser as alternativas de restrição de direitos; tem que ser a privação da liberdade. E, o que é mais grave, o único sentido das instituições do sistema de justiça criminal é punir – de preferência com prisão, sob o risco de que a aplicação de quaisquer outras penas seja entendida como impunidade.

O cenário fica ainda mais amarrado se pensarmos que outra consequência dessa ideia reproduzida sem muito questionamento é a relação entre gravidade do crime e gravidade da sanção. Por exemplo: se o meu direito ou bem violado é importante, então essa violação deve ser criminalizada, e, uma vez criminalizada, a sanção do Estado deve ser necessariamente a inflição de sofrimento. De preferência por meio da prisão, à altura da gravidade do fato. Vemos isso acontecer com frequência na esfera pública – a cada problema que se considera grave, a solução apresentada é criar um crime ou agravar o tratamento, tornando-o crime hediondo, aumentando penas mínimas e máximas ou restringindo a possibilidade de aquisição de benefícios penais. E não se pensa mais nisso. E não pensar mais nisso significa não questionar se o direito penal é a melhor estratégia para lidar com o problema, se o agravamento da punição vai resolver alguma coisa e muito menos investigar se outro tipo de medida poderia ser mais adequado, diante de tantas críticas endereçadas ao funcionamento do sistema de justiça criminal e aos efeitos contraproducentes da pena de prisão.

Esse raciocínio se reproduz até mesmo na pauta dos movimentos sociais: se a minha causa é relevante para a sociedade, é preciso que seja crime a conduta daquele que viola meus direitos. E o tratamento que se dá a criminosos é cadeia. Argumentos com pressupostos semelhantes a esse influenciaram e influenciam a mobilização do movimento negro, do movimento de mulheres e, mais recentemente, a discussão em torno da criminalização da homofobia.

Em todos os âmbitos em que se discute direito penal, o desafio está em quebrar essas camadas de naturalizações produzidas pela sedimentada "RPM" e enfrentar o falacioso raciocínio: essas condutas são graves, violam direitos fundamentais, então *necessariamente* devem ser criminalizadas e *necessariamente* devem receber punição grave, sinônimo de longo período de encarceramento. Apenas então se abrirá espaço para começar a discutir a sério como o direito pode contribuir para lidar com esses problemas sociais.

Não se trata de minimizar a gravidade das condutas, no caso, racistas, discriminatórias ou homofóbicas, nem negar a necessidade de medidas estatais para reverter um sem-número de situações injustas, que envolvem muitas vezes a violação de direitos fundamentais. Não se trata tampouco de descartar *a priori* que essas condutas sejam criminalizadas. Trata-se apenas de refletir criticamente sobre a opção pela criminalização de condutas. Ela não é a única possível, ainda que estejamos diante de uma violação grave a um direito socialmente estimado.

De outro lado, é possível – levantando por ora apenas como hipótese – que a categoria crime tenha relevância nas nossas comunicações sociais. Isto é, dizer a um sujeito com comportamento homofóbico que seu ato é crime pode ser relevante no momento em que *gays* e lésbicas travam uma difícil batalha por direitos e reconhecimento. Justamente aí é importante quebrar a segunda ideia fixa do campo penal, a desnaturalização do vínculo entre crime e pena, que nos permite considerar a possibilidade de chamar uma conduta de crime e ao mesmo tempo questionar se a melhor solução em termos de sanção é impor ao sujeito homofóbico um sofrimento ou prendê-lo por alguns anos. Assim, a resposta estatal ao caso deixa de ser definida por automatismo ou inércia e passa a ser pensada e disputada no debate público sobre a melhor forma de regulamentar a questão. Infelizmente, é justamente isso que não está acontecendo no debate atual sobre criminalização da homofobia.

A partir do momento em que quebramos esse conjunto de naturalizações repetidas no senso comum (jurídico ou não), podemos, diante de um problema social, pensar a fundo qual a melhor regulação que o direito pode oferecer (estabelecer incentivos, instituir mecanismos de fiscalização, imputar responsabilidade, sancionar, etc.); qual área do direito pode melhor dar conta dessa regulamentação; quais instrumentos e categorias são os mais adequados; quais seriam as regras e os critérios para imputação de responsabilidade e, se a solução for sancionatória, qual sanção seria a mais adequada.

Nesse contexto, a decisão de sancionar com prisão é apenas uma no leque de muitas possibilidades de regular a questão. As razões dessa escolha, a discussão sobre seus possíveis ganhos e efeitos poderão ser discutidas abertamente no debate público, na medida em que ele não estiver mais travado pela obrigatoriedade da pena de prisão.

Sou profundamente descrente sobre os ganhos do encarceramento como meio para gerar reconhecimento, mas essa é minha posição como cidadã no debate público e, se a pena de prisão não tivesse alcançado esse *status* de autoevidente, estaríamos justamente discutindo isso de maneira aberta na esfera pública.

É sempre bom lembrar que dizer que algo é natural tem um sentido ideológico. Esconde uma decisão política e a trata como única possível. A consequência disso é subtrair tal decisão do debate democrático. Em outras palavras, se digo que é natural que algo que decidimos chamar de crime implica sempre prisão, eu subtraio do debate democrático outras formas de resposta estatal ao problema. Com isso, o protagonismo penal bloqueia uma discussão mais ampla sobre qual a melhor medida para lidar com determinado problema social.

2. Responsabilidade como categoria relevante por si só

Um dos produtos da reprodução das ideias que critiquei anteriormente é justamente a invisibilização da categoria responsabilidade. O direito – ou o discurso jurídico – pressupõe que seja natural, portanto obrigatório, que toda atribuição de responsabilidade venha seguida de uma sanção, que em geral implica inflição de sofrimento. Assim, é pouco usual que alguém mova um processo simplesmente para que outrem seja declarado responsável por um ato ou um dano. Segundo a lógica jurídica tradicional, imputar responsabilidade só faria sentido para extrair dessa declaração algum tipo de efeito – invariavelmente a aplicação de uma punição ou o pagamento de uma indenização.

Um dos autores que me dediquei a estudar, um filósofo e jurista alemão ligado à teoria crítica (ou Escola de Frankfurt), Klaus Günther, dedicou-se a pensar uma teoria da responsabilidade para o direito, que desconstrói essa suposição tradicional, mostrando algo novo para os juristas: o sentido da responsabilização. Ele mostra que a palavra "responsabilidade" tem um sentido sociológico que, entretanto, é negligenciado pelo direito, na medida em que a responsabilidade aparece sempre colada na sanção.[2] Seu reconhecimento, todavia, teria consequências positivas no campo jurídico, ligadas à possibilidade de incorporação de outras lógicas – que não a sancionatória – na formulação de políticas públicas.

Toda essa construção teórica mostra-se factível na medida em que Klaus Günther identifica a ideia de responsabilidade como central ao espírito objetivo da sociedade contemporânea. Trata-se, segundo ele, de um conceito-chave, que se relaciona a mudanças ocorridas na autocompreensão e no estado de espírito das sociedades. E não seria apenas um conceito, mas uma categoria central na conformação de regras e instituições que organizam a distribuição de responsabilidades entre Estado, sociedade e cidadãos. Assim, essa palavra é usada sem provocar objeção para falar das mais variadas coisas: responsabilidade de um governante perante o povo, de um ministro por sua pasta, dos pais em relação à saúde de seus filhos, de uma empresa pelos impactos ambientais de sua atividade, de uma pessoa que cometeu um ato ilícito ou causou um dano a outra, etc.[3] Trata-se, em suma, de uma categoria central nas nossas relações, que tem, portanto, um sentido nas nossas comunicações sociais.

Günther identifica que em todas essas situações em que se trata de responsabilidade é possível observar duas características constantes: uma estrutura formal e uma função social. O que ele chama de estrutura formal é o fato de que a ideia de responsabilidade envolve sempre ligar certas ações ou omissões ou as consequências dessa ação ou omissão a uma pessoa, para que esta se responsabilize, devendo prestar contas desses fatos a outras pessoas.

As regras de imputação variam em cada caso – por exemplo, imputa-se ao autor de um crime apenas aquilo que ele sabia ou podia saber, ao

---

[2] O texto fundamental sobre isso é de Günther (2008).
[3] Além disso, a ideia de responsabilidade estaria inserida nas nossas relações comunicativas elementares, na medida em que, quando falamos algo, pressupõe-se que estamos dispostos a assumir responsabilidade sobre nossos proferimentos linguísticos.

passo que a um ministro atribuem-se também acontecimentos relativos à sua pasta, mesmo que ele não tenha conhecimento –, mas essa estrutura formal permanece fixa.

Além disso, esse processo de responsabilizar alguém perante outras pessoas – ou seja, afirmar que uma pessoa é considerada responsável por algo ou se responsabiliza a si mesma perante outra pessoa – tem uma função social. Segundo Günther (2008, p. 7),

> por meio dessa prática social de auto ou heteroimputação de responsabilidade estrutura-se o fluxo infinito dos acontecimentos, de modo que determinados fatos são atribuídos a uma pessoa como consequência de uma ação ou omissão sua. Entre os diversos fatores que envolvem todo acontecimento, o complexo e obscuro novelo de relações de causalidade e de probabilidade é reduzido a um ponto escolhido de modo mais ou menos arbitrário: uma pessoa agente. A busca de nexos causais é interrompida em um certo ponto.[4]

Desse modo, imputa-se sempre sob o pano de fundo das alternativas existentes para a imputação. Ao definir que a responsabilidade por algo é da pessoa que agiu de determinada forma, está-se simultaneamente organizando a teia das relações que envolvem o fato e dizendo que o ocorrido não foi responsabilidade do acaso, do destino, de deus, da sociedade como um todo, da própria vítima, etc. Ao imputar responsabilidade individual, está-se afirmando que, em meio à complexa rede de interações que envolvem o fato, se isola uma para explicar sua ocorrência. Isso tem um impacto relevante na organização das relações sociais, na medida em que pauta a narrativa que se faz daquele fato.

É essa função de estruturação que funda o significado da responsabilidade como conceito-chave em contextos diversos. Trata-se, enfim, de estruturar a

---

[4] E o texto prossegue: "[...] e se a decisão acerca dessa interrupção não deve ser completamente arbitrária, então é preciso justificá-la com critérios de imputação, sobre os quais é possível haver dissenso, assim como é possível haver dissenso acerca de seu emprego correto e adequado" (GÜNTHER, 2008, p. 7). Günther desenvolve essa ideia para tratar da legitimidade dessa decisão, algo central em sua teoria (que, entretanto, não cabe discutir a fundo aqui). A legitimidade decorre do fato de que todos os cidadãos devem ter tido a oportunidade de tomar parte na definição de regras e critérios de imputação. As regras e os critérios de imputação variam a cada contexto e devem ser definidos politicamente por cidadãos no processo democrático. É isso que torna legítima a imputação de responsabilidade a uma pessoa de direito.

comunicação social acerca de problemas sociais, conflitos, riscos, perigos e danos de maneira que estes sejam atribuídos a pessoas singulares, a indivíduos, e não a estruturas e processos supraindividuais: à sociedade, à natureza ou ao destino. (GÜNTHER, 2008, p. 8)

Com isso, Günther nos mostra que a simples definição e comunicação da responsabilidade é uma prática social com sentido próprio.

Uma das consequências disso para o direito e, mais especificamente, para a discussão que começamos no item anterior é justamente evidenciar nos processos jurídicos de imputação de responsabilidade individual que esse sentido comunicativo da atribuição de responsabilidade não deve ser obscurecido pela pena.

Ou seja, ao final de um processo em que se verifica se uma pessoa tem culpa pela prática de determinado ato, a declaração contida na sentença de que um crime aconteceu e que essa pessoa é responsável tem um sentido social por si só. E esse sentido é negligenciado na medida em que o direito vê a imputação de responsabilidade simplesmente como o pressuposto que autoriza a sanção. Ao naturalizar o sentido do processo sempre como a aplicação de sanção, deixa-se de atentar para o fato de que a imputação de responsabilidade é ela mesma uma ação social, um ato performativo, com consequências no âmbito das nossas relações sociais.

No campo do direito penal, a comunicação feita no momento em que se profere uma sentença condenatória tem significados: ao autor do ilícito, deixa claro que a violação da norma é erro seu e não atribuível às circunstâncias da situação, à natureza, ao destino ou à sociedade; à vítima, comunica que a lesão sofrida não é resultado de má sorte nem consiste em um erro seu; à sociedade, comunica que esta não é responsável pelo ilícito (não se trata, por exemplo, de culpar a estrutura social desigual ou injusta, a falta de serviços públicos, etc.), na medida em que este é atribuível à ação responsável de uma pessoa de direito; transmite-se ainda de modo geral a mensagem de que continuam a existir bons motivos para manter a validade da norma (GÜNTHER, 2008, p. 20).

É a partir do reconhecimento da imputação de responsabilidade individual por atos ilícitos como uma prática independente que se torna possível, para Klaus Günther, formular sua ideia de rompimento do vínculo entre culpa e pena. Na medida em que a imputação de responsabilidade (ou culpa, na linguagem do direito penal) sai detrás da sombra da pena, é possível olhar para o processo penal e as regras de direito material que permitem, de um lado, interpretar uma conduta como crime e, de outro, colocar uma pessoa na condição de autor e reconhecer aí um processo que alimenta e fundamenta a decisão de imputação de responsabilidade, mas que diz pouca coisa sobre a pena que esse autor receberá. A pena deve ser fundamentada por outras razões que não sejam o reconhecimento da violação da norma ou a comunicação da responsabilidade do autor, o que já foi comunicado na sentença.

As funções simbólicas comumente atribuídas à pena já são preenchidas pelo significado comunicativo da sentença condenatória. Para que existam outras medidas estatais além da imputação de responsabilidade, é preciso que elas se justifiquem por ter outra função.

Isso quer dizer que, uma vez que temos a decisão de imputação, se inaugura um segundo momento, o de pensar se, além da comunicação de responsabilidade, outras reações são necessárias: acordos entre autor e vítima, indenização, assistência social, ressocialização e até mesmo pena. Abre-se[5] um leque de alternativas a serem consideradas, e qualquer decisão tomada nesse contexto deve ser fundamentada. Ou seja, nenhuma delas é consequência natural ou obrigatória da imputação de responsabilidade individual.

Diante do cenário que tracei sobre o travamento do debate no campo do direito penal, as descobertas de Klaus Günther tornam-se muito relevantes. Ao reconhecer a imputação de responsabilidade como prática importante por si só que, nos mais diversos sentidos em que a expressão é empregada, tem uma estrutura formal e uma função social constantes, ele chama a atenção para o fato de que há muitas formas de se responsabilizar – não só jurídicas e muito menos restritas a um processo em que o sujeito acusado apenas se defende de uma atribuição de culpa. Há diferentes mecanismos que podem ser acionados para acessar a ideia de responsabilidade e organizar o campo das nossas narrativas sociais. Por exemplo, é possível escrever um livro, é possível atribuir responsabilidade por meio de comissões de verdade, é possível que o autor discuta com a vítima e a comunidade acerca do ocorrido e assuma a responsabilidade perante eles.

---

[5] Claro que estou me referindo aqui a uma abertura conceitual, possível em um horizonte de reformas, mas que encontra obstáculos na prática, já que, segundo a forma como nosso direito penal está atualmente estruturado, tendo sempre a prisão como referência de sanção, as possibilidades de abertura são reduzidas.

Além disso, do ponto de vista interno ao sistema jurídico, Günther reconhece a importância da declaração responsabilizante do poder judiciário e abre espaço para que as possíveis reações estatais que venham depois disso sejam problematizadas – nada é natural, tudo depende de nossas escolhas no âmbito do debate democrático sobre a formulação de políticas públicas. Se quisermos que, além da imputação de responsabilidade, existam outras medidas estatais, teremos um amplo leque de escolha, e nossas escolhas devem ser fundamentadas. Se decidirmos que o autor deve ser sancionado e que essa sanção deve ser uma pena aflitiva, como o encarceramento, a aplicação dessa pena deve ter um sentido próprio, que não se confunde com o sentido da sentença que imputou responsabilidade a esse indivíduo. Além disso, essa escolha deve ser justificada por argumentos racionais.

Em outras palavras, ao organizar nossa compreensão do fenômeno jurídico ligado aos processos de imputação, chamando a atenção para a importância da responsabilização, Günther acaba por ampliar o campo das decisões que devem ser tomadas na formulação de políticas públicas e abrir o sistema jurídico penal para muitas soluções possíveis, das quais a pena de prisão é apenas uma delas.

Em tempos em que a punição e a prisão foram automatizadas pelo sistema de justiça criminal e tornaram-se objeto de demandas sociais tão frequentes, alimentadas por discursos políticos populistas, Günther aponta para o fato de que nem a pena aflitiva, nem a prisão podem ser vistas como decorrência natural da culpa. Não é necessário que a imputação de culpa (equivalente no campo penal da ideia de responsabilidade) que ocorre na sentença penal seja acompanhada por uma pena. E também não é necessário que a sanção penal tenha o caráter de inflição de sofrimento ou deva ser o encarceramento. Essas reduções acabam gerando um senso comum punitivista, que empobrece o debate sobre políticas públicas: se ocorreu uma violação e o direito violado é relevante, chamamos essa violação de crime e o agressor merece uma punição grave, na medida da importância do bem infringido; e em nosso sistema essa punição invariavelmente será a prisão – se não for, há algo errado no ar, como confirma o exemplo sobre o uso de entorpecentes.

Ao desnudar esses pontos de naturalização das decisões políticas, Günther aponta para a necessidade de levar a sério uma discussão sobre a justificação da pena. Se em um Estado de Direito qualquer exercício do poder deve ser justificado com argumentos racionais, desafio os defensores da prisão a encontrar um. Este, entretanto, é assunto para outro texto.

3. O caso da violência doméstica, os grupos reflexivos e a responsabilização

O caso da violência doméstica e a forma como vem se conduzindo no Brasil a discussão em torno da aplicação da Lei Maria da Penha (Lei n. 11.340/2006 – LMP) tornam visíveis os impactos (negativos) do cenário que descrevi como travamento do debate no campo penal. De outro lado, é também diante dessa questão que vemos surgir experiências que mostram como a ideia de responsabilidade pode ser empregada para se pensar em soluções inovadoras.

No processo de discussão que resultou na aprovação da lei,[6] teve um papel fundamental a avaliação extremamente negativa em torno do tratamento que os casos de violência doméstica vinham recebendo no sistema de justiça criminal. O diagnóstico repetido de forma generalizada era o de que se estava diante de um cenário de impunidade, em grande medida em razão da aplicação de institutos despenalizadores previstos na Lei n. 9.099/1995.

Desde 1995, a maior parte dos casos de violência doméstica – especificamente os que envolviam lesões corporais leves em ambiente doméstico – era processada no âmbito dos Juizados Especiais Criminais. Isso significa que, em vez do procedimento penal ordinário, era possível aplicar a esses casos: i) a possibilidade de extinção do caso penal se houvesse acordo entre o autor e a vítima para compor o conflito; ii) a possibilidade de extinção do caso penal se houvesse acordo entre o autor e o promotor de justiça em que o autor aceitasse, antes do início do processo penal e justamente para não se submeter a ele, uma pena restritiva de direitos; iii) a possibili-

---

[6] Estudo empírico sobre o processo legislativo da LMP e sobre sua aplicação em nove Tribunais brasileiros foi realizado no âmbito de pesquisa coordenada por mim, ao lado de José Rodrigo Rodriguez no Núcleo Direito e Democracia do Centro Brasileiro de Análise e Planejamento (CEBRAP), em parceria com a Direito GV e em colaboração com o Instituto Latino-americano da Freie Universität Berlin, parcialmente financiada pelo Conselho Nacional de Desenvolvimento Científico e Tecnológico (CNPq), processo n. 402419/2010-3. A equipe envolvida nessa pesquisa conta ainda com os seguintes pesquisadores: Fabiola Fanti, Carolina Cutrupi Ferreira, Carla Araujo Voros, Gabriela Justino, Haydée Fiorino, Marcos de Sá Nascimento e Natália Neris da Silva Santos.

dade de suspensão do processo penal iniciado, sob certas condições que, se cumpridas, em um prazo que pode variar de dois a quatro anos, fazem extinguir o caso penal.

As insatisfações ligadas à aplicação da Lei n. 9.099/1995 aos casos de violência doméstica eram de vários níveis. Do ponto de vista simbólico, criticava-se o fato de estarem referidos casos no grupo dos "crimes de menor potencial ofensivo", denominação utilizada pela lei para definir os crimes sujeitos a esse procedimento (aqueles cuja pena máxima não é superior a dois anos). Os pontos mais delicados, entretanto, referiam-se à forma como tais medidas despenalizadoras vinham sendo aplicadas pelo judiciário. Os relatos de insatisfação envolviam, por exemplo, mulheres que não eram devidamente ouvidas nas audiências, mulheres coagidas a aceitar o acordo, conduzido muitas vezes em termos de "conciliação" com o agressor, e, o que se tornou emblemático, transações penais com o Ministério Público em que este, em troca do fim do processo, exigia do agressor o pagamento de cestas básicas a instituições de caridade.[7]

A aplicação das cestas básicas como solução do caso de violência doméstica tornou-se, com razão, registro do descaso do sistema de justiça diante da questão e sinônimo de impunidade.

Isso motivou uma expressiva rejeição à Lei n. 9.099, que no correr do processo de discussão do texto da lei se revelou um "clamor verificado". Em diferentes entrevistas, duas militantes do movimento feminista ilustram os efeitos da reiterada má aplicação dessa lei aos casos de violência doméstica:

---

[7] Para ilustrar esse cenário, cf. trecho da entrevista concedida por Silvia Pimentel à equipe de pesquisa: "SILVIA PIMENTEL: Mas você sabe muito bem que essa lei, a 9.099, ela não foi criada para cuidar desse tema, ela foi criada para batida de automóvel e outras coisas, situações assim que eles chamavam de menor potencial ofensivo. Essa expressão 'menor potencial ofensivo' é aquela coisa que pegava no calo de todas nós mulheres feministas, quer dizer, chamar uma violência doméstica de menor potencial ofensivo revela exatamente um desconhecimento do que significa efetivamente uma violência doméstica e familiar contra a mulher [...] A ideologia familista, né? A mulher é quem tem que arcar, a mulher é a rainha do lar, mas não só para mostrar poder, tem todos aqueles mitos de que a mulher é aquela que é responsável pela harmonia do lar. Essa ideia é extremamente perversa, ela é responsável, ela é, quer dizer, se o marido chega chutando e fazendo e ela não for capaz de contornar essa situação a responsabilidade é dela, você vê? A responsabilidade é dela. Então é no mundo todo, não é só aqui no Brasil que a gente vê. É no mundo todo, essa política de reconciliação era um dos temas que nós trabalhávamos muito, essa política de naturalização, essa política de minimização, de diminuição do valor do que significa essa violência, é uma coisa muito grande".

A 9.099 era assim, antes não era a Lei 9.099 e eu acho que era melhor antes, mas era assim, a mulher ia lá e falava e eles faziam lá qualquer coisa e não acontecia nada com a mulher e nem com o marido. Essa menina foi três vezes e na terceira vez o marido quase matou ela com as facadas. Na terceira vez ela deu todas essas facadas, e alguém correu atrás dele, acho que foi o irmão dele e prenderam né? Porque estava com sangue na faca e ela quase morta, ela ficou mais de trinta dias na UTI. A Lei 9.099 não ajudava em nada, fazia a mulher desanimada, era para cutucar o inimigo com a vara curta, porque você denuncia e volta para casa e ele falava: Você me denunciou e agora vai apanhar mesmo! Então funcionava mais como uma intensificação da violência e não reduzir, e tinha a tal da cesta básica, que era usada, eles faziam o acordo, a transação penal e aí eles falavam "agora você vai para a casa, está tudo bem, só que você vai ter que dar uma cesta básica para a entidade do bairro. (entrevista de Maria Amélia Telles concedida à equipe de pesquisa)

O que a gente pôde perceber durante essas audiências públicas foi que a sociedade não queria realmente que continuasse na 9.099, que continuasse no JECrim, por qualquer desculpa possível, se ia melhorar, se ia tirar tudo aqueles problemas. O que estava muito claro que a sociedade queria é que não ficasse na 9.099, porque tinha ficado aquele estigma que era uma lei de cesta básica. O maior problema era a cesta básica, mais do que o procedimento em si e ainda mais de a 9.099 colocar esses crimes como de "menor potencial ofensivo". Não queriam que a violência doméstica continuasse de "menor potencial ofensivo", pagando cesta básica. (entrevista concedida por Silvia Pimentel à equipe de pesquisa)

É preciso notar que a quase exclusiva aplicação do pagamento de cestas básicas como medida alternativa não acontecia (e não acontece) apenas em relação aos casos de violência doméstica. Trata-se – infelizmente – de uma prática generalizada no âmbito dos Juizados Especiais Criminais. Uma possível chave para tentar compreender isso tem justamente relação com o ponto que abordei no início do texto: a ideia de que a pena (de prisão) é o que define o crime. Ora, se não se trata de punir com prisão, não se leva o caso a sério. Sob esse conjunto de ideias, no momento em que o legislador aponta para alternativas, isso funciona praticamente como uma descriminalização; o problema deixou de ser relevante e já podemos lavar as mãos em relação a ele, com uma cesta básica. Perde-se a oportunidade de pensar sobre a adequação da medida aplicada, para que faça sentido para o conflito que se tem em mãos; para que faça algum sentido para o autor; para que não deixe a vítima desprotegida; para que não a faça sentir o gosto da impunidade. Enfim, a banalização das alternativas pelos atores do sistema de justiça criminal pode ser justamente um dos sintomas dessas ideias fixas da nossa "RPM": só tratamos com seriedade aquilo que recebe pena de prisão. Com isso, jogamos fora a oportunidade de pensar um sistema de alternativas à prisão (muito mais promissor que esta, diga-se de passagem). Em outras palavras, a prática do judiciário condenou as alternativas a serem identificadas com impunidade. E, diante disso, pelo menos no caso da violência doméstica, a rejeição a elas no debate público ficou insustentável.

Ao entrevistar pessoas envolvidas no processo de elaboração e aprovação da LMP isso ficou claro. Não terei espaço para retratar com cuidado esse processo, mas para compreender o conflito basta dizer que uma das versões do projeto propunha adequar os mecanismos alternativos da Lei n. 9.099 aos casos de violência doméstica e a sua aplicação pelas varas especializadas. A manutenção da incidência dos dispositivos da Lei n. 9.099 – graças à pecha de "impunidade" –, entretanto, foi fortemente rejeitada durante a discussão do projeto de lei, especialmente nas audiências públicas realizadas para discutir o projeto. O depoimento de Nilcéa Freire, que à época estava à frente da Secretaria Especial de Políticas para as Mulheres, retrata esse impasse:

> Então mudar o procedimento da 9.099, ou então acabar com a 9.099 era uma das questões. [...] nossa motivação foi absolutamente prática, nós fizemos muitas consultas de que maneira nós poderíamos amarrar mais a criação dos Juizados especializados, porque esse era o nosso condicionante, mas no processo de discussão, porque na verdade não mudou dentro do Congresso, mudou nas audiências públicas, isso que é central, não foram os deputados ou deputadas, foram as audiências públicas e aí ficou muito claro que a rejeição da 9.099 era brutal. Continuar com a 9.099 era praticamente uma agressão às mulheres que foram ouvidas.

O resultado dessa disputa no processo legislativo, como todos sabem, foi a vedação de aplicação da Lei n. 9.099 aos casos de violência doméstica contra a mulher no texto final dela (art. 41).[8] Isso significa a vedação das

[8] Também a expressa proibição das penas pecuniárias e de cesta básica.

medidas alternativas ao processo penal ordinário (acordo com a vítima, transação penal e suspensão do processo) e a desnecessidade da autorização da mulher para processar as lesões corporais leves.[9]

Esses foram os pontos mais polêmicos da discussão legislativa e continuaram sendo fonte de controvérsia no judiciário no momento de aplicação da lei. Muitos juízes de primeira instância continuaram aplicando os institutos da Lei n. 9.099 aos casos de violência doméstica, e, por consequência, a lei sofreu questionamentos acerca de sua constitucionalidade, sendo um deles a vedação da aplicação da Lei n. 9.099.[10] A questão foi levada ao Supremo Tribunal Federal[11] (STF), que, no início de 2012, decidiu pela constitucionalidade da lei. Ou seja, o STF decidiu como constitucional a vedação da aplicação da Lei n. 9.099 aos casos de violência doméstica. Embora não tenha efeito vinculante, é claro que esse julgamento trará impacto caso a questão da constitucionalidade da lei seja levantada novamente em alguma outra instância do judiciário brasileiro. A decisão do Supremo não impediu, porém, que os institutos da Lei n. 9.099 continuassem sendo aplicados em muitas varas na primeira instância.

A desconsideração da vedação imposta pela LMP não pode ser lida simplesmente como fruto de juízes insensíveis ao problema da violência doméstica e que não estão preocupados com a proteção da mulher. É claro que não podemos descartar que isso possa existir e seria importante aprofundar as pesquisas sobre as razões desse fenômeno, mas é possível desde logo identificar que em muitos casos a desobediência à lei se dá jus-

---

[9] As lesões corporais leves, justamente em razão da Lei n. 9.099/95, tornaram-se ação penal pública condicionada à representação da vítima, ou seja, para seguir com o processo o promotor depende da autorização da vítima. Uma das questões discutidas no caso da violência doméstica é que a mulher, muitas vezes pressionada, acaba não autorizando a continuidade do processo penal, sem o que o promotor não pode agir. Por isso, a solução da lei foi excluir esse requisito no caso da violência doméstica contra a mulher, ao passo que ele continua vigente para todos os demais casos envolvendo lesões corporais leves. Os efeitos dessa exclusão da mulher da solução do conflito são outro tema importante que merece reflexão crítica, que infelizmente não terei como tratar aqui.
[10] O resultado do levantamento do debate acerca da constitucionalidade da LMP nos Tribunais brasileiros está sintetizado em: Machado *et al.* (2012).
[11] O Presidente da República ajuizou Ação Declaratória de Constitucionalidade (ADC), em 2007, enquanto a Procuradoria-Geral da República ajuizou, em 2010, Ação Direta de Inconstitucionalidade (ADI) com pedido de Medida Cautelar. Trata-se da ADC 19/DF e da ADI 4.424/DF. Ambas foram julgadas na mesma oportunidade, em 9 de fevereiro de 2012, e tiveram o mesmo relator (Ministro Marco Aurélio).

tamente porque juízes e promotores envolvidos na aplicação não admitem os mecanismos alternativos da Lei n. 9.099 como incompatíveis à proteção da mulher.[12] Ou melhor, em muitos casos entendem que tais institutos, se bem aplicados, podem ser mais adequados que o processo penal obrigatório/punição para lidar com a questão.[13]

Seria um equívoco entender essa resistência simplesmente como um movimento de "boicote" ou má vontade em relação à lei. Podemos identificar nesse cenário de resistências um movimento de pessoas próximas ao problema, refletindo criticamente sobre a opção legislativa feita no momento da aprovação da lei, insatisfeitas com a solução oferecida pelo processo penal tradicional e em pleno exercício de experimentação institucional, em busca de alternativas que façam jus aos objetivos da lei. Esse cenário – que não fala por todos os casos, mas é significativo – de "operadores do Direito buscando uma alternativa" aparece na fala de um dos entrevistados da nossa pesquisa, que se refere ao atual cenário como um cenário de satisfação com a lei, mas de insatisfação com a aplicação dela.[14]

---

[12] Um dos acórdãos (anteriores à decisão do Supremo) que entendeu que o art. 41 da lei não deve ser aplicado fundamenta sua posição da seguinte forma: "Na verdade, o que até então não se fez foi analisar se todos os mecanismos processuais contidos na Lei n. 9.099/95 são materialmente contrários à proteção resguardada pelo art. 226, § 8º, da Carta Magna. [...] Entretanto, a medida de natureza processual conhecida como suspensão condicional do processo – *sursis* processual – nada tem de contrário à proteção da pessoa submetida à violência doméstica, porque tem aspecto instrumental diferenciado, consistente no cumprimento de certos requisitos e obediência a determinadas condições, sem as quais a ação penal poderá prosseguir" (Tribunal de Justiça do Estado do Mato Grosso do Sul, Segunda Turma Criminal, Relator Desembargador Carlos Eduardo Contar, Apelação Criminal 2008.022719-8/0000-00, julgada em 16/03/2009).

[13] Nesse sentido, uma juíza em São Paulo afirma que a aplicação da suspensão condicional do processo se ajustaria melhor aos interesses de proteção da vítima: "A vítima se sente muito mais segura com a suspensão do processo, porque ao longo de dois anos ele está na condição de não se aproximar dela, ao passo que se a gente tocar o processo normalmente, as penas são muito baixas, as penas de lesão e ameaça são muito leves, um a três meses de prisão" (ALVAREZ *et al.*, 2010, p. 49).

[14] "PEDRO STROZENBERG: o que eu sinto, de alguma maneira, Marta, é que os operadores do Direito, especialmente, que é com quem a gente trabalha um pouco mais nessa linha nossa, tão buscando uma alternativa, tão querendo, tão precisando. Isso desde aquelas pessoas que são mais próximas de um discurso do marco dos direitos humanos, ou mesmo do discurso feminista, da condição feminista, quanto aqueles que são mais conservadores. Eu acho que assim, há um sentimento de satisfação com a Lei, que acho que é de reconhecimento da importância da Lei, mas uma insatisfação da aplicação da Lei, sabe? Então aquela coisa, como

É justamente nesse contexto em que as práticas institucionais a partir da lei estão sendo refletidas criticamente que se abre espaço para a experiência dos grupos reflexivos para homens agressores em casos de violência doméstica, desenvolvidos por entidades da sociedade civil que recebem homens em sua maioria encaminhados por órgãos do sistema de justiça criminal – muitas vezes como resultado da transação penal ou da aplicação da suspensão condicional do processo.

Não é coincidência o fato de que a experiência dos grupos vai se tornando cada vez mais significativa como prática alternativa ao processo penal e à punição no momento em que, pelas razões que discutimos, a lógica sancionatória guia a regulação proposta pela LMP. Nesse momento, agudizam-se as insatisfações com os efeitos do processo penal e da pena de prisão e ao mesmo tempo surge a necessidade de pensar alternativas que não sejam vistas como impunidade.

Ao entrevistar Pedro Strozenberg e ouvi-lo falar sobre a experiência de coordenar grupos reflexivos no ISER, chamou-me a atenção o fato de ele compartilhar, a partir de sua experiência com o campo, do diagnóstico que tracei na primeira parte deste texto, utilizando referências do campo teórico: a naturalização da punição e a invisibilização da responsabilidade:

> A palavra responsabilização é meio invisibilizada, quer dizer, a ideia ou você é punido, ou... ou você tem impunidade, que é a mesma ideia da punição, ou você é punido. Então não tem a ideia de você é responsável, você assume esse lugar de autor. Então a perspectiva do autor é só quando ele é realmente punido. Então o termo responsabilidade, na minha visão, é muito feliz, porque ele reconhece o autor sem necessariamente dar a ele uma condição de,

é que a gente tem uma lei boa que a gente não consegue traduzi-la numa prática boa?! Eu acho que isso aí abrange também o movimento feminista, também se depara com, de alguma maneira com essa contradição, com essa tensão. Eu acho que a Lei Maria da Penha ajuda a gente a perceber que a prática determina ou é o elemento, acho, hoje determinante da boa lei. Não é o contrário, sabe? Não é que assim, 'ah, então a boa lei que vai instituir a prática', não. Acho que a gente conseguiu avançar por diferentes caminhos, teve ação na OEA... A história da Lei Maria da Penha, cê conhece super bem e é isso, uma construção social de alguma maneira feita. Mas hoje eu acho que o fundamental é como é que ela é aplicada, como é que ela é monitorada, e aí eu acho que os grupos de responsabilização dos homens autores de violência podem significar uma das alternativas. Não é "a alternativa", não cabe em todos os casos, não é a solução pra tudo, não é uma panaceia, mas é uma possibilidade, é uma das opções que podem ser construídas, entendeu?" (entrevista de Pedro Strozenberg concedida à nossa equipe de pesquisa).

enfim, de egresso. Quer dizer, ele assume a perspectiva do ato que fez mas separa a pessoa da punição que vai ser aplicada, entendeu? Então quer dizer, cê primeiro diz assim "você tem responsabilidade", ponto. Então a partir dessa responsabilidade que tip... o que para a vítima, para a sociedade e pra essa pessoa inclusive, o que é melhor, o que melhor se adéqua a esse cenário. Não associar a pessoa à punição, sabe. Então eu acho que essa delicadeza produz um olhar diferente, entendeu? (entrevista concedida por Pedro Strozenberg à equipe de pesquisa)

É justamente essa delicadeza que se refere ao reconhecimento do lugar da responsabilização em nossas relações sociais que não é percebida pelo direito, tão reticente em produzir olhares diferentes. Na experiência dos grupos, a responsabilização é central, o homem chega não se vendo como responsável pelo episódio e o trabalho do grupo busca justamente a responsabilização como experiência que tem um potencial transformador. Abro aqui novamente espaço para a narrativa de Pedro:

E ele [o agressor] tá lá [no grupo] porque foi mandado pelo juiz porque... e aí não reconhece isso, "mas como assim, por que que eu tô aqui?". Muitas vezes eles acham que é uma injustiça. Grande parte é isso. Esse processo de responsabilização é difícil também porque os homens não se veem como responsáveis pelo episódio. Por isso que a ideia e a palavra responsabilização não agrada a ninguém e talvez por isso que ela tenha chance de dar certo. Porque o homem que tá lá, ele tem que fazer um esforço pra ele se entender responsável, não é automático. A mulher que o homem tá lá no... a mulher autora no processo, precisa fazer um esforço pra entender que ele assumir essa responsabilidade é um processo que faz diferença. O juiz, o Ministério Público, os operadores do Direito, os atores do Direito precisam entender que a responsabilização dá a dimensão necessária para o fato. Então assim, a responsabilização aparece com um lugar onde as... de convergência, um ponto de convergência, não é um ponto de partida pra nenhuma das pessoas que tão lá, entendeu? (entrevista concedida por Pedro Strozenberg à equipe de pesquisa)[15]

---

[15] E ele prossegue: "E o papel do facilitador, dos técnicos que tão lá, é de alguma maneira convergir pra esse lugar. Não é de entrar na cabeça de cada um, não é um espaço de doutrina, é um espaço de formação, de formulação pedagógica. E isso que faz toda diferença. 'Ah, isso daí é 100% seguro?' Não, não é. É subjetivo, é sensível, é delicado, mas é um processo que um dos nossos desafios é como é que a gente mede isso, como é que a gente mensura isso. É pelo discurso, é pela postura, é pela frequência, é pela reincidência. Aí são os nossos outros desafios

Há uma infinidade de questões a serem discutidas sobre essas experiências – as diferentes metodologias, o que é preciso para dar certo, os riscos, os diferentes resultados obtidos. Não é o objetivo tratar disso aqui nem advogar por elas como, conforme diz Pedro, "a" alternativa, afinal, "ela não cabe em todos os casos e não é a solução prá tudo". Contudo, trata-se de abrir espaço no campo do direito para começar a discuti-las.

Abrir esse espaço é enfrentar as ideias fixas, naturalizadas no campo do direito penal, e que reproduzem sem questionamento um paradigma punitivista. A generalização da punição e da prisão produz um duplo efeito perverso. De um lado, alimenta uma solução que reproduz violência, viola direitos e acentua o cenário de encarceramento em massa que vivemos hoje no Brasil. De outro, enquanto se exerce exclusivamente às custas do agressor, sem nenhuma promessa de evitar reincidência, forma uma cortina de fumaça que impede a formulação de uma resposta que pretenda de fato lidar com o problema social, reconhecendo sua complexidade e articulando soluções que se mostrem promissoras.

No momento em que de fato se pretenda construir políticas públicas eficientes para lidar com nossos problemas sociais mais graves é que essas experiências alternativas e inovadoras que hoje ocorrem às margens do sistema serão finalmente valorizadas e poderão ensinar algo ao sistema do direito.

Referências

ALVAREZ, Marcos César *et al.* A vítima no processo penal brasileiro: resumo do projeto de pesquisa apresentada ao Ministério da Justiça/PNUD, no Projeto "Pensando o Direito", Referência PRODOC BRA 07/004. *Série Pensando o Direito*, São Paulo, Brasília, n. 24, 2010. Disponível em: http://pensando.mj.gov.br/wp-content/uploads/2015/07/24Pensando_Direito3.pdf. Acesso em: 21 maio 2019.

GÜNTHER, Klaus. Responsabilização na sociedade civil. *In*: PÜSCHEL, Flávia Portella; MACHADO, Marta Rodriguez de Assis (org.). *Teoria da responsabilidade no Estado Democrático de Direito*: textos de Klaus Günther. São Paulo: Saraiva, 2008. p. 1-26.

que você nesse campo pode também dar uma contribuição importante nessa reflexão, é assim: como é que a gente então entende que as pessoas chegaram nesse ponto. Que é um pouco da construção da lógica diferente da lógica da disputa, do litígio, que é confrontativo, um perde, um ganha, esse aqui é um ponto de convergência, entendeu? Por isso que se aproxima de práticas mediadoras, de práticas de entendimento, porque ela estabelece um local e você tem o fluxo pra aquele local, e não o contrário. Não é o ponto de partida, não é a defesa do seu... quem ficar defendendo a sua perspectiva não vai ajudar construir esse processo".

MACHADO, Marta Rodriguez de Assis. O sentido da responsabilização no direito: ou melhor, a invisibilização de seu sentido pelo direito. *In*: LOPES, Paulo Victor Leite; LEITE, Fabiana (org.). *Atendimento a homens autores de violência doméstica*: desafios à política pública. Rio de Janeiro: ISER, 2013. v. 1. p. 107-128. Disponível em: http://www.iser.org.br/site/wp-content/uploads/2013/11/homens_miolo_9nov_.pdf. Acesso em: 21 maio 2019.

MACHADO, Marta Rodriguez de Assis *et al*. Disputando a aplicação das leis: a constitucionalidade da Lei Maria da Penha nos tribunais brasileiros. *Sur. Revista Internacional de Direitos Humanos*, São Paulo, v. 9, n. 16, p. 65-90, jun. 2012. Disponível em: https://sur.conectas.org/wp-content/uploads/2017/11/sur16-port-completa.pdf#page=65. Acesso em: 21 maio 2019.

PIRES, Alvaro. A racionalidade penal moderna, o público e os direitos humanos. *Novos Estudos Cebrap*, São Paulo, v. 68, n. 3, p. 39-60, mar. 2004. Disponível em: https://edisciplinas.usp.br/pluginfile.php/121354/mod_resource/content/1/Pires_A%20racionalidade%20penal%20moderna.pdf. Acesso em: 21 maio 2019.

Capítulo 6
A proteção à sociedade nos crimes contra a administração pública: um estudo empírico de projetos de lei sobre crimes hediondos

CAROLINA CUTRUPI FERREIRA

Introdução

Este capítulo apresenta novos resultados obtidos a partir de uma dissertação de mestrado que se debruçou sobre a divisão de tarefas entre legislador, juiz e administrador durante o cumprimento de pena da pessoa condenada. Entre outros resultados, esta pesquisa concluiu que a produção legislativa do Congresso Nacional entre os anos de 1984 e 2011, privilegia-se o recurso à pena privativa de liberdade, tanto por meio da obrigação de cumprimento de frações (quóruns) mínimos prisionais mais elevados quanto pela vedação a direitos subjetivos (FERREIRA, 2011).

Este texto aprofunda a análise feita originalmente em FERREIRA (2011) e sistematiza o conteúdo de 313 projetos de lei e respectivas justificativas apresentados entre 1990 e 2017 no Congresso Nacional para alterar a Lei dos Crimes Hediondos – Lei n. 8.072/1990 (LCH). Em seguida, detém-se na investigação pormenorizada de dois subconjuntos de projetos que torna hediondo (i) crime de homicídio praticado contra agente de segurança pública e (ii) crimes contra a Administração Pública, mobilizando o referencial teórico da RPM (Pires, 2004).

As normas que versam sobre crimes hediondos fixam regime mais gravoso de processamento e cumprimento de pena, impondo maior tempo de prisão para a concessão da progressão de regime e vedam à pessoa condenada benefícios da execução penal, como fiança, anistia, graça, indulto e saída temporária.

O recorte deste estudo se justifica pelo grande volume de projetos identificados que tematizam crimes hediondos e cuja análise permite um olhar aprofundado sobre quais condutas seria possível a imposição de um regime mais gravoso e os motivos apresentados para tanto.

Proposições legislativas constituem material empírico que permite acessar ideias e estratégias que não foram selecionadas pelos filtros políticos e jurídicos presentes no processo legislativo de tramitação de uma lei (MACHADO et al., 2010). Aqui, parte-se do pressuposto segundo o qual o momento inicial de apresentação da proposição legislativa consiste em uma janela de oportunidade para ideias e propostas com potencial alternativo e inovador, se comparada às medidas convencionais adotadas em matéria penal (PIRES, 2011; FERREIRA e MACHADO, 2014). Assim, o acesso de tais registros traz elementos para a compreensão acerca do momento em que surgem obstáculos às propostas inovadoras, se durante o processo legislativo ou em etapa anterior aos debates parlamentares.

Paiva (2009) lembra que a elaboração de um Projeto de Lei (PL) supõe o funcionamento de uma burocracia responsável pela adaptação de demandas ao formato jurídico e a relação dos parlamentares com o Poder Executivo. A ligação entre a estrutura burocrática legislativa e o parlamentar pode assumir contornos políticos de vocalização de demandas específicas, uma vez que se trata de um momento de decisão, "sujeito aos cálculos de oportunidade decorrentes do cenário político, incluindo as alianças, as necessidades de pauta do Poder Executivo e outros elementos presentes na definição da agenda parlamentar" (PAIVA, 2009, p. 112).

O estudo busca contribuir com a reflexão acerca da produção legislativa em matéria criminal no Brasil, especialmente sobre a preferência pela imposição de sanções aflitivas em detrimento de formas alternativas de solução de conflitos. Os principais trabalhos na área versam sobre tendências em reformas de leis penais (AZEVEDO, 2003; MENDONÇA, 2006), de segurança pública (CAMPOS, 2010) e a produção legislativa do Congresso Nacional. Entre esses últimos, concentram-se na análise de representações sociais exprimidas por parlamentares nas justificativas dos projetos de lei (FRADE, 2007; GAZOTO, 2010), de instrumentos de medição de qualidade e impacto legislativo (HABER, 2011; FERREIRA, 2016) e de obstáculos à inovação em matéria penal (MACHADO et al., 2010; CAPPI, 2014).

Em relação à tramitação, aprovação e efeitos da LCH, são abundantes os trabalhos que criticam o sistema restritivo de cumprimento de pena introduzido pela nova lei. Para alguns, a lei se tornou um caso exemplar de resposta legislativa aos casos de grande repercussão social (PAIVA, 2009) e reforçou aspectos retributivos de forma desproporcional ao resto do sistema penal (CERNICCHIARO, 2003; FRANCO, 2007). Quanto aos efeitos, teria sido inócua na redução dos indicadores de criminalidade (ILANUD, 2005; OLIVEIRA e AZEVEDO, 2012) mas, por outro lado, contribuído significativamente para o aumento dos índices de encarceramento no país (TEIXEIRA, 2006).

O texto divide-se em três partes. Inicialmente, expõem-se os principais aspectos relacionados ao processo de aprovação e alterações posteriores no texto da LCH e as características que enunciam o regime mais rigoroso imposto pela Lei. Em seguida, apresentam-se os resultados do estudo empírico. A primeira parte ilustra o quadro geral das proposições analisadas; em seguida, detém-se na análise qualitativa de dois subconjuntos de projetos de lei (PIRES, 2004).

Por fim, as considerações finais sobre os resultados analisados revelam que a eleição pelo regime mais rigoroso da da LCH pelos parlamentares está ligada a argumentos que evocam demanda social por maior punição, frequentemente respaldados por matérias jornalísticas, reforçando o diagnóstico de que tanto a LCH quanto a maior parte de suas alterações são revestidas de caráter simbólico, por meio da promoção de alterações pontuais e emergenciais da legislação. A análise das justificativas dos projetos que versam sobre crimes relacionados ao patrimônio público e à atuação de agentes públicos exemplifica como as teorias modernas da pena justificam maior severidade da sanção, pautada pelos casos de repercussão midiática com predominância das ideias ligadas à teoria da dissuasão nos crimes contra agentes de segurança pública e da retribuição nos crimes contra a Administração Pública.

1. O surgimento da LCH e as sucessivas alterações nos crimes hediondos

A figura do crime hediondo está no texto constitucional (art. 5º, XLIII), e tal dispositivo foi regulamentado no mês de julho de 1990. Ao longo de 1989, uma série de projetos regulamentadores foi apresentada à Câmara dos Deputados, sendo um deles de iniciativa do Poder Executivo e que determinava quais crimes seriam hediondos e a previsão de aumento no rigor da execução da pena dessas condutas (PAIVA, 2009).

Além desses projetos, tramitava no Senado Federal o Projeto de Lei do Senado (PLS) n. 50/1990,[1] inicialmente dispondo sobre regras penais e processuais penais para os crimes de sequestro e extorsão mediante sequestro. Com a repercussão da onda de extorsões que culminaram nos sequestros do empresário Abílio Diniz (dezembro de 1989) e do publicitário Roberto Medina (junho de 1990), o projeto passou a tramitar em regime de urgência. Após 34 dias da apresentação do PLS pelo senador Odacir Soares, foi encaminhado à Câmara dos Deputados. Lá, projeto substitutivo consolidou o conteúdo dos demais projetos que estavam em tramitação na Casa, e o texto final foi aprovado em dois dias.

De acordo com Teixeira (2006), a aprovação da LCH é o exemplo emblemático de fortalecimento do estado penal e da reorientação das práticas punitivas no país, especialmente pelo recurso exacerbado da pena de prisão. Ilanud (2005) e Teixeira (2006) relacionam a edição da LCH ao aumento da concentração de indivíduos presos em regime fechado e por maior período de encarceramento.

Desde a edição da LCH, nove leis alteraram o rol de crimes hediondos, e tanto o contexto de apresentação quanto o de votação do projeto da LCH e das leis modificadoras corroboram o entendimento segundo o qual os eventos de comoção social norteiam a produção legislativa (ILANUD, 2005; PAIVA, 2009; SILVEIRA, 2010; PIMENTEL, 2011). Esse diagnóstico foi compartilhado inclusive no voto do Ministro Sepúlveda Pertence no julgamento do *Habeas Corpus* (HC) 82.959/SP pelo Supremo Tribunal Federal (STF):

> Porque este movimento de exacerbação de penas como solução ou como arma bastante ao combate à criminalidade só tem servido a finalidades retóricas e simbólicas de aplacar a intranquilidade social, editando leis que, não tocando nos fatores diversos da exacerbação, sobretudo, da criminalidade urbana, nada farão, senão enaltecer os seus autores perante essa opinião pública movida pelo grito histérico dos meios de comunicação em momentos dramáticos.[2]

---

[1] *Link* para o projeto no *site* do Senado Federal: https://www25.senado.leg.br/web/atividade/materias/-/materia/25861. Acesso em: 16 maio 2019.
[2] STF, Pleno, HC 82.959/SP, Relator Ministro Marco Aurélio. Voto do Ministro Sepúlveda Pertence, julgado em 23/02/2006, publicado em 01/09/2006.

Vejamos o histórico das mudanças realizadas no rol de crimes hediondos. A hediondez do crime de "homicídio praticado em atividades típicas de grupo de extermínio" consistiu em uma resposta legislativa às chacinas da Candelária (julho de 1993) e do Vigário Geral (agosto de 1993). O homicídio qualificado como crime hediondo tem origem na grande repercussão da morte da atriz Daniella Perez (dezembro de 1992).[3]

Em 1998, o escândalo dos casos de gravidez não planejadas em decorrência da falsificação de "pílulas anticoncepcionais de farinha" (medicamento Microvlar) tornou hediondos os crimes de falsificação, corrupção, adulteração ou alteração de produto destinado a fins terapêuticos ou medicinais (Lei n. 9.695/1998). Em 2009, a Lei n. 12.015 introduziu o crime de "estupro de vulnerável" na legislação e o tornou hediondo depois da repercussão de abusos e exploração sexual de crianças e adolescentes (PIMENTEL, 2011).

Em 2010, divulgou-se na imprensa Relatório da Polícia Rodoviária Federal que apontava a existência de 1.820 "pontos de risco" na exploração sexual de crianças e adolescentes ao longo das rodovias federais brasileiras, o que ensejou a inclusão de tal crime como hediondo pela Lei n. 12.978/2014. A criação e hediondez do crime de feminicídio tem origem nas recomendações da Comissão Parlamentar de Inquérito (CPI) sobre a Violência contra a Mulher (2012). Os crimes praticados contra agente de segurança pública tornaram-se hediondos para "prevenir ou diminuir a prática do crime contra profissionais que atuam no front no combate à criminalidade" (PLC n. 846/2015, convertido na Lei n. 13.142/2015).[4]

O crime hediondo de "posse ou porte ilegal de arma de fogo de uso restrito" foi introduzido sob a justificativa de que a proposta "poderia amenizar a situação da criminalidade, que vem atingindo patamares nunca antes experimentados no país".[5]

---

[3] Sobre o contexto de tramitação de tais projetos, ver matéria do portal *Senado Notícias*: Comoções sociais influenciaram punição de crimes hediondos, 16 jul. 2010. Disponível em: https://www12.senado.leg.br/noticias/materias/2010/07/16/comocoes-sociais-influenciaram-punicao-de-crimes-hediondos.

[4] *Link* para o projeto no *site* da Câmara de Deputados: https://www.camara.leg.br/proposicoesWeb/fichadetramitacao?idProposicao=1049380. Acesso em: 16 maio 2019.

[5] Trata-se de trecho do PLS n. 230/2014, convertido na Lei n. 13.497/2017, e a citação é do autor do projeto, Marcelo Crivella (PRB/RJ), ao *Senado Notícias*. Até o mês de novembro de 2018, o rol de crimes hediondos é composto pelas seguintes condutas: latrocínio, extorsão qualificada pela morte, extorsão mediante sequestro e na forma qualificada, estupro, atentado violento

A recém aprovada Lei n. 13.964/2019 (conhecida como "pacote anticrime") introduziu novas condutas no rol de crimes hediondos. Além da antiga previsão do crime de latrocínio, tornam-se hediondos os seguintes crimes contra o patrimônio: roubo (i) circunstanciado pela restrição de liberdade da vítima, (ii) circunstanciado pelo emprego de arma de fogo, ou pelo emprego de arma de fogo de uso proibido ou restrito. A previsão original do crime hediondo de "extorsão qualificada pela morte" é ampliada para (iii) "extorsão qualificada pela restrição da liberdade da vítima, ocorrência de lesão corporal ou morte". E introduz-se o (iv) "furto qualificado pelo emprego de explosivo ou de artefato análogo que cause perigo comum".

O rol dos crimes hediondos equiparados também é ampliado com a inclusão dos crimes de "posse ou porte ilegal de arma de fogo de uso proibido", "comércio ilegal de armas de fogo", tráfico internacional de arma de fogo, acessório ou munição e "organização criminosa, quando direcionado à prática de crime hediondo ou equiparado".

Além de inúmeras alterações no Código Penal e de Processo Penal, a lei alterou toda a sistemática de progressão de regime para crimes comuns e hediondos. Destacamos aqui as mudanças dos requisitos objetivos e sub-

---

ao pudor, epidemia com resultado morte e envenenamento de água potável ou de substância alimentícia ou medicinal, qualificado pela morte (todos criados pela Lei n. 8.072/1990); "homicídio quando praticado em atividade típica de grupo de extermínio, ainda que cometido por um só agente, e homicídio qualificado" e exclusão do crime de "Envenenamento de água potável ou de substância alimentícia ou medicinal, qualificado pela morte" (Lei n. 8.930/1994); inclusão dos crimes de "corrupção, adulteração, falsificação ou alteração de substância ou produto alimentício destinado a consumo, tornando-o nocivo à saúde ou reduzindo-lhe o valor nutritivo (a)" e "falsificação, corrupção, adulteração ou alteração de produto destinado a fins terapêuticos ou medicinais" (Lei n. 9.695/1998); inclusão do crime de "estupro de vulnerável" (Lei n. 12.015/2009); inclusão do crime de "favorecimento da prostituição ou de outra forma de exploração sexual de criança ou adolescente ou de vulnerável" (Lei n. 12.978/2014); inclusão do crime de "homicídio qualificado contra a mulher por razões da condição de sexo feminino" (Lei n. 13.104/2015); inclusão do crime de "homicídio qualificado e lesão corporal dolosa de natureza gravíssima e lesão corporal seguida de morte quando praticados contra autoridade ou agente descrito nos arts. 142 e 144 da Constituição Federal e outros" (Lei n. 13.142/2015) e inclusão do crime de "posse ou porte ilegal de arma de fogo de uso restrito" (Lei n. 13.497/2017). Além desses, são crimes equiparados a hediondos: tortura, tráfico de drogas e terrorismo (art. 5º, inciso XLIII, da Constituição Federal de 1988). A entrevista com o então senador Marcelo Crivella está disponível em: https://www12.senado. leg.br/noticias/materias/2017/09/27/porte-ilegal-de-arma-de-fogo-de-uso-restrito-pode-ser-considerado-crime-hediondo. Acesso em: 16 maio 2019.

jetivos de cumprimento de pena, especificamente a progressão de regime e o livramento condicional. A partir de 2020, a progressão de regime e o livramento condicional variam de acordo com a gravidade do crime (com ou sem violência ou grave ameaça, hediondez, resultado morte, organização criminosa e milícia privada) e de acordo com a primariedade ou não do agente (Quadro 1 e 2).

Quadro 1 – Comparativo entre crimes e lapso temporal para cumprimento de pena para progressão de regime após edição da Lei n. 13.964/2019

Tipo de crime	Antes da vigência da Lei 13.964/2019	A partir da vigência da Lei 13.964/2019
Crimes comuns sem violência ou grave ameaça	Primário ou reincidente: 1/6	Primário: 1/6 (16%) Reincidente: 1/5 (20%)
Crimes comuns com violência ou grave ameaça	Primário ou reincidente: 1/6	Primário: 1/4 (25%) Reincidente: 3/10 (30%)
Crimes hediondos ou equiparados	Primário: 2/5 Reincidente: 3/5	Primário: 2/5 (40%) Reincidente: 3/5 (60%)
Crimes hediondos ou equiparados com resultado morte	Sem previsão	Primário: ½ (50%) Reincidente: 7/10 (70%)
Organização criminosa estruturada para prática de crime hediondo ou equiparado	Primário ou reincidente: 1/6	½ (50%)
Crime de constituição de milícia privada	Primário ou reincidente: 1/6	½ (50%)
Mulher gestante ou mãe responsável por menor ou pessoa com deficiência	Primária: 1/8	Primária: 1/8

Fonte: elaboração própria

Quadro 2 - Comparativo entre crimes e lapso temporal para cumprimento de pena para livramento condicional após edição da Lei n. 13.964/2019

Tipo de crime	Antes da vigência da Lei 13.964/2019	A partir da vigência da Lei 13.964/2019
Crimes comuns sem violência ou grave ameaça	Primário: 1/3 Reincidente: 1/2	Primário: 1/3 Reincidente: 1/2
Crimes comuns com violência ou grave ameaça	Primário: 1/3 Reincidente: 1/2	Primário: 1/3 Reincidente: 1/2
Crimes hediondos ou equiparados	Primário: 2/3 Reincidente: 2/3, vedado para reincidente específico	Se houver morte é vedado o livramento condicional
Crimes hediondos ou equiparados com resultado morte	Sem previsão	Primário: ½ (50%) Reincidente: 7/10 (70%)
Organização criminosa estruturada para prática de crime hediondo ou equiparado	Primário: 1/3 Reincidente: 1/2	Se houver elementos probatórios que indiquem a manutenção do vínculo associativo, é vedado o livramento condicional
Crime de constituição de milícia privada	Primário: 1/3 Reincidente: 1/2	Primário: 1/3 Reincidente: 1/2

Fonte: elaboração própria

A Lei de Execução Penal (Lei n. 7.210/1984 – LEP), que traz as regras gerais para o cumprimento das penas, admite diferentes formas de regime inicial de cumprimento de pena (fechado, semiaberto e aberto), desde que proporcione condições para a integração social do condenado (art. 1º da LEP). O regime progressivo de pena – regime mais gravoso para o menos gravoso – considera as particularidades de cada indivíduo, como a sua capacidade e seu esforço para a reintegração social. Nesse sentido, o STF concluiu que a progressão ao regime é uma decorrência do direito fundamental à individualização da pena.[6]

Com base nesse fundamento, o STF reconheceu a inconstitucionalidade da regra prevista na LCH que obrigava o condenado a cumprir toda a pena em regime fechado, impondo a aplicação da regra geral prevista na

---
[6] STF, Pleno, HC 82.959/SP, Relator Ministro Marco Aurélio, julgado em 23/02/2006, publicado em 01/09/2006.

LEP. O julgamento do HC 82.959, realizado 16 anos depois da edição da LCH, impulsionou parlamentares a apresentarem uma série de projetos de lei para regulamentar o cumprimento de pena de crime hediondo. Menos de um ano depois da decisão do STF foi aprovada a Lei n. 11.464/2007, que estabelece, como indicado no Quadro 1, regime inicialmente fechado, e a progressão de regime é permitida depois do cumprimento mínimo 2/5 da pena, em caso de réus primários, e de 3/5, em caso de reincidentes.

Além dessa proposta, convertida em lei, a decisão do STF impulsionou a apresentação de outros 101 projetos de lei impondo regras ainda mais rigorosas na LCH, dentre elas a que resultou na aprovação da Lei n. 13.964/2019. As medidas versam sobre imprescritibilidade de crimes hediondos, elevação de quóruns mínimos para a progressão de regime e livramento condicional, retorno ao cumprimento de pena em regime integralmente fechado, exigência de tratamento químico voluntário para ter direito à progressão e imposição de pena mínima de 30 e máxima de 50 anos ao condenado por crime hediondo.

O próximo item traz os resultados obtidos a partir do banco de projetos de lei sobre a LCH. A primeira parte contém um quadro geral das proposições, como data de apresentação, autoria e tipos de crimes objeto de intervenção. Em seguida, parte-se para a análise de dois grupos de projetos que buscam proteger a Administração Pública e a atuação do agente público.

2. Quadro geral dos crimes hediondos no Congresso Nacional (1990-2017)

2.1. Metodologia

Os dados apresentados neste item consistem em alguns dos resultados obtidos a partir de um banco de 313 projetos que criam ou alteram o rol de crimes hediondos.[7] Para a análise desses projetos, adotou-se o instru-

---

[7] Durante o mês de abril de 2017, foram realizadas pesquisas de proposições legislativas por palavras-chave nos *sites* da Câmara dos Deputados e do Senado Federal, selecionando todos os projetos de lei ordinária e propostas de emenda à Constituição Federal que fizessem referência a crimes hediondos ou à LCH entre 1990 e 2017. As buscas contemplaram as seguintes palavras-chave: "hediondo", "Lei 8.072", "crimes hediondos", "penitenciário", "Lei 7.210", "execução e pena", resultando em 1.751 projetos de lei. Esses projetos foram objeto de uma primeira leitura, com exclusão de documentos repetidos e alheios à temática de imposição e cumprimento de sanção penal. Em seguida, realizou-se nova triagem apenas de projetos que alterem dispositivos legais da LCH ou que mencionassem expressamente a palavra "hediondo", resultando em um total de 492 projetos de lei. Enfim, a partir

mento de coleta de dados originalmente desenvolvido por Machado *et al.* (2010) e Ferreira (2011), com adaptações pontuais do formulário relacionadas ao objeto em estudo.

A partir dos resultados mais gerais dos bancos de projetos de lei, notou-se uma relevante quantidade de projetos que tornam hediondos o homicídio praticado contra agente de segurança, especificamente aqueles que transformam em hediondos o homicídio praticado contra agente de segurança pública e condutas que lesionam a Administração Pública, como os crimes de corrupção ativa e passiva, peculato, concussão, inserção de dados falsos em sistemas de informações, entre outros. Esses dois conjuntos de projetos despertaram o interesse de um estudo mais qualitativo, por três motivos principais: i) ambos os temas contêm um número significativo de projetos de lei (52 e 46 projetos, respectivamente); ii) observou-se um aumento expressivo na apresentação de projetos nessas temáticas a partir de 2012; e iii) ambos os temas foram objeto de propostas originárias da mobilização da sociedade civil por meio da Comissão de Legislação Participativa.

2.2. Resultados

O material de análise é composto por 313 projetos de lei apresentados nas duas Casas do Congresso Nacional entre 1990 e 2017. Os projetos versam apenas sobre a inclusão ou exclusão de crimes no rol do art. 1º da Lei n. 8.072/1990 (LCH).

Desse total, 248 projetos foram apresentados na Câmara dos Deputados, 65 no Senado Federal e quatro pelo Poder Executivo federal. Além das propostas de iniciativa individual dos parlamentares, oito projetos são resultado de trabalhos de Comissões Parlamentares de Inquérito (CPI): CPI "com a finalidade de investigar a atuação de organizações criminosas atuantes no tráfico de órgãos humanos", "CPI do extermínio de crianças", "CPI da Pistolagem", "CPI dos Medicamentos", "CPMI da exploração sexual" e "CPI destinada a investigar as organizações criminosas do tráfico de armas".

Seis projetos têm origem da Comissão de Legislação Participativa, a partir de sugestões encaminhadas pela ONG IAP-PHOENIX, propondo PL

---

desses 492 projetos, foram filtrados apenas os projetos que alteram o art. 1º da LCH, totalizando 313 projetos de lei.

que qualifique como hediondo o crime de pedofilia (PLC n. 7.232/2010),[8] dois projetos da Associação Nacional dos Magistrados da Justiça do Trabalho (ANAMATRA), para incluir entre os crimes hediondos a corrupção e tipos penais análogos e um da Associação dos Juízes Federais do Brasil (AJUFE), que visa modificar a proteção policial das autoridades judiciais e dos membros do Ministério Público (MP) e torna hediondo homicídio ou lesão corporal praticada contra essas autoridades. Outro projeto é da "Frente Parlamentar Mista de Combate à Corrupção", que reúne as dez Medidas contra a Corrupção propostas pelo Ministério Público Federal (MPF). Destaca-se ainda o PLC n. 4.324/2012, de autoria do deputado Fábio Trad (PSD/MS), mas indica ser de autoria do jornalista sul-mato-grossense "Tatá Marques".

A maior parte dos projetos é de autoria de parlamentares que representam os estados de São Paulo (42 projetos), Rio de Janeiro (32 projetos), Minas Gerais (22 projetos), Rio Grande do Sul (17 projetos), Distrito Federal (15 projetos) e Espírito Santo (15 projetos). Os partidos PMDB (total de 43 projetos), PSDB (total de 31 projetos) e PDT (total de 26 projetos) foram os que mais apresentaram projetos sobre a matéria, cuja soma representa quase um terço do conjunto analisado. Destacam-se ainda os nomes do deputado Enio Bacci (PDT/RS), Laerte Bessa (PR/DF) e o senador Magno Malta (PRB/ES), cada um responsável por cinco projetos.

O Gráfico 1 representa a distribuição dos PLs por ano de apresentação. Em 2007, 2011 e 2015 – que correspondem ao início da 53ª, 54ª e 55ª Legislatura – surgiram 89 propostas e concentram quase um quarto do total de projetos analisados. Dos 313 projetos, apenas sete foram transformados em norma jurídica.

---

[8] *Link* para o projeto no *site* da Câmara dos Deputados: https://www.camara.leg.br/proposicoesWeb/fichadetramitacao?idProposicao=475046. Acesso em: 16 maio 2019.

Gráfico 1 – Distribuição de projetos de lei por ano

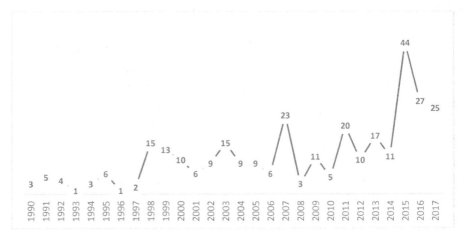

Fonte: Elaboração própria.

Dos 313 projetos de lei, 311 (99,4%) incluem novos crimes no rol dos crimes hediondos. Dois projetos, de autoria do deputado Enio Bacci (PDT/RS) visam excluir o crime de homicídio tentado e a "falsificação, corrupção, adulteração ou alteração destinado a fins terapêuticos ou medicinais, desde que não ocorra dano saúde". A motivação principal dos projetos é evitar "possíveis ofensas aos princípios da princípios da dignidade humana, proporcionalidade, intervenção mínima e subsidiariedade".

O Quadro 2 traz a sistematização dos 311 projetos de lei que incluem novas condutas no rol dos crimes hediondos. Os projetos foram classificados segundo categorias existentes na legislação penal em vigor (crimes contra liberdade individual, paz pública, administração pública, etc), indicando, entre parênteses, a conduta identificada em cada projeto de lei. Todas as condutas identificadas nos projetos estão indicadas no quadro. "Nada consta e não se aplica" correspondem a quatro projetos cuja íntegra estava indisponível e àqueles dois projetos que excluem crimes do rol de hediondos.[9]

---

[9] Trata-se de trecho da justificativa do Projeto de Lei da Câmara de Deputados (PLC) n. 6.975/2013. Disponível em: https://www.camara.leg.br/proposicoesWeb/prop_mostrarinte gra;jsessionid=A246C55695183681CC573DD6915A2F63.proposicoesWebExterno2?codteo r=1214243&filename=PL+6975/2013. Acesso em: 16 maio 2019.

Assim, o Quadro 2 privilegia uma compreensão ampla sobre a imposição de regime mais rigoroso para os crimes via inclusão no rol de hediondos, visto que tais projetos representam 99,4% do total analisado.

Os projetos foram classificados a partir das categorias já existentes no CP e em leis esparsas (Estatuto da Criança e do Adolescente e Lei dos Crimes Ambientais). A coluna à esquerda traz a espécie de infração penal, acompanhada dos tipos identificados em cada PL, enquanto a coluna à direita traz o número de projetos de lei apresentado por espécie. Todas as figuras penais identificadas nos projetos estão presentes no quadro. Constam como "nada consta" os quatro projetos cuja íntegra estava indisponível e como "não se aplica" os dois projetos que visam excluir condutas do rol de hediondos.

Quadro 3 – Espécies e quantidades de projetos de lei que incluem condutas no rol de crimes hediondos

Espécie de infração penal	Número de projetos de lei
Crimes contra o sentimento religioso (ultraje a culto e desrespeito a crenças e símbolos religiosos)	3
Crimes contra o meio ambiente (poluição ambiental, zoofilia, degradação de floresta e incêndio em floresta)	4
Crimes contra a paz pública (organização criminosa, quadrilha e formação de milícia)	6
Crimes contra a dignidade sexual (tráfico para fins de exploração sexual, estupro mediante fraude e favorecimento de prostituição)	13
Crimes contra a liberdade individual (redução da condição análoga à de escravo)	15
Crimes contra o patrimônio (sequestro relâmpago, extorsão mediante sequestro, roubo de carga)	19
Crimes contra a incolumidade pública (transmissão de doenças; corrupção, adulteração e falsificação de substância alimentícia ou medicinal; envenenamento de água potável; porte e posse ilegal de arma de fogo)	39
Crimes contra a administração pública e o patrimônio público (peculato, corrupção passiva e ativa, prevaricação, concussão, atentado contra repartição pública)	46
Crimes praticados contra criança e adolescente (crimes sexuais contra menor de 18 anos e corrupção de menores, subtração de criança ou adolescente)	49

Crimes contra a vida (homicídio qualificado, lesão corporal qualificada, aborto, eutanásia, comércio de tecidos e órgãos humanos)	97
Nada consta e não se aplica (desclassificação de condutas hediondas [2] e sem informações disponíveis [4])	6
Outros (crimes cometidos contra homossexuais, contra militares, terrorismo, desaparecimento forçado de pessoa, moeda falsa, manusear agrotóxico sem registro, trote estudantil, contra a ordem tributária, fraude médica, racismo, abandono material de idoso, acesso indevido a computadores, caixa dois de campanha eleitoral, associação para o tráfico)	16
Total	313

Fonte: elaboração própria.

Dentro dos limites deste capítulo, indica-se a seguir dados pertinentes relacionados a duas categorias bastante representativas dos projetos analisados – crimes contra a vida e contra a administração pública –, que somam 143 do total de 313 projetos.

A categoria mais representativa, crimes contra a vida (97 projetos no total), tem propostas que tornam hediondos os crimes de homicídio qualificado pela condição da vítima (54 projetos), homicídio qualificado pela conduta do agente (treze projetos), aborto (onze projetos), comércio de tecidos e órgãos humanos (oito projetos) e lesão corporal qualificada pela condição da vítima (seis projetos). Definiu-se aqui como "homicídio qualificado pela condição da vítima" todas as propostas que criaram circunstâncias qualificadoras no crime de homicídio (art. 121 do CP) que tivesse sido praticado contra determinado grupo ou classe de pessoas.

Do total de 32 projetos que criaram essa modalidade qualificada de homicídio, 20 tematizam aos crimes praticados contra autoridade ou agentes de segurança pública, integrantes das forças de segurança pública em níveis federal e estaduais, guardas municipais e integrantes do sistema prisional. Os demais projetos visam proteger menores de 14 anos, mulheres, membros de conselhos tutelares, funcionários públicos, líderes eclesiásticos cristãos, pessoas com deficiência, homossexuais e transexuais, idosos, radialistas e jornalistas.

Os resultados também corroboram conclusões de trabalhos que relacionam a produção legislativa a eventos de comoção social (ILANUD, 2005; PAIVA, 2009; SILVEIRA, 2010; PIMENTEL, 2011). Embora poucas justificativas tragam referências expressas a episódios concretos, observou-se a concentração de projetos de lei envolvendo determinada espécie de crime em momentos específicos. No ano de 1998, foram apresentados doze projetos que tornam hediondos crimes contra a incolumidade pública, especificamente sobre as condutas de "corrupção, adulteração e falsificação de substância alimentícia ou medicinal", um deles convertido na Lei n. 9.695/1998. Outro exemplo são os doze projetos de lei do ano de 2015 que tratam do crime de homicídio contra agentes de segurança pública, e um deles resultou na Lei n. 13.142/2015.

Dos 46 projetos que versam sobre crimes contra a Administração Pública, 25 deles foram apresentados entre os anos de 2012 e 2017. Os projetos abrangem crimes que envolvem funcionários públicos, particulares, desvio de recursos orçamentários destinados a políticas públicas específicas, como saúde, educação, previdência e bolsa família.

O grande volume de projetos destinados a diferentes espécies de crimes..." por "A existência de uma grande quantidade de projetos de lei que tornam hediondas espécies de crimes tão diferentes entre si, tornando-os igualmente graves, faz perder o caráter de excepcionalidade do regime mais gravoso (FRADE, 2007, p. 76). Os 311 projetos que enrijecem o regime de cumprimento de penas trazem, em sua maioria, argumentos dissuasórios e retributivos que justifiquem a eficácia da medida como controle da criminalidade, como veremos a seguir.

3. As justificativas dos projetos de lei com vítimas definidas

Este item discute alguns excertos de projetos de lei que tratam sobre (i) homicídio praticado contra agente de segurança pública e (i) crimes contra a Administração Pública, à luz dos elementos da RPM (PIRES, 1999, 2004 e 2008).

A RPM consiste em um sistema de pensamento, discursos filosófico-científicos que foram selecionados, estabilizados e generalizados pelo sistema social (PIRES, 2004, p. 183). Em outras palavras, o sistema de pensamento funcionaria como um par de lentes por meio do qual o sistema social observa o mundo (XAVIER, 2010). Este seria o sistema de pensamento dominante do sistema de direito criminal, que engloba as teorias modernas da pena, especificamente a retribuição, dissuasão, reabilitação prisional e denunciação, e "dificilmente é prescindível quando se trata de justificar uma pena criminal" (XAVIER, 2010, p. 277).

Há indícios empíricos que permitem afirmar a presença desse sistema de pensamento, como: o i) direito de punir, ii) a pena como meio do sofrimento, a iii) proteção da sociedade, entre outras, como a ideia de proporcionalidade (MACHADO *et al.*, 2009) e de responsabilidade (PIRES, 2004).

De maneira muito sucinta, pode-se dizer que suas características sustentam uma forma de punição por meio de penas aflitivas, privilegiando a sanção prisional e excluindo respostas alternativas ao crime, associada a uma "obrigação de punir" do Estado e não uma autorização para fazê-lo, a depender das circunstâncias concretas. A imposição de pena constitui um mal concreto e imediato para acarretar um bem futuro, a proteção da sociedade (PIRES, 2004, p. 43). Essa ideia comporta ainda uma concepção hostil do infrator, como um inimigo do grupo que ofendeu um bem caro à sociedade, e o "valor desse bem ofendido deve então se traduzir na quantidade de sofrimento imposta" (XAVIER, 2010, p. 283).

Os itens a seguir ilustram características comuns e as principais diferenças nos conjuntos de projetos analisados. Em comum está o recurso a casos de repercussão social para justificar medidas mais rigorosas. Dentre as particularidades identificadas, nota-se diferentes maneiras de mobilizar os elementos da RPM a depender da categoria de crimes em análise.

3.1. Casos de repercussão social como gatilho para novas condutas hediondas

Ambos os conjuntos de projetos de lei trazem em comum frequentes referências a casos de grande repercussão midiática, mobilizados como uma forma de "gatilho social" que justificaria uma intervenção legislativa mais rigorosa. Ao considerar a ideia de que tanto o sistema político quanto o jurídico passaram a se preocupar cada vez mais com o tema da opinião pública, Pires ilustra que algumas transformações no sistema penal podem ser associadas à RPM, como a expansão das mídias e sua influência e impacto em matéria penal (PIRES, 2004, p. 48).

Nesse sentido, observamos que entre os projetos de lei aparentemente não existe critério para a seleção de casos midiáticos, e parte das referências é genérica, apenas um elemento a mais na justificativa: "[a] imprensa diariamente nos dá conta da dura realidade enfrentada por nossos policiais no dia a dia deste confronto dentro e fora das nossas cidades"[10] (PLC

---

[10] Trata-se de trecho da justificativa do PLC n. 234/2015. Disponível em: https://www.camara.leg.br/proposicoesWeb/prop_mostrarintegra?codteor=1298674&filename=PL+234/2015. Acesso em: 16 maio 2019.

n. 234/2015) ou "[m]uitas são as notícias publicadas que dão conta de atos de corrupção que cada vez mais estarrece a população".[11]

Nos projetos que tornam hediondos crimes contra agentes de segurança, nota-se a preocupação dos parlamentares de associarem as matérias jornalísticas a trabalhos científicos ou pronunciamentos de pesquisadores, como forma de demonstrar que não seriam casos isolados, mas representariam uma tendência nos indicadores de criminalidade:

> Para o sociólogo Eduardo Cerqueira, da Fundação João Pinheiro, vinculada ao governo mineiro, morrem mais policiais aqui que nos EUA porque os americanos respeitam mais as autoridades. Ainda ontem, véspera de apresentação deste projeto, os jornais veiculam a prática de crime a vida, praticados contra autoridade policial [...].[12]
>
> A prova dessa situação é o número de PMs assassinados no Estado de São Paulo, que neste ano de 2012 é praticamente 40% maior do que a quantidade de casos registrados em todo o ano passado. Ao longo de 2011 foram mortos 48 policiais, enquanto nos primeiros nove meses de 2012 foram 67 ocorrências. A mais recente foi a execução de um policial militar que voltava de uma igreja na zona sul da capital paulista na noite do último domingo (9).[13]

Entre os projetos que tornam mais rigorosa a punição de crimes contra a Administração Pública, observa-se que os casos de repercussão impulsionam a atuação legislativa, seja por meio de mecanismos de investigação, como as CPI, seja pela apresentação de novos projetos de lei. O trecho abaixo explicita a motivação do parlamentar na apresentação do projeto de lei a divulgação na mídia de fraudes à licitações na área de saúde, bem como a repercussão no Poder Legislativo, com a instauração de uma Comissão Parlamentar de Inquérito (CPI):

---

[11] Trata-se de trecho do PLC n. 3.238/2010. Disponível em: https://www.camara.leg.br/proposicoesWeb/fichadetramitacao?idProposicao=534840. Acesso em: 16 maio 2019.
[12] Trata-se de trecho do PLC n. 4.766/2005. Disponível em: https://www.camara.leg.br/proposicoesWeb/prop_mostrarintegra;jsessionid=D20E3BBDBAC66C9977B60097B88E888A.node1?codteor=277979&filename=Avulso+-PL+4766/2005. Acesso em: 16 maio 2019.
[13] Trata-se de trecho do PLC n. 4.463/2012. Disponível em: https://www.camara.leg.br/proposicoesWeb/prop_mostrarintegra?codteor=1026725&filename=PL+4463/2012. Acesso em: 16 maio 2019.

São muitos os fatos que revelam a prática de corrupção que estão vindo ao conhecimento da sociedade e outros sendo investigados. O mais recente e de repercussão nacional foi veiculado pelo programa "Fantástico", da Globo, no último domingo, dia 18, revelando absurdo esquema fraudulento de licitações na área de saúde no Rio de Janeiro. Em relação a estes fatos a Câmara dos Deputados se mobiliza para investigá-los através de Comissão Parlamentar de Inquérito – CPI, sem prejuízo do belo trabalho da Polícia Federal.[14]

A Revista VEJA, publicou, no dia 26 de outubro de 2011, matéria sobre corrupção, que deixou a população indignada. A referida reportagem revela os números da corrupção no Brasil e o que se poderia fazer com esta enorme quantia de dinheiro, que vai para o bolso dos corruptos. A matéria apresenta dez motivos para se indignar com a corrupção.

[...] Indiscutivelmente, os principais fatores determinantes do aumento da corrupção no Brasil são: impunidade; Falta de engajamento da população no combate a corrupção; e ausência de incentivo aos policiais encarregados de elucidar crimes praticados contra a Administração Pública.

[...] De outro lado, a falta de engajamento da população ocorre pela ausência de mecanismo incentivando as pessoas a participar da luta contra a corrupção.

Realmente, a população assume a posição de espectadora, assistindo inerte a este trágico espetáculo de destruição do país.[15]

A menção de matérias midiáticas no excerto consiste em um termômetro da opinião pública sobre casos de repercussão ("deixou a população indignada"). Por outro lado, aponta como fator determinante da corrupção a falta de engajamento da população, o que justificaria o regime mais gravoso. O argumento segundo o qual "a população assume a posição de espectadora" pode conduzir a diferentes consequências argumentativas. No caso, é preciso distinguir se a resposta penal sugerida considera a preocupação da população em relação à corrupção como um todo ou a indignação em relação a um caso particular (PIRES, 2004, p. 54). Como o trecho se inicia com a indignação da população, pode-se depreender que se assume,

---

[14] Trata-se de trecho do PLC n. 3.506/2012. Disponível em: https://www.camara.leg.br/proposicoesWeb/prop_mostrarintegra?codteor=973671&filename=PL+3506/2012. Acesso em: 16 maio 2019.

[15] Trata-se de trechos do PLC n. 3.506/2012. Disponível em: https://www.camara.leg.br/proposicoesWeb/prop_mostrarintegra?codteor=973671&filename=PL+3506/2012. Acesso em: 16 maio 2019.

na justificativa, "o sentimento público geral", cuja resposta tende a se orientar pela inflição de pena aflitiva (PIRES, 2004, p. 51).

3.2. Projetos de lei que tornam hediondo o crime de homicídio praticado contra funcionário público, autoridade ou agente de segurança pública

Do conjunto de 313 projetos de lei que criam novas figuras hediondas, 52 projetos transformam em hediondo o crime de homicídio contra funcionário público, autoridade ou agente de segurança pública. A subcategoria contempla projetos de lei que buscam proteger tanto o funcionário público em sentido amplo (PLC n. 4.463/2012[16] e 3.367/2015[17]) quanto aqueles detentores de cargo ou função específicos, como guardas municipais (PLC n. 6.929/2017),[18] membros do MP, Defensoria Pública e Poder Judiciário (PLS n. 41/2013),[19] ou contra policiais e agentes penitenciários (PLC n. 137/2007[20] e 194/2015[21]).

A leitura da justificativa dos projetos de lei identificou cinco diferentes elementos para abordar o tema: i) menção ao medo e à proteção da sociedade; ii) menção à demanda social por punição;[22] iii) menção à condição da vítima; iv) menção às ideias de retribuição e de dissuasão.

---

[16] *Link* para o projeto no *site* da Câmara dos Deputados: https://www.camara.leg.br/proposicoesWeb/fichadetramitacao?idProposicao=556131. Acesso em: 16 maio 2019.
[17] *Link* para o projeto no *site* da Câmara dos Deputados: https://www.camara.leg.br/proposicoesWeb/fichadetramitacao?idProposicao=2024177. Acesso em: 16 maio 2019.
[18] *Link* para o projeto no *site* da Câmara dos Deputados: https://www.camara.leg.br/proposicoesWeb/fichadetramitacao?idProposicao=2123806. Acesso em: 16 maio 2019.
[19] *Link* para o projeto no *site* da Câmara dos Deputados: https://www25.senado.leg.br/web/atividade/materias/-/materia/110819. Acesso em: 16 maio 2019.
[20] *Link* para o projeto no *site* da Câmara dos Deputados: https://www.camara.leg.br/proposicoesWeb/fichadetramitacao?idProposicao=340680. Acesso em: 16 maio 2019.
[21] *Link* para o projeto no *site* da Câmara dos Deputados: https://www.camara.leg.br/proposicoesWeb/fichadetramitacao?idProposicao=945936. Acesso em: 16 maio 2019.
[22] O termo foi originalmente desenvolvido por CAPPI (2014). Inicialmente concebi tal categoria como "resposta à sociedade", abrangendo "a preocupação com atores específicos, movimentos sociais, setores sociais ou demandas de qualquer outra ordem" (MACHADO *et al.*, 2010, p. 67). Contudo, opta-se pela terminologia de Cappi (2014) que contempla argumentos relacionados à necessidade de combate à impunidade, por exemplo. Trata-se de uma tentativa de diferenciar com maior clareza as demandas sociais de forma genérica daquelas originárias de vítimas ou representantes de vítimas. Para essa distinção tenho em mente a lei que tornou hediondo o crime de "homicídio praticado em atividades típicas de grupo de extermínio",

A categoria "medo e proteção da sociedade" contempla referências à ideia de que a sociedade estaria sob "ataque" (PLC n. 4.684/2009),[23] de que "ninguém está seguro" (PLC n. 5.558/2005),[24] de que o crime causa "medo, tanto na população como nos servidores públicos" (PLC n. 1.133/2011)[25] e de que "a sociedade brasileira não suporta mais conviver diante de referidas atrocidades" (PLC n. 194/2015).[26] Para tanto, as justificativas mencionam casos de repercussão e sustentam que crimes praticados contra funcionários públicos não se motivam apenas pela vingança do autor contra o funcionário público que supostamente atuou em seu desfavor, mas também pela prática de "terrorismo contra a sociedade".

> Os crimes do crime organizado têm uma característica a mais, pois visam a vingança e também causar o medo, tanto na população como nos servidores públicos; é um terrorismo contra a sociedade. Buscam tais criminosos incutir na população a ideia de que ninguém está seguro, de que nenhuma autoridade ou instituição pode enfrentá-los.[27]

Em grande parte das justificativas, essa categoria vem associada à de "demanda social por punição", que traz a ideia de impunidade no sentido de encontrar mecanismos jurídicos que expressem o inconformismo com a ação do autor do crime (MACHADO et al., 2010, p. 49). O excerto a seguir ilustra como a categoria de proteção à sociedade e a demanda social por punição aparecem associadas em uma mesma ideia de inflição de maior sofrimento:

---

apresentado pelo Poder Executivo, mas fruto de iniciativa popular que contou com mais de 1,3 milhão de assinaturas (PIMENTEL, 2011).

[23] Link para o projeto no site da Câmara dos Deputados: https://www.camara.leg.br/proposicoesWeb/fichadetramitacao?idProposicao=423943. Acesso em: 16 maio 2019.

[24] Link para o projeto no site da Câmara dos Deputados: https://www.camara.leg.br/proposicoesWeb/fichadetramitacao?idProposicao=292554. Acesso em: 16 maio 2019.

[25] Link para o projeto no site da Câmara dos Deputados: https://www.camara.leg.br/proposicoesWeb/fichadetramitacao?idProposicao=499199. Acesso em: 16 maio 2019.

[26] Link para o projeto no site da Câmara dos Deputados: https://www.camara.leg.br/proposicoesWeb/fichadetramitacao?idProposicao=945936. Acesso em: 16 maio 2019.

[27] Trata-se de trechos do PLC n. 5.558/2005. Disponível em: https://www.camara.leg.br/proposicoesWeb/fichadetramitacao?idProposicao=292554. Acesso em: 16 maio 2019.

O agente de homicídio contra essas autoridades não pode confiar na sua punição branda, o que pode abalar o Estado Democrático de Direito, pois podem exacerbar-se sentimentos de medo e insegurança em instituições públicas e nas comunidades.[28]

Os projetos também se referem à condição específica do funcionário público como vítima do crime de homicídio. Como indicado anteriormente, os projetos não se limitam a tornar hediondos crimes contra agentes de segurança pública, mas também outros funcionários públicos, como juízes, promotores, guardas civis metropolitanos e policiais legislativos. Os argumentos evocados sobre a necessidade de proteção da vítima trazem dois aspectos relevantes. O primeiro é que seria necessária a proteção da vítima "funcionário público" como medida para assegurar as instituições e os valores democráticos, e por extensão o próprio Estado, observável nos seguintes excertos:

As execuções sumárias, assassinatos, agressões e ataques não atingem somente as forças policiais, as forças de seguranças do estado de direito, bem como os defensores da sociedade como um todo e seus familiares, atingem também, o próprio estado de direito, a democracia e suas vigas mestras, direitos e garantias fundamentais.[29]

Ultimamente temos visto estarrecidos a torpeza com que o Estado e os seus representantes têm sido atacados, fazendo crermos, que voltamos ao estado da barbárie, onde não havia respeito ao pacto social e valia a lei do mais forte.[30]

Os projetos incentivam a extensão desse rol de vítimas a uma pluralidade de funcionários públicos – policiais, agentes, guardas municipais, polícia legislativa –, e a proteção via tratamento mais rigoroso da LCH torna-se uma forma de prestígio à categoria. São os casos, entre outros, dos projetos que tornam hediondos crimes contra policiais legislativos e

---

[28] Trata-se de trechos do PLS n. 41/2013. Disponível em: https://legis.senado.leg.br/sdleg-getter/documento?dm=4394782&ts=1558018249498&disposition=inline. Acesso em: 16 maio 2019.
[29] Trata-se de trecho do PLC n. 194/2015. Disponível em: https://www.camara.leg.br/proposicoesWeb/fichadetramitacao?idProposicao=945936. Acesso em: 16 maio 2019.
[30] Trata-se de trecho do PLC n. 353/2003. Disponível em: https://www.camara.leg.br/proposicoesWeb/fichadetramitacao?idProposicao=106731. Acesso em: 16 maio 2019.

guardas municipais, órgãos que não têm previsão constitucional de exercício de atividade de segurança pública:

> A própria Constituição e a legislação federal estabelecem que as guardas municipais desempenham papel de relevância na segurança pública dos Municípios. Esse é o principal motivo pelo qual os crimes de homicídio e de lesões corporais cometidos contra seus integrantes, quando do exercício de suas funções, também devem ter punição severa, da mesma forma que os cometidos contra os integrantes dos demais órgãos de segurança pública.[31]

Os elementos presentes nos trechos das justificativas ecoam nas teorias modernas da pena, especialmente por meio das ideias de retribuição e dissuasão. Nos projetos que tornam hediondos crimes contra funcionários públicos, predominam argumentos dissuasórios para justificar a imposição de um regime mais rigoroso de pena, medida para "prevenir ou diminuir a prática do crime contra profissionais que atuam no front no combate à criminalidade" (PLC n. 846/2015)[32] e "inibir a prática de crimes contra autoridades policiais" (PLC n. 4.766/2005).[33]

O excerto a seguir traz as ideias de gravidade de condutas pela sociedade ("condutas socialmente reprovadas") associadas aos aspectos intimidatórios da sanção (atua no psicológico do indivíduo), da obrigatoriedade de punir ("imperatividade da pena") para dissuadir o infrator da prática do crime ("retirando eventual incentivo...").

> Neste ponto, cabe ressaltar que a criminalização de determinadas condutas consubstancia-se política criminal que visa prevenir condutas socialmente reprovadas, na medida em que atua no psicológico do indivíduo através da intimidação sobre a gravidade e da imperatividade da pena, retirando o eventual incentivo quanto à prática de infrações penais.[34]

---

[31] Trata-se de trechos do PLC n. 6.929/2017. Disponível em: https://www.camara.leg.br/proposicoesWeb/prop_mostrarintegra?codteor=1525796&filename=PL+6929/2017. Acesso em: 16 maio 2019.

[32] *Link* para o projeto no *site* da Câmara dos Deputados: https://www.camara.leg.br/proposicoesWeb/fichadetramitacao?idProposicao=1049380. Acesso em: 16 maio 2019.

[33] *Link* para o projeto no *site* da Câmara dos Deputados: https://www.camara.leg.br/proposicoesWeb/fichadetramitacao?idProposicao=275160. Acesso em: 16 maio 2019.

[34] Trata-se de trecho do PLC n. 3.367/2015. Disponível em: https://www.camara.leg.br/proposicoesWeb/prop_mostrarintegra?codteor=1402827&filename=PL+3367/2015. Acesso em: 16 maio 2019.

Como exemplo de argumento retributivo, temos o da obrigatoriedade de "punir severamente aqueles que atentem contra a vida dos policiais de nosso País".[35]

3.3. Projetos de lei que tornam hediondos crimes contra a Administração Pública

Diferentemente do crime de homicídio contra autoridade ou agente de segurança pública, os projetos dessa categoria tornam hedionda uma série de condutas, quase sempre reunidas em conjunto dentro de um mesmo projeto.[36] Não raras vezes, os projetos transformam em hediondos "crimes cometidos contra a Administração Pública", de maneira genérica, que abrangem mais de 47 tipos penais que resguardam a Administração Pública.

A partir da leitura das justificativas desses projetos de lei, optou-se por investigar aqui os seguintes elementos: i) proteção da sociedade; e ii) menção à proporcionalidade entre conduta danosa e pena.

Justificativas para punir com maior rigor os crimes contra a administração pública apelam para a necessidade de proteção da sociedade. Aqui "o desvio contumaz de dinheiro público mata. Mata cada cidadão brasileiro diariamente, pouco a pouco, por falta de saúde, educação, moradia, trabalho, segurança pública e outros tantos serviços fundamentais" (PLC n. 3.565/2015).[37]

Pelos excertos seguintes, justifica-se a inclusão de crimes contra a administração no rol de hediondos, pois, em razão de sua gravidade, causam "maior aversão à coletividade",[38] visto que podem implicar danos a milha-

---

[35] Trata-se de trecho do PLC n. 234/2015. Disponível em: https://www.camara.leg.br/proposicoesWeb/prop_mostrarintegra?codteor=1298674&filename=PL+234/2015. Acesso em: 16 maio 2019.

[36] A maior parte dos projetos traz uma relação extensa de vários crimes que devem se tornar hediondos, entre os quais: peculato (art. 312, *caput* e § 1º, do CP), inserção de dados falsos em sistemas de informações (art. 313-A do CP), concussão (art. 316, *caput*, do CP), excesso de exação qualificado pelo desvio (art. 316, § 2º, do CP), corrupção passiva (art. 317, *caput* e § 1º, do CP) e corrupção ativa (art. 333, *caput* e parágrafo único, do CP), prevaricação, crimes contra licitações, apropriação ou desvio de recursos públicos de programas específicos ("Bolsa Família ou merenda escolar"), atentado contra repartição pública, qualificado pela morte, sonegação fiscal e improbidade administrativa (ilícito civil).

[37] Trata-se de trecho do PLC n. 3.565/2015. Disponível em: https://www.camara.leg.br/proposicoesWeb/fichadetramitacao?idProposicao=2053443 Acesso em: 16 maio 2019.

[38] A exemplo da citação no PLC n. 2.489/2011. Disponível em: https://www.camara.leg.br/proposicoesWeb/fichadetramitacao?idProposicao=523037. Acesso em: 16 maio 2019.

res de brasileiros. Nesse sentido, referem-se ao impacto que tais condutas provocam na sociedade e no desenvolvimento do país, sustentando que os recursos desviados distanciam ainda mais o país da realização de princípios e objetivos fundamentais do texto constitucional (PLC n. 3.760/2004)[39] e da redução da capacidade estatal para realizar investimentos em determinadas áreas, "que são tão importantes para as camadas mais desfavorecidas da sociedade".[40]

> Assim, tal prática criminosa vem se espalhando pelo País, prejudicando milhares de alunos de escolas públicas, filantrópicas ou de entidades comunitárias, que dependem do repasse dos recursos do PNAE.
> O Bolsa Família é um programa de transferência direta de renda que beneficia famílias em situação de pobreza e de extrema pobreza em todo o país. Temos visto inúmeras fraudes, em diversos Estados brasileiros, com os cartões do programa. Roubar essas famílias em situação de extrema pobreza é retirar todo o sonho de sobrevivência e uma vida mais digna.[41]
> A rigor, a atuação dessas organizações criminosas atinge, sem piedade, as pessoas que dependem do serviço de saúde pública, como os hemofílicos, os aposentados, as crianças que enxergam na merenda escolar uma das poucas finalidades da educação, os projetos de saneamento básico, as políticas habitacionais, dentre outros serviços de utilidade pública.[42]

No que se refere à proporcionalidade, algumas justificativas indicam que a obrigação do poder de punir deve ser limitada (ou ampliada) como "exigência de proporcionalidade entre a infração e a pena" (MACHADO et al., 2009, p. 39).

De maneira inédita nos projetos estudados, o PLC n. 4.324/2012 pretende uma mudança legislativa para instituir uma tabela progressiva de

---

[39] *Link* para o projeto no *site* da Câmara dos Deputados: https://www.camara.leg.br/proposicoesWeb/fichadetramitacao?idProposicao=257483. Acesso em: 16 maio 2019.

[40] Trata-se de trecho do PLC n. 1.368/2007. Disponível em: https://www.camara.leg.br/proposicoesWeb/prop_mostrarintegra?codteor=471932&filename=PL+1368/2007. Acesso em: 16 maio 2019.

[41] Trata-se de trecho do PLS n. 2.016/2015. Disponível em: https://legis.senado.leg.br/sdleg-getter/documento?dm=4316308&ts=1552511771418&disposition=inline. Acesso em: 16 maio 2019.

[42] Trata-se de trecho do PLC n. 3.760/2004. Disponível em: https://www.camara.leg.br/proposicoesWeb/prop_mostrarintegra?codteor=226464&filename=PL+3760/2004. Acesso em: 16 maio 2019.

penas para os crimes.⁴³ Por exemplo, para o crime de peculato – conduta em que o agente público se apropria de bens ou valores a que ele tenha acesso por causa do cargo que ocupa – é fixado o seguinte regime: pena de "reclusão, de 3 (três) a 8 (oito) anos e multa, se a vantagem for inferior a 150 (cento e cinquenta) salários mínimos; de 4 (quatro) a 12 (doze) anos, e multa se igual a 150 (cento e cinquenta) e não exceda 200 (duzentos); de 5 (cinco) a 15 (quinze) anos, e multa, se superior a 200 (duzentos)".

A pena para José, que se apropriou de R$ 100.000,00, será mínima: 2 (dois) anos de reclusão, iniciando-se o cumprimento em regime aberto, se não for substituída por duas alternativas (prestação de serviço a comunidade etc.). A repriminda para Pedro, que ostenta as mesmas condições pessoais e que desviou R$ 10.000.000,00 será apenas alguns meses maior.

Resultado: a lei termina incentivando o servidor público a se apropriar de quantia cada vez maior. A pena será praticamente a mesma pra ele, logrando esconder a fortuna, ficará rico.

O combate à corrupção pressupõe a existência de critérios objetivos que permitam punição proporcional e exemplar.⁴⁴

A proposta da tabela progressiva de penas é justificada pela necessidade de uma punição "proporcional e exemplar", o que revela, como indicado por Xavier (2010), que a ideia de proporcionalidade não assume nem a forma estimada pela teoria da retribuição ("punição exemplar"), nem pela dissuasão ("combate à corrupção), mas mantém características presentes em ambas, com a imposição de quantidades mínimas e máximas de sofrimento para que a pena seja justa, acompanhada de uma gradação entre as punições para diferentes crimes. "Crimes mais leves não devem ser punidos como os mais graves" (XAVIER, 2010, p. 283), o que pode ser observado pela correspondência entre o valor apreendido e a pena correspondente da tabela progressiva sugerida.

Sem se atentar à proporcionalidade, os projetos desconsideram que a progressão de regime aos condenados por crimes contra a administração

---

⁴³ *Link* para o projeto no *site* da Câmara dos Deputados: https://www.camara.leg.br/proposicoesWeb/fichadetramitacao?idProposicao=553582. Acesso em: 16 maio 2019.
⁴⁴ Trata-se de trechos do PLC n. 4.324/2012. Disponível em: https://www.camara.leg.br/proposicoesWeb/prop_mostrarintegra?codteor=1020302&filename=PL+4324/2012. Acesso em: 16 maio 2019.

pública é condicionada à reparação do dano que causaram (art. 33 § 4º, do CP), consiste em uma forma de pena.

Tanto na teoria da retribuição quanto na da dissuasão o infrator da norma penal é dotado de livre-arbítrio, por sua capacidade de discernimento para a prática ou não do crime ("a lei termina incentivando o servidor público a se apropriar de quantia cada vez maior"). Porém, como observa Machado et. al (2009), o legislador assume a tarefa de estabelecimento de equivalências entre os crimes e as penas, e, ao propor uma tabela progressiva, normatiza a ideia de que o crime mais leve não pode ser punido como o mais grave, não havendo margem para o julgador, ao apreciar o caso concreto, avaliar a capacidade de discernimento na imposição da pena.

Considerações finais

Este capítulo teve por objetivo compreender o conteúdo e as justificativas evocadas por parlamentares para alterar o rol de crimes hediondos, regime processual e penal mais rigoroso que aquele aplicável aos crimes comuns. O levantamento empírico de 313 projetos de lei que alteram o art. 1º da LCH revelou que 99,4% dos projetos incluem novas condutas no rol dos crimes hediondos, e restando apenas duas propostas de exclusão de condutas, especificamente quando praticadas na forma tentada ou sem dano concreto.

Desses 311 projetos que sugerem pela imposição de um regime mais rigoroso de cumprimento de pena, optou-se pelo estudo qualitativo de duas categorias com volume representativo de projetos – crimes relacionados ao patrimônio público e à atuação de agentes públicos. O recurso à opinião pública, pela menção a casos de repercussão social, bem como à necessidade de proteção da sociedade e a obrigatoriedade de punir estão presentes em quase todas as motivações analisadas. Retomando a justificativa para este capítulo, já apresentada na introdução, a "janela de oportunidade" para inovação pelos parlamentares pouco traz de novo ao sistema jurídico, e se restringe a medidas de imposição de regime mais aflitivo no cumprimento de pena como forma de punição.

O texto buscou contribuir para a compreensão da atividade legislativa em matéria criminal e das justificativas do legislador em determinadas escolhas na seleção de crimes e penas. Por outro lado, há limitações deste trabalho que podem ser desenvolvidas futuramente, como o estudo em profundidade das justificativas dos outros projetos de lei que compõem o banco de dados, de forma a comparar os elementos presentes e avaliar a existência ou não de eventuais particularidades, a depender da categoria de crimes em análise. Além disso, estudos com os demais projetos de lei mapeados permitirá identificar a forma de mobilização de elementos da RPM a depender do tipo de crime ou a partir de outra categorização.

Referências

AZEVEDO, Rodrigo Ghiringhelli. *Tendências do controle penal na modernidade periférica*: as reformas penais no Brasil e na Argentina na última década. 2003. Tese (Doutorado em Sociologia) – Instituto de Filosofia e Ciências Humanas, Universidade Federal do Rio Grande do Sul, Porto Alegre, 2003. Disponível em: https://www.lume.ufrgs.br/handle/10183/166135. Acesso em: 16 maio 2019.

CAMPOS, Marcelo da Silveira. *Crime e Congresso Nacional*: uma análise da política criminal aprovada de 1989 a 2006. São Paulo: IBCCrim, 2010.

CAPPI, Riccardo. Pensando as respostas estatais às condutas criminalizadas: um estudo empírico dos debates parlamentares sobre a redução da maioridade penal (1993-2010). *Revista de Estudos Empíricos em Direito*, São Paulo, v. 1, n. 1, p. 10-27, jan. 2014. Disponível em: https://reedrevista.org/reed/article/view/6. Acesso em: 16 maio 2019.

CERNICCHIARO, Luiz Vicente. *Escritos em homenagem a Alberto Silva Franco*. São Paulo: Revista dos Tribunais, 2003.

FERREIRA, Carolina Costa. *O estudo de impacto legislativo como estratégia de enfrentamento a discursos punitivos na execução penal*. 2016. Tese (Doutorado em Direito) – Faculdade de Direito, Universidade de Brasília, Brasília, 2016. Disponível em: http://repositorio.unb.br/handle/10482/20344. Acesso em: 16 maio 2019.

FERREIRA, Carolina Cutrupi. *Legislar pela exclusão social*: um estudo da atividade legislativa sobre cumprimento da pena de 1984 a 2011. 2011. Dissertação (Mestrado em Direito) – Escola de Direito de São Paulo, Fundação Getulio Vargas, São Paulo, 2011. Disponível em: https://bibliotecadigital.fgv.br/dspace/handle/10438/8829. Acesso em: 16 maio 2019.

FRADE, Laura. *O que o Congresso Nacional brasileiro pensa sobre a criminalidade*. 2007. Tese (Doutorado em Sociologia) – Departamento de Sociologia, Universidade de Brasília, Brasília, 2007. Disponível em: http://repositorio.unb.br/handle/10482/1450. Acesso em: 16 maio 2019.

FRANCO, Alberto Silva. *Crimes hediondos*. 3. ed. rev. e ampl. São Paulo: Revista dos Tribunais, 2007.

GAZOTO, Luís Wanderley. *Justificativas do Congresso Nacional Brasileiro ao rigor penal legislativo*: o estabelecimento do populismo penal no Brasil contemporâneo. 2010. Tese (Doutorado em Sociologia) – Departamento de Sociologia, Universidade de Brasília, Brasília, 2010. Disponível em: http://repositorio.unb.br/handle/10482/6661. Acesso em: 16 maio 2019.

HABER, Carolina Dzimidas. *A relação entre o direito e a política no processo legislativo penal*. 2011. Tese (Doutorado em Direito) – Universidade de São Paulo, São Paulo, 2011. Disponível em: http://www.teses.usp.br/teses/disponiveis/2/2139/tde-24042012-114628/pt-br.php. Acesso em: 16 maio 2019.

ILANUD. *Relatório Final de Pesquisa*: A Lei de Crimes Hediondos como instrumento de política criminal. São Paulo, 2005. Disponível em: https://edisciplinas.usp.br/pluginfile.php/1836130/mod_resource/content/1/RelILANUD.pdf. Acesso em: 16 maio 2019.

LEAL, João José. *Crimes hediondos*. 2. ed. Curitiba: Juruá, 2009.

LEITE, Corália Thalita Viana Almeida; MAGALHÃES, Lívia Diana Rocha. Mídia e memória: do caso Daniella Perez à previsão do homicídio qualificado na Lei de Crimes Hediondos. *Revista Eletrônica Direito e Política*, Itajaí, v. 8, n. 3, p. 2225-2249, 3º quadrimestre de 2013. Disponível em: https://siaiap32.univali.br/seer/index.php/rdp/article/view/5447. Acesso em: 16 maio 2019.

MACHADO, Maíra; PIRES, Alvaro; FERREIRA, Carolina; SCHAFFA, Pedro. *A complexidade do problema e a simplicidade da solução*: a questão das penas mínimas. Brasília: Secretaria de Assuntos Legislativos do Ministério da Justiça do Brasil, v. 17, 2009. Disponível em: http://pensando.mj.gov.br/wp-content/uploads/2015/07/17Pensando_Direito3.pdf. Acesso em: 16 maio 2019.

MACHADO, Maíra; FERREIRA, Carolina Cutrupi. Exclusão social como prestação do sistema de justiça: um retrato da produção legislativa atenta ao problema carcerário no Brasil. *Revista Transgressões*, Natal, v. 2, n. 1, p. 74-99, 2014. Disponível em: https://periodicos.ufrn.br/transgressoes/article/view/6656. Acesso em: 24 maio 2019.

MACHADO, Maíra; PIRES, Alvaro; FERREIRA, Carolina Cutrupi; PARENT, Colette; MATSUDA, Fernanda Emy; LUZ, Yuri. *Atividade legislativa e obstáculos à inovação em matéria penal no Brasil*. Brasília: Secretaria de Assuntos Legislativos do Ministério da Justiça do Brasil, v. 32, 2010. Disponível em: http://pensando.mj.gov.br/wp-content/uploads/2015/07/32Pensando_Direito1.pdf. Acesso em: 16 maio 2019.

MENDONÇA, Nalayne. *Penas e alternativas*: um estudo sociológico dos processos de agravamento das penas e de despenalização no sistema de criminalização brasileiro (1984-2004). 2006. Tese (Doutorado em Sociologia e Antropologia) – Programa de Pós-Graduação em Sociologia e Antropologia, Universidade Federal do Rio de Janeiro, Rio de Janeiro, 2006.

OLIVEIRA, Janaína; AZEVEDO, Rodrigo Ghiringhelli de. O monitoramento eletrônico na justiça criminal: o caso brasileiro. *In*: ROSA, Alexandre Morais da; PRUDENTE, Neemias Moretti (org.). *Monitoramento eletrônico em debate*. Rio de Janeiro: Lumen Juris, 2012. p. 60-90.

PAIVA, Luiz Guilherme Mendes de. *A fábrica de penas*. Rio de Janeiro: Revan, 2009.

PIMENTEL, Aldenor da Silva. O jornalismo e a história da Lei dos Crimes Hediondos. *In*: Encontro Nacional de História da Mídia, 8, 2011. Guarapuava. Anais eletrônicos [s.l.]. Unicentro, 2011 Disponível em: http://www.ufrgs.br/alcar/encontros-nacionais-1/8o--encontro-2011-1/artigos/O%20jornalismo%20e%20a%20historia%20da%20Lei%20de%20Crimes%20Hediondos.pdf/view. Acesso em: 22 jul. 2012.

PIRES, Alvaro. Alguns obstáculos a uma mutação "humanista" do direito penal. *Sociologias*, [s.l.], v. 1, n. 1, p. 64-95, 1999. Disponível em: https://seer.ufrgs.br/sociologias/article/view/6896. Acesso em: 24 maio 2019.

PIRES, Alvaro. A racionalidade penal moderna, o público e os direitos humanos. *Novos Estudos Cebrap*, São Paulo, v. 68, n. 3, p. 39-60, mar. 2004. Disponível em: https://edisciplinas.usp.br/pluginfile.php/121354/mod_resource/content/1/Pires_A%20racionalidade%20penal%20moderna.pdf. Acesso em: 24 maio 2019.

Pires, Alvaro. Responsabilizar ou punir? A justiça juvenil em perigo? *In*: Slakmon, Catherine; Machado, Maíra Rocha; Bottini, Pierpaolo (org.). *Novas direções na governança da justiça e da segurança*. Brasília, DF: Ministério da Justiça, 2008.

Pires, Alvaro; Cauchie, Jean-François. Um caso de inovação acidental em matéria de penas: a lei brasileira de drogas. *Revista Direito GV*, São Paulo, v. 7, n. 1, p. 299-330, jun. 2011. Disponível em: http://www.scielo.br/scielo.php?script=sci_arttext&pid=S1808-24322011000100015&lng=pt&nrm=iso. Acesso em: 6 nov. 2018.

Silveira, Fabiano Augusto Martins. *A grande mídia e a produção legislativa em matéria penal*. Brasília: Senatus, v. 8, n. 2, p. 30-36, out. 2010. Disponível em: http://www2.senado.leg.br/bdsf/bitstream/handle/id/191801/grandemidia.pdf?sequence=4. Acesso em: 16 maio 2019.

Teixeira, Alessandra. *Do sujeito de direito ao Estado de exceção*: o percurso contemporâneo do sistema penitenciário brasileiro. 2006. Dissertação (Mestrado em Sociologia) – Departamento de Sociologia, Universidade de São Paulo, São Paulo, 2006. Disponível em: http://depen.gov.br/DEPEN/depen/espen/DosujeitodedireitoaoEstadodeexceo2006.pdf. Acesso em: 16 maio 2019.

Xavier, José Roberto F. O sistema de direito criminal e a racionalidade penal moderna: ilustrações empíricas de dificuldades cognitivas em matéria de penas. *Revista Brasileira de Ciência Criminais*, São Paulo, v. 18, n. 84, p. 271-311, 2010.

Capítulo 7
A racionalidade penal moderna e a Lei de Drogas do Brasil

Marcelo da Silveira Campos

Introdução

As questões teóricas que inspiram este capítulo são fruto da relevância da teoria da RPM, elaborada e proposta por Alvaro Pires, que possibilitou à minha pesquisa de doutorado sobre a Lei de Drogas (Lei n. 11.343, de 2006 – LD), antes de tudo, realizar distinções. Uma primeira afirmação nesse sentido diz respeito à necessidade epistemológica de realizarmos distinções em nossos problemas de pesquisa.[1] Como nós observamos? Quais as implicações de nossa observação? Observar, portanto, é distinguir. O tipo de observação posta em prática em nossas pesquisas depende essencialmente do tipo de distinção que nós fazemos, e, do ponto de vista do conhecimento, podemos dizer que a qualidade e a eficácia de nossa

---

[1] A metodologia proposta das distinções na elaboração da atual LD sofreu influência decisiva do professor Dr. Alvaro Pires, da Universidade de Ottawa, durante minha passagem em 2014 por dez meses como Visiting Researcher pela Cátedra Canadense de Pesquisa em Tradições Jurídicas e Racionalidade Penal no Departamento de Criminologia da Universidade de Ottawa, com a Bolsa de Estágio e Pesquisa no Exterior Bepe/Fapesp. Tanto do ponto de vista metodológico como do teórico, sou grato a Alvaro Pires por todas as sugestões postas em nossas reuniões, que influenciaram decisivamente minha tese de doutorado, defendida no Programa de Pós-Graduação em Sociologia da Universidade de São Paulo, orientada pelo professor Dr. Marcos César Alvarez, a quem também agradeço por todas as sugestões feitas durante os quatro anos de pesquisa.

observação dependem (em grande parte) da qualidade de nossas distinções (PIRES, 2002).[2]

De acordo com Pires (2004), a maneira de pensar que o sistema penal assumirá no Ocidente será uma forma de organização diferente dos outros sistemas de pensamento a partir da segunda metade do século XVIII. Trata-se de um sistema de pensamento ligado a um conjunto de práticas institucionais e jurídicas que se designa como justiça penal ou justiça criminal, constituído por uma rede de sentidos com unidade própria no plano do saber e que vincula estreitamente fatos e valores, que lhe conferem o caráter normativo. É esse sistema de pensamento que Pires denomina racionalidade penal, que produzirá um ponto de vista de ontologização das teorias da pena.

No sentido empírico e descritivo, que é o que nos importa nesta ocasião mais diretamente, o conceito de RPM sugere uma forma concreta de racionalidade que se atualizou em um dado momento histórico no Ocidente, a partir do século XVIII. Um dos principais efeitos da RPM será naturalizar a estrutura normativa inicialmente eleita pelo sistema penal. "É quando tentamos pensar o sistema penal de outra forma que tomamos consciência da colonização que ele exerce sobre essa maneira de ver as coisas" (PIRES, 2004, p. 40-41).

Essa estrutura justapõe uma norma de sanção, permitindo ou obrigando a aplicação da pena indicada a uma norma de comportamento (não fazer isso ou fazer obrigatoriamente aquilo). Logo, o resultado dessa junção estrutural é a dominância visível e enunciativa de três tipos de penas: *pena de morte, pena de prisão* e *multa*. Das três, é a pena aflitiva de prisão que irá assumir o lugar dominante e o caráter autoidentitário do sistema penal a partir do século XVIII. Nesse quadro, privilegia-se uma linha de pensamento medieval, no qual a pena aflitiva comunica o valor da norma de comportamento e o grau de reprovação, em caso de desrespeito. É aí, nessa junção, que a pena aflitiva será imposta e o seu *quantum* será determinado pela harmonização e de acordo com o grau de afeição ao bem, indicando assim o valor da norma de comportamento.

---

[2] "Si cette affirmation est juste, elle signifie qu'au moins en partie *le type d'observation que nous faisons* dépend *du type de distinction que nous mettons de l'avant*" (PIRES, 2002, p. 10, grifo nosso). A ideia da teoria da observação é de que é impossível "tudo ver", e, assim, a capacidade de descrever e ver algo advém da capacidade e da qualidade de nossas distinções.

Esse núcleo identitário da RPM foi reproduzido incondicionalmente pelas teorias modernas das penas (retribuição, dissuasão, denunciação e o primeiro paradigma da reabilitação). O fazer sofrer, que entre os séculos XI e XVIII era vinculado ao castigo físico ou a uma infâmia pública, aparece agora suavizado nas teorias modernas da pena pela "temporação do sofrimento" (Pires, 2011). Segundo Pires: "Então, vai haver uma transformação radical e essa transformação vai tomar a forma seguinte – aliás, no texto de Beccaria isso é claro: não é a intensidade da pena no corpo que faz o maior efeito, mas sim a extensão" (Pires, 2011, p. 35).

Como se sabe, Michel Foucault, em *Vigiar e punir* (1977), aborda a questão do nascimento, da generalização e da manutenção da prisão, "la prison malgré tout". A questão do sofrimento por si só não explicaria a valorização da prisão, mas sim que esta permite mais do que todas as outras penas a modulação do tempo proporcional à gravidade do crime. É uma maneira de instituir uma retribuição precisa, quase matemática. É este o grau de sofrimento que se associa à privação de liberdade:

> A hipótese que emerge da problematização do todo cognitivo "carcerário" que forma as teorias modernas da pena é a seguinte: à época, como hoje em dia, a prisão nasce, se generaliza e se mantém porque ela permite, provavelmente melhor do que todas as outras penas, modular pelo tempo, pela duração e proporcionalmente". (Dubé, 2014, p. 15)

Adiciono ainda um quarto elemento, que é o estatuto do criminoso, como um inimigo social, sobretudo a partir do século XVIII. Foucault (2013) traz essa reflexão no seu curso publicado recentemente *La Société Punitive*. Segundo ele, a partir do século XVIII formular-se-á a ideia de que o crime não é somente um fato, mas algo que afeta a sociedade inteira. Nessa concepção, o crime é um gesto pelo qual o indivíduo rompe o pacto social que o ligava aos outros, entrando em guerra contra a própria sociedade. "O crime é um ato que reativa de modo provisório sem dúvida, e instantaneamente a guerra de todos contra todos, vai se dizer de um contra todos[3]" (Foucault, 2013, p. 34). O criminoso é percebido socialmente como um inimigo social, e a punição deve ser uma medida de proteção (de contraguerra, assinala Foucault) que a sociedade colo-

---

[3] "Le crime est un acte qui réactive de façon provisoire sans doute, et instantanée la guerre de tous contre tous, c'est-à-dire de l'un contre tous" (FOUCAULT, 2013, p. 34).

cará contra o crime e o criminoso. Aí encontramos, por exemplo, a ideia de que uma pena deva ser útil à sociedade, como em Beccaria.[4] "A punição se instala então a partir de uma definição do criminoso como aquele que faz a guerra à sociedade."[5]

1. A Lei de Drogas (11.343, de 2006) e as seis distinções

A primeira e principal distinção utilizada foi a distinção uso/tráfico, ainda na formulação da Lei n. 11.343, de 2006. E, para compreender os efeitos da LD, a distinção final posta foi sistema de justiça criminal/sistema de saúde. O conceito de distinção, conforme empregado por Pires, possui influência decisiva de Spencer Brown (1972) sob a fórmula "draw a distinction". Observar é fundamentalmente distinguir e indicar. A forma é constituída por um espaço que se dá em duas faces de uma distinção. Logo, a afirmação final empiricamente sustentada foi de que o sistema de justiça criminal e os seus operadores, nas duas regiões da cidade de São Paulo por mim analisadas,[6] optaram cognitivamente pela rejeição do deslocamento do usuário de drogas para o sistema de saúde, utilizando as teorias modernas da pena, especialmente a "temporação do sofrimento", e deslocando os incriminados por drogas no Brasil para o sistema de justiça criminal.

Nessa mesma direção, Bourdieu e Passeron também assinalaram o papel do sociólogo como um realizador de distinções, já que a invenção nunca se reduz a uma simples leitura do real, porque pressupõe a ruptura com este e com as configurações que ele propõe à percepção: "Em sociologia, como alhures, uma pesquisa séria leva a reunir o que o vulgo separa ou a distinguir o que o vulgo confunde" (BOURDIEU, CHAMBOREDON e PASSERON, 1999, p. 25). Para impor e determinar as penas, portanto, o sistema de justiça criminal utiliza seu próprio quadro teórico (as teorias da pena), mas que serão dificilmente conciliáveis com os princípios de um *government responsiveness* (XAVIER, 2013).

A minha tese central nesse sentido defende que a distinção colocada em prática na formulação e aprovação da LD foi a representação e a codifica-

---

[4] Ver a nota 28 (FOUCAULT, 2013, p. 44): "Beccaria: la peine doit être mesurée à ce qui est utile pour la societè (utile quant à sa defense) pour que son ennemie ne recommence plus, soit maîtrise; pour que d'autres ennemis ne soient pas suscités" (BECCARIA, *Des délits et des peines*).
[5] "La punition s'installe donc à partir d'une définition du criminel comme celui qui fait la guerre à la société" (FOUCAULT, 2013, p. 35).
[6] Santa Cecília e Itaquera.

ção do usuário de drogas – visto agora como um "doente" – como objeto do sistema de saúde; e do traficante de drogas – visto novamente como um "criminoso organizado" – como objeto do aumento da pena de prisão.

A atual LD brasileira, portanto, em minha pesquisa de doutorado (CAMPOS, 2015), foi pensada a partir das seis distinções apresentadas no Quadro 1, a seguir.

Quadro 1 – Distinções utilizadas para se pensar a atual Lei das Drogas brasileiras

1ª Distinção	Tráfico de drogas	Uso de drogas
2ª Distinção	Aumento da pena	Diminuição da pena
3ª Distinção	Repressão	Prevenção
4ª Distinção	Art. 33	Art. 28
5ª Distinção	Paradigma proibicionista	Paradigma redução de danos
6ª Distinção	Sistema de justiça criminal	Sistema de saúde

Fonte: Elaboração própria.

Considero que essas seis distinções produziram os aspectos centrais para compreender a formulação, a aprovação e a implementação da atual política de drogas brasileira. Elas foram feitas para observar e indicar a mudança no dispositivo legal atualmente em vigor, a saber, a Lei n. 11.343, de 2006, popularmente conhecida como "Nova Lei de Drogas", isso porque, nos anos 1990, era comum que a distinção entre o traficante e o usuário estivesse baseada nos artigos da antiga LD (Lei n. 6.368, de 1976), ou seja, em criminalizar alguém por drogas por meio dos arts. "16" ou "12". Eram os próprios números dos artigos da lei que representavam socialmente e distinguiam um usuário (16) de um traficante de drogas (12) e, claro, o modo como a polícia poderia ou não incriminar alguém dentro do sistema de justiça criminal no Brasil. Depois de 2006, o Estado Brasileiro promulgou a chamada Nova LD com o objetivo de deslocar o usuário de drogas para o sistema de saúde, ao mesmo tempo em que aumentou a punição para os traficantes. Assim, a minha pesquisa analisou as principais implicações da chamada Nova LD (Lei n. 11.343, de 2006) desde a sua formulação no sistema político até a sua aplicação no sistema de justiça criminal, tendo como problemática empírica geral o fenômeno da intensificação do encarceramento por tráfico de drogas no Brasil, sobretudo depois do advento da nova lei.

A Figura 1, a seguir, apresenta as seis principais distinções na Lei n. 11.343, de 2006.

Figura 1 – Seis principais distinções na Lei n. 11.343, de 2006

```
                    ┌─────────────────────────┐
                    │ 6 principais distinções │
                    │   na Lei n.             │
                    │   11.343, de 2006       │
                    └─────────────────────────┘
```

Uso de Drogas	Tráfico de drogas
Diminuição da pena	Aumento da pena
Prevenção ao uso de drogas	Repressão ao comércio de drogas
Art. 28	Art. 33
Paradigma da redução de danos	Paradigma proibicionista
Sistema de saúde	Sistema de justiça criminal

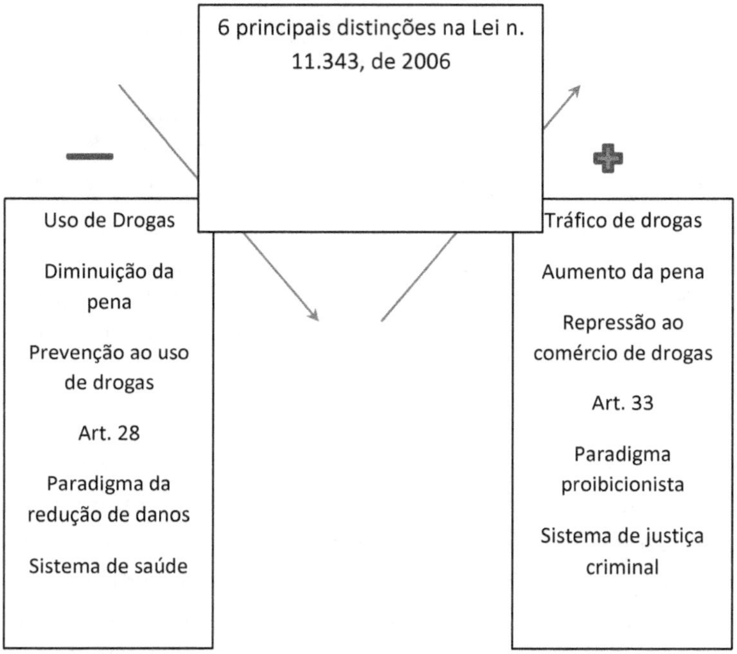

Fonte: Elaboração própria.

Essas seis distinções em conjunto permitiram compreender a formulação e a aprovação do dispositivo médico-criminal sobre drogas muito além do que já havia sido observado: o fim da pena de prisão e da pena de multa para o usuário de drogas e o aumento da pena de prisão mínima, elevada de três para cinco anos, para os comerciantes de drogas (PIRES e CAUCHIE, 2011). Meu argumento foi de que ocorreu uma inovação[7] relevante

---

[7] A definição de inovação é baseada em Dubé: "En matière de droit criminel, les idées innovatrices ouvrent ainsi le champ des options, conçoivent comme possible ce qui n'avait pas été conçu comme possible ou admissible par le système de pensée dominant" (DUBÉ, 2014, p. 19).

não apenas no âmbito da punição, mas também no do saber: a introdução do saber médico no interior do dispositivo de 2006 foi o que permitiu retirar a pena de prisão e de multa para o usuário, o que possibilitaria aos operadores deslocar o usuário do sistema de justiça criminal para o sistema de saúde, junto com o aumento da pena mínima para o comerciante de drogas. Tal influência dual (prevenção e repressão) pode ser facilmente observada e exemplificada no Título II: "Do Sistema Nacional de Políticas Públicas sobre Drogas":

> Art. 3º O Sisnad tem a finalidade de articular, integrar, organizar e coordenar as atividades relacionadas com:
> I – a prevenção do uso indevido, a atenção e a reinserção social de usuários e dependentes de drogas;
> II – a repressão da produção não autorizada e do tráfico ilícito de drogas.

No entanto, tal inovação – a introdução do saber médico – só ganharia condições de possibilidade e emergência com a outra metade, ou seja, com o aumento da pena mínima de prisão:

> Percebidos os referidos equívocos, assim como a ausência de compatibilidade entre vários dispositivos propostos e os que se acham em vigor, tornou-se indispensável oferecer ao legislativo um projeto que, encontrando entre as várias iniciativas já apresentadas traços comuns, oferecesse à sociedade moderna formas de educar os usuários, tratar os dependentes, e punir os narcotraficantes e os que financiam ou que de algum modo permitem suas atividades. (BRASIL, 2002, p. 07389)

Foi necessário aumentar (severidade) a punição de um lado para diminuir (prevenção) do outro lado. Para comprovar essa hipótese empiricamente, foi construído um modelo de série temporal interrompida (*Interrupted time series designs*, CAMPBELL, 1969), que comparou, de 2004 até 2009, o número de incriminações por trimestre de usuários e de traficantes no sistema de justiça criminal paulista. A série temporal indicou anualmente o progressivo aumento na incriminação de traficantes, depois de 2006, o que ocorre de modo concomitante à diminuição de usuários incriminados: no último trimestre da série (outubro/dezembro de 2009), 87,5% das pessoas foram incriminadas por tráfico de drogas; e 12,5%, por uso de drogas. É plausível defender, nesse sentido, que há uma forte relação entre a diminuição do número de pessoas incriminadas como usuários e, concomitantemente, o aumento do número de pessoas incriminadas como traficantes. Dessa maneira, o fim da pena de prisão para o usuário não parece ter acarretado necessariamente o deslocamento deste para o sistema de saúde pública (CAMPOS e ALVAREZ, 2017).

A hipótese demonstrada é que na prática dos operadores do sistema de justiça criminal houve uma rejeição da parte médica/preventiva. O resultado dessas duas metades (uma metade médica-preventiva destinada ao usuário de drogas e uma metade criminal e altamente punitiva destinada aos traficantes) pode ser ilustrado com a velha metáfora do copo meio cheio e meio vazio: a Nova LD teve como implicação principal um copo meio vazio de médico e um copo cheio de prisão (Figura 2).

Figura 2 – Copo meio vazio de médico e copo meio cheio de prisão

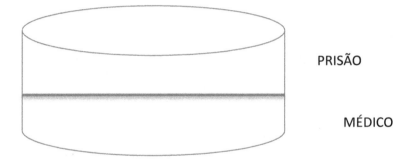

Segundo Pires (2004), tais mudanças podem ser pensadas na forma de uma *sinédoque*, figura de linguagem que consiste em definir o todo (o crime ou o sistema penal) pela parte de sempre (a pena): "Isso tornará quase impossível pensar o sistema penal ou o crime sem uma dependência quase exclusiva da pena aflitiva, bem como suscitará uma ontologização da estrutura normativa do direito penal moderno" (PIRES, 2004, p. 42).

De outra forma, o deslocamento do usuário do sistema de saúde para o sistema de justiça criminal – objeto dos discursos oficiais do sistema político – e a emergência de um "novo" enunciado sobre o usuário de drogas só foram possíveis na medida em que se reiterou a outra metade punitiva, ou seja, que se aumentou a punição e a pena de prisão para o traficante de drogas, reinvestindo na velha figura do comerciante de drogas como objeto de mais punição e de maior tempo de sofrimento na prisão. No Quadro 2 é possível observar o fim da pena de prisão, de um lado, e o aumento da pena mínima para o tráfico, de outro. Essa coexistência entre diminuição e aumento da pena daria o tom da concepção hierárquica de cidadania presente no "novo" dispositivo legal.

Quadro 2 – Fim da pena de prisão e aumento da pena mínima para o tráfico (Lei n. 11.343, de 23 de agosto de 2006)

Art. 28	Art. 33
Art. 28. Quem adquirir, guardar, tiver em depósito, transportar ou trouxer consigo, para consumo pessoal, drogas sem autorização ou em desacordo com determinação legal ou regulamentar será submetido às seguintes penas:	Art. 33. Importar, exportar, remeter, preparar, produzir, fabricar, adquirir, vender, expor à venda, oferecer, ter em depósito, transportar, trazer consigo, guardar, prescrever, ministrar, entregar a consumo ou fornecer drogas, ainda que gratuitamente, sem autorização ou em desacordo com determinação legal ou regulamentar:
Pena Uso	Pena Tráfico[8]
I – advertência sobre os efeitos das drogas; II – prestação de serviços à comunidade; [...] § 5º **A prestação de serviços à comunidade será cumprida em programas comunitários, entidades educacionais ou assistenciais, hospitais, estabelecimentos congêneres, públicos ou privados sem fins lucrativos, que se ocupem, preferencialmente, da prevenção do consumo ou da recuperação de usuários e dependentes de drogas.** III – medida educativa de comparecimento a programa ou curso educativo.	Pena – reclusão de 5 (cinco) a 15 (quinze) anos e pagamento de 500 (quinhentos) a 1.500 (mil e quinhentos) dias-multa.

---

[8] § 2º Induzir, instigar ou auxiliar alguém ao uso indevido de droga: (*vide* ADI n. 4.274); § 4º Nos delitos definidos no *caput* e no § 1º deste artigo, as penas poderão ser reduzidas de um sexto a dois terços, vedada a conversão em penas restritivas de direitos, desde que o agente seja primário, de bons antecedentes, não se dedique às atividades criminosas nem integre organização criminosa (*vide* Resolução n. 5, de 2012).

Segundo Pires e Cauchie (2011, p. 303), se analisarmos as penas previstas na Lei n. 11.343, de 2006, para o uso de drogas (art. 28) a exclusão da pena de prisão e de multa representava uma inovação, porque tais penas não são justamente as penas clássicas aflitivas como a multa e a prisão. No entanto, tais mudanças não devem ser observadas como uma descriminalização do uso de drogas:

> Com efeito, se retornarmos ao título do capítulo em que se encontra o artigo problemático, lemos claramente "dos crimes e das penas". Na perspectiva da lei, esse capítulo deve então ser entendido como se referindo a "verdadeiros crimes" e "verdadeiras penas". O artigo não autoriza, por exemplo, a posse e o uso pessoal de drogas. É justamente isso que deploram outros penalistas. Do ponto de vista da lei, o termo descriminalização é completamente inapropriado.

É possível falar de uma inovação legislativa no que diz respeito à exclusão da pena de prisão (e de multa). Entendo que essa mudança legislativa é uma variação (comunicação) que foi selecionada (pelo sistema político) para produzir uma inovação no nível da estrutura legislativa, mas que não trouxe novos efeitos cognitivos no interior do sistema de justiça criminal. Podemos então falar, tanto em sentido teórico estrito como em sentido empírico, em uma inovação (no sentido de um resultado legal inovador à pena aflitiva). Tal inovação, contudo, que se situa somente no nível legislativo, produziu implicações e impactos em especial nas estruturas (normativa e cognitiva) do sistema de justiça criminal:[9] priorizou novamente o uso da pena de prisão.

Nesse sentido, o tráfico de drogas poderia ser incluído no conceito de penas radicais, conforme definido por Pires (2012a),[10] já que existem casos de penas de prisão aplicadas que ultrapassam os 10 anos. Com base na RPM (PIRES, 2001), observamos que o parlamento valorizou o sofrimento

---

[9] "Se o conjunto dessas reflexões é aceitável, observamos aqui uma seleção inovadora (reprodução desviante) na estrutura da legislação criminal relativa às penas. Mas, reiteremos uma última vez, essa mudança legislativa não vincula de forma alguma o porvir do direito criminal" (PIRES; CAUCHIE, 2011, p. 326).

[10] O conceito de "penas radicais", conforme definido por Pires, designa todas as penas que hipotecam substancialmente a vida social dos indivíduos (pena de morte ou perpétua, penal igual ou ainda pena de prisão superior a 10 anos). Sobre o tema, ver, fundamentalmente: PIRES, 2012a.

e o carcerário (*carcéral*) naquilo que Pires e Garcia (2007) denominaram "temporation de la souffrance-sévérité". E é justamente com a valorização desse quadro de referência – a RPM hegemônica – que se rejeitará qualquer espaço de evasão cognitiva (DUBÉ, 2014[11]) com base em um sistema de pensamento alternativo (*idées innovatrices*) em matéria de penas, justamente porque utiliza um vocabulário de motivos no qual o sofrimento e a exclusão social do sujeito legitimam a condenação e a morte social desses sujeitos. O quadro de referência do legislador para aumentar a pena mínima para o tráfico de três para cinco anos é a RPM (as teorias da retribuição, da dissuasão e da reabilitação, fundadoras do direito criminal moderno). Trata-se do obstáculo epistemológico (*obstacle épistémologique*) ao qual se refere Pires (2012a) no interior e no funcionamento de um mesmo dispositivo legal.

Esse pequeno resumo das ideais principais presentes na RPM (PIRES, 2013) objetiva evidenciar que o núcleo identitário da punição moderna foi reproduzido incondicionalmente pelas teorias modernas da pena, que, ao valorizarem os meios penais negativos – o meio fechado – e a "proteção da sociedade" (o criminoso como inimigo), legitimam as práticas de encarceramento dos juízes, até os dias atuais, mesmo quando outro vocabulário de motivos (que ao menos exclui a pena de prisão e de multa para os usuários de drogas) poderia ser posto na prática judiciária.

2. A RPM e a aplicação da Lei n. 11.343, de 2006

Por fim, como exemplo emblemático, utilizo a exposição de uma sentença em um estudo de caso sobre a incriminação por comércio de drogas na cidade de São Paulo. Isso não significa, evidentemente, que todos os operadores decidam dessa forma, mas que a rejeição à inovação, nesse caso, foi hegemônica, conforme a sentença de fixação da pena a seguir:

> Passo a fixar a pena, enquadrando a conduta do réu no artigo 33, *caput*, da Lei nº 11.343/2006. Atento às circunstâncias judiciais do artigo 59 do Código Penal e tendo em vista que o réu não ostenta antecedentes criminais conhe-

---

[11] Por evasão cognitiva Dubé compreende, por exemplo, as novas teorias da sanção que não são centradas no ideal aflitivo carcerário, como as ideias que fundamentaram a justiça restaurativa ou a reabilitação em meio aberto. Ou seja, remete-se aos fundamentos do direito de punir; às maneiras como as teorias modernas da pena ontologizam as penas como uma obrigação formal, de natureza necessariamente aflitiva e favorável à exclusão social do condenado.

cidos (fls. 54), fixo a pena-base no mínimo legal em cinco anos de reclusão e quinhentos dias-multa. Não existem agravantes a serem consideradas. Reconheço a atenuante da menoridade relativa, deixando de aplicá-la uma vez que a pena-base já foi fixada no mínimo legal (Súmula nº 231 do Superior Tribunal de Justiça). Não há causas de aumento de pena. Aplico a causa de redução de pena prevista no artigo 33, § 4º da Lei nº 11.343/2006, uma vez que o réu é primário e não há outras provas de dedicação às atividades criminosas ou de que integre organização criminosa. Entretanto, em razão da quantidade da droga (dezessete pedras de "crack"), mostrando significativa quantidade de atos de comércio e maior reprovabilidade da conduta, reduzo a pena em um terço, chegando a TRÊS ANOS E QUATRO MESES DE RECLUSÃO e pagamento de TREZENTOS E TRINTA E TRÊS DIAS-MULTA. Deixo de substituir a pena privativa de liberdade por restritiva de direitos em razão da expressa vedação legal contida no artigo 33, § 4º da Lei nº 11.343/2006. Além disso, a natureza da infração indica em si a periculosidade atual do réu e a necessidade da segregação social, em vista do bem comum na esfera da saúde pública. Em outras palavras, a natureza do crime praticado revela conduta social e personalidade do condenado incompatível com essa substituição, i.é., indicativa de que ela não é suficiente à repreensão e prevenção do delito (requisito do inciso III do artigo 44 do Código Penal não satisfeito, portanto).

O réu acusado não tinha antecedentes criminais. Alega, em sua defesa, ser camelô e utilizar o *crack* como usuário, que portava 17 pedras de *crack* alocadas em sua boca. No entanto, a sentença fixou o mínimo legal de cinco anos. Em outras palavras, a RPM impede que o juiz escolha o tipo de intervenção mais adequado ao caso: "Mesmo um defensor da existência de penas mínimas na legislação, reconhece os graves inconvenientes que a obstrução absoluta do juiz traz em matéria de determinação da pena" (MACHADO et al., 2009, p. 61). Nesse sentido, no nível teórico, Machado e Pires (2010) ressaltam que podemos identificar ao menos duas faces no problema colocado pela existência de penas mínimas nas legislações penais. Em uma face, a pena mínima impede uma atuação mais adequada do juiz em matéria de determinação de pena sempre que o caso concreto convocar uma solução diferente da privação de liberdade ou, ao menos, uma solução diversa da privação de liberdade pelo período previsto em lei. Ainda, na outra face, a existência de penas mínimas também impede o exercício do direito do indivíduo julgado a uma pena individualizada.

É, portanto, a centralidade da pena de prisão e a indiferença à inclusão social dos acusados (GARCIA, 2013) – características centrais da RPM – que podem ser observadas no aumento da pena de prisão, bem como na rejeição do deslocamento do usuário para o sistema de saúde pública: desde 2005, o Brasil passou de 32.880 presos e presas em 2005 para 176.691 presos e presas em 2016. Consequentemente, o sistema de justiça criminal rejeitará qualquer possibilidade de "evasão cognitiva" (DUBÉ, 2014) que poderia ser posta pelas penas alternativas estabelecidas para o uso de drogas no Brasil desde 2006, ou seja, muitos operadores do direito rejeitarão a utilização de vocabulário de motivos alternativo ao vocabulário hegemônico da pena de prisão.

Há meios alternativos à criminalização. A própria Lei n. 11.343 traz profícuas diretrizes que, antagonicamente, são tolhidas pela política repressiva na medida em que expressam política de "redução dos riscos e dos danos associados ao uso de drogas" (art. 20). Vale frisar que todas as diretrizes são encadeadas em articulação necessária com os princípios e as diretrizes do Sistema Único de Saúde e da Política Nacional de Assistência Social. E, ainda, são norteadas pelo "fortalecimento da autonomia e da responsabilidade individual em relação ao uso indevido de drogas" (art. 19, III). Entretanto, apesar de ser regulamentada pela Portaria n. 1.028/2005 do Ministério da Saúde, a política de redução de danos segue desprestigiada e sem efetividade diante do óbice representado pela primazia da tutela penal (CAMPOS e VALENTE, 2012).

Desse modo, a possibilidade de evasão cognitiva não faz o sistema de justiça criminal inferir que a criminalização do usuário é medida completamente inadequada ao fim de prevenir o consumo de drogas. Assim, a retomada da prisão e da temporação do sofrimento recoloca o vocabulário de motivos hegemônico da RPM.

Por fim, pode-se dizer que essa estrutura e linha enunciativa da punição coloca ao menos três conjuntos de questões no interior das práticas relacionadas à execução da atual LD no interior do sistema de justiça criminal: i) toda a complexidade do uso e do comércio de drogas é definida pela pena, especialmente no direito, por meio da relação crime/pena aflitiva; ii) os operadores do direito e o legislador são informados e reproduzem uma ideia simplista de escolha de sanção, ou seja, eles privilegiam e reproduzem a escolha da pena aflitiva, particularmente da pena de prisão, como forma de infligir dor e sofrimento nos criminosos; iii) no plano do saber, mesmo com a inovação do saber médico na lei, perpetuou-se a associação entre crime e pena aflitiva, o que torna essa associação necessidade e identidade, ou seja, naturaliza-se a associação e estabiliza-se a suposição de que a sanção deve ser estritamente negativa. A consequência disso gerou a mesma prática de sempre: a pena de prisão. Daí que o copo está vazio de saberes e práticas médicas e de saúde pública, que seriam voltadas aos usuários, e cheio de pena de prisão.

Considerações finais
Concluindo e suscitando algumas questões, pode-se dizer que a distinção entre o uso e o tráfico de drogas posta na Lei n. 11.343, de 2006, em um plano teórico, teve como principal inovação a introdução de um novo saber. Este novo saber – um discurso médico-preventivo – possibilitou na época a emergência de um novo dispositivo legal. No entanto, ao mesmo tempo essa "nova" política de drogas esvaziou o discurso preventivo quando aumentou a pena mínima para o tráfico de drogas, reintroduzindo o vocabulário hegemônico da RPM.

Uma segunda camada de observação permitiu, ao realizar distinções, observar essa pequena inovação não mais no nível teórico, mas sim na determinação da pena: a inovação na redução da pena direcionada ao usuário de drogas. Ainda que o sistema político tenha optado pela manutenção da criminalização do usuário, observamos que tal mudança de redução de pena materializou-se no fim da pena de prisão e de multa ao indivíduo que utiliza substâncias consideradas ilícitas no Brasil, a partir de agosto de 2006.

Por fim, uma terceira camada de observação, a empírica, possibilitou compreender que, mesmo com tais mudanças, a prática do sistema de justiça rejeitou essas duas inovações, recolocando a pena de prisão como plano cognitivo central no entendimento de como enfrentar a questão do uso e do comércio de drogas, o que recolocou as teorias clássicas da pena no interior do sistema de justiça criminal.

Nesse contexto, o encarceramento é uma das peças principais, visto o aumento contemporâneo do encarceramento por drogas. Acontecimento: uma inovação no nível do saber e da definição das penas para o uso. Reprodução: a hegemonia da RPM e a rejeição do deslocamento do usuário para o sistema de saúde. Resultado: a valorização da pena de prisão na aplicação da Lei n. 11.343, de 2006, ou seja, um dispositivo feito e aplicado pela metade de sempre.

Referências

BOURDIEU, Pierre; CHAMBOREDON, Jean-Claude; PASSERON, Jean-Claude. *A profissão de sociólogo*: preliminares epistemológicas. Trad. Guilherme João de Freitas Teixeira. Petrópolis: Vozes, 1999.

BRASIL. Senado Federal. *Diário do Senado Federal*, 07 de maio de 2002.

BROWN, George Spencer. *Laws of form*. Nova Iorque: Julian Press, 1972.

CAMPBELL, Donald T. Reforms as experiments. *American Psychologist*, 24, 1969, p. 409-429.

CAMPOS, Marcelo da Silveira. *Pela metade*: as principais implicações da nova Lei de Drogas no sistema de justiça criminal em São Paulo. Tese (Doutorado em Sociologia) – Faculdade de Filosofia, Letras e Ciências Humanas da Universidade de São Paulo, São Paulo, 2015. Disponível em: http://www.teses.usp.br/teses/disponiveis/8/8132/tde-31072015-151308/en.php. Acesso em: 23 maio 2019.

CAMPOS, Marcelo da Silveira; ALVAREZ, Marcos César. Pela metade: implicações do dispositivo médico-criminal da "Nova" Lei de Drogas na cidade de São Paulo. *Tempo social*: revista de sociologia da USP, São Paulo, v. 29, n. 2, p. 45-74, maio 2017. Disponível em: https://www.revistas.usp.br/ts/article/view/127567. Acesso em: 23 maio 2019.

CAMPOS, Marcelo da Silveira; VALENTE, Rodolfo de Almeida. *O julgamento do recurso extraordinário 635.659*: pelo fim da guerra às drogas. São Paulo: IBCCRIM, Ed. Especial Drogas, out. 2012, p. 2-4, 2012.

DUBÉ, Richard. Michel Foucault et les cachots conceptuels de l'incarcération: une évasion cognitive est-elle possible? *Champ Pénal*, [s.l.], v. XI, p. 1-25, 22 jan. 2014. Disponível em: https://journals.openedition.org/champpenal/8720. Acesso em: 23 maio 2019.

FOUCAULT, Michel. *Vigiar e punir*: nascimento da prisão. Trad. Lígia M. Pondé Vassalo. Petrópolis: Vozes, 1977.

FOUCAULT, Michel. *La société punitive*: Cours au Collège de France 1972-1973. Éditions de l'EHESS Galimmard Seuil, 2013.

GARCIA, Margarida. La théorie de la rationalité pénale moderne: un cadre d'observation, d'organisation et de description des idées propres au système de droit criminel. *In*: DUBÉ, Richard; GARCIA, Margarida; MACHADO, Maíra Rocha (dir.). *La rationalité pénale moderne*: réflexions théoriques et explorations empiriques. Ottawa: Les Presses de l'Université d'Ottawa, 2013. p. 37-72.

MACHADO, Maíra; PIRES, Alvaro. Intervention politique dans la sentence du droit? Fondements culturels de la peine minimale. *Criminologie*, Montréal, v. 43, n. 2, p. 89-126, 2010. Disponível em: https://www.erudit.org/en/journals/crimino/2010-v43-n2-crimino1512856/1001771ar/abstract/. Acesso em: 23 maio 2019.

MACHADO, Maíra; PIRES, Alvaro; FERREIRA, Carolina; SCHAFFA, Pedro. A complexidade do problema e a simplicidade da solução: a questão das penas mínimas. *Pensando o Direito*, n. 17. Brasília, DF: Ministério da Justiça, 2009. Disponível em: http://pensando.mj.gov.br/wp-content/uploads/2015/07/17Pensando_Direito3.pdf. Acesso em: 23 maio 2019.

PIRES, Alvaro. Aspects, traces et parcours de la rationalité pénale moderne. *In*: DEBUYST, Christian; DIGNEFFE, Françoise; PIRES, Alvaro. *Histoire des savoirs sur le crime et la peine*. Ottawa: De Boeck Université, 1998. p. 3-52.

PIRES, Alvaro. La rationalité pénale moderne, la société du risque et la juridicisation de l'opinion publique. *Sociologie et Sociétés*, Montreal, v. 33, n. 1, p. 179-204, 2001.

PIRES, Alvaro. *La politique législative et les crimes à "double face"*: éléments pour une théorie pluridimentionnelle de la loi criminelle". Comité spécial du Sénat du Canada sur les drogues illicites. 37e Législature, 1re Session. Canada: Université d'Ottawa, 2002. Disponível em: http://www.parl.gc.ca/Content/SEN/Committee/371/ille/research-papers-f.htm. Acesso em: 22 abr. 2014.

PIRES, Alvaro. A racionalidade penal moderna, o público e os direitos humanos na modernidade tardia. *Revista Novos Estudos CEBRAP*, São Paulo, n. 6, p. 39-60, mar. 2004. Disponível em: https://edisciplinas.usp.br/pluginfile.php/121354/mod_resource/content/1/Pires_A%20racionalidade%20penal%20moderna.pdf. Acesso em: 23 maio 2019.

PIRES, Alvaro. Por que é tão difícil construir uma política de alternativas penais? *In*: Alternativas penais: a construção de uma política pública. *Anais VII CONEPA – Congresso Nacional de Alternativas Penais*. Brasília: Ministério da Justiça, 2011, p. 23-35. Disponível em: http://biblioteca.mp.sp.gov.br/PHL_IMG/Doutrina/VII%20Conepa%202011.pdf. Acesso em: 23 maio 2019.

PIRES, Alvaro. Les peines radicales: construction et 'invisibilisation' d'un paradoxe. *In*: MEREU, Italo. *La mort comme peine*. Bruxelas: Ed. Larcier, 2012a. p. 7-47.

PIRES, Alvaro. Amostragem e pesquisa qualitativa: considerações epistemológicas, teóricas e metodológicas. *In*: POUPART, Jean et al. *A pesquisa qualitativa*: enfoques epistemológicos e metodológicos. 3. ed. Petrópolis: Vozes, 2012b, p. 215-254.

PIRES, Alvaro. Posface. *In*: MACHADO, Maíra; DUBÉ, Richard; GARCIA, Margarida (org.). *La rationalité pénale moderne. Réflexions théoriques et explorations empiriques*. Ottawa: Les Presses de l'Université d'Ottawa, 2013. p. 289-323.

PIRES, Alvaro; CAUCHIE, Jean-François. Um caso de inovação "acidental" em matéria de penas: a lei brasileira de drogas. *Revista Direito GV*, São Paulo, v. 7, n. 1, p. 299-330, 2011. Disponível em: http://bibliotecadigital.fgv.br/ojs/index.php/revdireitogv/article/view/24082. Acesso em: 12 nov. 2019.

PIRES, Alvaro; GARCIA, Margarida. Les relations entre les systèmes d'idées: droits de la personne et théories de la peine face à la peine de mort. *In*: CARTUYVELS, Yves; DUMONT, Hugues; OST, François; VAN DE KERCHOVE, Michel; VAN DROOGHENBROECK, Sébastien (dir.). *Les droits de l'homme, bouclier ou épée du droit pénal?* Bruxelas: Publications des Facultés Universitaires de Saint-Louis, 2007. p. 291-336.

PIRES, Alvaro; LANDREVILLE, Pierre. Les recherches sur les sentences et le culte de la loi. *L'année Sociologique*, Paris, v. 35, p. 83-113, 1985.

XAVIER, José Roberto F. Public, opinion publique et détermination de la peine tels que vus par la science: quelques notes critiques. *In*: DUBÉ, Richard; GARCIA, Margarida; MACHADO, Maíra (org.). *La rationalité pénale moderne*: réflexions conceptuelles et explorations empiriques. Ottawa: Les Presses de l'Université d'Ottawa, 2013. p. 115-142.

Capítulo 8
Decifra-me ou te devoro! A prevalência da racionalidade penal moderna entre os sistemas de ideias na Justiça Juvenil

CARLOS FREDERICO BRAGA DA SILVA

Introdução

O objetivo deste capítulo é apresentar algumas conclusões da pesquisa de doutoramento intitulada *Juvenile criminal sanctions in Brazilian jurisprudence: socio-legal semantics and idea systems*.[1] Na investigação acadêmica, descrevemos o padrão de comunicação jurídica resultante das "razões de decidir" mencionadas na fundamentação dos julgamentos em relação a atos infracionais, especificamente no contexto cognitivo do Tribunal de Justiça de Minas Gerais (TJMG). A nossa contribuição consiste em uma breve descrição teórica, elaborada a partir da crítica e interpretação sociológica do banco de dados, para descrevermos o raciocínio jurídico desenvolvido pelos desembargadores para ressignificar e modificar o sentido protetivo das regras legislativas.

Os dados empíricos constam *on-line* do *site* do Tribunal,[2] abrangem o período de 3 de agosto de 2010 a 1º de dezembro de 2016 e são compostos de aproximadamente mil decisões judiciais de segunda instância. Depois, as palavras-chave ligadas à linguagem jurídica empregada nas decisões judi-

---

[1] A pesquisa foi orientada pelos professores Cláudio Beato (Universidade Federal de Minas Gerais – UFMG) e Alvaro Pires (Universidade de Ottawa), e é fruto de um acordo de cotutela celebrado entre as reitorias da UFMG, Faculdade de Sociologia, Departamento de Sociologia do Crime, do Desvio e do Conflito, e da Universidade de Ottawa, Faculdade de Ciências Sociais, Departamento de Criminologia.
[2] Disponível em: http://www.tjmg.jus.br.

ciais relacionadas a jovens infratores orientaram o processo de coleta de 77 acórdãos, como amostragem. As decisões estudadas contêm resumos das principais razões de decidir e das provas avaliadas judicialmente para confirmar a acusação, além de racionalidades, padrões de pensamento, crenças e outros motivos que os juízes consideram para reger o caso concreto. Por isso, a pesquisa coloca especial ênfase na descrição, caracterização e compreensão das influências de muitos sistemas de ideias e, também, da maneira atual de pensar a Justiça do Direito Penal de adultos nas decisões de Justiça Criminal Juvenil. Assim, a questão da pesquisa foi a seguinte: "Como os desembargadores mobilizam a semântica sociojurídica e os sistemas de ideias para dar sentido às sanções criminais impostas aos jovens infratores?".

No desenvolvimento da atividade investigativa, observamos que as finalidades prescritas pela Doutrina da Proteção Integral (DPI) são substancialmente corrompidas para a composição de uma forma de julgar bastante peculiar. No decurso do processo decisório, o discurso jurídico não apaga os traços da revogada Doutrina da Situação Irregular (DSI) para proceder ao enquadramento geral dos casos e constituir o menor infrator como categoria de discurso jurídico. Depois, baseia-se nas regras de sanção das teorias da punição descritas na Teoria Sistêmica da Racionalidade Penal Moderna (RPM) e elabora um significado essencialmente punitivo na determinação judicial das medidas socioeducativas, utilizando-se de *novos meios para atingir velhas finalidades punitivas*. As conclusões corroboram a hipótese de que a forma de julgar que se baseia primordialmente na RPM, mas com o suporte da DSI, constitui um obstáculo epistemológico à implementação do novo paradigma da DPI, impedindo a emergência da validez das regras legislativas e erodindo a consistência lógica da filosofia de intervenção no comportamento juvenil prescrita pela DPI.

1. As premissas fáticas e os procedimentos da pesquisa acadêmica
Na investigação levada a efeito, partimos da premissa de que a organização social da Corte, aliada à prática cotidiana da linguagem jurídica, favorecem que se mantenham na memória (ou no estoque de conhecimento sistêmico – CICOUREL, 1995) as ideias tradicionalmente relacionadas ao direito penal de adultos. Ou seja, no momento de pensar a determinação da sanção criminal juvenil, as antigas teorias da pena (mencionadas adiante) se apresentam como *opções juridicamente válidas, cognitivamente dominantes e socialmente aplicáveis*, pelo menos no Tribunal no qual acontecem os atos

decisórios estudados. É importante frisar que desconhecemos qualquer fato ou argumento de que as decisões analisadas divergem do entendimento majoritário assimilado em outros Tribunais. Antes o contrário, as pesquisas indicam certa conformidade na jurisprudência brasileira no que se refere ao modo de julgar a delinquência juvenil, no sentido de estar próxima ao estilo de julgamento do direito penal. Assim, seguiremos a orientação metodológica proposta por Garcia (2011) para proceder ao "descentramento" do sujeito autor ou redator da jurisprudência (retirando-lhe o lugar de destaque na análise). É uma estratégia que talvez permita melhor descrever e captar a distância que pode existir entre as representações dos atores e a comunicação do sistema (ao qual eles se filiam) – a qual mais produz o ator, do que o inverso.

Com efeito, identificamos as filosofias de intervenção impactantes nas ações argumentativas e interpretativas reveladas pela análise da jurisprudência precisamente porque procedemos à criteriosa análise metodológica dos sentidos e do conteúdo dos acórdãos, por meio do estudo de como o raciocínio foi arquitetado. Isso permitiu a constatação de uma tendência de enquadramento institucional do modo de decidir, a observação dos discursos judiciais institucionalizadores das teorias da pena e a consequente comunicação jurídica decorrente da linguagem adotada, fundadas na pergunta: Como a segunda instância decide sobre a delinquência juvenil?

Vale dizer, as decisões judiciais exteriorizam, por escrito, uma representação objetiva do exercício do poder estrito de julgar (jurisdição), constitucionalmente conferido apenas aos juízes sobre o Direito, no âmbito do processo judicial. Ainda, possuímos compreensão jurídica do banco de dados, em face da formação profissional em Direito, aliada ao exercício pretérito da função de Juiz de Direito da Justiça Juvenil durante quase cinco anos. Portanto, ao decidirmos estudar as teorias de direito penal constantes dos decisórios, implicitamente nos centramos na questão atinente à interpretação judicial dos conceitos legais e à aplicação aos casos, sem tratarmos de relações de causalidade externas. Lado outro, não observamos nos acórdãos muitas dificuldades para a utilização *reiterada* e *cotidiana* da sanção privativa de liberdade, muito menos resistência à adoção de um estilo repressivo/punitivo.

A opção metodológica de selecionar um Tribunal para ser estudado emerge do fato de que, no Brasil, as Cortes conceitualmente concebem a jurisprudência, compreendida como orientação para outros julgamentos futuros, que está disponível de uma maneira muito mais fácil na rede mundial de computadores do que as sentenças. Porém, *em regra*, os Tribunais constituem potencialmente um lugar organizacional de vulnerabilidade ou "fragilidade filosófico-legal" da Justiça Juvenil. Isso talvez se deva ao fato de que a maioria dos magistrados que não estão na primeira instância não tem experiência profissional prévia direta de julgar, exclusivamente, em Varas de Atos Infracionais praticados por jovens. Além disso, não costumam frequentar cursos de formação, atualização ou seminários sobre a filosofia do programa legislativo típico da Justiça Juvenil. Por não serem especializados, possivelmente tendem a proferir decisões com base no "conhecimento espontâneo" de textos genéricos ou em decisões judiciais anteriores. Acredita-se que a inexistência de uma Justiça Especializada (inclusive no segundo grau) em direito socioeducativo afeta, de alguma forma, a maneira pela qual alguns operadores do sistema de Justiça Juvenil se propõem a pensar e decidir as questões relacionadas à delinquência na juventude. Muitos deles passam a ter reduzida capacidade operacional e, assim, enfrentam dificuldades para fazer a distinção entre *populismo penal x lei*. Também pode haver uma redução na capacidade de entender os limites do que as sanções penais podem alcançar. Portanto, consideramos relevante compreender as falhas sistêmicas de comunicação jurídica, pois parece inócuo observar as implicações reais provocadas pelo funcionamento do sistema ampliado de direito penal, no qual se inclui a Justiça Juvenil, sem olhar para as operações do sistema de Direito e desvendar seus mecanismos internos, para encontrar as possíveis áreas que reproduzem a violência e exigem mudanças em sua organização atual (veja-se MACHADO e MACHADO, 2013, p. 351). Fazemos essas observações para demarcar os contornos do tema e enfatizar que fatores externos não necessariamente subordinam o raciocínio judicial, muito menos se entrelaçam com outras ideias presentes no sistema ampliado de Justiça Juvenil. O objetivo é exatamente destacar um cenário de observação bem definido, que nos auxilie a focalizar no exame das semânticas sociojurídicas e dos sistemas de ideias mobilizados no conteúdo dos decisórios.

2. Os sistemas de ideias observados no contexto cognitivo do TJMG

Concentramos as nossas observações sobre os conceitos legais impactantes nas regras de sanção, no momento da determinação de sanções criminais juvenis. Como escreve Pires (2015), observamos a performance peculiar de um sistema de organização "Y" (Tribunal de competência relacionada à Justiça Juvenil), com sua própria dinâmica interna, porque outra organização do sistema "X" (parlamento), externa à primeira organização, é a que produz as regras formais de procedimento e jurisdição que são usadas pela organização "Y" para estruturar e organizar seu próprio modo de operação. Ao realizarmos a nossa pesquisa, percebemos ao menos três sistemas de ideias influenciando as decisões de segundo grau, no contexto social do subsistema da Justiça Juvenil. São eles: i) a "RPM", descrita por Pires e concebida para adultos no sistema de Justiça Criminal; ii) a "DSI", conforme previsto no Código de Menores brasileiro revogado; e iii) a "DPI", estabelecida na Constituição brasileira e no Estatuto da Criança e do Adolescente, de 1990.

Compreende-se que a nossa pesquisa ofereceu uma oportunidade sem precedentes. Tivemos a possibilidade de examinar globalmente (conjunto de decisões sobre sanções criminais juvenis) a interação estabelecida entre três sistemas de ideias simultaneamente presentes no contexto cognitivo analisado. Depois de concluir a pesquisa, a interpretação nos parece muito mais complexa do que apenas olhar para o desenvolvimento legislativo ao longo do tempo, porque apuramos pelo menos três sistemas de ideias diferentes não apenas se influenciando, mas em verdade se corrompendo, simultânea e reciprocamente, devido ao compartilhamento do mesmo espaço cognitivo. A confluência entre a forma da intervenção criminal para adultos (RPM) e a DSI (de natureza tutelar) resultou em um modo particular de lidar com jovens infratores que nomeamos "ideias combinadas", caracterizando uma forma peculiar de julgar que, na verdade, erode a estrutura lógica do raciocínio jurídico prescrito pela DPI.

3. A funcionalidade do sistema de ideias da RPM

Este capítulo concentra-se fundamentalmente na teoria da RPM para observar *se* e *como* as teorias de punição da justiça de adultos funcionam como um obstáculo cognitivo à inovação do direito socioeducativo, em face da alteração legislativa decorrente do ECA. Neste item, pretendemos descrever o que observamos quando a RPM é mencionada no contexto de julgamentos da Justiça Juvenil em segundo grau. Registre-se que, na sua concepção, a RPM foi construída progressivamente para responder a um problema específico de pesquisa: os obstáculos relacionados à reforma prática e institucional do direito penal moderno (GARCIA, 2013). A RPM, de fato, é um sistema de ideias alienígena em relação à Justiça Juvenil, mas que foi inserido via fórceps na jurisprudência estudada, devido à decisão organizacional da Corte de adotar um estilo de raciocínio elaborado por construção judicial. A RPM se utiliza de dois pontos de partida, quais sejam observações histórico-empíricas e elaborações teóricas, e tem uma etapa descritiva, abordando as teorias fundadoras da punição do direito penal moderno: retribuição, dissuasão, reabilitação na prisão e denunciação, que desempenharam um papel decisivo nos processos de reprodução identitária do sistema de direito penal.

As teorias mencionadas (que não serão descritas em razão dos objetivos e das limitações deste capítulo, que se concentra na maneira de utilização delas) desempenharam um papel decisivo nos processos de reprodução identitária do sistema de direito penal, respondendo às seguintes questões: Por que punir? Quem punir? Como punir? Qual é a escala da punição? Diferentes respostas foram dadas, de uma maneira bastante sintética: devemos punir para reabilitar o agressor, para recompensar o mal com o mal, para prevenir que criminosos e outros cidadãos cometam crimes e, finalmente, para denunciar o comportamento ilícito. Essa última teoria não é tão relevante para o contexto da nossa pesquisa. Essas teorias, profundamente enraizadas na cultura criminal e legal do Ocidente, seriam as mais antigas e mais utilizadas no sistema de justiça criminal brasileiro até hoje. Elas desempenham o papel de preservação do pensamento arcaico, obstando a mudança de paradigma nos processos decisórios representados nas operações do subsistema social de Direito.

Nada obstante, apesar das várias razões para punir, nenhuma das teorias de punição criticou a sentença aflitiva, e todas enfatizaram, em primeiro plano, a exclusão social do agressor. A RPM ainda sugere que as ideias que formam as teorias punitivas só podem produzir divergências convergentes: elas se apresentam em sua diferença (divergência de motivos) para produzir e reproduzir a redundância (convergência de práticas) (GARCIA, 2013, p. 54). Assim, todas as teorias punitivas têm razões que variam de uma teoria para outra, levando a encarar a prisão como a forma essencial de punição (GARCIA, 2013, p. 60).

Ainda, a RPM promove uma forma de justiça criminal hostil, abstrata, negativa e atomista. Nas palavras de Pires (2001b, p. 79), a RPM é *hostil* porque representa o infrator como um inimigo de todo o grupo e porque procura estabelecer algum tipo de equivalência necessária (ou ontológica) entre o valor do objeto protegido por lei e o nível de sofrimento produzido pelo infrator. *Abstrata*, porque o sofrimento (concreto) causado pela punição é reconhecido, mas concebido como susceptível de causar bem moral intangível (restaurar a justiça pelo sofrimento, "fortalecer a moralidade das pessoas honestas", etc.) ou até mesmo o bem prático invisível e futuro (a dissuasão). *Negativa*, uma vez que essas teorias excluem qualquer outra sanção com o objetivo de reafirmar a Lei por meio de ação positiva (como compensação) e estipulam que somente danos concretos e imediatos causados ao ofensor podem produzir bem-estar para o grupo ou reafirmar a lei. E, finalmente, *atomista*, porque a punição é concebida para não se preocupar com vínculos sociais concretos entre as pessoas, exceto de um modo muito secundário e incidental.

Garcia (2013) descreve os quatro principais componentes da RPM: o direito de punir como uma obrigação; a valorização das penas que afligem ou levam à exclusão social; a supervalorização da sentença custodial; finalmente, a consequência, a desvalorização de sanções alternativas. Observamos a redundância da RPM na jurisprudência sobre problemas de evolução de identidade no nível das regras de sancionamento. Essa visão da função e identidade do direito penal é inspirada na teoria de sistemas socialmente diferenciados de Niklas Luhmann, e permite que a observação sociológica considere a contingência de "escolhas" feitas pelo próprio sistema ao institucionalizar seus fundamentos (DUBÉ, 2013, p. 17). A nossa pesquisa apurou que as comunicações legais baseadas na RPM se subordinam às ideias genéricas do direito penal para enquadrar, neutralizar, desvalorizar ou, até mesmo, em alguns casos, refutar com veemência o escopo potencialmente inovador do Estatuto de 1990, em operações punitivas vinculadas a práticas judiciais observadas em processos antigos (DUBÉ, 2013, p. 26). Isso porque as teorias da pena, por vezes selecionadas porque presentes no contexto cognitivo das decisões, quando não se submetem a um escrutínio de *adequação proporcional* ao fato empírico nem ao filtro de uma *observação individualizada* acerca das necessidades da sua aplicação, constrangem a dimensão institucional da liberdade do órgão julgador. Vale dizer, elas funcionam para cercear, abusivamente, a liberdade para decidir das autoridades investidas de jurisdição, ao justificar penalidades, no sentido mais robusto, bloqueando alternativas e filosofias de intervenção que, em princípio, não veem como compulsória a imposição de exclusão social aliada à dor e ao sofrimento.

4. A funcionalidade do sistema de ideias da DSI

O revogado Código Brasileiro de Menores, de 1979, com raízes profundas no Tribunal Juvenil de Illinois dos fins do século XIX, continua um antigo raciocínio que estabelecia que os Estados tinham a obrigação de intervir na vida das crianças quando seus pais prestassem cuidados ou supervisão inadequados. Isso significa que a filosofia *parens patriae* sugeriu que os tribunais tinham autorização para *ajudar* ou *proteger* (no antigo sentido) os jovens que cometeram crimes, crimes insignificantes ou que aparentemente precisavam de ajuda.

Essa doutrina observa o Estado como a entidade a assumir a função de um parente suplementar, que é responsável por cuidar de jovens abandonados ou desviantes de muitas maneiras, com base nas seguintes premissas: *primeiro*, o Estado deve proteger os jovens em relação às necessidades de subsistência (proteção básica). *Em segundo lugar*, deve protegê-los de abusos, agressões ou negligência por parte de sua família ou daqueles que vivem ao seu redor (proteção relacionada à vitimização). *Terceiro*, o Estado deve proteger os infantes do "risco moral" virtual de uma série de atividades consideradas inadequadas ao desenvolvimento e à educação contínuos (proteção contra o "perigo moral"). *Em quarto lugar*, o Estado deve proteger os menores da delinquência para impedi-los de se desviarem do caminho tradicional e praticarem atos criminosos quando adultos (proteção contra ofensas criminais).

A quinta proteção relaciona-se aos movimentos internacionais mais ativos dos direitos humanos em benefício de crianças e adolescentes, os quais sustentam a necessidade de proteger os jovens contra a racionalidade punitiva inerente ao direito penal ordinário, cuja expressão é "proteção dos jovens". De fato, tal significado não está explícito nos Estatutos, mas deriva da interpretação de normas legais sob o sentido de proteger crianças e adolescentes. Como Garcia Méndez (2004, p. 7) diz, em poucas palavras, a DSI visa legitimar um processo indiscriminado de atuação no caso de crianças e adolescentes que se encontram em situações estressantes.

O pensamento tutelar é perceptível nas decisões estudadas, uma vez que ainda prevalecem alguns aspectos dos mecanismos de sujeição que constituem *o menor infrator como categoria de discurso jurídico* (ALVAREZ, 1989) e como efeito de determinadas práticas de poder jurisdicional. E referidos discursos podem ser vistos como práticas históricas tomadas como peças de mecanismos de poder na sociedade. Isso esclarece como a compreensão e a interpretação do discurso jurídico impactam na construção contemporânea de sistemas de ideias, regendo a intervenção decidida por atores institucionais. Em sentido coerente ao ora afirmado, Costa e Goldani (2015) revelaram conclusões da pesquisa que fizeram em 38 decisões do Tribunal de Justiça do Estado do Rio Grande do Sul, Brasil. Ao examinarem a influência da representação social da família no tratamento penal dos adolescentes, tendo em vista os preconceitos existentes nas sociedades contemporâneas e a presença tradicional de práticas intervencionistas nas políticas públicas brasileiras, revelaram como até hoje existe uma maneira pejorativa de olhar para as famílias mais pobres, ou seja, sem recursos econômicos e sociais, como incapazes de criar seus filhos adequadamente. Mais uma vez, o discurso jurídico institucional segue o sentido de que é necessário *forjar o temperamento dos jovens das periferias* para adequar-se ao modelo ótimo e servir corretamente ao mercado de trabalho.

Porém, a observação dos fatos empíricos sob lentes tutelares não contribui para desatar o *nó cognitivo atando a Justiça Juvenil a legislações revogadas*, despidas de vigência mas ainda validadas nas decisões judiciais. Talvez a principal dificuldade surja no momento decisório no qual não se faz uma clivagem entre a atuação da assistência social e a necessidade da punição. De certo modo, a reação social punitiva da Justiça Juvenil, em seus mais antigos significados, não seria necessariamente suficiente para promover a integração dos jovens. Portanto, a comunicação jurídica decorrente da menção aos conceitos da intervenção tutelar (DSI) converge no sentido da punição obrigatória e excludente (RPM), na verdade pavimentando o caminho para uma atuação quase sem limites, o que tem justificado a enxurrada de críticas em relação ao excesso de discricionariedade nos julgamentos. Isto porque, com base em uma justificativa de atender ao primordial interesse da criança, em verdade alinha-se um velho discurso moralista com as antigas teorias da pena, e isso não se constitui automaticamente em um sistema de características educacionais ou baseado em valores positivos do Estatuto de 1990. Ao contrário, a categoria de discurso à qual se submete o menor infrator apenas o retira da posição central de sujeito titular de direitos (credor/protagonista) e o posiciona como um recebedor de intervenções para moldar o seu espírito (devedor/passivo).

Levando em consideração a falta de políticas de assistência social, que afeta a realidade de muitos brasileiros, incluindo os jovens pobres que não enfrentam problemas com o aparato repressivo, é difícil entender como a improvável (para não dizer quase impossível) reabilitação moral dos habitantes da periferia pela exclusão forçada nas prisões, só por si, poderia contribuir para o processo de socialização. O argumento da necessidade de supervisão, que supostamente teria de vir da família ou da escola, funciona na jurisprudência estudada para usar a privação da liberdade para supostos fins de bem-estar infantojuvenil (SPROTT, 2015, p. 29). Ora, em face do fracasso público da prisão, exige-se muito mais do que uma intervenção dirigida a *moldar o caráter* da população mais jovem, pobre e inexperiente, e, talvez por esses motivos, mais suscetível a servir aos interesses dos grupos econômica e legalmente mais poderosos.

5. A funcionalidade do sistema de ideias da DPI

O argumento que adotamos é de que a DPI ainda não se positivou por decisão dos Tribunais, que não a mencionam nas decisões de modo consistente ao sentido previsto em lei. Aqui não se pretende prescrever como as decisões deveriam ser, mas comparar o conteúdo dos acórdãos com as finalidades previstas na legislação vigente. Por isso, a crítica ora feita é baseada em argumentos de "Sociologia com o Direito", por meio da descrição das normas em vigor, mas ainda não utilizadas para estruturar discursivamente as novas regras de sanção.

Nesse sentido, registre-se que as Nações Unidas adotaram a Convenção sobre os Direitos da Criança em 1989, que estabeleceu a DPI em uma base internacional, sugerindo a utilização do termo "criança" para referir-se a todo ser humano com menos de dezoito anos. Essa convenção apresenta uma nova perspectiva sobre os jovens infratores, adotando o conceito de desenvolvimento integral da criança, reconhecida como sujeito titular de direitos e pessoa que requer proteção especial de prioridade. No Brasil, conforme o art. 228 da Constituição, os menores de dezoito anos não podem ser responsabilizados criminalmente e estarão sujeitos às regras da legislação especial. O Estatuto de 1990 afirma no art. 1º: "Esta Lei dispõe sobre a proteção integral à criança e ao adolescente". É possível entender a expressão "proteção integral" com diferentes sentidos, e a palavra "proteção" tem um significado institucionalizado e pesado na Justiça Criminal de adultos. Para atribuir sentido à palavra "proteção" no ECA, o leitor precisa dar-lhe uma nova forma.

Todos os programas legislativos anteriores ao Estatuto de 1990 haviam adotado uma filosofia de intervenção geral sobre a delinquência juvenil, que é genericamente conhecida pela expressão "justiça tutelar". O Estatuto de 1990 diferencia-se em sua essência dos demais, pois pertence ao que pode ser chamado de "segunda geração" ou novo "paradigma" de programas legislativos sobre justiça criminal para jovens. Ele detém a potência jurídica necessária para alterar a reação social às situações problemáticas, porquanto introduz um sistema inovador de ideias sobre sanções ao vedar a transferência de registros criminais de jovens para a justiça de adultos (como nos Estados Unidos, na Bélgica e no Canadá) e a adoção da maneira de punir adultos dentro da justiça para a juventude (atual regressão do sistema canadense). É mais do que essencial frisar que a reforma brasileira é inovadora e ultrapassa a perspectiva de inclusão social de um grande número de programas legislativos atuais de segunda geração. Em razão de uma série de mal-entendidos, também assinalamos que esse novo sistema de sancionamento não é o da antiga Justiça Juvenil (a "doutrina do *status* irregular" ou a "velha teoria da reabilitação na prisão") nem o vigente em justiça criminal para adultos (o sistema de ideias de RPM). É um terceiro sistema de ideias, muito mais sofisticado e bastante diferenciado dos outros dois.

Esse programa legislativo estabeleceu uma abordagem radicalmente diferente da intervenção em comparação com programas anteriores de jovens em conflito com o direito penal no Brasil. O Estatuto de 1990 adotou a expressão "ato infracional" para referir-se ao que os códigos criminais definem no Brasil como crime ou contravenção. A decisão de usar uma nova palavra para aludir a "crimes" em geral decorre do esforço histórico nos países ocidentais, desde o final do século XIX e principalmente no início do século XX, para "extrair o comportamento dos adolescentes" da racionalidade punitiva de direito penal moderno.

Os critérios que definem o ato infracional são os mesmos usados para o crime adulto, mas talvez seu sentido favoreça de alguma forma a ocorrência de ambiguidades e obstáculos epistemológicos à plena difusão do raciocínio do direito socioeducativo. A distinção semântica da expressão "ato infracional" tem pouca ressonância na prática, não impediu mudanças cognitivas e decisórias da filosofia da intervenção adulta para a teoria que deveria moldar a Justiça Juvenil, e muito menos parece ser o suficiente para manter os juízes a uma distância clara da racionalidade do direito penal no momento da determinação judicial das sanções.

De fato, a terminologia específica da Justiça Juvenil poderia ajudar os julgadores a estabelecer uma clivagem marcada entre a filosofia criminal dos adultos e a dos jovens, quando se trata de ler a situação problemática. Isso porque a expressão "ato infracional", usada em vez da palavra "crime", tenta introduzir uma nova semântica no sistema de Justiça Juvenil, para dizer o mínimo. Essa nova semântica da Justiça Juvenil também tenta manter distância da "punição" mediana, conforme definido pela justiça da Lei Criminal para adultos e sua filosofia atual. Esse é o caso, porque a definição dominante de punição no sistema de direito penal adulto também tem fortes ligações com teorias de retribuição e dissuasão.[3] Então, talvez para evitar o uso de velhas teorias de punição dentro da Justiça Juvenil, os autores do novo programa legislativo propuseram nomear as sanções como "medidas socioeducativas". Além disso, possivelmente tentando fugir do projeto de infligir sofrimento direto e intencional ao acusado, as intervenções e decisões não planejavam causar sofrimento e exclusão social, mas sim ideias educacionais mais inclusivas destinadas a proteger os jovens do raciocínio punitivo ligado às antigas teorias da pena.

Foi, historicamente falando, o caminho escolhido para evitar a influência das teorias adultas de punição na intervenção da Justiça Juvenil. Além disso, é imperativo enfatizar que o Estatuto de 1990 procura deixar para trás um poder discricionário excessivo conferido ao modelo mais antigo de Juiz Criminal Juvenil pela DSI. Dessa feita, o objetivo finalístico da DPI não é (tal qual ocorre com o processo penal instaurado em relação a imputáveis) a aplicação de uma "pena" ou mesmo de qualquer sanção ao adolescente, mas, sim, a descoberta das causas da conduta infracional e posterior acompanhamento, orientação e eventual tratamento do adolescente, de acordo com suas necessidades pedagógicas específicas, de modo a proporcionar a proteção integral que lhe é prometida pela Lei e pela Constituição Federal (DIGIÁCOMO, 2006, p. 212).

Portanto, a legislação vigente exige a necessidade de um exame aprofundado das diferentes manifestações violentas na sociedade para gerar transformações políticas radicais que possam reduzir as desigualdades e minimizar a dinâmica da exclusão. O Estatuto de 1990 propõe uma visão "não hostil" dos adolescentes ofensores e investimentos em potencialidades, caracterizando-se uma leitura aberta e crítica da perspectiva punitiva. A prioridade é dada à construção de autonomia de jovens, a ser implementada de maneira gradativa pela intervenção socioeducativa e a ser con-

---

[3] Nesse sentido, ver Pires (2015).

duzida em ambiente aberto, sempre que a observação do fato empírico permitir. Consequentemente, mesmo que apenas delineada, essa abordagem está aberta a métodos de intervenção baseados na ideia de "justiça restaurativa" como um processo de resolução de conflitos, porque considera uma resposta não angustiante e outra saída para o problema das ofensas juvenis (CAPPI, 2014).

Porém, como pretendemos descrever no próximo item, a comunicação jurídica sobre a necessidade de intervenção no comportamento juvenil transferiu-se da noção de "proteção integral da infância" para a noção de "proteção da sociedade", mas influenciada pela prevalência das teorias de dissuasão, retribuição e denunciação. A RPM se inseriu, por operações do sistema de direito feitas nas decisões judiciais, no pensamento típico da Justiça Juvenil, assumindo parte do espaço antes ocupado pela noção de "proteção à juventude" (contra o crime, o abandono e a imoralidade), centrando-se exclusivamente a primeira teoria da reabilitação na prisão.[4]

6. Decifrando a forma de decidir (ou o código?) que reproduz as estruturas discursivas da RPM

Neste item, indicaremos a forma de organização das decisões judiciais relacionadas à Justiça Juvenil, mas que permite abertura a outras estruturas comunicativas e, ao mesmo tempo, mantém a decisão em segunda instância formalmente dentro dos limites da lei e da validade legal (WANDALL, 2008, p. 3). Esse é o modo que entendemos adequado para, inicialmente, identificar a *maneira de julgar a delinquência juvenil*. Lembramos que no Brasil não existe um Código Penal (CP) juvenil, entendido como um programa de julgamento peculiar contendo uma lista exaustiva dos comportamentos proibidos por lei e, subsequentemente, as respectivas sanções aplicáveis pelos órgãos responsáveis por impor consequências legais. Atos infracionais, em textos legislativos, são "veículos para/por incriminação", o que significa que a conduta dos jovens deve estar inscrita em uma norma de comportamento do CP, para que o caso possa cumprir a seleção sociojurídica e gerar um processo afeto à Justiça Juvenil.

Talvez em consequência dessa ausência de sofisticação decisória, ou seja, da falta de separação na definição clara da identificação da regra de comportamento, ressaltamos que os processos judiciais abordando a delin-

[4] Confira-se Piñero (2007).

quência juvenil têm sido decididos com um padrão de raciocínio muito semelhante e com uma linguagem quase igual à do direito penal. Em regra e a princípio, o juiz da primeira instância baseia a condenação no número de vezes que o jovem foi apreendido ou apresentado, na suposta falta de estrutura familiar e no título (ou número do artigo) da acusação feita a ele. É comum os julgamentos adotarem, quase unanimemente, padrões de razões para decidir vinculados à RPM, pois a aplicação do programa legislativo juvenil não tem um impacto visível quando as regras sancionatórias são elaboradas, e esse resultado permite concluir que nas decisões de segundo grau se nega, notoriamente, qualquer possibilidade de "evolução identitária" no estágio de determinação das regras de sanção. A última assertiva decorre da observação do banco de dados revelando muito mais estruturas discursivas para impor exclusão social e sofrimento, em vez de proceder à inclusão social, conforme previsto pelos direitos fundamentais e humanos.

Neste item, retomamos o argumento no sentido de que observamos a redundância robusta da RPM sobre as regras de sanção observadas na jurisprudência, elaborada argumentativamente por razões vinculadas à RPM e que se sobrepõe aos dispositivos da DPI previstos no Estatuto de 1990. Com efeito, Pires (2004, p. 40-41) menciona que um dos efeitos da RPM será naturalizar a estrutura normativa inicialmente eleita pelo sistema penal. É quando tentamos pensar o sistema penal de outra forma que tomamos consciência da colonização que ele exerce sobre a nossa maneira de ver as coisas. Na lei penal, a norma de comportamento é frequentemente formulada sob a forma de uma estrutura normativa telescópica do seguinte tipo: "Aquele que faz x pode ou deve ser punido com y". Essa estrutura é telescópica porque justapõe uma norma de sanção (permitindo ou obrigando a aplicação da pena indicada) a uma norma de comportamento (não fazer isso ou fazer obrigatoriamente aquilo). Tal construção é, portanto, o resultado de uma junção de dois níveis distintos de normas: de primeiro grau, referentes ao comportamento, e de segundo grau, relativas às normas de sanção. A incoerência de raciocínio salta aos olhos sobretudo quando consideramos que a RPM já é extremamente criticada quando aplicada na justiça ordinária. Vale dizer, não notamos o raciocínio preponderante atuando para distinguir, indicar e operar a fundamentação das regras de punição para jovens. Talvez não se tenha percebido que os termos jurídicos produzem o mesmo resultado legal (exclusão e sofrimento social) para adultos e jovens, sobretudo por se endossar a lei criminal como referência cognitiva líder, em vez da proteção integral da juventude.

Ora, em todas as decisões estudadas vimos a prática social da linguagem jurídica representar discursivamente a delinquência juvenil como um ato ilícito cometido por um adolescente, mas *análogo* a um crime específico fornecido pelo CP, que regula abstratamente as regras adultas de comportamento e sancionamento. Essa representação social explicaria a existência de estruturas discursivas muito semelhantes às decisões sobre reações sociais ou regras sancionadoras, independentemente de um adulto ou jovem praticar a conduta. Enfatize-se que, sobretudo no direito penal, a *analogia* pode causar sérios problemas lógicos e dificuldades epistemológicas para aplicar consistentemente regras de julgamento. Isso porque a *analogia* foge da legalidade estrita, não contém precisão conceitual nem é forte o suficiente para impedir mal-entendidos comunicativos. Dessa feita, revelamos um dos procedimentos comunicativos usados para introduzir os sistemas de ideias da RPM nas decisões de sanção da Justiça Juvenil, rotineiramente tomando o lugar da DPI. Vamos nomeá-lo como *o procedimento de analogia*.

De uma perspectiva retórica, *analogias* são feitas para ligar ideias desconhecidas e não familiares a instâncias conhecidas e familiares. Pode-se inferir que alguns sistemas de ideias são mais ou menos familiares a certos tribunais e que o "princípio da analogia" seja usado de modo a organizar os sistemas de ideias com os quais os tribunais estão familiarizados.

Assim, o *procedimento de analogia* introduz, na Justiça Juvenil, "razões para decidir" enraizadas em velhas teorias de punição. Esse pensamento tipicamente se desenvolve sem observar os mecanismos de reprodução da violência causada pela "parafernália do procedimento hostil" (MEAD, 1918) que define a aplicação rotineira do direito penal, além de não identificar os possíveis motivos de insucesso das medidas socioeducativas. Ao assim proceder, eles "importam", pela prática social da linguagem judicial, a lógica de determinar as penalidades de um programa (direito penal adulto) para outro (Justiça Juvenil), ou a filosofia de um programa externo dentro de outro. Tal procedimento declara essencialmente a seguinte mensagem: "o que é válido para este ou aquele contexto, como efeito jurídico da categoria legal do crime, também é válido para esse ou aquele outro contexto, como efeito jurídico da categoria legal ato infracional".

Dessa feita, a prolação de decisões judiciais da competência da Justiça Juvenil, sem antes proceder ao exame rigoroso, individualizado e proporcional da informação factual e da lei em vigor, possivelmente estabelecerá ligações abstratas com a gravidade *em tese* da situação problemática, o que pode não estar relacionado a uma necessidade contemporânea do adolescente envolvido na prática de um ato infracional. Portanto, sem uma autorreferência ao programa de Justiça Juvenil, os decisórios judiciais não contribuem para a validação do código do novo programa adjudicatório; logo, não constroem estruturas discursivas que adotem alternativas ao encarceramento. Consequentemente, na prática social da linguagem jurídica, os julgadores não revelam confiança nas ideias do sistema de Justiça Juvenil, que eles rotulam como excessivamente leniente; em outros casos, podem deixar de observar como tomar uma decisão orientada pela DPI, descartando-a ou simplesmente a ignorando.

Portanto, ao observarmos a ligação das estruturas discursivas com as antigas teorias da pena, percebemos a superioridade da RPM, que abrange 83% dos casos na amostra geral produzida na nossa pesquisa de doutorado. A DSI parece estar desaparecendo, pelo menos como um sistema de ideias predominante no Tribunal. Na verdade, está severamente enfraquecida, para dizer o mínimo, respondendo por apenas 3% das decisões vencedoras ou exercendo um papel predominante. Curiosamente, pode-se notar que ela não foi substituída em seu eventual papel predominante pela nova DPI (Estatuto de 1990), mas pela RPM, que atualmente desempenha o papel de "Cavalo de Tróia", por assim dizer, no campo da Justiça Juvenil: no seu melhor, a RPM bloqueou ou erodiu o reconhecimento do Estatuto de 1990, pois apenas 14% das decisões foram baseadas na DPI.

Alguns autores (SARAIVA, 2006; SPOSATO, 2013) argumentam que utilizar o direito penal em verdade protegeria os jovens da falta de critérios ou abusos de discricionariedades judiciais, estabelecidos pelos profissionais na interpretação da lei da Justiça Juvenil. Porém, o principal fato empírico observado no caso do Brasil diz respeito a uma mentalidade institucional que cria vínculos cognitivos entre critérios de Justiça Juvenil para sanções com os critérios de racionalização de sanções do CP brasileiro para adultos. Essa conexão lógica tem algumas implicações críticas que afetam a recepção da nova filosofia de intervenção para jovens (DPI). De fato, o atual programa legislativo de Justiça Juvenil no Brasil não necessitaria de tais subdivisões nas regras de conduta, porque a filosofia de intervenção do Estatuto de 1990 não adotou as velhas teorias da punição (retribuição, dissuasão e reabilitação na prisão, de preferência). Em outras palavras, no atual programa legislativo de Justiça Juvenil no Brasil, as infrações cometidas por jovens não têm os preços oficiais de severidade anteriores. Assim, a ausência de regras únicas de comportamento para a juventude, formuladas de maneira consistente com a atual filosofia de intervenção, atua como fonte de mal-entendidos, deslocando de modo eficiente o pensamento dos operadores do direito socioeducativo em direção à teoria da intervenção da justiça ordinária criminal de adultos. Adotamos as críticas feitas por Digiácomo (2006, p. 208-209):

> [...] falar em "Direito Penal Juvenil" é retroceder à época anterior ao Estatuto da Criança e do Adolescente e à "Doutrina da Proteção Integral à Criança e ao Adolescente" que, adotada pelo art. 227, da Constituição Federal de 1988, inspirou o Estatuto, desconsiderando por completo toda normativa – inclusive internacional – criada justamente para permitir que adolescentes acusados da prática de ato infracional recebessem um tratamento diferenciado daquele tradicionalmente destinado aos adultos acusados da prática de crimes, de natureza EXTRAPENAL [...].

Outra implicação importante é: normas "formalmente sérias" de justiça para adultos, como menções a crimes hediondos, de perigo abstrato e outras decorrentes de mandamentos de criminalização, levam à ocultação ou camuflagem, mesmo para intérpretes judiciais do Direito, do fato de que elas são internamente heterogêneas em relação à gravidade. Sob a perspectiva estritamente formal (sem olhar para os fatos e sem individualizar a observação por escrutínio rigoroso), tudo dentro do CP adulto "parece ser extremamente grave". Tal lógica implica que, mesmo do ponto de vista técnico e preciso da teoria retributiva, é um erro de avaliação concentrar-se exclusiva ou principalmente na gravidade formal, no título jurídico atribuído à situação problemática, sem o escrutínio estrito do fato empírico representado no ato infracional em análise. Por quê? A razão por nós ressaltada é: estabelecer a seriedade formal do mau comportamento juvenil pode ofuscar o pensamento dos profissionais do Direito e obstar a observação rigorosa de situações problemáticas, deixando de levar em conta os diferentes graus de culpa dos perpetradores. O problema é que a teoria da dissuasão – que integra o sistema de ideias da RPM e a teoria retributiva – aceita formalmente a categoria "infração grave juvenil" como critério para maior ou menor gravidade da punição.

Um dos resultados de pesquisa mais interessantes e intrigantes é a aliança entre o sistema de justiça para adultos (RPM) e o antigo sistema de ideias sobre Justiça Juvenil, a DSI. Esse resultado é importante sobretudo porque grande parte da literatura jurídica e sociológica brasileira vê persistentemente a filosofia do direito penal adulto como um "remédio" para alguns problemas que foram observados no passado (e que ainda o são hoje) na Justiça Juvenil. Sob a justificativa de atender ao melhor interesse de um adolescente desassistido, protegendo-o dos males sociais, apuramos que a RPM e a DSI mostram grande dificuldade em afastar a aplicação de sanções privativas de liberdade, favorecendo as internações (80% dos casos em que a RPM predominou). Em suma, o sistema de ideias da RPM não encontra dificuldades em apropriar-se e se reforçar com as justificativas das razões de ordem moral oferecidas pela DSI. Essas duas racionalidades, quando estão no campo da Justiça Juvenil, não se contrapõem caso a RPM predomine. Esse retrato apresenta um cenário semelhante ao da justiça de adultos: as teorias de retribuição e dissuasão não se opõem à teoria da reabilitação prisional quando as duas primeiras predominam (GARCIA, 2013; PIRES, 2013 e 2015; GISI *et al.*, 2017). Ainda, as ideias da RPM e DSI são complementares e "tolerantes" em relação à internação, que não é um problema para esses sistemas de ideias ao reconhecer condutas criminalizadas.

Assim, no contexto cognitivo de confronto entre a DPI e a RPM, esta quase sempre prevalece, o que atua como um obstáculo epistemológico real para impedir a reforma da identidade essencial da sanção da Justiça Juvenil. Portanto, por construção judicial, os objetivos antigos previstos nas teorias da punição estão sendo alcançados, também por não receberem o significado do mais recente paradigma do programa de Justiça Juvenil contido no Estatuto de 1990. Com o apoio da RPM, uma das descobertas inovadoras desta pesquisa é a confirmação da não redundância da DPI em promover a evolução quantitativa e identitária das regras de sancionamento.

Conclusão

Retomamos a crítica das estruturas discursivas subjacentes às decisões judiciais, em segundo grau, sobre adolescente em conflito com a lei. A análise de como a ação de julgar é conduzida por painéis de julgadores com *expertise* criminal, ou seja, não especializados, pode contribuir para uma observação mais detalhada das atuações argumentativas e interpretativas, na tentativa de contribuir para melhorar o desempenho do sistema judicial. Isso porque observamos a DPI muito mais utilizada como referência sem efeitos jurídicos relevantes na configuração da identidade ou no tipo e no conteúdo útil da intervenção socioeducativa ordenada. Ou seja, o significado jurídico da DPI no contexto do TJMG talvez esteja muito mais ligado ao seu uso particular como *obiter dictum* do que como *ratio decidendi*: não houve impacto legal e prático na caracterização de sanções criminais apenas devido ao fato de que a DPI está prevista no Estatuto de 1990.

Apurou-se que, *em regra*, nas decisões estudadas procede-se à aplicação normativa de regras de sanções caracterizadas por uma identidade de sentido preponderantemente punitivo/repressivo, além de mencionar razões de moralidade ou senso comum. Com efeito, o profissional do Direito que redige as decisões sobre os atos dos adolescentes opera o CP de adultos quando o processo não trata de medidas de proteção em benefício deles, em razão de ação ou omissão das pessoas responsáveis por ele ou por terceiros, ou do Estado. Portanto, o entendimento majoritário prevalecente no TJMG é de que um processo de ato infracional, mesmo se referindo a um jovem, também possui claro conteúdo "criminal", pois, quando o adolescente recebe uma medida socioeducativa para cumprir por causa de uma conduta considerada "criminosa", é *claramente um processo criminal*, devendo ser solucionado de maneira *análoga* aos casos criminais. Dessa feita, as câmaras criminais lidam com delitos juvenis sem que isso estabeleça uma diferença cognitiva, e a principal justificativa é a competência legal investida aos juízes criminais para impor cargas dolorosas sobre as pessoas acusadas, pela aplicação do direito penal.

A confiança que muitos profissionais da justiça têm em punir exclusivamente pela restrição da liberdade parece imbatível. Porém, não é fácil aceitá-la passivamente, sobretudo no Brasil atual, onde as taxas de reincidência aumentam, as condições de prisão são horríveis e totalmente colonizadas por gangues que atuam atrás das grades. Adicione-se que a falta de condições adequadas em instalações juvenis especialmente designadas não prejudica a convicção de alguns membros do Poder Judiciário, em respeito à manutenção do significado punitivo. Uma vez que selecionem os motivos retributivos para justificar a punição obrigatória sobre a delinquência juvenil, em um sentido indiferenciado, eles provavelmente bloquearão todos os critérios legais remanescentes para permitir a execução de regras peculiares da Justiça Juvenil. Assim, quando o Direito *não* é operado para fazer a diferença e *não* se distingue a Justiça Juvenil do CP brasileiro, *valida-se o sistema de ideias da RPM e corrompe-se o programa da DPI*. Então, por meio do discurso jurídico judicial está-se construindo socialmente sistemas de ideias que se ligam ao antigo (sistema de ideias familiar), não ao último (sistema de ideias desconhecidas). A não assimilação na formatação da operação judicial da forma de julgamento prescrita pela legislação elabora um discurso dotado de efeitos jurídicos a reproduzir a desigualdade social, a violência e a não inclusão nos equipamentos do Estado de bem-estar social.

Do ponto de vista sociológico, a adoção em massa do sistema de ideias da RPM resulta em uma bifurcação interna dentro do sistema de Justiça Juvenil. De fato, como a RPM é uma filosofia de intervenção do sistema criminal adulto, a introdução dessa filosofia na Justiça Juvenil pela jurisprudência do Tribunal de Justiça impede a unificação da filosofia de intervenção para a juventude, porque não aceita a produção dos efeitos decorrentes do código próprio. Isso revela um tipo de paradoxo: a Justiça Juvenil afirma sua diferença em relação aos adultos negando o que constitui a diferença entre os dois "juízes" ou as duas filosofias de intervenção.

Os significados assimilados na jurisprudência mantém ou restabelecem os sentidos das teorias das punições dos adultos e, ao dominarem o processo decisório, obstam o surgimento de normas de sanção logicamente adequadas à legislação específica. Assim, ao descrever de maneira objetiva padrões de comportamento judicial socialmente organizado – mais precisamente comunicação argumentativa – no sistema legal (LUHMANN, 1995, p. 286), identificamos e depois compreendemos a formatação de sistemas de valores ou sistemas de ideias que influenciam o processo diário de aplicação de sanções juvenis, *no sentido das teorias da pena*, no contexto cognitivo do TJMG.

Ainda, ao proceder à leitura das decisões estudadas vê-se que a principal preocupação nos recursos consiste na tarefa de formular jurisprudência para julgamentos futuros e não levar em conta o "estado de coisas" concreto na situação jurídica dos indivíduos, com base em relatórios contemporâneos a serem elaborados por trabalhadores sociais. Esses resultados de pesquisa mostram que o Tribunal ainda não está organizado socialmente para julgar recursos ordinários apresentados em casos relacionados à delinquência juvenil, ao contrário da forma estabelecida para julgar a criminalidade de adultos. Por fim, o Tribunal não expõe nenhuma preocupação institucional em relação à necessidade de observar uma intervenção cognitiva explicitamente dirigida a jovens infratores, uma vez que não há distinção clara entre crime e delinquência juvenil, sob a orientação filosófico-legal da reação social na amostra obtida.

Por outro lado, mediante o uso da Sociologia com o Direito é possível que se proceda à análise crítica para transformar o sistema de Justiça Juvenil Brasileiro, objetivando tornar a "arte da sentença" mais preocupada com os direitos humanos, considerando a filosofia de intervenção, denominada Justiça Restaurativa. Outra possível contribuição social é o apoio à reconstrução e consolidação de uma forma de intervenção em matéria penal mais adequada aos direitos fundamentais no campo das decisões e sanções, de modo a reduzir o "diálogo sem troca" (GARCIA, 2011, p. 417) entre juristas e sociólogos do crime.

Referências

ALVAREZ, Marcos César. *A emergência do Código de Menores de 1927*. 1989. Dissertação (Mestrado em Sociologia) – Departamento de Sociologia, Faculdade de Filosofia, Letras e Ciências Humanas, Universidade de São Paulo, São Paulo, 1989.

CAPPI, Riccardo. Pensando as respostas estatais às condutas criminalizadas: um estudo empírico dos debates parlamentares sobre a redução da maioridade penal (1993-2010). *Revista de Estudos Empíricos em Direito*, São Paulo, v. 1, n. 1, p. 10-27, jan. 2014. Disponível em: https://reedrevista.org/reed/article/view/6. Acesso em: 11 jun. 2019.

CICOUREL, Aaron V. *The social organization of juvenile justice*. New Jersey: Transaction Publishers, 1995.

COSTA, Ana Paula Motta; GOLDANI, Julia Maia. A influência do contexto familiar nas decisões judiciais a respeito de atos infracionais de adolescentes: o intervencionismo familiar ainda se faz presente? *Textos & Contextos*, Porto Alegre, v. 14, n. 1, p. 87-103, jan./jun. 2015. Disponível em: https://www.redalyc.org/pdf/3215/321540660008.pdf. Acesso em: 20 maio 2019.

DIGIÁCOMO, Murilo. Garantias processuais do adolescente autor de ato infracional: o procedimento para apuração do ato infracional à luz do direito da criança e do adolescente. *In*: ILANUD; ABMP; SEDH; UNFPA (org.). *Justiça, adolescente e ato infracional*: socioeducação e responsabilização. São Paulo: ILANUD, 2006. p. 207-245. Disponível em: http://www.crianca.mppr.mp.br/arquivos/File/publi/ilanud/book_just_adol_ato_infrac.pdf. Acesso em: 20 maio 2019.

DUBÉ, Richard. Les angles d'observation de la rationalité pénale moderne et la recherche empirique. *In*: DUBÉ, Richard; GARCIA, Margarida; MACHADO, Maíra Rocha (org.). *La rationalité pénale moderne* [ressource électronique]: réflexions théoriques et explorations empiriques. Ottawa: Les Presses de l'Université d'Ottawa, 2013.

DUBÉ, Richard; GARCIA, Margarida; MACHADO, Maíra Rocha (org.). *La rationalité pénale moderne*: réflexions théoriques et explorations empiriques. Ottawa: Les Presses de l'Université d'Ottawa, 2013.

GARCIA, Margarida. De nouveaux horizons épistémologiques pour la recherche empirique en droit: décentrer le sujet, interviewer le système et "désubstancialiser" les catégories juridiques. *Les Cahiers de Droit*, [s.l.], v. 52, n. 3-4, p. 417-459, set./dez. 2011.

GARCIA, Margarida. La théorie de la rationalité pénale moderne: un cadre d'observation, d'organisation et de description des idées propres au système de droit criminel. *In*: DUBÉ, Richard; GARCIA, Margarida; MACHADO, Maíra Rocha (org.). *La rationalité pénale moderne*: réflexions théoriques et explorations empiriques. Ottawa: Les Presses de l'Université d'Ottawa, 2013. p. 37-72.

GARCÍA MÉNDEZ, Emilio. *Infância*: de los derechos y de la justicia. Buenos Aires: Editores del Puerto, 2004.

GISI, Bruna; TONCHE, Juliana; ALVAREZ, Marcos Cezar; OLIVEIRA, Thiago. A teoria da "Racionalidade Penal Moderna" e os desafios da justiça juvenil: entrevista com Alvaro Pires. *Plural – Revista de Ciências*, São Paulo, v. 24, n. 1, p. 124-160, 2017. Disponível em: https://www.revistas.usp.br/plural/article/download/137506/133166. Acesso em: 20 maio 2019.

LUHMANN, Niklas. Legal argumentation: an analysis of its form. *The Modern Law Review*, Oxford, v. 58, n. 3, p. 285-298, maio 1995. Disponível em: https://heinonline.org/HOL/LandingPage?handle=hein.journals/modlr58&div=32&id=&page=. Acesso em: 20 maio 2019.

LUHMANN, Niklas. *Law as a social system*. Oxford: Oxford University Press, 2004.

MACHADO, Maíra Rocha; MACHADO, Marta Rodriguez de Assis. O direito penal é capaz de conter a violência? *In*: SILVA, Felipe G.; RODRIGUEZ, José Rodrigo (org.). *Manual de sociologia jurídica*. São Paulo: Saraiva, 2013. p. 327-350.

MEAD, George H. The psychology of punitive justice. *American Journal of Sociology*, [s.l.], v. 23, n. 5, p. 577-602, mar. 1918. Disponível em: https://www.journals.uchicago.edu/doi/pdfplus/10.1086/212795. Acesso em: 20 maio 2019.

MENDONÇA RAUPP, Mariana. *La réforme pénale de 1984 au Brésil*: pourquoi est-il si difficile de réduire le recours à l'incarcération? 2015. Tese (Doutorado em Criminologia) – Université d'Ottawa, Ottawa, 2015. Disponível em: https://ruor.uottawa.ca/handle/10393/32799. Acesso em: 20 maio 2019.

PIÑERO, Verónica. *Protección del menor vs. protección de la sociedad*: la racionalidad penal moderna en la justicia de menores. Buenos Aires: Ad-Hoc, 2007.

PIRES, Alvaro. La "ligne maginot" en droit criminel: la protection contre le crime versus la protection contre le prince. *Revue de Droit Pénal et de Criminologie*, Bruxelas, v. 81, n. 2, p. 145-170, fev. 2001a.

PIRES, Alvaro. La "Línea Maginot" en el derecho penal: la protección contra el crimen versus la protección contra el príncipe. *Nueva Doctrina Penal*, Buenos Aires, p. 71-96, 2001b.

PIRES, Alvaro. A racionalidade penal moderna, o público e os direitos humanos. *Novos Estudos Cebrap*, São Paulo, v. 68, n. 3, p. 39-60, mar. 2004. Disponível em: https://edisciplinas.usp.br/pluginfile.php/121354/mod_resource/content/1/Pires_A%20racionalidade%20penal%20moderna.pdf. Acesso em: 17 maio 2019.

PIRES, Alvaro. Naissance et développement d'une théorie et ses problèmes de recherche. *In*: DUBÉ, Richard; GARCIA, Margarida; MACHADO, Maíra Rocha (org.). *La rationalité pénale moderne*: réflexions théoriques et explorations empiriques. Ottawa: Presses de l'Université d'Ottawa, 2013. p. 289-323.

PIRES, Alvaro. *Pour une relecture de quelques contributions d'Edwin Lemert à l'observation sociologique des réformes législatives*. Chaire de recherche du Canada en Traditions juridiques et rationalité pénale. Document de travail [working paper]. Ottawa: Université d'Ottawa, 2015.

PIRES, Álvaro. *Les théories de la peine*. Apresentação em Powerpoint. *In*: Chaire de Recherche du Canada en Traditions Juridiques et Rationalité Pénale. Ottawa: Université d'Ottawa, 2016.

SARAIVA, João Batista Costa. As garantias processuais e o adolescente a que se atribua a prática de ato infracional. *In*: ILANUD; ABMP; SEDH; UNFPA (org.). *Justiça, adolescente e ato infracional*: socioeducação e responsabilização. São Paulo: ILANUD, 2006. p. 175-205. Disponível em: http://www.crianca.mppr.mp.br/arquivos/File/publi/ilanud/book_just_adol_ato_infrac.pdf. Acesso em: 20 maio 2019.

SEARLE, John R. *Rationality in action*. Kindle Edition, 2001.

SPOSATO, Karyna Batista. *Direito penal de adolescentes*: elementos para uma teoria garantista. São Paulo: Saraiva, 2013.

SPROTT, Jane B. How do court officials "create" youth crime? The use and consequences of bail conditions. *Canadian Criminal Law Review*, [s.l.], v. 19, n. 1, p. 27-39, jan. 2015.

WANDALL, Rasmus H. *Decisions to imprison*: court decision-making inside and outside the law. Burlington: Ashgate Publishing Limited, 2008.

Capítulo 9
Penas iguais para crimes iguais?
Uma análise da aplicação da pena em crimes de roubo no Tribunal de Justiça de São Paulo e de alternativas que privilegiam a individualização

Luísa Moraes Abreu Ferreira

Introdução

É comum a visão de que a limitação da discricionariedade do juiz na aplicação da pena é necessária para evitar o arbítrio judicial e, com isso, garantir maior igualdade entre os condenados. Contudo, embora haja várias formulações possíveis da ideia de igualdade na aplicação da pena, as teorias modernas da pena (retribuição e dissuasão) favoreceram a concepção de que as penas devem ser determinadas de forma objetiva e proporcional à gravidade do tipo penal violado. A ideia de que "iguais devem ser tratados de forma igual e desiguais, de forma desigual" foi interpretada, em muitos países, com sentido de *uniformidade*, de que "tipos penais iguais devem ter como consequência penas iguais".

E, embora igualdade e proporcionalidade sejam postulados de proteção individual (e que estabelecem limites a partir dos quais não se pode punir), criam obstáculos cognitivos e práticos para a *não intervenção penal ou aplicação de sanções alternativas à prisão*. A imposição abstrata de um mínimo de sofrimento impede que o juiz, que tem o caso concreto diante dos olhos, diminua a pena, aplique sanções alternativas à prisão ou deixe de aplicar sanção.

São princípios revestidos de "auréola de moderação" (Pires, 2008a, p. 113) que dificultam seu questionamento. Afinal, quem pode argumentar contra um princípio de justiça?

Com o objetivo de verificar algumas das consequências de privilegiar um sistema de penas "uniformes" e "proporcionais à gravidade do tipo penal", em detrimento de maior possibilidade de individualização da pena, isto é, de adaptação da pena ao caso concreto, foi realizada uma pesquisa empírica sobre casos de roubo julgados pelo Tribunal de Justiça do Estado de São Paulo (TJSP) e que deu origem à Dissertação de Mestrado apresentada à Faculdade de Direito da Universidade de São Paulo em 2014 (FERREIRA, 2014), que será parcialmente relatada neste capítulo.

Este capítulo insere-se em um grande campo de trabalhos que têm como objetivo questionar paradigmas do sistema de justiça criminal que impedem ou dificultam a implementação de sanções não punitivas, fora da prisão, e de conceitos como perdão e dispensa de pena, sobre o que "se tornou invisível por excesso de visibilidade" (PIRES, 2008b, p. 51). O quadro teórico em que se fundamenta é a teoria da RPM, desenvolvida por Alvaro Pires, uma "teoria sociológica sistêmica"[1] (GARCIA, 2012, p. 40) sobre "um sistema de ideias" formado pelas teorias da pena e que "foi gradualmente construída para responder a um problema de pesquisa preciso": obstáculos a reformas práticas e institucionais do direito criminal. É uma forma de observar, organizar e descrever fenômenos que dificultam a legitimação, a generalização e a estabilização de sanções que não têm como objetivo a infligir de um mal a alguém (GARCIA, 2012, p. 39-40). A forma de punir assumida por esse sistema de ideias é a obrigação de punir em sentido estrito, ou seja, a obrigação de infligir um mal (PIRES, 2004). Qualquer possibilidade de não punir, esquecer ou perdoar está excluída.

1. A aplicação da pena no Brasil e a centralidade da pena de prisão: pena mínima atrelada ao tipo penal, aumentos obrigatórios e impossibilidade de substituição de prisão

No direito penal brasileiro, o legislador tem a função de estabelecer os patamares mínimo e máximo de pena desde o Código Criminal do Império, de 1830.[2]

---

[1] Em 2001, Pires passou a fazer uso das ferramentas conceituais da teoria dos sistemas de Niklas Luhmann para reformular sua própria teoria.
[2] O Código Criminal promulgado em 1830 teve inspiração no iluminismo penal do século XVIII, também fonte da Constituição de 1824 e dos códigos criminais da primeira parte do século XIX, como os códigos penais franceses de 1791 e 1810. O art. 179, XVIII, da Carta Cons-

O art. 68 do atual Código Penal (CP) estabelece o que a doutrina denominou "sistema trifásico" de aplicação da pena, de acordo com o qual:

i) primeiro o juiz deve analisar os fatos à luz das categorias penais e das circunstâncias judiciais do art. 59 do CP e aplicar a pena-base dentro dos limites mínimo e máximo estabelecidos em lei;
ii) fixada a pena-base, o juiz aplica as circunstâncias legais, atenuantes e agravantes previstas de forma taxativa nos arts. 61 a 66 do CP, sem poder aplicar a pena abaixo do mínimo previsto em lei para o tipo penal, mesmo diante da presença de circunstâncias atenuantes;[3] e, por fim,
iii) aplica as causas de aumento e de diminuição, previstas na Parte Geral ou atreladas ao próprio tipo penal para obter a pena definitiva.

Os aumentos e as diminuições da segunda fase são aplicados sobre a pena-base, e os da terceira fase, sobre a pena obtida na segunda fase. Em razão do sistema trifásico, entende a jurisprudência que a compensação entre circunstâncias só pode ocorrer dentro de cada fase. Ou seja, é possível compensar maus antecedentes com as consequências pouco graves do crime (circunstâncias judiciais do art. 59), mas não com a confissão espontânea (circunstância atenuante do art. 65).[4]

A lei não prevê o *quantum* para o aumento ou para a diminuição em razão de circunstâncias agravantes e atenuantes: limita-se a prever que as circunstâncias elencadas "sempre agravam" ou "sempre atenuam" a pena. É o juiz, com base no caso concreto, que deve definir a quantidade de aumento e diminuição mais adequada. Considerando que o CP de 1984 adotou o sistema trifásico de aplicação da pena e que a referência à aplicação da pena dentro dos limites mínimo e máximo só está presente no art. 59 (primeira fase de aplicação), a discussão sobre a possibilidade de aplica-

---

tituicional do Império (1824) já continha algumas disposições de política criminal acerca, por exemplo, da proibição de penas cruéis, da pessoalidade das penas e das condições mínimas de segurança e limpeza das prisões (LOPES, 2002, p. 286-287).

[3] Machado *et al.* descrevem esse caso como de "auto-obstrução" do sistema jurídico à sua atuação, uma vez que a "mensagem da lei penal (sistema político) não impede a redução aquém do mínimo" (MACHADO *et al.*, 2009, p. 29).

[4] STJ, REsp 223.360/SP, Relator Ministro Vicente Leal, 6ª Turma, julgado em 14/03/2000, DJ 03/04/2000.

ção da pena em patamar aquém do mínimo legal em virtude da existência de circunstância atenuante foi levada aos tribunais. Em 1999, o Superior Tribunal de Justiça (STJ) editou a Súmula 231 vedando essa possibilidade, e a interpretação de que não se pode fixar a pena aquém do mínimo legal – criticada por muitos autores – é firme até hoje.

Obtida a pena definitiva, e não sendo caso de substituição da pena privativa de liberdade por restritiva de direito, o juiz deve decidir acerca do regime inicial de cumprimento da pena de prisão.

Três são os regimes penitenciários: fechado, semiaberto e aberto.[5] Na sentença condenatória, caso a pena de prisão não tenha sido substituída,[6] o juiz deve fixar o regime inicial de cumprimento de pena.[7] Para a decisão acerca do regime inicial, ele deve levar em consideração, principalmente, a quantidade de pena aplicada. Nos casos de penas superiores a oito anos, o regime inicial deve ser o fechado; se a pena for superior a quatro anos e inferior a oito, o regime inicial, em regra, é o semiaberto; se a pena for inferior ou igual a quatro, em regra, regime aberto. Para decidir o regime nos casos de pena menor de oito anos, o juiz deve levar em consideração as circunstâncias judiciais do art. 59 do CP (as mesmas para aplicação da pena-base) e a reincidência.[8]

---

[5] O preso em regime fechado cumpre pena na penitenciária; o cumprimento de pena em regime semiaberto é feito em colônia agrícola, com número reduzido de agentes penitenciários e mais flexibilidade de horários; por fim, a pena em regime aberto deve ser cumprida em casas do albergado, que devem se situar em centros urbanos e permitir a saída do indivíduo durante o dia (DOTTI, 2010, p. 663). Essas disposições são, em geral, descumpridas, não existindo vagas suficientes para cumprimento de pena em regime semiaberto e aberto.

[6] De acordo com o art. 44 do CP, "as penas restritivas de direitos são autônomas e substituem as privativas de liberdade, quando: I – aplicada pena privativa de liberdade não superior a quatro anos e o crime não for cometido com violência ou grave ameaça à pessoa ou, qualquer que seja a pena aplicada, se o crime for culposo; II – o réu não for reincidente em crime doloso; III – a culpabilidade, os antecedentes, a conduta social e a personalidade do condenado, bem como os motivos e as circunstâncias indicarem que essa substituição seja suficiente".

[7] Diz-se "regime inicial" porque nosso sistema de execução de pena é progressivo. O preso inicia o cumprimento de pena no regime determinado pelo juiz da instrução e, progressivamente, é transferido para regimes mais brandos.

[8] Art. 33, § 2º: "As penas privativas de liberdade deverão ser executadas em forma progressiva, segundo o mérito do condenado, observados os seguintes critérios e ressalvadas as hipóteses de transferência a regime mais rigoroso: a) o condenado a pena superior a 8 anos deverá começar a cumpri-la em regime fechado; b) o condenado não reincidente, cuja pena seja superior a 4 anos e não exceda a 8, poderá, desde o princípio, cumpri-la em regime semiaberto; c) o condenado não reincidente, cuja pena seja igual ou inferior a 4 anos, poderá, desde o início,

Além disso, há leis específicas que determinam o regime inicial fechado para alguns crimes, como a Lei n. 8.702/1990 (Lei dos Crimes Hediondos), que impõe regime inicial fechado para crimes como tortura e terrorismo, mesmo se a pena aplicada for inferior a oito anos.

Embora seja possível identificar na produção legislativa brasileira nas últimas décadas uma preocupação em restringir o regime fechado de prisão para delitos considerados mais graves, a pena privativa de liberdade continua sendo a espinha dorsal do sistema: 97% dos tipos penais que compõem a legislação brasileira preveem a prisão como sanção (cumulada ou não com outra pena). A possibilidade de substituição por penas restritivas de direito é possível se atendidas as condições do art. 44 do CP, relacionadas à quantidade de pena privativa de liberdade aplicada, à natureza do crime, à modalidade de execução, à reincidência e à "suficiência" da substituição. Nos crimes praticados com violência ou grave ameaça ou em casos em que a pena privativa de liberdade aplicada for maior que quatro anos, a única pena possível a ser aplicada é a prisão, cumulada com a pena de multa.

Há exceções, "experiências pontuais que não reproduziram inteiramente a prática de redigir normas de sanção exclusivamente por intermédio do estabelecimento de uma pena mínima e uma pena máxima de privação de liberdade" (MACHADO, PIRES, FERREIRA e SCHAFFA, 2009, p. 31). O art. 28 da Lei n. 11.343/2006 (uso de substância entorpecente) é um exemplo de norma de sanção com diferentes espécies (ou qualidades) de pena cominadas que podem ser aplicadas isoladas ou cumulativamente (advertência sobre os efeitos das drogas; prestação de serviços à comunidade; medida educativa de comparecimento a programa ou curso educativo). No Código Eleitoral (Lei n. 4.737/1965), a indicação das penas mínimas está nas "disposições preliminares" da lei, e não atrelada ao tipo penal.

Assim, embora tenham sido promulgadas leis chamadas de "despenalizadoras", alguns (poucos) movimentos de restrição à pena privativa de liberdade e alguns dispositivos que ampliam a margem do juiz para aplicar a pena mais adequada ao caso concreto, o sistema brasileiro continua centralizado na pena privativa de liberdade e na existência de limites míni-

---

cumpri-la em regime aberto. § 3º A determinação do regime inicial de cumprimento da pena far-se-á com observância dos critérios previstos no art. 59 deste Código".

mos de pena estabelecidos pelo legislador. O princípio da individualização da pena, consagrado pela Constituição Federal (art. 5º, XLVI), é conformado por limites qualitativos e quantitativos estabelecidos em abstrato pelo legislador e também por práticas judiciais que têm como resultado a autolimitação das tarefas do juiz.

2. Análise de casos de roubo julgados pelo TJSP

Considerando o papel exercido pela noção de que "crimes iguais merecem penas iguais", o objetivo da pesquisa foi investigar *qual a igualdade alcançada com a criação de limites mínimos e de aumentos*. Ou seja, se houver alguma igualdade entre crimes e penas, qual o critério usado para definir crimes como iguais para que recebam penas iguais?

Para isso, foram examinados, de maneira qualitativa, 60 acórdãos do TJSP em que foi aplicada pena mínima para roubo com causa de aumento (5 anos e 4 meses). Foram analisadas as diferenças e as semelhanças entre os casos concretos que levaram à condenação pela mesma pena, as informações factuais disponíveis nos acórdãos e questões que deixaram de ser apreciadas ou deixaram de ter impacto na pena final.[9]

Os casos de roubo estudados, selecionados pela pena aplicada de cinco anos e quatro meses, dizem respeito, em geral, a condenações pelo art. 157, *caput*, com uma ou mais causas de aumento, em diversas combinações dos incisos I e II do § 2º (uso de arma e concurso de pessoas).[10] Nesses casos (roubo com causa de aumento), a pena mínima é de cinco anos e quatro meses, resultado da soma da pena mínima do *caput* (4 anos) com o aumento mínimo de 1/3 (1 ano e 4 meses) em razão da presença de uma ou mais causas de aumento do § 2º. Em todos os casos, o regime aplicado foi de prisão, semiaberto ou fechado.

Optou-se pela pesquisa qualitativa (tratamento não numérico de dados), porque a análise detalhada de cada decisão e a comparação dos casos concretos de cada processo eram mais relevantes do que a frequência ou a representatividade deles, e por compor o corpo empírico na estrutura aberta.

[9] Para a descrição completa da metodologia da pesquisa, ver Ferreira (2014).
[10] Em nenhum caso houve condenação pelo art. 157, § 1º (violência ou grave ameaça para assegurar impunidade ou para deter a coisa), ou 157, § 2º, III (transporte de valores), IV (subtração de veículo automotor que venha a ser transportado para outro estado) ou V (restrição de liberdade da vítima).

Considerando esses objetivos e as limitações da base de dados, iniciaram-se, no começo de 2012, a coleta e a análise de acórdãos julgados em 2011, da data mais recente para a mais antiga. A decisão de interromper a coleta dos acórdãos se deu com a utilização do princípio da saturação.[11]

A leitura dos acórdãos revelou casos muito distintos sob a mesma quantidade de pena e sob o mesmo regime inicial.[12] Dois acusados que pediram duas pizzas por telefone e, quando o entregador chegou, subtraíram as pizzas e R$ 140,00 com ameaça de faca e confessaram o crime, afirmando que eram dependentes químicos e precisavam de dinheiro para comprar mais droga, receberam a pena de cinco anos e quatro meses, em regime inicial fechado.[13] Pena idêntica à de acusados que, com armas de fogo, invadiram residência e exigiram que a vítima entrasse em seu veículo e dirigisse, com eles, até outro município. Ao final, a vítima foi amarrada, amordaçada, encapuzada e abandonada em um canavial.[14]

Foram também estudados casos distintos que, além de terem como consequência a mesma pena e o mesmo regime, tiveram fundamentação idêntica. Um deles diz respeito a indivíduo que, sozinho e com uma faca, subtraiu um aparelho de celular de uma vítima na rua. Confessou o crime na polícia e em juízo, sempre alegando que era dependente químico e estava "drogado" quando cometeu o crime.[15] No outro caso, que teve fundamentação idêntica, dois indivíduos armados abordaram a vítima no momento em que ela estava fechando seu bar e anunciaram o assalto.[16] As apelações foram julgadas no mesmo dia e tiveram o mesmo desembargador como relator do caso.

Em outros dois casos, a fundamentação da pena e a do regime foram idênticas, um diz respeito ao roubo de uma Kombi por duas pessoas que

---

[11] O princípio da saturação é explicado por Alvaro Pires como o fenômeno pelo qual o pesquisador julga que os novos documentos não trazem informações novas que justifiquem continuar com a coleta de dados (PIRES, 2008c, p. 198).

[12] Os resultados completos da pesquisa podem ser acessados na dissertação. Para fins deste capítulo, serão resumidas as principais constatações.

[13] TJSP, Apelação Criminal 0015819-74.2009.8.26.0482, Relator Figueiredo Gonçalves, 1ª Câmara de Direito Criminal, julgado em 28/11/2011, registrado em 28/11/2011.

[14] TJSP, Apelação Criminal 0001852-27.2008.8.26.0213, Relator Guilherme de Souza Nucci, 16ª Câmara de Direito Criminal, julgado em 13/12/2011, registrado em 15/12/2011.

[15] TJSP, Apelação Criminal 0002917-66.2010.8.26.0058, Relator Paiva Coutinho, 11ª Câmara de Direito Criminal, julgado em 14/12/2011, registrado em 23/01/2012.

[16] TJSP, Apelação Criminal 0006268-40.2010.8.26.0028, Relator Paiva Coutinho, 11ª Câmara de Direito Criminal, julgado em 30/11/2011, registrado em 20/01/2012.

se fingiram armadas e o outro narra a invasão em residência por cinco pessoas armadas e em que foram roubados diversos objetos pessoais, relógios, joias e dinheiro.[17]

A análise isolada de algumas questões de fato que em geral são relevantes para a aplicação da pena (confissão, uso de arma, etc.) também revelou fatos muito distintos sobre a pena de cinco anos e quatro meses de prisão. Há casos de violência física (vítima "agarrada pelas costas",[18] imobilização pelo braço,[19] vítima "segurada pelo pescoço"[20]), de ameaça de morte com uso de arma,[21] caso em que a vítima foi ameaçada com "palavras", mas sem uso de arma ou violência física.[22] Casos em que os acusados usaram várias armas de fogo, em que o acusado encostou faca no corpo de vítima[23] e outro em que apenas "retirou objeto da cintura, aparentando ser uma faca".[24] Há caso em que foram subtraídos R$ 18,00[25] e outro em que foram levados um carro, um *notebook*, duas filmadoras, quatro celulares e roupas, de uma vez.[26] Casos em que os bens foram recuperados depois do roubo, mas isso não foi considerado para aplicar a pena.[27]

---

[17] TJSP, Apelação Criminal 0043637-02.2010.8.26.0050, Relator Ricardo Tucunduva, 6ª Câmara de Direito Criminal, julgado em 1º/12/2011, registrado em 12/01/2012; TJSP, Apelação Criminal 0044920-60.2010.8.26.0050, Relator Ricardo Tucunduva, 6ª Câmara de Direito Criminal, julgado em 15/12/2011, registrado em 12/01/2012.

[18] TJSP, Apelação Criminal 0086903-73.2009.8.26.0050, Relator Fábio Gouvêa, 10ª Câmara de Direito Criminal, julgado em 24/11/2011, registrado em 29/11/2011.

[19] TJSP, Apelação Criminal 0219614-95.2009.8.26.0000, Relator Augusto de Siqueira, 13ª Câmara de Direito Criminal, julgado em 15/12/2011, registrado em 13/01/2012.

[20] TJSP, Apelação Criminal 0274521-20.2009.8.26.0000, Relator Alexandre Almeida, 11ª Câmara de Direito Criminal, julgado em 14/12/2011, registrado em 18/01/2012.

[21] TJSP, Apelação Criminal 0008713-47.2010.8.26.0637, Relator Fábio Gouvêa 10ª Câmara de Direito Criminal, julgado em 10/11/2011, registrado em 23/11/2011.

[22] TJSP, Apelação Criminal 0047005-30.2008.8.26.0554, Relator Fábio Gouvêa, 10ª Câmara de Direito Criminal, julgado em 15/12/2011, registrado em 09/01/2012.

[23] TJSP, Apelação Criminal 0005136-13.2010.8.26.0071, Relator Augusto de Siqueira, 13ª Câmara de Direito Criminal, julgado em 15/12/2011, registrado em 13/01/2012.

[24] TJSP, Apelação Criminal 0015819-74.2009.8.26.0482, Relator Figueiredo Gonçalves, 1ª Câmara de Direito Criminal, julgado em 28/11/2011, registrado em 28/11/2011.

[25] TJSP, Apelação Criminal 0011598-78.2001.8.26.0270, Relator Alexandre Almeida, 11ª Câmara de Direito Criminal, julgado em 01/11/2011, s/d de registro.

[26] TJSP, Apelação Criminal 9000001-46.2010.8.26.0270, Relator Xavier de Souza, 11ª Câmara de Direito Criminal, julgado em 14/12/2011, registrado em 23/01/2012.

[27] TJSP, Apelação Criminal 0017834-80.2011.8.26.0050, Relator Fábio Gouvêa, 10ª Câmara de Direito Criminal, julgado em 24/11/2011, registrado em 29/11/2011.

Mesmo em casos em que foi possível "isolar" alguns fatores que poderiam servir como distinção (uma vez que as demais circunstâncias foram descritas como iguais), essas diferenças não ensejaram penas distintas. Há caso em que um dos acusados não estava presente no momento de abordagem da vítima com grave ameaça, mas mesmo assim teve pena idêntica à dos demais acusados.[28] Além disso, há caso em que duas pessoas participaram do mesmo crime, sem nenhuma distinção no acórdão, com exceção do fato de uma ter confessado e outra não. A confissão não teve efeito na pena em razão da Súmula 231 do STJ.[29]

Usando como critério de distinção circunstâncias que o próprio CP considera relevantes para definição do tipo penal e decisão sobre a pena (arma, confissão, concurso de pessoas, reparação do dano...), há inúmeras situações em que casos distintos tiveram como consequência a mesma quantidade de pena.

Os acórdãos também mostraram a falta de informações sobre o caso concreto, tanto de elementos necessários para a configuração do crime (grave ameaça, por exemplo), causas de aumento (arma, concurso de pessoas), agravantes e atenuantes (confissão) quanto de elementos que poderiam ser considerados relevantes para aferição da culpabilidade e decisão sobre o regime inicial de cumprimento. Algumas circunstâncias, como o impacto do crime na vítima ou a eventual dificuldade financeira ou dependência química do acusado, não apareceram nos casos estudados. Em alguns deles, para eximir-se de fundamentação, a turma julgadora utilizou-se do art. 225 do Regimento do TJSP, que dispõe que, nos casos de manutenção da sentença de primeiro grau, "o relator poderá limitar-se a ratificar os fundamentos da decisão recorrida [...] se suficientemente motivada".[30]

A decisão sobre o regime inicial de cumprimento de pena mencionou e considerou mais as questões de fato do que a decisão sobre a quantidade

---

[28] TJSP, Apelação Criminal 0000491-79.2010.8.26.0673, Relator Mauricio Valala, 10ª Câmara de Direito Criminal, julgado em 10/11/2011, registrado em 28/11/2011.
[29] TJSP, Apelação Criminal 0009115-56.2010.8.26.0564, Relator Nuevo Campos, 10ª Câmara de Direito Criminal, julgado em 1º/12/2011, registrado em 5/12/2011.
[30] TJSP, Apelação Criminal 0219614-95.2009.8.26.0000, Relator Augusto de Siqueira, 13ª Câmara de Direito Criminal, julgado em 15/12/2011, registrado em 13/1/2012; TJSP, Apelação Criminal 0005136-13.2010.8.26.0071, Relator Augusto de Siqueira, 13ª Câmara de Direito Criminal, julgado em 15/12/2011, registrado em 13/01/2012.

de pena, mas, também em relação à decisão sobre o regime, apareceram casos em que fatos semelhantes foram usados como argumento para consequências distintas: em dois casos de violência semelhante (vítima agarrada pelas costas[31] e vítima agarrada pelo pescoço[32]), essa circunstância foi utilizada para motivar, em um caso, a fixação de regime inicial fechado e, em outro, de forma implícita, como argumento favorável à fixação do regime semiaberto (já que não houve uso de arma).

Assim como a falta de informações sobre o fato, a análise da fundamentação das decisões sobre a pena auxilia a explicar como casos tão distintos podem ter como consequência a mesma pena: os fundamentos para a aplicação da pena são praticamente todos genéricos e aplicam-se a diferentes situações. A análise dos acórdãos revelou casos sem nenhuma fundamentação – por exemplo, a manutenção de uma sentença "por expressar os mais escorreitos ditames da lei e do direito"[33] – e casos em que foi aplicado o regime fechado exclusivamente em razão da "gravidade abstrata do crime" ou de elementos que integram o próprio tipo penal ou a causa de aumento.[34] O argumento da "periculosidade" apareceu diversas vezes como justificativa genérica para a imposição de regime fechado em todas as condenações por roubo com causa de aumento.[35] Em um dos casos estudados, o regime fechado foi aplicado porque sempre seria o mais adequado no caso de roubo.[36]

Nos poucos casos em que as finalidades da pena foram expressamente mencionadas, apenas foi indicado que o regime fechado seria "necessário", "suficiente" para atingir essas finalidades, sem mais explicações. Além

---

[31] TJSP, Apelação Criminal 0086903-73.2009.8.26.0050, Relator Fábio Gouvêa, 10ª Câmara de Direito Criminal, julgado em 24/11/2011, registrado em 29/11/2011.

[32] TJSP, Apelação Criminal 0274521-20.2009.8.26.0000, Relator Alexandre Almeida, 11ª Câmara de Direito Criminal, julgado em 14/12/2011, registrado em 18/01/2012.

[33] TJSP, Apelação Criminal 0039084-77.2008.8.26.0050, Relator Sérgio Ribas, 5ª Câmara de Direito Criminal, julgado em 15/12/2011, registrado em 19/12/2011.

[34] TJSP, Apelação Criminal 0040485-96.2010.8.26.0000, Relator Alexandre Almeida, 11ª Câmara de Direito Criminal, julgado em 30/11/2011, registrado em 17/01/2012; TJSP, Apelação Criminal 0015624-63.2004.8.26.0127, Relator Carlos Bueno, 10ª Câmara de Direito Criminal, julgado em 24/11/2011, registrado em 1º/12/2011.

[35] TJSP, Apelação Criminal 0015576-31.2009.8.26.0224, Relator David Haddad, 10ª Câmara de Direito Criminal, julgado em 15/12/2011, registrado em 16/01/2012.

[36] TJSP, Apelação Criminal 0043637-02.2010.8.26.0050, Relator Ricardo Tucunduva, 6ª Câmara de Direito Criminal, julgado em 1º/12/2011, registrado em 12/01/2012.

disso, informações sobre as circunstâncias de fato que motivaram os crimes ou sobre as condições que poderiam auxiliar o juiz na aplicação da pena nem sequer apareceram nos acórdãos: não tendo sido os acusados considerados inimputáveis, o fato de estes serem, por exemplo, dependentes não foi levado em consideração pelos julgadores nem para imposição de outro regime, expressamente permitido pelo CP.

Mesmo em casos em que se fala em "gravidade diferenciada", a expressão parece não passar de recurso retórico: foi apenas mencionada, sem dar lugar à individualização. Em três acórdãos estudados, a fixação do regime fechado baseou-se nos "contornos de gravidade diferenciada", mas a fundamentação do regime foi idêntica para os três, sem nenhuma especificação sobre o que tornaria cada caso "diferenciado" dos demais, tendo em vista que os fatos de cada caso são distintos entre si, embora classificados como roubo: um teve violência física; o outro, uso de faca; e o outro, de arma de fogo. Os bens subtraídos eram distintos. Em um dos casos, o acusado confessou o crime desde o começo, alegando que estava drogado.[37]

A igualdade presente nos casos e refletida na pena é o fato de todos tratarem de roubo com causa de aumento (art. 157, § 2°, do CP). Ponderando exclusivamente sobre esse critério (tipo penal imputado), casos iguais foram tratados de forma igual. Os fatos considerados para a decisão de condenação (houve ou não grave ameaça? Foi constatado o uso de arma?) foram levados em consideração na decisão sobre a pena de forma muito superficial e apenas em alguns casos estudados.

O que parece é que o caso concreto tem relevância até o momento em que é definida a condenação e a presença de causas de aumento ou diminuição. A partir disso, a pena é consequência dessa definição. Considera-se – ainda que implicitamente – respeitado o princípio da individualização da pena mesmo que dois casos muito distintos, mas que tenham se encaixado na mesma categoria de imputação, recebam penas iguais.

Há acórdão do STF que ilustra essa situação. Trata-se de caso em que a defesa alegou que o entendimento de que os crimes de roubo e furto

---

[37] TJSP, Apelação Criminal 0061129-09.2010.8.26.0114, Relator Paiva Coutinho, 11ª Câmara de Direito Criminal, julgado em 30/11/2011, registrado em 24/01/2012.
TJSP, Apelação Criminal 0002917-66.2010.8.26.0058, Relator Paiva Coutinho, 11ª Câmara de Direito Criminal, julgado em 14/12/2011, registrado em 23/01/2012.
TJSP, Apelação Criminal 0006268-40.2010.8.26.0028, Relator Paiva Coutinho, 11ª Câmara de Direito Criminal, julgado em 30/11/2011, registrado em 20/01/2012.

se consumam com a simples posse do bem viola o princípio de individualização da pena se aplicado de forma absoluta, já que serão tratados da mesma forma que casos em que o acusado é identificado meses depois do crime. No caso concreto, o acusado havia sido imediatamente perseguido pela polícia, e a defesa argumentou que seria inconstitucional tratá-lo de forma igual aos demais roubos, com posse pacífica do bem. No acórdão, o STF entendeu que "o princípio da individualização da pena não tem qualquer relação com a definição do momento consumativo do delito". Classificado o caso como crime consumado, não violaria a individualização da pena tratar esse caso de forma igual aos demais crimes consumados.[38]

Porém, a existência de penas mínimas obrigatórias, nesse exemplo, impede que a questão seja resolvida pela pena. Se não houver circunstâncias consideradas desfavoráveis, o fato classificado como "roubo" receberá a pena de outros casos classificados como roubo, independentemente de relevante diferença na posse do bem.

De que há casos muito distintos sob a mesma pena mínima, portanto, não há dúvida. O que existe é uniformidade das penas para os crimes de roubo com causa de aumento, mas não necessariamente "penas iguais para crimes iguais".

3. Existe alternativa?

A escolha entre as diferentes formas de estruturar essa discricionariedade passa pelo paradoxo entre individualização e uniformidade. Se somente a pena determinada por lei garantiria penas iguais para os mesmos tipos penais (princípio da igualdade e da uniformidade), a individualização só seria concretizada se a pena fosse definida em função do indivíduo e do caso concreto.

No Brasil, como visto, esses ideais estão compatibilizados pela doutrina com a existência de limites mínimos e máximos para cada tipo penal – o que garantiria penas parecidas para tipos penais parecidos – e com a possibilidade de o juiz escolher a pena concreta dentro desses limites, de acordo com critérios legais e constitucionais – o que permitiria a individualização.

Em outros países, no entanto, especialmente nos quais houve recente reforma na aplicação da pena, a questão foi colocada em outros termos.

---

[38] STF, HC 108.678/RS, Relatora Ministra Rosa Weber, 1ª Turma, julgado em 17/04/2012, publicado em 10/05/2012.

Individualização e uniformidade são vistas como ideais concorrentes entre si:

> O esforço de estruturar a aplicação da pena por meio de diretrizes para o juiz envolve um dilema filosófico para os agentes de controle social formal – o equilíbrio entre o princípio da uniformidade (acusados semelhantes devem receber sanções semelhantes) e o da individualização da pena (agentes de controle social devem ter discricionariedade de adequar sanções às características particulares e às situações individuais de acusados). (ULMER, 1997, p. 3, tradução nossa)

> Discricionariedade é causa para o mal quando leva a decisões injustificadas (discriminação negativa) e inconsistência (disparidade), mas pode ser uma coisa boa se permitir um mecanismo de mostrar clemência que, mesmo que desafiando definição precisa, muitos reconheceriam como necessária à concepção e à distribuição de justiça. Permite que a justiça seja mais humana. (GELSTHORPE e PADFIELD, 2003, p. 6, tradução livre)

> O equilíbrio entre regulação legislativa e judicial no sistema de aplicação da pena é difícil de prever. [...] consistência total no exercício da discricionariedade por quem aplica a pena nunca será alcançada enquanto seres humanos tiverem de tomar as decisões, mas uma aparência mecânica de consistência como a que pode ser produzida por regras rígidas demais pode, da mesma forma, produzir injustiças. (THOMAS, 2003, p. 71)

Esses trechos mostram que, nas últimas décadas, individualização e uniformidade foram colocadas em xeque ao se discutir as bases para a reforma da política criminal em matéria de aplicação da pena em muitos países. Embora no Brasil os princípios não sejam vistos como concorrentes (entende-se que a individualização se satisfaz com a possibilidade de o juiz aplicar a pena entre o mínimo e o máximo e que a existência de penas mínimas e aumentos mínimos obrigatórios satisfaz a exigência de igualdade), a questão da *justiça* de privilegiar um ou outro ideal foi expressamente discutida em outros países e deu origem às mais diversas formas de se estruturar a discricionariedade judicial na aplicação da pena.

A partir de 1970, muitas jurisdições da Europa, da América do Norte e da Oceania passaram por reformas significativas em seus sistemas de aplicação de pena. Apesar das grandes diferenças entre os modelos adotados, pode-se dizer com alguma segurança que as mudanças tiveram como objetivo, em geral, a redução de disparidades indesejadas na aplicação da pena (ASHWORTH, 1992, p. 183). Por se tratar, em sua maioria, de países com tradição de *common law*, antes das reformas os juízes concentravam a tarefa de aplicação da pena, com poucas limitações legislativas e restritas possibilidades de revisão judicial: "Em muitas jurisdições, o legislativo ia pouco além do estabelecimento de penas máximas obrigatórias. A tradição era deixar uma ampla margem de discricionariedade ao judiciário abaixo do máximo" (ASHWORTH, 1992, p. 197, tradução livre).

A descrição dessas técnicas, bem como a de modelos utilizados na prática em alguns países, contribui para vermos a variedade de estratégias disponíveis a estruturar a decisão de aplicação da pena em países que, por tradição, deixavam a decisão nas mãos do Judiciário.

Penas mínimas obrigatórias são usadas em diversas jurisdições de tradição *common law*, como Estados Unidos, África do Sul, Austrália, Canadá, Inglaterra e País de Gales (ASHWORTH, 2009, p. 252), e sua utilização foi ampliada com as reformas no sistema de aplicação de pena, embora muitos dos defensores de maior estruturação da discricionariedade judicial na aplicação da pena por meio de diretrizes sejam contra a criação de penas mínimas obrigatórias por entenderem que geram as mesmas injustiças que as reformas pretenderam evitar (LOWENTHAL, 1993). No entanto, apesar das severas críticas de pesquisadores, juízes e agências independentes, as penas mínimas continuam a atrair considerável atenção política por parte de autoridades e legisladores (ASHWORTH, 2009, p. 253).[39]

Detalharemos sistemas de dois países – Suécia e Nova Zelândia – que optaram por uma forma diferente de estruturação da discricionariedade judicial: a determinação, pelo Legislativo, dos princípios e das políticas que devem ser concretizados pelo juiz nos casos concretos, mas sem as penas ou aumentos obrigatórios.

3.1. Suécia

Nas décadas posteriores à Segunda Guerra Mundial, a Suécia ficou "internacionalmente conhecida por seu interesse em reabilitação penal", embora penas indeterminadas fossem usadas apenas em casos específicos, como jovens e "reincidentes habituais", e, fora dessas categorias, o CP mencio-

---

[39] Os fundamentos da pena mínima são analisados em profundidade em: Machado e Pires (2010) e Machado *et al.* (2009). Sobre os efeitos da pena mínima, ver: Lowenthal (1993) e Tonry (1996).

nasse apenas reabilitação e dissuasão geral, de forma genérica, sem determinar de que forma esses objetivos deveriam ser alcançados pelos juízes (Von Hirsch, 2009, p. 258-259). O efeito era um sistema baseado em duas etapas. Em primeiro lugar, avaliava-se a gravidade da conduta com base em tarifas informais de precedentes judiciais (a menção à dissuasão geral era lida como referência à gravidade da conduta), e, depois, em casos em que haveria uma recomendação para tratamento para reabilitação, a pena seria substituída. Além disso, não havia outras diretrizes para guiar a decisão judicial (Von Hirsch, 1997, p. 211).

Durante a década de 1970, o país vivenciou um desencantamento com a lei penal e suas concepções sobre aplicação da pena:

> O Código Penal, sentia-se, oferecia poucas diretrizes para a escolha da sanção. [...] Questionava-se a justiça de basear a escolha da sanção na prevista responsividade de alguém a tratamento e na chance de reincidência. Houve uma forte renovação da ideia de proporcionalidade – de penas que de alguma forma abarcam a gravidade da conduta do acusado. Essas ideias receberam estímulo considerável com a publicação, em 1977, do relatório *A New Penal System: Ideas and Proposals*. O relatório, escrito para o Conselho Sueco para Prevenção do Crime e organizado por um grupo de trabalho composto por juízes e criminólogos, gerou muita discussão e debate. (von hirsch, 2009, p. 258, tradução livre)

Depois de eliminar as penas indeterminadas para jovens (1979) e adultos (1981), o Ministro da Justiça criou uma Comissão sobre Prisão que, em 1986, publicou um relatório (*Sanções para crimes*) com a proposta de redação de dois novos capítulos do CP, enfatizando a proporcionalidade entre a gravidade da conduta e a severidade da pena. A proporcionalidade, aqui, tinha o objetivo de retribuição pela reprovabilidade da conduta e, também, uma função educativa: na visão da comissão, "o senso moral de comedimento das pessoas seria realçado se elas fossem tratadas como responsáveis por sua conduta, e sancionadas de forma a refletir o senso de justiça de um cidadão comum" (Von Hirsch, 2009, p. 261, tradução livre). Em 1989, entraram em vigor novas disposições sobre aplicação da pena do Código Criminal sueco, baseadas na proposta de redação da Comissão sobre Prisão.

O estudo do modelo sueco é interessante porque, apesar de seguir o mesmo princípio que serviu como base para as reformas na justiça federal e nos estados norte-americanos – proporcionalidade em relação à gravidade do tipo penal –, utilizou estratégia muito diferente: a escolha da sanção passou a ser baseada não em quantidade de pena que deveria ser aplicada para cada tipo penal, mas sim em critérios e políticas que deveriam guiar o juiz.

Como, então, penas proporcionais deveriam ser aplicadas?

A primeira tarefa do juiz é avaliar o "valor penal" da conduta, considerando a ofensividade da conduta e a culpabilidade do acusado, além de outras circunstâncias que podem aumentar o "valor penal" – se a intenção do acusado era causar ainda piores consequências, se o acusado mostrou indiferença ou se ele se aproveitou da vulnerabilidade da vítima, etc. – ou diminuí-lo, se o crime tiver sido motivado por comportamento ofensivo de outrem ou por compaixão humana, por exemplo. A lei não determina quanto cada uma das circunstâncias aumenta ou reduz o valor penal, apenas lista o que o juiz deve considerar para avaliar a reprovabilidade da conduta. A cada "valor penal" correspondem limites mínimos e máximos, se for o caso de uso de prisão, mas a lei estabelece que o juiz sempre pode aplicar a pena abaixo do mínimo previsto em lei, "nos casos em que o valor penal obviamente demandar a redução" (VON HIRSCH e JAREBORG, 2009, p. 266-267).

Em seguida, são avaliados os critérios para o uso da prisão. As sanções utilizadas na Suécia são multa, liberdade condicional (com supervisão), liberdade condicional (sem supervisão) e prisão (VON HIRSCH e JAREBORG, 2009, p. 264). De acordo com a lei promulgada em 1989, a escolha da sanção apropriada deve considerar, além do valor penal: i) se o acusado sofreu séria lesão corporal como consequência do crime; ii) se o acusado, de acordo com as suas possibilidades, tentou prevenir, reparar ou mitigar as consequências danosas da conduta; iii) se o acusado confessou; iv) se o acusado seria expulso de país, contra a sua vontade, como consequência da condenação; v) se como consequência da condenação o acusado sofreu ou provavelmente sofrerá a perda de seu emprego ou passará por dificuldades extraordinárias para trabalhar; vi) se a imposição da pena de acordo com o valor penal afetaria o acusado de forma desproporcionalmente severa, considerando sua idade avançada ou sua saúde; vii) se, em virtude da natureza do crime, muito tempo se passou depois de seu cometimento; viii) se há outras circunstâncias que demandam pena menor que a determinada pelo valor penal. Os antecedentes criminais também podem ser levados em consideração na escolha da sanção, mas de forma menos preponderante que o valor penal (VON HIRSCH e JAREBORG, 2009, p. 268).

Além disso, a lei dispõe que na escolha das sanções o juiz deve considerar, especialmente, as circunstâncias que sugerem pena menos grave que a prisão. E, ainda, que ele pode deixar de aplicar qualquer pena se, ao analisar as circunstâncias mencionadas no parágrafo anterior, a imposição de sanção for manifestamente irrazoável (Von Hirsch e Jareborg, 2009, p. 268).

Considerações sobre reabilitação podem ser feitas na escolha entre liberdade condicional com ou sem supervisão. De acordo com a lei promulgada em 1989, a liberdade pode ser sem supervisão se não houver razão para temer que o acusado reincidirá. Como motivo para imposição de liberdade supervisionada, o juiz pode considerar que a supervisão contribui para o não cometimento de novos crimes pelo acusado e, ainda, pode motivar sua decisão em circunstâncias especiais, como o fato de a conduta do acusado poder ser explicada de alguma forma pelo uso de substâncias que viciam e de ele se declarar disposto a passar por tratamento adequado, de acordo com um plano individual elaborado durante a execução (Von Hirsch e Jareborg, 2009, p. 269).

Importante ressaltar, no entanto, que em 1991 os sociais-democratas perderam para uma coalizão mais conservadora cujo *slogan* era "eles devem sentar lá dentro para que você possa sair lá fora". O governo eleito tinha como um de seus objetivos o aumento de 20% na população carcerária. As duas principais propostas para alcançar esses objetivos eram o aumento do prazo de pena cumprida antes que fosse permitido o livramento condicional e o aumento de pena para reincidentes (Jareborg, 1995, p. 120). De acordo com von Hirsch, a primeira mudança – alteração das regras de livramento condicional – foi promulgada em 1993. O aumento de pena para reincidentes não chegou a ser implementado antes da derrota da coalizão conservadora, em 1994 (Von Hirsch, 1997, p. 215).

De acordo com Ashworth (2009, p. 248), o modelo sueco de 1989 é uma versão mais sofisticada do adotado pela Finlândia, que em 1976 reformou o CP e estabeleceu "um sistema de princípios estabelecidos em lei, com uma única principal racionalidade: a proporcionalidade":

> Outras jurisdições, como a Alemanha, declaram os objetivos da pena, mas estes são múltiplos e muitas vezes conflitantes entre si. A lei finlandesa não só articula uma racionalidade principal (proporcionalidade), como contém uma lista de fatores agravantes e mitigantes e uma disposição sobre o papel de condenações anteriores, relacionadas ao objetivo da proporcionalidade.

A aplicação dessas diretrizes aos casos individuais fica a cargo dos juízes. (ASHWORTH, 2009, p. 248, tradução livre)

3.2. Nova Zelândia

Antes de 2002, o sistema neozelandês de aplicação da pena encaixava-se no modelo mais tradicional de países de tradição *common law*: o Legislativo prescrevia as penas máximas e os tipos de sanções disponíveis, mas com poucas diretrizes sobre a quantidade de pena a ser aplicada. A decisão do juiz deveria apoiar-se, essencialmente, em três fatores: i) precedentes jurisprudenciais, considerando que o tribunal, em alguns casos individuais, aproveitava para criar diretrizes que estabeleciam a variação adequada de pena para diversos graus de gravidade de condutas que se encaixavam no tipo penal analisado; ii) relatórios prévios à aplicação da pena, preparados por agentes da execução, sob direção do juiz, nos casos em que o tipo penal prevê a aplicação de pena de prisão, os quais deveriam conter informações sobre o acusado, a conduta que gerou a condenação e, também, uma recomendação quanto à necessidade de prisão ou à possibilidade de ser aplicada sanção de integração na comunidade; iii) por fim, possibilidade de tanto defesa como acusação manifestarem-se sobre a pena adequada antes da decisão do juiz (YOUNG e KING, 2010).

A partir da década de 1980, o país enfrentou um "aumento no nível de insatisfação da opinião pública com o que foi considerado como excessiva leniência judicial na aplicação da pena" (BROWN e YOUNG, 2000, p. 3). De acordo com Julian Roberts, a insatisfação da opinião pública relacionava-se menos às taxas de criminalidade – que permaneceram estáveis – e mais a um contexto de manifestações inflamadas por parte de partidos políticos e grupos de *lobby*, como o *Sensible Sentencing Trust* (ROBERTS, 2003, p. 251), e a um contexto ocidental de aumento do populismo penal. Em 1999, foi feito um plebiscito em que se perguntou à população se o país deveria reformar o sistema de aplicação da pena para que fosse dada "mais importância às necessidades das vítimas, com restituição e compensação, e também para que fossem estabelecidos trabalho pesado para crimes violentos e penas mínimas obrigatórias" (ROBERTS, 2003, p. 251, tradução livre). De acordo com o autor, a "absurda vinculação de apoio às vítimas e tratamento duro aos condenados" garantiu o resultado antecipado pelos apoiadores do plebiscito: 92% da população respondeu de forma afirmativa (ROBERTS, 2003, p. 253, tradução livre).

Assim, em um contexto político "punitivo e de reação dura ao crime" (ROBERTS, 2003, p. 250-254, tradução livre), a Nova Zelândia promulgou o *Sentencing Act 2002* e seu "parceiro", o *Parole Act 2002*. Embora a maior parte dos elementos da nova legislação fosse incompatível com a perspectiva populista e punitiva – e mais relacionada com a intenção de uniformizar critérios para aplicação da pena –,[40] o governo aparentemente sentiu que era importante reconhecer a existência do plebiscito, já que no sumário oficial da lei havia uma lista de aspectos que "responderiam ao plebiscito de 1999" (ROBERTS, 2003, p. 251, tradução livre). As reformas, portanto, definiram com mais clareza a política criminal em prática – e "não representaram uma mudança radical em nova direção" (ROBERTS, 2003, p. 254, tradução livre). Daí a conclusão de Young e King (2010, p. 255) de que a característica mais notável das reformas de 2002 foi o estabelecimento, pelo Legislativo, de "diretrizes mais detalhadas".

Pela primeira vez, foram estabelecidas, por lei, as finalidades da pena: responsabilizar o acusado pelo dano imposto à vítima e à comunidade; promover, no acusado, um sentimento de responsabilidade pelo dano, bem como o reconhecimento do dano; considerar os interesses da vítima; proporcionar a reparação do dano; censurar (no sentido de denunciar publicamente) a conduta na qual o acusado se envolveu; dissuadir o acusado ou outras pessoas de cometer a mesma (ou similar) conduta; auxiliar a reabilitação e a reintegração do acusado. Mais de um desses fatores pode ser considerado pelo juiz ao aplicar a pena.[41] Tanto Young e King (2010, p. 256) como Roberts (2003, p. 267) criticam a falta de diretrizes sobre o peso relativo que deve ser dado a cada finalidade, o que, na visão deles, permitia que os juízes continuassem a decidir o que querem privilegiar.

Em seguida, a lei prescrevia os princípios que deveriam ser considerados pelo juiz ao aplicar a pena: a gravidade da conduta no caso concreto e a culpabilidade do acusado; a gravidade do tipo penal em comparação a outros tipos penais, como indicado pela pena máxima prescrita para os

---

[40] A explicitação de que a legislação foi promulgada em contexto político punitivo é importante: a inovação da legislação penal neozelandesa não surgiu para "abrandar" as penas, e sim, de acordo com o Ministério da Justiça da Nova Zelândia, "para estabelecer, uma moldura justa, firme e racional que agregue clareza e consistência à aplicação da pena na Nova Zelândia" (publicação oficial do Ministério da Justiça sobre o "*sentencing act*", 2002, tradução livre).

[41] Seção 7 do *Sentencing Act 2002* da Nova Zelândia. Disponível em: http://www.legislation. govt.nz/act/public/2002/0009/latest/DLM135342.html.

tipos penais; e uma vontade geral de que as sanções fossem consistentes, levando em consideração as sanções aplicadas a acusados semelhantes cometendo condutas semelhantes em circunstâncias semelhantes. Além disso, a lei determinava que a pena fosse aplicada perto do máximo, ou no máximo, se a conduta se encaixasse nos casos mais graves daquele tipo penal, a não ser que as circunstâncias relacionadas ao acusado tornassem a pena inadequada. Essa previsão era consistente com a "atmosfera dos anos que precederam a promulgação do ato" e pode ter sido responsável por um aumento no número de penas longas (ROBERTS, 2003, p. 259, tradução livre).

O juiz deveria, ainda, aplicar a sanção menos restritiva possível que fosse apropriada no caso concreto e deveria levar em conta quaisquer circunstâncias particulares do acusado que significassem que a pena normalmente apropriada seria, no caso concreto, desproporcionalmente severa.[42]

Por fim, a lei determinava que o juiz deveria considerar: quaisquer informações disponíveis sobre o efeito da conduta na vítima; o histórico pessoal, comunitário, cultural, familiar ou *whanau*,[43] nos casos em que a sanção fosse aplicada com finalidade de reabilitação; bem como quaisquer processos restaurativos que tivessem ocorrido ou que provavelmente ocorreriam em razão do caso concreto. A ideia de incluir o histórico cultural do acusado como fator para decisão sobre a pena respondeu a uma tentativa de diminuição proporcional do número de maoris na prisão e teve como objetivo dar especial atenção a fatores culturais que podiam causar sofrimento desproporcional ou que fizessem o indivíduo passar por dificuldades adicionais (ROBERTS, 2003, p. 260).

Ao elencar as circunstâncias agravantes e atenuantes, o *Sentencing Act 2002* determinava que estas deveriam "ser consideradas pelo juiz, na medida em que fossem aplicáveis ao caso concreto", mas explicitava que o juiz também poderia considerar outras circunstâncias que não as elencadas naquela seção.[44] Por exemplo, o juiz deveria levar em consideração em sua decisão: qualquer oferta de reparação – financeira ou por meio de prestação de serviço realizado pelo autor ou em nome dele – para a vítima; qualquer acordo entre o autor e a vítima sobre o modo como o autor poderia reparar

---

[42] Seção 8 do Sentencing Act 2002, da Nova Zelândia.
[43] *"Whanau"* é o termo maori para família estendida.
[44] Seção 9 do *Sentencing Act 2002*, Nova Zelândia, tradução livre.

o injusto ou o dano causado ou para garantir que a ofensa não se repetisse; a reação à ofensa pelo próprio ofensor, sua família ou *whanau*; quaisquer medidas já tomadas ou que poderiam ser tomadas para compensar ou se desculpar pelo ocorrido. Ao decidir se esses elementos seriam levados em conta e, se fossem, o grau de influência deles na determinação da pena, o juiz deveria levar em conta se essas tentativas de reparação ou resposta foram genuínas, se geraram satisfação e se foram aceitas pela vítima como forma de mitigação do injusto.[45] Se, apesar de oferta, acordo ou medida para compensar o ocorrido, ainda fosse necessário aplicar alguma sanção, o juiz deveria, pelo menos, considerar essas atitudes ao determinar a pena.

De acordo com a seção 10.4, o juiz poderia suspender o processo até que: i) fosse feito o pagamento de compensação; ii) algum trabalho ou serviço prestado pelo acusado fosse completado; iii) qualquer acordo entre acusado e vítima fosse cumprido; ou iv) qualquer outro remédio fosse finalizado. Essa previsão, de acordo com Roberts (2003, p. 264), gera importante incentivo para que advogados de defesa proponham o início de procedimentos de justiça restaurativa.

A legislação também ampliou as sanções disponíveis ao juiz em caso de condenação, bem como as organizou em hierarquia que reflete "o grau de monitoramento ou supervisão do acusado e de restrições impostas a ele".[46] livramento sem sanção ou ordem de comparecimento perante o juízo para ouvir a sentença; multa ou reparação; trabalho comunitário ou supervisão; supervisão intensa e detenção na comunidade; detenção domiciliar; e prisão.[47]

A nova legislação também incrementou o procedimento contraditório prévio à aplicação da pena (ROBERTS, 2003, p. 261), com a possibilidade de o acusado levar diversas testemunhas para serem ouvidas – o juízo passou a ser obrigado a recomendar ao acusado que fizesse um requerimento para que houvesse a audiência.[48]

Para aplicar a pena de prisão, o juiz deveria considerar a "preferência geral" de que os acusados fossem mantidos em sua comunidade sempre que isso fosse praticável. O juiz não poderia aplicar pena de prisão a

---

[45] Seção 10 do *Sentencing Act 2002*, Nova Zelândia.
[46] Seção 10A do *Sentencing Act 2002*, Nova Zelândia, tradução livre.
[47] Seção 10A do *Sentencing Act 2002*, Nova Zelândia.
[48] Seção 27 do *Sentencing Act 2002*, Nova Zelândia.

não ser que essa pena se justificasse em alguma das finalidades listadas na seção 7 ("finalidades da pena"), com exceção de "reparação do dano" ou "reabilitação".[49] De acordo com Roberts (2003, p. 261), a Nova Zelândia é um dos países que utilizam linguagem mais forte ao restringir o uso da prisão, o que, de acordo com o autor, não surpreende, uma vez que o "princípio da restrição" está presente na legislação desde pelo menos 1981.

Apesar das previsões de parcimônia e de restrição ao uso da prisão, constatou-se significativo aumento na população carcerária da Nova Zelândia nos anos que seguiram as reformas de 2002. De acordo com Young e King (2010, p. 256), a população prisional aumentou de 5.800 em 2002 para 7 mil em 2005, embora não haja nenhum fator nas reformas que possa ser diretamente atrelado ao aumento. Segundo os autores, é mais provável que este seja relacionado a uma demanda maior da opinião pública por aumento das penas.

Em 2006, a Comissão Jurídica da Nova Zelândia encarregada de avaliar propostas de reforma apresentou relatório ao governo sugerindo que a melhor maneira de obter maior previsibilidade acerca da população prisional – bem como de aumentar ainda mais a transparência e a consistência na aplicação da pena – seria a criação de um conselho para propor diretrizes a serem seguidas pelos juízes na aplicação e na execução da pena (YOUNG, 2008). Em seguida e de acordo com a recomendação da Comissão Jurídica, foram promulgados, em 2007, o *Sentencing Council Act*, o *Sentencing Amendment Act* e o *Parole Amendment Act* (YOUNG e KING, 2010, p. 258).

A reforma de 2007 previu a criação de um órgão independente, com metade de seus membros do Judiciário e a outra metade composta por pessoas de fora do Judiciário. Uma característica significativa da estrutura das diretrizes é que, ao final, estão sujeitas a controle legislativo. Depois que um esboço das diretrizes for submetido a um processo de consulta pública, será apresentado ao ministro da Justiça, junto com um relatório sobre seu provável impacto na população prisional. O ministro então apresentará as diretrizes ao Legislativo, que poderá aceitá-las ou rejeitá-las como um todo – não pode, portanto, escolher algumas partes das diretrizes para terem efeito. Caso o Legislativo não se pronuncie depois de determinado período de tempo, as diretrizes serão automaticamente promulgadas (YOUNG e KING, 2010, p. 258).

---

[49] Seção 16 do *Sentencing Act 2002*, Nova Zelândia.

Depois da promulgação das leis de 2007, o governo neozelandês determinou que a Comissão Jurídica, em conjunto com o Judiciário, preparasse um esboço de diretrizes, que poderiam ser consideradas pelo conselho quando este fosse criado. Elas foram preparadas em 2007 e 2008, em formato semelhante ao das inglesas.[50] Foram criadas aproximadamente 60 diretrizes, tanto relacionadas a tipos penais específicos ou grupos de tipos penais (narrativas e numéricas) quanto genéricas – que se aplicam a todos os tipos penais (em geral, narrativas). No entanto, embora bastante trabalho tenha sido despendido na criação das diretrizes, o governo eleito em novembro de 2008 indicou que não queria implementá-las naquele momento. Em resposta, o tribunal de apelação passou a formular suas próprias diretrizes, levando em conta o modelo desenhado pela Comissão Jurídica (YOUNG e KING, 2010, p. 260).

Considerações finais

A análise dos casos concretos que deram origem à pena mínima de roubo revelou casos muito distintos sob a mesma pena, demonstrando que, embora essa prática tenha como um de seus fundamentos aumentar a uniformidade (evitando a chamada disparidade entre penas) e conferir maior proporcionalidade na aplicação da pena, a "igualdade" se dá apenas se tomarmos como único critério de distinção o tipo penal da condenação (art. 157 + causa de aumento) e a reincidência. Essa última foi a única circunstância que ensejou penas distintas para dois acusados em um mesmo processo, nos casos estudados. As circunstâncias de menoridade e confissão, ainda que tenham sido diferentes para cada acusado em muitos dos casos estudados, não ensejaram redução da pena em razão da Súmula 231 do STJ, que não permite a redução da pena abaixo do mínimo legal na presença de atenuante.

No Brasil, o juiz não escolhe entre diversas penas possíveis, de acordo com critérios previamente estabelecidos. Em geral, o legislador fixa limites mínimos e máximos para os tipos penais, e o juiz, em verdadeira ope-

---

[50] O modelo utilizado pela Inglaterra foi chamado por von Hirsch (1987) de "diretrizes narrativas", em oposição às diretrizes numéricas. As diretrizes narrativas especificam os passos que o juiz deve dar para aplicar a pena, na forma de um julgamento de apelação, e não em números. As diretrizes foram desenvolvidas, primeiro, pelos próprios tribunais e, depois, por uma agência independente, com maioria composta por membros do Judiciário. Para descrição do sistema inglês, ver Ashworth e Roberts (2013) e Roberts (2012).

ração mecânica de adições e subtrações, calcula a pena dentro dos limites impostos. Se de um lado parece muito claro que o juiz decide pela condenação ou absolvição, na determinação da pena ele apenas calcula a pena escolhida pelo legislador (MACHADO et al., 2009, p. 61).

Esse modelo de aplicação da pena, com a utilização de penas mínimas obrigatórias, privilegia a uniformidade em detrimento de maior individualização. É possível questionar, entretanto, se tal uniformidade se justifica diante de sua necessária consequência: a impossibilidade de redução da pena ou aplicação de pena distinta da prisão caso as circunstâncias do caso concreto fundamentem a distinção.

Essa forma de utilizar as ideias de igualdade, uniformidade e proporcionalidade – que são, em princípio, limitadoras de abusos por parte do estado – configura obstáculo cognitivo e epistemológico para pensarmos em formatos inovadores para aplicação da pena no Brasil, pois as tentativas de aumentar a possibilidade de o juiz escolher entre penas distintas da prisão geram, com frequência, questionamentos sobre a potencial desigualdade entre os condenados, mesmo por parte daqueles que defendem visões mais moderadas de política criminal.

É a teoria da RPM de Alvaro Pires que nos permite olhar de um ponto de vista diferente para essas ideias, as teorias da pena e para os princípios morais que as fundamentam: sem tentar analisar a coerência interna dos conceitos e seu potencial para justificar a pena, mas avaliando o papel das formulações teóricas na reprodução da RPM. Neste capítulo, foi a teoria da RPM que permitiu um olhar crítico à forma como a ideia de proporcionalidade vem sendo usada como obrigação de punir em determinados casos e buscar outras formas de intervenção do direito criminal.

No Brasil, há pouquíssimas "válvulas de escape", como as existentes em algumas das jurisdições estudadas (possibilidade de redução da pena sempre que for considerada injusta ou que houver circunstâncias substanciais que justificam a redução), que privilegiam a individualização em detrimento da uniformidade.

Aqui, vale destacar o princípio da parcimônia,[51] positivado em países como Suécia e Nova Zelândia. Como visto, na Suécia a lei dispõe que na escolha das sanções o juiz deve considerar, especialmente, as circunstân-

---

[51] O princípio foi definido por Morris (1974) como o dever de impor a sanção menos restritiva necessária para alcançar objetivos sociais predeterminados. Para que seja observado, deve

cias que sugerem pena menos grave que a prisão. E mais: o juiz pode deixar de aplicar qualquer pena se levar em consideração a imposição de sanção manifestamente irrazoável. Na Nova Zelândia, a lei dispõe que o juiz deve aplicar a sanção menos restritiva possível apropriada ao caso e deve levar em conta quaisquer circunstâncias particulares do acusado que significariam que a pena normalmente apropriada seria, no caso concreto, desproporcionalmente severa. Mesmo em um modelo que privilegia uniformidade, como as diretrizes numéricas de Minnesota, há previsão de que pode ser aplicada pena distinta da presumida se o juiz motivar essa decisão por circunstâncias "substanciais e convincentes". Nesses casos, privilegia-se a individualização em detrimento da uniformidade.

No Brasil, nem mesmo o reconhecimento de circunstância atenuante prevista em lei é capaz de reduzir a pena se esta já tiver sido aplicada no mínimo na primeira etapa.

Se, de um lado, no modelo brasileiro o legislador impõe diversos obstáculos para imposição de pena menos grave pelo juiz, de outro, fora do que é "obrigatório", quase não há diretrizes para a decisão judicial.

Embora a jurisprudência tenha papel importante em definir o que pode ou não ser considerado pelo juiz e que critérios devem prevalecer, dentro dos limites impostos por lei há poucas diretrizes para guiar a decisão judicial. Mais uma vez utilizando a Nova Zelândia como exemplo, para cada circunstância que deve ser considerada na aplicação da pena, o legislador descreve de que forma deve ser levada em conta para escolha da pena.

Não são as limitações à análise do caso concreto que evitam abusos ou arbítrio, mas sim a existência de critérios que guiem a decisão e obriguem o juiz a motivá-la sem recorrer às fórmulas abstratas. O que se pretendeu questionar é a possibilidade de redesenhar o modelo de aplicação da pena sobre bases que privilegiem a individualização da pena e também a reabilitação – não no já ultrapassado modelo vinculado à prisão, mas sim com sanções que visem à inclusão social do indivíduo.

No Brasil, a existência de penas mínimas de prisão e aumentos obrigatórios para roubo e tráfico é em parte responsável pelo exército de pessoas (em geral, jovens, negros e pobres) que enviamos diariamente para os já superlotados presídios, sem dedicar a elas uma linha, ou um minuto, de reflexão sobre a adequação da prisão nos seus casos individuais.

haver possibilidade de mitigação da pena, desconsiderando restrições "do que é devido" e de "igualdade".

Referências

ASHWORTH, Andrew. Sentencing reform structures. *Crime and Justice*, v. 16, p. 181-241, 1992. Disponível em: https://www.journals.uchicago.edu/doi/abs/10.1086/449206. Acesso em: 14 maio 2019.

ASHWORTH, Andrew. Techniques for reducing sentencing disparity. *In*: VON HIRSCH, Andrew; ASHWORTH, Andrew; ROBERTS, Julian (ed.). *Principled sentencing*: readings on theory and policy. 3rd ed. Oxford: Hart, 2009.

ASHWORTH, Andrew; ROBERTS, Julian V. The origins and structure of sentencing guidelines in England and Wales. *In*: ASHWORTH, Andrew; ROBERTS, Julian V. *Sentencing guidelines*: exploring the English model. Oxford: Oxford University Press, 2013.

BROWN, Mark; YOUNG, Warren. Recent trends in sentencing and penal policy in New Zealand. *International Criminal Justice Review*, [s.l.], v. 10, n. 1, p. 1-31, 2000. Disponível em: https://journals.sagepub.com/doi/abs/10.1177/105756770001000102. Acesso em: 14 maio 2019.

DOTTI, René Ariel. *Curso de direito penal*: parte geral. 3. ed. São Paulo: Revista dos Tribunais, 2010.

FERREIRA, Luísa Moraes Abreu. *Penas iguais para crimes iguais?* Um estudo da individualização da pena a partir de casos de roubo julgados pelo Tribunal de Justiça do Estado de São Paulo. 2014. 194 f. Dissertação (Mestrado em Direito) – Faculdade de Direito da Universidade de São Paulo, São Paulo, 2014. Disponível em: http://www.teses.usp.br/teses/disponiveis/2/2136/tde-09122014-074604/pt-br.php. Acesso em: 24 set. 2018.

GARCIA, Margarida. La théorie da la rationalité penale moderne comme carde d'observation et de description du système pénal. *In*: DUBÉ, Richard; GARCIA, Margarida; MACHADO, Maíra Rocha (org.). *Rationalité penale moderne*: réflexions théoriques et explorations empiriques. Ottawa: University of Ottawa Press, 2012.

GELSTHORPE, Loraine; PADFIELD, Nicola (ed.). *Exercising discretion*: decision making in the criminal justice system and beyond. Portland: Willan, 2003.

JAREBORG, Nils. The Swedish Sentencing Reform. *In*: CLARKSONAND, Chris; MORGAN, Rod. (ed.). *The politics of sentencing reform*. Oxford: Oxford University Press, 1995.

LOPES, José Reinaldo Lima. *O direito na história*: lições introdutórias. São Paulo: Max Limonad, 2002.

LOWENTHAL, Gary. Mandatory sentencing laws: undermining the effectiveness of determinate sentencing reform. *California Law Review*, [s.l.], v. 81, n. 1, p. 61-124, jan. 1993. Disponível em: https://heinonline.org/HOL/Page?handle=hein.journals/calr81&div=12&g_sent=1&casa_token=&collection=journals&t=1557842684. Acesso em: 14 maio 2019.

MACHADO, Maíra Rocha; PIRES, Alvaro. Intervention politique dans la sentence du droit?: fondements culturels de la peine minimale. *Criminologie*, [s.l.], v. 43, n. 2, p. 89-126, 2010. Disponível em: https://www.erudit.org/en/journals/crimino/2010-v43-n2-crimino1512856/1001771ar/abstract/. Acesso em: 14 maio 2019.

MACHADO, Maíra Rocha; PIRES, Alvaro; FERREIRA, Carolina Cutrupi; SCHAFFA, Pedro Mesquita. *A complexidade do problema e a simplicidade da solução*: a questão das penas mínimas. Brasília: Secretaria de Assuntos Legislativos do Ministério da Justiça do Brasil, 2009.

MORRIS, Norval. The future of imprisonment: toward a punitive philosophy. *Michigan Law Review*, [s.l.], v. 72, n. 6, p. 1161-1180, maio 1974. Disponível em: https://heinonline.org/HOL/Page?handle=hein.journals/mlr72&div=61&g_sent=1&casa_token=&collection=journals&t=1557843711. Acesso em: 14 maio 2019.

PIRES, Alvaro. A racionalidade penal moderna, o público e os direitos humanos. *Novos Estudos*, [s.l.], n. 68, p. 39-60, mar. 2004. Disponível em: https://edisciplinas.usp.br/pluginfile.php/121354/mod_resource/content/1/Pires_A%20racionalidade%20penal%20moderna.pdf. Acesso em: 14 maio 2019.

PIRES, Alvaro. Beccaria, l'utilitarisme et la rationalité pénale moderne. *In*: DEBUYST, Christian; DIGNEFFE; Françoise; PIRES, Alvaro (org.). *Histoire des savoirs sur le crime et la peine*: la rationalité pénale et la naissance de la criminologie. Bruxelles: De Boack e Larcier, 2008a. v. 2. p. 109-174.

PIRES, Alvaro. Sobre algumas questões epistemológicas de uma metodologia geral para as ciências sociais. *In*: POUPART, Jean; DESLAURIERS, Jean-Pierre; GROULX, Lionel-H.; LAPERRIERE, Anne; MAYER, Robert; PIRES, Alvaro (org.). *A pesquisa qualitativa*: enfoques epistemológicos e metodológicos. Trad. Ana Cristina Nasser. Petrópolis: Vozes, 2008b. p. 43-94.

PIRES, Alvaro. Amostragem e pesquisa qualitativa: ensaios teóricos e metodológicos. *In*: POUPART, Jean; DESLAURIERS, Jean-Pierre; GROULX, Lionel-H.; LAPERRIERE, Anne; MAYER, Robert; PIRES, Alvaro (org.). *A pesquisa qualitativa*: enfoques epistemológicos e metodológicos. Trad. Ana Cristina Nasser. Petrópolis: Vozes, 2008c. p. 154-214.

ROBERTS, Julian V. Sentencing reform in New Zealand: an analysis of sentencing act 2002. *Australian & New Zealand Journal of Criminology*, [s.l.], v. 36, n. 3, p. 249-271, Dec. 2003. Disponível em: https://journals.sagepub.com/doi/abs/10.1375/acri.36.3.249. Acesso em: 14 maio 2019.

ROBERTS, Julian V. Structured sentencing: lessons from England and Wales for common law jurisdictions. *Punishment & Society*, v. 14, n. 3, p. 267-288, 2012.

THOMAS, Davis. Judicial discretion in sentencing. *In*: GELSTHORPE, Loraine; PADFIELD, Nicola (ed.). *Exercising discretion*: decision making in the criminal justice system and beyond. Portland: Willan, 2003.

TONRY, Michael. *Sentencing matters*. New York: Oxford University Press, 1996.

ULMER, Jeffrey T. *Social worlds of sentencing*: court communities under sentencing guidelines. Albany: State University of New York Press, 1997.

VIEIRA, Ana Carolina Alfinito. As penas alternativas e a Lei 7.492/86: um estudo sobre a substituição da pena de prisão em condenações por crimes financeiros. *Cadernos Direito GV*, São Paulo, v. 7, n. 33, p. 85-92, jan. 2010. Disponível em: http://bibliotecadigital.fgv.br/dspace/bitstream/handle/10438/6969/Caderno%20DIREITO%20GV%2033.pdf?sequence=1. Acesso em: 24 set. 2018.

VON HIRSCH, Andrew. Sentencing reform in Sweden. *In*: TONRY, Michael; HATLESTAD, Kathleen (ed.). *Sentencing reform in overcrowding times*: a comparative perspective. Oxford University Press, 1997. p. 211-216.

VON HIRSCH, Andrew. The Swedish sentencing law: the principles underlying the new law. *In*: VON HIRSCH, Andrew; ASHWORTH; Andrew; ROBERTS, Julian (ed.). *Principled sentencing*: readings on theory and policy. 3rd ed. Oxford: Hart, 2009. p. 258-264.

VON HIRSCH, Andrew; JAREBORG, Nils. The Swedish sentencing law. *In*: VON HIRSCH, Andrew; ASHWORTH, Andrew; ROBERTS, Julian (ed.). *Principled sentencing*: readings on theory and policy. 3rd ed. Oxford: Hart, 2009. p. 258-269.

YOUNG, Warren. Sentencing reform in New Zealand. *In*: FREIBERG, Arie; GELB, Karen (ed.). *Penal populism, sentencing council and sentencing policy*. The Federation Press, 2008.

YOUNG, Warren; KING, Andrea. Sentencing Practice and Guidance in New Zealand. *Federal Sentencing Reporter*, v. 22, n. 4, p. 254-261, Apr. 2010.

Capítulo 10
O que está em jogo na transação penal? Alternativas ao processo à sombra da racionalidade penal moderna[1]

CARMEN FULLIN

Introdução

Muito se discute sobre a tendência em países ocidentais, a partir da década de 1970, de reforço de políticas de encarceramento em massa e do alongamento das penas de prisão (CHRISTIE, 1994; WACQUANT, 2007; GARLAND, 2008). Ao lado disso, estudos têm se dedicado à análise de um fenômeno que corre em paralelo, caracterizado pela diversificação e flexibilização nas formas de punir. Um conjunto de penalidades – medidas terapêuticas, uso de tornozeleiras eletrônicas, sanções restitutivas e de caráter comunitário, entre outras alheias à prisão –, muitas delas determinadas por meio de procedimentos processuais simplificados, de curta duração, supostamente mais abertos à manifestação do interesse da vítima e caracterizados pela necessidade do consentimento do infrator para que se estabeleça uma forma específica de sanção. Tais transformações institucionais, cuja nomenclatura varia, indicam a multiplicidade de experiências e interpretações existentes.[2] Em uma abordagem crítica, tais mecanismos são

---

[1] Este texto corresponde à versão modificada do artigo "Gestão, tempo, trabalho e sofrimento: a economia das trocas punitivas a partir de uma etnografia de Juizados Especiais Criminais" (FULLIN, 2015). Agradeço a gentileza da *Dilemas – Revista de Estudos de Conflito e Controle Social*, em autorizar a publicação desta nova versão.
[2] *Soft justices*, justiça de proximidade, justiça negocial (TULKENS e KERCHOVE, 1996), informalização da justiça (ABEL, 1981), ordem negocial (LE ROY, 1995).

vistos como estratégias de *aceleração de punição* (GARAPON, 2008) associados a processos de expansão da rede de controle punitivo estatal (COHEN, 1985) sobre uma nova clientela composta por pessoas de baixa ou nenhuma periculosidade. Nessa interpretação, tais inovações não visam reduzir a intervenção punitiva estatal, mas ampliá-la e diversificá-la, a um baixo custo.

Em outra abordagem, pretendo neste capítulo analisar como sanções são interpretadas e aplicadas em contextos de *aceleração da punição*, observando especificamente situações em que houve a transação penal, prevista na Lei n. 9.099/1995. Essa lei estabelece que, diante de situações tipificadas como "infrações penais de pequeno potencial ofensivo – redefinidas pelas Leis 10.219/2001 e 11.313/2006 como aquelas cuja pena prevista não seja superior a dois anos de prisão cumulada ou não de multa –, adote-se um procedimento mais enxuto que não culminará em prisão, mas em penas não privativas de liberdade, comumente chamadas de *medidas alternativas*. Esse procedimento consiste na possibilidade de uma espécie de acordo entre quem, segundo um breve relato policial, teria cometido uma infração – denominado(a) genericamente neste texto *suspeito* – e o promotor de justiça. Por intermédio desse acordo, juridicamente chamado de *transação penal*, é oferecida ao suspeito a oportunidade de não ser processado, desde que, em troca, aceite cumprir uma medida alternativa.[3] Essa sanção é juridicamente designada por não decorrer de uma sentença judicial, mas de uma barganha feita entre o suspeito e o promotor, chancelada pelo juiz.[4] Essa lei previu também que em determinados casos nos quais a vítima sinta-se lesada, haja a oportunidade para uma *composição cível*, em

---

[3] Importante acrescentar que a oferta da transação penal ao suspeito está também condicionada a certos requisitos subjetivos, como determina o art. 76, § 2º, da referida lei: "Não se admitirá a proposta se ficar comprovado: I – ter sido o autor da infração condenado, pela prática de crime, à pena privativa de liberdade, por sentença definitiva; II – ter sido o agente beneficiado anteriormente, no prazo de cinco anos, pela aplicação de pena restritiva ou multa, nos termos deste artigo; III – não indicarem os antecedentes, a conduta social e a personalidade do agente, bem como os motivos e as circunstâncias, ser necessária e suficiente a adoção da medida".

[4] Por evitarem a prisão e os demais efeitos de uma sentença judicial é que a transação penal e os demais desfechos possíveis previstos na Lei n. 9.099/1995 são juridicamente interpretados e nomeados como *medidas despenalizadoras* (GRINOVER et al., 2005). No entanto, no debate jurídico sociologicamente orientado há controvérsias quanto à *despenalização* dessa forma de transação; ver Karam (1997) e Wunderlich; Carvalho (2005).

que pode ser negociada com o suspeito uma forma de reparação pelos danos causados à vítima.

O que está em questão aqui é a compreensão dos sentidos da punição, mobilizados em contextos potencialmente alternativos, nos quais, dada a flexibilidade procedimental e principiológica prevista na Lei n. 9.099/1995, haveria em sua prática espaço para um entendimento sobre as finalidades da pena, fora do campo cognitivo da RPM.

Em diversas publicações Alvaro Pires tem interpretado que o predomínio de respostas punitivas centradas na prisão – e por consequência, o desprestígio de modos alternativos e mais criativos de reação às situações problemáticas – relaciona-se a uma dimensão cognitiva do sistema de direito penal e do sistema político em matéria criminal, isto é, à permanência de um sistema de ideias específico que influenciou de maneira determinante o direito penal moderno desde a sua emergência no final do século XVIII (Pires e Acosta, 1994). Trata-se de um sistema de ideias ou de pensamento – denominado RPM – composto por teorias da pena, inscritas em discursos filosófico-jurídicos historicamente consolidados na modernidade, que atribuem diversas finalidades, significados e justificativas (retribuição, dissuasão, reabilitação prisional e denunciação) à sanção criminal (Pires, 2004, p. 183). Nessas teorias encontra-se um diversificado vocabulário de intenções para a punição estatal como uma forma de inflição intencional de sofrimento. Assim, o imperativo kantiano dispõe que a punição deve retribuir o mal causado pelo criminoso; para Beccaria, ela serve para dissuadir do crime o próprio criminoso e seus observadores; para teóricos da reabilitação prisional (Julius, 1831), a pena deveria excluir o condenado para poder em seguida adequá-lo ao convívio social; e, por fim, para o jurista inglês do século XIX James Fitzjames Stephen, para Garófalo, para Tarde, para a Comissão Real sobre a pena de morte na Inglaterra (que defendeu essa pena em 1953) e até mesmo no quadro de uma interpretação de Durkheim, a pena e a severidade desta teriam um "valor expressivo", ela serviria para denunciar por meio de sua força simbólica a indignação coletiva perante o crime cometido (Lachambre, 2013).

Apesar de distintas e mesmo opostas no modo como definem a finalidade da pena criminal, essas teorias – constitutivas de um mesmo sistema de pensamento, a RPM – são atravessadas por profundas semelhanças. Em todas elas a punição criminal é definida como exigindo a finalidade de imposição de sofrimento, promovendo o entendimento de que, para verdadeiramente punir, é preciso buscar causar diretamente um sofrimento ou comunicar essa intenção. A resposta punitiva aflitiva é seu traço identitário, afastando assim qualquer associação entre direito penal e sanções de natureza reparatória, civil ou restaurativa. Tais concepções, fortemente arraigadas no imaginário punitivo moderno, acabam por constituir um "obstáculo cognitivo" à emergência e à estabilização de uma nova concepção da sanção em matéria criminal e mesmo da intervenção do direito penal em um sentido mais amplo. A partir do século XIX, com o uso cada vez mais generalizado da prisão como pena, a privação da liberdade emerge como o modelo punitivo mais adequado para exprimir e produzir o sofrimento do culpado, seja qual for a "finalidade" secundária que será atribuída à pena (retribuição, prevenção, etc.)

Nesses mais de vinte anos de vigência da Lei n. 9.099/1995 diversas experiências relacionadas à sua aplicação têm sido avaliadas e debatidas seja entre juristas, seja entre cientistas sociais. Os estudos pioneiros de Vianna et al. (1999), Azevedo (2001), Cunha (2001) e Kant de Lima et al. (2003) indicaram seu inequívoco impacto na "judicialização das relações sociais" (VIANNA et al., 1999), sobretudo por permitirem que conflitos mais cotidianos (como ameaças, lesões corporais leves, injúria, entre outros), relacionados ao cidadão comum, tendencialmente represados em delegacias de polícia, pudessem ter maior penetração nas instâncias judiciais.

As observações de audiências e entrevistas com juízes e promotores realizadas por esses pesquisadores indicaram como *saberes locais* e *sensibilidades jurídicas* distintas (GEERTZ, 1998) davam contornos específicos à aplicação da Lei. Entretanto, certos aspectos ultrapassaram a dimensão local e reapareceram em pesquisas posteriores, tais como a reticência de juízes e promotores em adequarem-se a uma lógica decisória mais dialógica (FAISTING, 1999; OLIVEIRA, 2005; OLIVEIRA, 2006) e a prevalência de uma atuação excessivamente rotinizada, voltada para a produção quantitativa de desfechos, nos moldes de uma "justiça linha de produção" (RIBEIRO et al., 2004). Além disso, abordagens metodológicas diversas foram unânimes em problematizar questões como a predominância de acordos previamente formulados pelas autoridades envolvidas e altamente duvidosos quanto ao seu caráter consensual (FULLIN, 2012; ALMEIDA, 2014; VASCONCELLOS, 2018), bem como a tendência a desfechos pouco permeáveis às demandas por reconhecimento moral das vítimas (CARDOSO DE OLIVEIRA, 2008). Mencionem-se ainda, análises que apontam situações de flagrante assimetria entre as partes em conflito, mesmo em um procedimento supostamente mais horizontalizado (CHASIN e FULLIN, 2019).[5]

Neste capítulo, recorrendo à "caixa de ferramentas" interpretativas oferecida pela teoria da RPM, pretendo introduzir indagações quanto às semânticas punitivas que emergem em contextos interativos criados pela Lei n. 9.099/1995. Afinal, como são escolhidas as punições no jogo da transação penal? Com quais finalidades são agenciadas? Que sentidos de punir são mobilizados nessas construções discursivas envolvendo a pena-negócio? Reparação? Sacrifício? Castigo? Ressocialização? São capazes de sugerir uma semântica distinta daquela que valoriza sanções aflitivas (PIRES, 2004)?

1. Escolhas metodológicas

As decisões tomadas a respeito da punição no âmbito da Lei n. 9.099/1995 apresentam uma dinâmica particular. Os princípios que norteiam os procedimentos judiciais diante de uma "infração de menor potencial ofensivo" – como o da informalidade, celeridade, simplicidade e oralidade – repercutem no tipo de material documental produzido a respeito das decisões tomadas ali. O termo circunstanciado, que documenta a transação penal, não ultrapassa em geral uma página e nele são dispensados registros mais detalhados sobre o fundamento das decisões tomadas. Esse aspecto reforçou a escolha pela observação direta das audiências preliminares. Para refletir sobre as questões propostas neste capítulo baseio-me em dados empíricos colhidos da observação direta de 100 audiências preliminares em que houve proposta de transação penal, transcorridas no Fórum da comarca de São Bernardo do Campo, no estado de São Paulo, entre novembro de 2006 e novembro de 2008. Recorro também aos dados provenientes de entrevistas – feitas ao longo desse mesmo período – com dois promotores e uma promotora, locados respectivamente em três das varas criminais da comarca, bem como de entrevistas com juízes de duas delas.

As audiências que testemunhei envolveram predominantemente conflitos relacionados à tipificação legal de delitos de trânsito, pequenos crimes ambientais (como pichação, corte ilegal de árvores, criação de animais sem autorização legal), porte de drogas para consumo próprio, entre outros. Nas audiências relativas a tais infrações não houve polaridade entre vítima

---

[5] Para um balanço dessas experiências na perspectiva da Sociologia e Antropologia ver também AZEVEDO e SINHORETTO, 2018.

e agressor, mas apenas a presença deste. Por isso elas apresentaram-se menos como situações de mediação de conflitos entre duas ou mais pessoas, e mais como diálogos rápidos entre promotores, juízes e suspeitos, similares a balcões de serviço público destinados à rápida distribuição de leves doses punitivas, com vistas à maximização do controle de pequenas "incivilidades" urbanas.

A realização da pesquisa em São Bernardo do Campo deveu-se ao fato de o município sediar à época uma das poucas Centrais de Penas e Medidas Alternativas (CPMA) do Estado de São Paulo, cuja finalidade é, entre outras, oferecer aos juízes uma equipe encarregada de encaminhar e monitorar os apenados com trabalho comunitário.[6] Parti da hipótese de que a existência desse serviço poderia de algum modo estimular a determinação desse tipo de sanção no âmbito da transação penal, daí a escolha desse local para a pesquisa.

2. A preferência por uma medida alternativa rápida, líquida e certa

A transação penal é prevista para acontecer na chamada audiência preliminar, nela devem estar presentes, além das partes em conflito, o juiz, o defensor público ou advogado do suspeito. Segundo a Lei n. 9.099/1995, a medida alternativa proposta pode consistir no pagamento de uma multa ou em uma das penas restritivas de direito, elencadas no art. 43 do Código Penal Brasileiro (CP). Estas incluem uma gama de possibilidades, tais como: a multa, a prestação pecuniária, a perda de bens e valores, as quatro formas de suspensão temporária de determinados direitos,[7] a prestação de serviços à comunidade e a limitação de fim de semana (isto é, o confinamento aos sábados e domingos, por cinco horas diárias em albergue judicial ou outro estabelecimento semelhante).

A prestação pecuniária e a multa distinguem-se em dois aspectos importantes: a base de cálculo por meio da qual se determinam seus valores monetários e a destinação de cada uma delas. O valor da prestação pecuniária pode ser estabelecido entre o mínimo de 1 e o máximo de 360

---

[6] Para mais detalhes sobre a rede de CPMAs em São Paulo, ver Fullin (2012 e 2018).

[7] A interdição temporária de direitos, segundo especifica o art. 47 do CP, inclui as seguintes opções: "I – proibição do exercício de cargo, função e atividade pública, bem como de mandato eletivo; II – proibição do exercício da profissão, atividade ou ofício que dependam de habilitação especial, de licença ou autorização do poder público; III – suspensão de autorização ou de habilitação para dirigir veículo; IV – proibição de frequentar determinados lugares".

salários mínimos, enquanto a multa está limitada ao mínimo de 10 e ao máximo de 360 dias-multa. Cabe ao juiz estipular o valor de referência para o dia-multa, devendo ater-se ao mínimo de 1/30 do salário mínimo e ao máximo correspondente a cinco vezes o salário mínimo. Verifica-se assim que a multa contém uma escala de fixação bem mais abrangente do que a prestação pecuniária, oferecendo maior margem decisória quanto ao valor monetário a ser estipulado como punição.

A prestação pecuniária pode ter várias destinações: a vítima ou seus dependentes, instituições públicas ou instituições assistenciais. Já a multa é sempre encaminhada para o Fundo Penitenciário Nacional (FUNPEN). Ressalte-se que, quanto à prestação pecuniária, há a possibilidade de sua conversão em prestação de outra natureza, tal como ocorre na conhecida determinação de doação de cestas básicas a instituições carentes e nas polêmicas decisões judiciais que estabelecem ao apenado a doação de sangue. Observe-se ainda que, quanto à destinação, existem distinções práticas e simbólicas importantes, pois, se a prestação pecuniária guarda o sentido de restituição material devida à vítima ou à "comunidade" – representada nas instituições públicas ou assistenciais que figuram como beneficiárias –, a multa é destinada, entre outros, à desprestigiada população prisional ou às longínquas políticas de segurança pública.

A Prestação de Serviços à Comunidade ou a entidades públicas (PSC) consiste na doação de mão de obra pelo apenado a instituições sem fins lucrativos, públicas ou privadas, como entidades assistenciais, hospitais, escolas, orfanatos e assemelhados. A fixação da quantidade de tempo de trabalho por semana advém de um padrão estabelecido por lei, isto é, oito horas semanais alocadas de modo a "não prejudicar a jornada normal de trabalho".[8]

Legislações específicas também oferecem outras modalidades punitivas, relacionadas ao crime "de menor potencial ofensivo" que visam regular. Assim é que a Lei n. 11.342/2006 prevê para aqueles flagrados portando drogas para consumo próprio três punições: a advertência judicial sobre o efeito das drogas; a prestação de serviços à comunidade em instituições públicas ou privadas sem fins lucrativos voltadas para a prevenção ou o tratamento de dependentes químicos; e a obrigatoriedade de comparecimento a programa ou curso educativo sobre o tema.

---

[8] Todas as definições e caracterizações das penas mencionadas estão presentes entre os arts. 45 e 49 do CP.

No que concerne aos crimes ambientais, a Lei n. 9.507/1998 oferece como opções medidas como a prestação pecuniária, o recolhimento domiciliar no período noturno, a PSC, entre outras. Quanto a esta, faz uma distinção ao especificar que as tarefas gratuitas do apenado sejam alocadas em parques, jardins públicos e unidades de conservação ambiental. Além disso, determina que, no caso de PSC, as horas de trabalho sejam destinadas à reparação do dano ambiental causado, caso isso seja possível.

Diante desse variado catálogo punitivo, o primeiro desafio para qualquer observador das audiências preliminares que ocorrem em São Bernardo do Campo consiste em compreender as razões que levam à escolha, predominantemente, de duas delas: a prestação pecuniária destinada a instituições assistenciais, credenciadas pela Promotoria, e a PSC, agenciada pela CPMA.[9]

Como mencionado, a prestação pecuniária e a PSC tiveram destaque nas preferências punitivas de promotores e juízes. Nas 100 audiências observadas em que houve transação penal, 66 tiveram como desfecho a prestação pecuniária, 31 terminaram em PSC e as três restantes em medidas educativas, envolvendo, por exemplo, a obrigatoriedade do comparecimento do suspeito em cursos educativos sobre o uso de drogas.[10]

No entanto, entre as duas mais frequentes nota-se que a prestação pecuniária foi de longe a medida mais aplicada. Mesmo no caso de infrações atinentes a legislações específicas – como consumo de drogas e violações ao meio ambiente – que preveem o trabalho comunitário como opção punitiva, a prestação pecuniária predomina.

Foi o que observei no desenrolar de duas audiências referentes ao crime ambiental de pichação, por exemplo. Pichar corresponde a um crime ambiental de "pequeno potencial ofensivo", previsto no art. 65 da Lei de Crimes Ambientais (LCA). Como mencionado, no rol de opções elencadas na referida lei está o trabalho gratuito com destinação reparatória, isto é,

---

[9] A CPMA de São Bernardo do Campo é um órgão subordinado ao Poder Executivo estadual, mais precisamente à Secretaria de Administração Penitenciária. Seu compromisso com o Judiciário é receber e encaminhar os apenados à prestação de serviços, bem como fiscalizar e informar os juízes sobre o andamento da punição.

[10] Em uma das audiências em que houve transação penal (no caso, com PSC) aconteceu também o desfecho em composição cível. Tratou-se de situação envolvendo acidente de trânsito com lesão corporal e fuga. Para a distribuição do total de audiências observadas segundo tipificação legal e desfecho, ver Fullin (2012, p. 170).

com a finalidade precípua de restituir o dano ambiental causado, quando possível. Contudo, em audiências ocorridas em varas diferentes viu-se que essa não foi a medida almejada pelos promotores no jogo da transação penal. Vejamos a descrição de uma delas:

> 03 de abril de 2007. 1ª vara criminal. JEC 490/06. A juíza, a promotora e o defensor público recebem um jovem acompanhado de seu pai. A promotora sem rememorar o ocorrido, passa direto para a proposta: "Aqui não vou analisar a culpa, então a lei permite uma transação penal, se você aceitar. Só não poderá ser beneficiado novamente com isso em cinco anos. Em compensação, morre aqui". Ela então lhe propõe 8 horas semanais de PSC para serem cumpridas durante um mês. O defensor pergunta ao pai do rapaz se ele prefere uma multa e o pai concorda. Ato contínuo, o defensor pede à promotora a opção da prestação pecuniária. Ela então estabelece um salário mínimo para pagamento em trinta dias e pergunta ao rapaz: "Você foi pego pichando o shopping, é verdade?" O rapaz nega e ela prossegue, "bem, não estou aqui para discutir sua culpa...". O defensor então orienta o pai sobre como deve ser feito o pagamento e enquanto o Termo de Audiência é impresso pela escrevente, a promotora, a juíza e o defensor conversam sobre o rumo dos trabalhos daquela tarde. Ao longo do diálogo o pai permanece paralisado, olhando fixo, muito sério, segurando um envelope pardo amassado no qual guarda os documentos do filho. Todos assinam o Termo da Audiência enquanto a juíza em voz alta fala ao rapaz: "O senhor entendeu? Se o senhor não cumprir o acordo vou processar o senhor para saber o que aconteceu, por enquanto não vou analisar o que houve". Ele mantém-se calado e sério. Assim como seu pai, assina o Termo de Audiência, pede licença e sai.

A PSC foi aventada, mas não necessariamente com a finalidade de reparar o dano ambiental causado. Isto é, ao propô-la, a promotora não a circunscreveu no registro da reparação do dano provocado pela pichação, como permite a LCA, oferecendo, em princípio, a opção da prestação de serviços, sem dar mais detalhes quanto à sua finalidade. A contraproposta de prestação pecuniária sugerida pelo defensor público foi acatada no jogo da negociação, tendo em vista o que aos olhos da promotora parecia mais factível: o pagamento do valor monetário garantido pelo pai – visivelmente constrangido –, em vez da expectativa de cumprimento da PSC pelo filho, que insistia – por razões que não cabia a ela averiguar – em negar a autoria da pichação. A PSC com finalidade reparatória específica poderia ter sido proposta pela promotora, no entanto o assunto foi resolvido rapidamente em favor da sanção monetária.

A tendência à monetarização das sanções no âmbito da transação penal, ou a "mercantilização do conflito", como prefere Wunderlich (2005), não é novidade. O fenômeno foi identificado no estudo pioneiro de Vianna *et al*. (1999) em Juizados Criminais na cidade do Rio de Janeiro, nos quais conciliadores, sem consulta ao promotor de justiça, determinavam a multa, priorizando a agilidade, considerada "fator primordial do sucesso do juizado" (VIANNA *et al*., 1999, p. 223).

No contexto pesquisado, como é possível interpretar essa preferência pela monetarização da punição?

Para melhor compreender o modo como punições são escolhidas e os sentidos que mobilizam, é preciso ter em conta que a fiscalização do cumprimento do acordo é de responsabilidade do juiz que a chancela. Homologado o acordo cabe a ele, com auxílio de seu cartório, fiscalizar o seu cumprimento.

Desse ponto de vista, apesar de o juiz não intervir na proposta feita em audiência, pois a transação penal "pertence" ao promotor, o magistrado, responsável em fiscalizar o cumprimento do acordo, tem prioridades gestionárias que, muitas vezes, se impõem tacitamente sobre as escolhas do promotor. Isso ficou mais evidente em uma das varas, na qual a proposta ofertada é, invariavelmente, o pagamento de dez dias-multa. Lá, pude confirmar, em conversa informal com a juíza, que essa opção decorre de seu posicionamento sobre como deve funcionar a transação penal, posição essa bastante conhecida dos promotores que com ela atuam. Seu intuito é determinar uma pena de caráter monetário com valor abaixo do salário mínimo, viabilizando o rápido aceite da proposta para não só agilizar o andamento da audiência, mas também garantir minimamente o cumprimento do acordo. Certa simbiose entre os interesses gestionários do juiz e a proposta do promotor foi também notada nas demais varas. Ela revela que, ao determinarem a punição, os promotores em consonância com os juízes também têm os olhos voltados para as maiores possibilidades de sua aceitação e de seu cumprimento por parte do autor. Um fator relevante na escolha da oferta punitiva está, portanto, ligado à dimensão gestionária, isto é, às garantias mínimas de que o caso não voltará ao já abarrotado sistema criminal.

Nesse aspecto, a pena pecuniária abre vantagens em relação à PSC, pois como valor monetário corresponde a um bem cuja liquidez propicia maiores margens de negociação. O parcelamento do pagamento em até duas vezes ou o seu adiamento para quinze ou até trinta dias são estratégias recorrentes para viabilizar a transação penal. Além disso, se comparada à PSC, a prestação pecuniária goza de mais instantaneidade. Seu processamento exige do suspeito que apresente em cartório, na data combinada para saldar a dívida, o comprovante do pagamento em favor da instituição assistencial, cujos dados bancários encontram-se na cópia do Termo de Audiência que lhe é entregue. Nenhum desses atos, seja o comparecimento em agência bancária para realizar o depósito na "boca do caixa",[11] seja a apresentação do comprovante em cartório, exige o comparecimento pessoal do suspeito, podendo ser realizado por terceiros – como fez o pai do rapaz na audiência reescrita –, fator que parece reforçar a garantia do cumprimento do acordo.

Como apontado, sua execução é instantânea, líquida e certa, esgotando-se no ato do pagamento, dando-lhe vantagens operacionais em relação à PSC. Vê-se também que a prestação pecuniária permite o cumprimento da pena circunscrito ao território de controle do juiz, isto é, ao seu cartório, dispensando investimentos adicionais em funcionários, além dos já disponíveis. Esse controle do cumprimento da pena mobiliza os cartorários e, no máximo, a intermediação de uma agência bancária na qual o depósito é realizado e eletronicamente controlado.

A PSC, por oposição, arrasta-se no tempo e também no espaço. A punição mínima consiste em oito horas semanais de trabalho comunitário durante quatro semanas. Para agenciá-la, os juízes contam com os serviços da CPMA, que lhes remete relatórios mensais individualizados a respeito do cumprimento das horas. Trata-se, portanto, de uma punição que exige maior investimento público e de uma sanção que se prolonga no tempo de vida do apenado e também do Judiciário. Ademais, a PSC é uma punição estritamente individual, cujo cumprimento não pode ser socializado, como na prestação pecuniária, na qual a dívida com a justiça pode

---

[11] Essa recomendação sempre feita e refeita em audiência tem por objetivo evitar que o pagamento feito pelo suspeito ou por alguém designado por ele seja realizado em caixas eletrônicos, nos quais não é possível a identificação nominal do suspeito no comprovante de pagamento emitido pela máquina. Essa identificação somente pode ser conseguida nos guichês de atendimento pessoal. O comprovante deve ser posteriormente levado ao fórum pelo suspeito ou por alguém designado por ele para "dar baixa" no caso, comprovando a execução da punição, isto é, do pagamento.

ser distribuída entre amigos e parentes dispostos a emprestar dinheiro. O caráter intransferível e personalizado dessa punição torna seu cumprimento mais vulnerável às intempéries da vida de um cidadão em movimento, do qual é demandado esforço constante para adequar a pena à sua rotina pessoal e profissional. Por isso, é vista também como uma pena mais sujeita ao descumprimento e ao descontrole institucional.

Se a prestação pecuniária se esgota na instantaneidade do pagamento supervisionado diretamente pelo cartório, a PSC demanda uma execução que ultrapassa o espaço do Judiciário e envolve a atuação da CPMA do município. Por isso, exige também a disposição dos juízes em transferir parte do poder de fiscalização e controle da punição para uma instituição externa, ligada ao Poder Executivo estadual.[12]

Nenhum juiz ou promotor chegou a declarar explicitamente reticências quanto a essa transferência de poder. Elas foram insinuadas em diálogos travados entre eles durante as audiências quando ajustes em torno do agenciamento da PSC eram convencionados. Em uma das varas, por exemplo, em caso de determinação de PSC, no Termo de Audiência a juíza faz constar a data e hora em que ele deve comparecer à CPMA. Como ela mesma enfatizou: "Eu marco hora e data para ele estar lá porque isso facilita o meu controle". Em outra vara adota-se estratégia semelhante com a mesma finalidade. Segundo explicou uma das promotoras ao explanar sobre a PSC:

> O autor já sai da audiência com o Termo de Audiência e tem cinco dias para comparecer na Central de Penas. Se ele não for nos cinco dias, a gente já fica sabendo [...] Quem não cumpre nos cinco dias, não vai mais cumprir, então passados esses cincos dias a gente já tá atrás dele porque senão vai prescrever [...] Eles jogam muito com a prescrição, como é que eu vou deixar? De jeito nenhum!

A PSC apresenta-se, nessa concepção, como uma punição mais sujeita à prescrição – ou seja, ao descumprimento –, cujo efeito é pernicioso para a respeitabilidade do sistema penal. Ela exige, portanto, vigilância redo-

---

[12] Nesse aspecto, é importante mencionar que a CPMA tem o compromisso de remeter aos juízes relatórios individuais e mensais a respeito das horas trabalhadas e ainda devidas. Frise-se ainda que ela está geograficamente distante do juiz, situada em outra localidade da cidade, e, com isso, as informações são trocadas por meio de visitas semanais dos estagiários da CPMA ao fórum.

brada, porque sua duração potencializa os riscos de descumprimento, comprometendo a credibilidade das decisões tomadas.

Porém, não se trata somente disso. Pelos investimentos e apostas que exige, essa modalidade punitiva guarda desconfianças quanto àquilo que supostamente seria sua principal finalidade. Vejamos o que declarou em entrevista um promotor:

> A gente recebe o relatório [da CPMA] e lá dá para ver bem que [a pena] é aplicada, mas a gente nem sabe qual o resultado desse trabalho comunitário. A gente sabe que ele [o apenado] foi lá, fez uma entrevista, prestou o serviço em algum lugar e horário. Vemos a assinatura de que ele compareceu. Mas como ele prestou o serviço a gente não sabe. Eu nunca vi um caso voltar informando que o serviço foi mal feito. Essa é uma boa coisa para avaliar porque não adianta a pessoa ir lá, fazer o serviço de qualquer jeito, assina e vai embora. [...] Além disso, a gente não sabe como está sendo a efetividade e eu nem sei se a Central tem esse retorno, isto é, se eles conseguem avaliar isso. A prestação de serviço deveria ter esse caráter pedagógico, ter que ir prestar um serviço e ali ele começar a pensar no que fez, mas a gente não tem uma avaliação final para ver.

Para ele, a determinação da PSC envolve mais do que a necessidade de controle das horas trabalhadas, mas também a expectativa quanto à qualidade do serviço prestado e dos seus efeitos na transformação do comportamento do apenado. É, portanto, uma punição exigente na perspectiva de sua fiscalização e controle de seus resultados. Tanto a finalidade retributiva dessa punição, medida pelo trabalho "bem-feito" à comunidade, quanto seu intuito reabilitador, medido pela potencialidade reflexiva do apenado sobre o crime cometido, são, para ele, difíceis de averiguar.

Assim, entre uma punição sem grandes incrementos gestionários quanto ao controle e à garantia de cumprimento, que propicia de imediato quase com rápida retribuição sobre o suspeito, e outra que exige incremento na fiscalização, transferência de parte do poder de punir para um órgão exógeno e uma duvidosa clareza acerca dos seus resultados, opta-se, em geral, pela primeira, isto é, pela prestação pecuniária.

Entre as duas punições em meio aberto se estabelece uma hierarquia na qual o risco de descumprimento é um dos critérios mais observados na elaboração da proposta de transação penal. O risco do descumprimento está associado, por sua vez, não somente às características intrínsecas a esses dois tipos de punição que se opõem – de um lado a liquidez, impessoalidade e instantaneidade da prestação pecuniária e, de outro, a densidade e pessoalidade da PSC, uma pena que só se consome no tempo –; na avaliação desse risco evidenciam-se também as dificuldades de promotores e juízes lidarem com um modo de punir em liberdade, quando esta exige um deslocamento do controle punitivo para instituições externas ao Judiciário. Entre uma forma de punir mais do que secular, semelhante à multa, e uma sanção com características gestionárias descentralizadoras, fica-se com a primeira.

3. A proposta de trabalho comunitário: o "blefe" na negociação

Apesar de não figurar como a punição majoritariamente presente nos desfechos examinados, a PSC não está fora do horizonte decisório de promotores e juízes, mesmo em situações nas quais a prestação pecuniária foi estabelecida como desfecho. Isso porque frequentemente a PSC é apresentada na negociação como opção à alegada falta de condições financeiras do autor da infração em arcar com a prestação pecuniária proposta.[13] Nesse aspecto, a PSC é apresentada como contraproposta que viabiliza a transação penal, e é vista, portanto, como uma maneira de garantir o "benefício" de não ser processado ao suspeito que vive em situação econômica precária, tal como me explicou um dos promotores em entrevista:

> Sempre coloco duas opções. A lei prevê como prestação pecuniária o valor mínimo de um salário mínimo. Esse é um valor alto, porque quem acaba vindo à justiça criminal são pessoas pobres, carentes, que não têm dinheiro e não têm condições, então para essas pessoas essa é uma punição alta demais. Então sempre dou a opção de prestação de serviços à comunidade porque a pessoa não vai ter que desembolsar nada, vai trabalhar e um sábado ou domingo que está livre e poder pagar e ajudar as pessoas que estão precisando. [...] A coisa é feita para ajudar e fazer ajudar outras pessoas, só que tem que fazer o sacrifício de ir lá fazer o trabalho.

---

[13] Landreville (1997) demonstra como essa estratégia de substituição também é utilizada no Canadá, mais especialmente na província do Québec. Trata-se de um *fine option program*, que funciona como uma forma de arrecadação pública de doações que visa também evitar o uso massificado de uma pena – o serviço comunitário – considerada mais difícil de ser agenciada.

Nesses termos, a PSC permitiria a "democratização" da transação penal, pois possibilita igualmente aos ricos e pobres a oportunidade de negociarem com o promotor, evitando os males do processo. Nesse entendimento, aos que não podem transacionar penalmente por dinheiro existe a possibilidade de evitar o processo oferecendo tempo de trabalho, algo que, em princípio, todos teriam para dar. Entende-se assim que o benefício de não ser processado pode ser estendido também aos suspeitos privados de condições financeiras, desde que aceitem o "sacrifício de ir lá fazer o trabalho". Para estes, o sacrifício recai sobre o corpo, e não sobre o patrimônio.

A PSC é então um contraponto fundamental de um sistema de substituição de punições que visa alcançar ricos e pobres na medida de sua desigualdade. Essa articulação entre pena pecuniária e PSC parece atualizar mecanismos de desigual distribuição de punição há muito presentes no sistema de justiça ocidental. Kirchheimer e Rusche (2004) registraram articulações semelhantes já na Baixa Idade Média, em um sistema de substituições no qual "a incapacidade dos malfeitores das classes subalternas de pagar fianças[14] em moeda levou à sua substituição por castigos corporais" (KIRCHHEIMER e RUSCHE, 2004, p. 25). Com o surgimento do capitalismo, a fiança foi reservada aos ricos, enquanto o castigo corporal tornou-se a punição dos pobres, concluindo que a diferença de classes determinava por isso um acesso distinto às fianças ou ao castigo corporal. Não se trata de dar à PSC o mesmo estatuto do castigo corporal, mas é interessante notar como é essa dimensão inescapável de uma punição que recai sobre o corpo que viabiliza um desfecho punitivo sem processo. O alvo não é um eventual arquivamento do caso, dada muitas vezes a fragilidade probatória em torno do ocorrido, mas um desfecho que viabilize o aceite da transação penal, cabendo ao promotor, com anuência do juiz, encontrar as maneiras mais criativas para elaborar uma proposta aceitável. É curioso observar como impera nesse contexto a obrigatoriedade de uma resposta punitiva minimamente aflitiva, ainda que se trate de um sistema alternativo ao processo judicial. É como se o traço identitário e, portanto, a finalidade primordial da justiça criminal estivesse fortemente articulada à obrigatoriedade de punir em qualquer circunstância (PIRES, 1998, 2004). No contexto pesquisado, analogamente a PSC é a punição que, incidindo

---

[14] Na edição brasileira, o termo original em inglês *fines* foi traduzido como *fiança*, sendo oportuno notar que também pode ser traduzido como *multa*.

sobre o corpo do suspeito, se constitui como um dispositivo que amplia as possibilidades de aceite da transação penal e com isso viabiliza um acordo punitivo mesmo com aqueles que não podem pagar por ele.

A oferta da PSC como base de troca para evitar o processo apresenta, entretanto, outros pontos de contato com a RPM. Foi o que observei a partir da resposta de um dos promotores, quando questionado sobre os critérios utilizados para determinar a proposta de transação penal:

> Levo em consideração a gravidade do fato, a capacidade econômica do autor dos fatos, sempre proponho o salário mínimo para que seja uma coisa *sentida*, tem que ter um *peso*, mas é óbvio que se a pessoa não tem condição econômica não vai deixar de receber o benefício, aí a gente passa para a prestação de serviços comunitários.

Em sua opinião, há que ponderar na determinação da pena a gravidade da infração, mas também os recursos econômicos do autor do fato. Entretanto, é a condição econômica do autor que lhe permite auferir se a finalidade precípua da punição, segundo ele, será atingida. A partir de uma avaliação da capacidade econômica do suspeito verifica-se a potencialidade da pena pecuniária de impingir-lhe a dose mínima de sofrimento para que a punição seja "sentida", "tenha um peso", seja minimamente aflitiva. Nesse cálculo, a PSC entra como uma contrapartida estratégica para assegurar essa finalidade. Ao mesmo tempo em que é vista por alguns como alternativa que estende a oportunidade da transação penal para os mais pobres, na perspectiva desse promotor trata-se de um recurso que lhe permite assegurar um patamar mínimo de sofrimento na determinação da medida alternativa. A PSC emerge na negociação como uma pressão para o aceite da punição monetária nos valores originalmente estabelecidos. Ao ser lançada como única opção possível ao pagamento, a PSC tranca as possibilidades de negociação em torno da redução do valor da prestação pecuniária, ampliando o poder de barganha do promotor em favor da punição monetária que deseja ver aceita.[15]

Para melhor compreender o potencial persuasivo que a contraproposta de PSC tem para o aceite da prestação pecuniária, é preciso ter em conta

---

[15] Como disse uma das juízas entrevistadas: "Às vezes eles falam que não têm dinheiro para não terem que cumprir, mas quando a gente propõe que, então, prestem serviço, eles aceitam pagar rapidinho".

que, independentemente da duração de PSC determinada, ela é tida pelo suspeito, e também pelo seu defensor público ou advogado, como potencialmente mais severa e aflitiva em parte, pela obscuridade com que é apresentada. Ao propô-la como opção, o promotor não dá detalhes de qual tipo de trabalho comunitário lhe será destinado, afinal não detém essa informação. Limita-se a assegurar que "não será trabalho forçado", enaltecendo a oportunidade do apenado de "ajudar os que precisam no que for necessário" ou apenas lhe assegurando que "uma equipe realizará o encaminhamento adequado". De fato, o promotor não pode predizer o local e o tipo de trabalho que lhe será destinado, pois esse agenciamento é de responsabilidade da CPMA.[16] Por isso, a PSC apresenta-se como uma pena cuja dimensão do sofrimento é, no momento de sua oferta, imprecisa para o suspeito. Aceitá-la supõe assinar um contrato de prestação de serviços gratuitos sobre o qual se sabe muito pouco, a não ser das exigências quanto à reorganização das rotinas profissional e pessoal que ela acarretará, em um ambiente urbano pouco favorável a grandes deslocamentos, tornando o tempo um recurso ainda mais escasso.[17] Para aqueles que atuam no mercado informal e vivem de "bicos", o tempo livre é sinônimo de disponibilidade para eventuais propostas de trabalho e, nesses termos, aceitar a PSC implica correr o risco de perder oportunidades de ganho e, portanto, submeter-se a um prejuízo que pode eventualmente ser maior do que o pagamento de uma prestação pecuniária, cujo valor é desde logo sabido. Some-se a essas obscuridades em torno da PSC a desconfiança do imaginário popular, dos desdobramentos nada favoráveis ao

---

[16] Na observação etnográfica da rotina da CPMA de São Bernardo verifiquei que nos encaminhamentos realizados a equipe de estagiários prioriza um posto de serviço comunitário próximo da residência ou do local de trabalho do apenado e que disponibilize horários que lhe sejam mais favoráveis. O tipo de trabalho que será desempenhado não é, portanto, o primeiro critério para esse encaminhamento, que visa minimizar eventuais incompatibilidades entre a PSC e a rotina do apenado, criando condições que tornem viável o cumprimento da pena. Essa decisão se constrói em diálogo com o apenado, mas também depende da disponibilidade de vagas em determinados postos de trabalho comunitário. Por isso a destinação do eventual apenado com PSC não é o tipo de informação disponível ao promotor no momento em que propõe a transação penal.
[17] Também na CPMA verifiquei que a primeira demanda dos "prestadores" – termo nativo para designar os apenados que lá chegam – refere-se a possibilidades de cumprirem a pena em local próximo de sua residência, buscando minimizar o dispêndio de tempo e custos com transporte.

apenado quando trabalho e punição apresentam-se lado a lado. É nessa medida que também se pode compreender a preferência dos suspeitos pela prestação pecuniária, pois, segundo me disse um dos defensores públicos, "muitos preferem pagar que prestar serviço comunitário pois têm medo de ser humilhados".[18]

Entre uma sanção incerta quanto à intensidade do sofrimento que poderá causar e outra de previsibilidade e exatidão matemática, prevista para se consumar na instantaneidade de um pagamento, é evidente que haja maior aceitação da primeira. Cientes dessa tendência, os promotores, em várias situações, nem chegam a formalizar os termos da contraproposta em PSC – isto é, sua duração. Basta insinuá-la como alternativa ao pagamento dos valores mencionados a título de prestação pecuniária para obterem de imediato o aceite desta última.

Ao formularem a proposta de transação penal na dicotomia prestação pecuniária *versus* PSC, os promotores partem de uma paridade fictícia, por meio da qual a pena de um salário mínimo corresponde a um mês de PSC com oito horas semanais de trabalho. Assim, recuperam unidades de referência próximas das leis trabalhistas, conhecidas do senso comum, que estabelecem a equivalência entre um salário como aquilo que é devido por um mês de trabalho. Entretanto, como, em geral, a finalidade desse formato de proposta é monetizar a punição, por vezes diante da reticência do suspeito em aceitá-la, os promotores quebram essa equivalência dobrando o valor da contraproposta da PSC. Assim, na impossibilidade de "fechar um acordo" por resistência do suspeito em concordar com o pagamento pecuniário estipulado em um salário, é a contraproposta de dois ou mesmo três meses de PSC o recurso utilizado para arrematar o aceite em favor da primeira.

A quebra de equivalência pode também emergir no rumo do diálogo, enfatizando aspectos mais severos envolvidos na opção pela PSC pelo suspeito. Foi o que observei na audiência descrita a seguir:

---

[18] É possível associar esse temor também ao medo de serem reconhecidos. Nesse aspecto, nada garante mais anonimato do que o procedimento exigido para o pagamento da prestação pecuniária, cujo comprovante de quitação de débito pode até mesmo ser entregue no cartório por terceiros. Já a PSC, indelegável, exige maior exposição pública e, a depender do local onde é cumprida, risco de o apenado ser visto por conhecidos.

28 de novembro de 2006. 1ª vara criminal. IP 1449/06. Na presença da juíza, da escrevente e do defensor, a promotora recebe um homem de meia-idade que, segundo o inquérito policial contendo o exame de dosimetria alcoólica e o relato dos policiais, havia sido flagrado conduzindo seu caminhão embriagado. A promotora recapitula o episódio explicando-lhe porque ele está ali. Em seguida pergunta: "O senhor está trabalhando?" Diante da resposta afirmativa diz: "A proposta é de dois salários mínimos destinados à entidade ou prestação de serviços de 8 horas por semana durante dois meses". O defensor é quem pergunta ao caminhoneiro: "Qual delas o senhor prefere?" Ele comenta suas dificuldades financeiras e a instabilidade de seu horário de trabalho, devido às viagens que realiza fazendo carreto. Pergunta se o trabalho comunitário poderia ser realizado em outra cidade. A promotora informa-lhe prontamente que não. Ele então menciona as dificuldades de tempo disponível para o trabalho por também ter obrigações com sua filha pequena. Neste momento, a juíza dispara: "Se o senhor tem problema com sua filha, presta serviço em uma creche e leva a criança!" Ele imediatamente aceita a prestação pecuniária de dois salários.[19]

Inconformada com os empecilhos aventados por um condutor embriagado em tentar indiretamente obter a redução do valor da prestação pecuniária alegando dificuldades para aceitar a contraproposta da PSC, a partir do questionamento do suspeito, a juíza rearranja as opções em jogo: o pagamento ou o cumprimento da PSC, que poderá ser adequada à rotina do suspeito, desde que ele envolva a filha na execução do trabalho. Nessa formulação, a PSC aparece como a punição notoriamente mais severa por ultrapassar a pessoa do suspeito, envolvendo sua família. Ela funciona assim como espécie de blefe que conduz o suspeito a acatar a monetarização da punição, isto é, ao aceite da prestação pecuniária proposta. Entretanto, esse blefe só é possível porque a PSC guarda um significado de pena severa, a qual exige maior dose de sacrifício e sofrimento.

Quando se trata de "punir de verdade", ela é tida como a senhora das punições. Nas situações percebidas como mais gravosas e para as quais se entende ser necessário reduzir as margens escolha do suspeito, privilegia-se uma sanção mais rigorosa. É o que se verá a seguir.

[19] Importante esclarecer que tal audiência aconteceu sob vigência da Lei n. 9.503/1997. Naquele momento qualificava-se como condutor embriagado o motorista flagrado "sob a influência de álcool, em nível superior a seis decigramas por litro de sangue" (art. 165).

4. Tempo e trabalho: a semântica do sofrimento na PSC

Se a PSC é a segunda opção punitiva, utilizada como um recurso estratégico para favorecer a monetarização da punição, há casos específicos nos quais ela é apresentada como a única possibilidade para evitar o processo. Nessas situações ela é determinada, como denomino, em caráter originário, pois não há aí o intuito de substituí-la ao longo da negociação, mas de impô-la tal como originalmente proposta, à semelhança de uma sentença condenatória. Ao propor a PSC em caráter originário, o promotor visa algo mais com a pena-negócio do que desjudicializar[20] o caso, obtendo a aceitação da transação proposta de maneira célere e factível de ser cumprida. Mais do que esse intuito, a PSC em caráter originário é selecionada quando há o entendimento de que, diante de elementos como a gravidade da infração, os antecedentes do suspeito, sua intencionalidade, é obrigatório propor um acordo que não somente evite o processo, mas que se constitua uma punição mais severa.

A PSC foi oferecida em caráter originário em doze das audiências observadas. Nelas, mesmo diante da contraproposta da prestação pecuniária eventualmente sugerida pelo suspeito ou por seu defensor, o promotor ou o juiz mantiveram-se impassíveis, sem abrir mão da determinação da PSC como a única alternativa para afastar o processo. Esse número reduzido de situações mostra que os promotores não adotam a PSC em caráter originário de maneira rotineira.[21] No entanto, tais ocorrências demonstram

---

[20] Para Kerchove (1987), as terminologias "desjudicialização", "dejusticialização" e "dejuridicionalização" provêm de um campo semântico repleto de significações divergentes. Utilizo o termo "dejudicialização" na mesma acepção do autor para tal terminologia, isto é, como um fenômeno próximo do que os americanos denominam *pretrial diversion* e do que os franceses chamam de *troisième vie* (AUBERT, 2009). Trata-se de procedimentos menos formais e morosos do que um processo penal propriamente dito por meio dos quais se estabelecem sanções menos severas que a prisão, como multa, advertência e participação em programas comunitários. Um elemento importante e comum a esses procedimentos, que convém destacar aqui, são a fragilidade probatória e o retraimento da participação do juiz em favor da atuação, principalmente do promotor público como a figura à qual cabe determinar tais sanções. Esses mecanismos, cuja nomenclatura varia, são utilizados em países com tradições jurídicas distintas. Por intermédio deles enxuga-se a intervenção burocrática do Judiciário, evitando-se o processo e a participação do juiz, e conferindo uma nova atuação ao promotor, cuja atribuição não é evidentemente sentenciar, mas estabelecer uma sanção não nomeada como pena, mas como medida.

[21] É importante acrescentar que entre os nove diferentes promotores cujas audiências observei somente quatro optaram, em algum momento, pela PSC em caráter originário. Os demais passam ao largo dessa escolha, privilegiando em regra a punição pecuniária.

que ela é escolhida por garantir, seja pela privação do tempo, seja pela exigência de trabalho gratuito, uma dose mínima de sofrimento do infrator.

A Lei n. 9.099/1995 não recomenda um sistema de proporção entre a infração e a medida alternativa que deve ser proposta a título de transação penal. Por isso, o promotor e o juiz que homologa a escolha punitiva têm uma ampla liberdade para decidir durante quantos meses deve-se desdobrar a punição de oito horas semanais de trabalho comunitário.

O que se percebe é que todos, ainda que recorrendo a dosimetrias distintas de PSC, detêm uma sensibilidade comum quanto à gravidade de determinados delitos, sobretudo aqueles que envolvem uma flagrante intencionalidade, além da excessiva imprudência do infrator.

Quanto aos casos relacionados aos conflitos interpessoais, identifica-se também uma sensibilidade comum para ocorrências de situações graves vistas como aquelas em que idosos e mulheres encontram-se em extrema vulnerabilidade física e psicológica. Maus-tratos "a cadeiradas" contra pai idoso, ato obsceno reiteradas vezes contra a vizinha,[22] lesão corporal contra ex-esposa grávida e briga de torcidas em que "um dos rapazes só não morreu porque não tinha que morrer", como disse em audiência o promotor, compuseram esse conjunto de casos, nos quais a PSC, em intensidades diferentes, foi escolhida como a única resposta punitiva possível.

Para situações como estas, a medida determinada não tem somente o intuito de retirar rapidamente o caso da órbita de atuação judicial para desafogar os tribunais mediante uma atuação breve e pontual. Nelas, a atuação do sistema judicial deve ultrapassar a finalidade gestionária garantida em uma punição em dinheiro, líquida e certa. As condições impostas para evitar o processo, o preço pelo benefício de evitá-lo deve redundar em efeitos mais duradouros; a "tarifa" cobrada deve ser mais "sentida". Nesse aspecto, o comentário de uma das juízas é bastante elucidativo:

> Muitas vezes a prestação patrimonial [em dinheiro] não é *sentida* pelo agente. Ela funciona em casos em que há lesão leve, como nas brigas de vizinhos ou em casos em que a "situação faz o ladrão" [...] [em outras,] o sujeito tem que refletir sobre os efeitos [de sua ação], *sentir* que aquilo teve um resultado e prestação pecuniária pode não ser um *problema* para ele.

[22] Nesse caso, o ato obsceno consistia em práticas exibicionistas sexuais de um homem, em diversas oportunidades nas quais sua vizinha tinha que obrigatoriamente cruzar o seu caminho.

A PSC, note-se, é de novo associada à forma de punir que seguramente promove efeitos sensoriais mais evidentes. Sua experiência deixa marcas mais profundas na memória pela intensidade de sofrimento e angústia que provoca, pois demanda dispêndio de tempo e esforço físico, produzindo um efeito inesquecível. Se comparada à prestação pecuniária, ela é aquela que garante, com mais precisão, o aspecto doloroso da pena, porque o corpo e o tempo são o seu lugar. No entanto, deve ser reservada para situações em que se identificam alguma intencionalidade do suspeito e a vulnerabilidade da vítima, não para aquelas em que, fortuitamente, como diz o ditado mencionado pela juíza, "a ocasião faz o ladrão". A esse respeito é sugestivo o que disse um dos juízes entrevistados:

> Na verdade, o ideal seria aplicar a PSC em todos os casos porque a prestação pecuniária nem sempre atende a finalidade da lei... A multa dói no bolso e só, depois de um tempo ela é esquecida. Agora é evidente que não é viável aplicá-la em todos os casos, mas se eu fosse escolher a medida mais adequada de todas seria a PSC.

Aqui também se verifica que a PSC parece guardar consigo o sentido de punição verdadeira e credível, porque garante, por mínima que seja sua duração, efeitos mais marcantes na história de vida do suspeito. O mal que provoca ultrapassa a instantaneidade de um pagamento que apenas dói no bolso, mas instala-se com mais perenidade na memória. Além do corpo, o tempo é também o referencial que garante a mínima dose de sacrifício que se deseja com a punição. É a sua privação ou, melhor, a perda da liberdade de dispor dele como se deseja – por mínima que seja a duração da PSC determinada – o preço que se paga pela infração cometida. Nesse aspecto, a PSC tem um grande alcance, pois pode sacrificar tanto o tempo livre dos trabalhadores que detêm uma jornada regular de trabalho, obrigando-os a abrir mão de horas de lazer ou descanso para cumprir a pena, como um tempo potencial de trabalho remunerado do trabalhador informal.

Ao privar o suspeito de uma parcela ainda que mínima de seu tempo, a PSC opera na mesma lógica da prisão, cuja dimensão de sacrificial também está associada ao tempo, por sua vez ligado às significações, na modernidade, introduzidas pelas relações capital-trabalho, como enfatiza Hassen (1999, p. 153):

A pena de prisão é quantificada segundo a dimensão temporal, contabilizando o castigo em anos e meses (de acordo com a gravidade do crime) em que o indivíduo se verá apartado da sociedade [...]
O trabalhador moderno igualmente vê a relação entre o tempo e sua paga. É o tempo despendido, na maior parte das vezes, que é usado como dado para cálculo de pagamento, isto é, o tempo se converte em objeto de medida. O relógio-ponto, emblema da forma de controle, mede o tempo e não a produção do assalariado. [...]
A verdade é que a modernidade inventou o tempo linear, a medida do tempo, os intervalos, a pressa. [...] O tempo passou a ter um preço (o pagamento pelo tempo de trabalho), mas também a ser um preço, como no caso da pena privativa de liberdade. O número de meses e anos de prisão é o preço do crime que preveem os códigos.

É no sacrifício do tempo que se consubstancia não somente a pena de prisão, mas a PSC, que, no contexto da transação penal, corresponde à pena-preço que se paga pelo "benefício" de escapar do processo. Por tal semelhança é que a PSC tem o lastro de pena severa, a qual, tal como a prisão, subtrai uma parcela de tempo do condenado e impede a eventual suavização do sofrimento que a prestação pecuniária pode reservar para o suspeito capaz de pagar ou de mobilizar sua rede social para tanto.

Tal entendimento, que articula tempo e liberdade como um bem disponível a todos, encontra correspondência semelhante no depoimento de uma das promotoras entrevistadas quando destaca o elemento sacrificial da PSC:

Se a transação é pecuniária [...] deve ter uma correlação com a capacidade econômica do autor do fato e tanto quanto possível ter uma correlação com o delito. [...] Nos demais casos, principalmente mais graves, quando tem lesão corporal, por exemplo, vamos aplicar algo que faça o autor do fato compreender a gravidade da imprudência [...] Então é prestação de serviço porque toma tempo, sabe. A grande saída do Jecrim para as coisas mais graves é a PSC, não é a prestação pecuniária porque dinheiro todo mundo arranja.

Nesse aspecto, a PSC guarda, assim como a prisão, uma garantia de sofrimento do qual não se pode escapar, pois, ao contrário de valores monetários, o tempo é um bem que – seja o rico, seja o pobre – todos têm para dar. A PSC constitui-se, analogamente à prisão, como um "castigo igualitário".

Considerações finais

Em diferentes dimensões observa-se que a PSC, quando determinada em caráter originário, assume contornos análogos aos da prisão, e é nessa medida que é valorada como pena severa, reservada a situações específicas. Apesar de flagrantemente distintas, em ambas se preserva o "tempo como operador da pena" (FOUCAULT, 1991).

Consubstanciando-se no transcurso do tempo, a PSC é, nesse contexto, avaliada na mesma chave interpretativa da prisão, ou seja, a duração da pena serve de medida para o grau de aflição que se pretende determinar como sanção. Desse modo, ainda que em um ambiente "alternativo" ao processo penal, é possível identificar um elemento da RPM identificado por Pires e Garcia (2007, p. 326) como "temporação do sofrimento". Em um texto no qual discutem as relações paradoxais entre direitos humanos e direito penal, os autores apontam Beccaria como um dos principais pensadores cujas ideias contribuíram para perpetuar, entre nós, valores que associam a pena criminal a uma semântica de sofrimento. Assim, uma das contribuições de Beccaria para a forma de conceber a pena criminal não reside somente em sua crítica à excessiva crueldade dos suplícios corporais em favor da proporcionalidade entre crime e pena. Para Pires e Garcia, entre suas colaborações está a valorização do tempo como um referencial possível de inflição de sofrimento. Longe de propor uma semântica punitiva que supera a articulação entre punição e inflição de dor, Beccaria a reafirmou, transpondo-a do registro físico – característico dos suplícios – para um registro puramente temporal. A partir de então, uma nova interpretação sobre a punição passa a ser difundida: o tempo, tanto quanto o suplício, pode fazer sofrer e garantir a finalidade dissuasiva da pena. Essa mudança de registro que repercute na valorização da prisão atualiza o culto à pena aflitiva, dando-lhe nova roupagem. Como concluem Pires e Garcia (2007, p. 328): "[...] a invenção desse mecanismo cognitivo também não elimina (e muito menos automaticamente) a velha forma de ver a inflição do sofrimento; apenas cria uma alternativa".[23]

---

[23] Tradução da autora. No original: "Par conséquent, l'invention de ce mécanisme cognitif n'élimine pas non plus (et moins encore automatiquement) l'ancienne manière de voir l'infliction de la souffrance; elle crée seulement une alternative".

Nesse aspecto nota-se como, mesmo em um sistema "alternativo", referenciais de "temporação do sofrimento" operam na caracterização de sanções reputadas como mais aflitivas. Em contextos de negociação tal como os descritos acima, nos quais é preciso evitar o processo e simultaneamente garantir alguma sanção minimamente crível, é o trabalho comunitário a medida *alternativa* que permite a reprodução de uma semântica punitiva secular. A "temporação do sofrimento" da PSC se potencializa na privação do tempo de um cidadão em movimento, para o qual o mal da pena se manifesta nas exigências (aflitivas) para articular sua tripla jornada familiar, profissional e punitiva. É por essa dimensão que a PSC cria um embaraço inesquecível para aqueles que aceitam a transação penal, atualizando a semântica de sofrimento. Ainda que situadas em um patamar inferior à pena de prisão, as medidas alternativas integram um sistema classificatório de sanções que, no contexto pesquisado, repousa à sombra do campo cognitivo da RPM.

Referências

ABEL, Richard. The contradictions of informal justice. *In*: ABEL, Richard (org.). *The politics of informal justice*. Nova Iorque: Academic Press, 1981. v. 1. p. 267-320.

ALMEIDA, Vera Ribeiro de. Consenso à brasileira: exame da justiça consensual criminal em perspectiva antropológica. *Dilemas: Revista de Estudos de Conflito e Controle Social*, Rio de Janeiro, v. 7, n. 3, p. 731-765, jul./set. 2014. Disponível em: https://revistas.ufrj.br/index.php/dilemas/article/view/7240. Acesso em: 17 maio 2019.

AUBERT, Laura. Appréhension systématique des phénomènes de délinquance et troisième voie: les dilemmes d'un parquet divisé. Champ Pénal/Penal Field: Nouvelle Revue Internationale de Criminologie (online), [s.l.], v. 6, 2009. Disponível em: http://champpenal.revues.org/7613. Acesso em: 17 maio 2019.

AZEVEDO, Rodrigo Ghiringhelli de. Juizados Especiais Criminais: uma abordagem sociológica sobre a informalização da justiça penal no Brasil. *Revista Brasileira de Ciências Sociais*, São Paulo, v. 16, n. 47, p. 97-182, out. 2001. Disponível em: http://www.scielo.br/pdf/%0D/rbcsoc/v16n47/7722.pdf. Acesso em: 17 maio 2019.

AZEVEDO, Rodrigo Ghiringhelli de; SINHORETTO, Jacqueline. O sistema de justiça criminal na perspectiva da antropologia e da sociologia. *Revista Brasileira de Informação Bibliográfica em Ciências Sociais* – BIB, v. 1, p. 188-215, 2018.

CARDOSO DE OLIVEIRA, Luis Roberto. Existe violência sem agressão moral? *Revista Brasileira de Ciências Sociais*, São Paulo, v. 23, n. 67, p. 135-193, 2008.

CHASIN, Ana Carolina; FULLIN, Carmen. Por uma perspectiva integrada dos Juizados Especiais: experiências de informalização da justiça em São Paulo. São Paulo, *Revista Direito GV*, v. 15, n. 3, 2019. https://doi.org/10.1590/2317-6172201929.

CHRISTIE, Nils. *Crime control as industry*: towards gulags, Western style. Londres: Routledge, 1994.

COHEN, Stanley. *Visions of social control*: crime, punishment and classification. Cambridge: Polity Press, 1985.

CUNHA, Luciana Gross. Juizado Especial: ampliação do acesso à justiça? *In*: SADEK, Maria Tereza (org.). *Acesso à justiça*: um direito e seus obstáculos. São Paulo: Fundação Konrad Adenauer, 2001. p. 43-73.

FAISTING, André. O dilema da dupla institucionalização do Poder Judiciário: o caso do Juizado Especial de Pequenas Causas. *In*: SADEK, Maria Tereza (org.). *O sistema de justiça*. São Paulo: Sumaré/Idesp, 1999. p. 43-59.

FEELEY, Malcom M.; SIMON, Jonathan. The new penology: notes on the emerging strategy of corrections and its implications. *Criminology*, [s.l.], v. 30, n. 4, p. 449-474, nov. 1992. Disponível em: https://onlinelibrary.wiley.com/doi/pdf/10.1111/j.1745-9125.1992.tb01112.x. Acesso em: 17 maio 2019.

FOUCAULT, Michel. *Vigiar e punir*: história da violência nas prisões. Petrópolis: Vozes, 1991.

FULLIN, Carmen. Gestão, tempo, trabalho e sofrimento: a economia das trocas punitivas a partir de uma etnografia de Juizados Especiais Criminais. *Dilemas: Revista de Estudos de Conflito e Controle Social*, Rio de Janeiro, v. 8, n. 1, p. 127-156, jan./mar. 2015.

FULLIN, Carmen. Prisioneiras do tempo: a pena de trabalho comunitário e seus custos sociais para as mulheres. *Revista Brasileira de Ciências Criminais*, São Paulo, n. 146, p. 173-201, 2018.

FULLIN, Carmen. *Quando o negócio é punir*: uma análise etnográfica dos Juizados Especiais criminais e suas sanções. 2012. Tese (Doutorado em Antropologia Social) – Departamento de Antropologia Social, Universidade de São Paulo, São Paulo, 2012. Disponível em: http://www.teses.usp.br/teses/disponiveis/8/8134/tde-29062012-134149/en.php. Acesso em: 17 maio 2019.

GARAPON, Antoine. Un nouveau modèle de justice: efficacité, acteur stratégique, sécurité. *Esprit*, [s.l.], p. 98-122, nov. 2008.

GARLAND, David. *A cultura do controle*: crime e ordem social na sociedade contemporânea. Rio de Janeiro: Revan, 2008.

GEERTZ, Clifford. O saber local: fatos e leis em uma perspectiva comparativa. *In*: GEERTZ, Clifford. *O saber local*: novos ensaios em antropologia interpretativa. Petrópolis: Vozes, 1998. p. 249-356.

GRINOVER, Ada Pellegrini *et al. Juizados Especiais Criminais*: comentários à Lei 9.099 de 26.09.1995. São Paulo: Revista dos Tribunais, 2005.

HASSEN, Maria de Nazareth Agra. *O trabalho e os dias*: ensaio antropológico sobre trabalho, crime e prisão. Porto Alegre: Ventura/Tomo Editorial, 1999.

JULIUS, Nicolaus Heinrich. *Leçons sur les prisons*: présentées en forme de cours au public de Berlin, en L'année 1827, Tome Second. Trad. H. Lagarmitte. Paris: F. G. Levrault, 1831. Disponível em: https://books.google.com.br/books?hl=pt-BR&lr=&id=yjxEA AAAcAAJ&oi=fnd&pg=PA1&dq=Julius+1831&ots=CyvY-2t72K&sig=9no4clfTJ_mUQGn6HBK3miyBryg#v=onepage&q=Julius%201831&f=false. Acesso em: 20 maio 2019.

KANT de Lima, Roberto; AMORIM, Maria Stella; BURGOS, Marcelo Baumann. *Juizados Especiais Criminais, sistema judicial e sociedade no Brasil*: ensaios interdisciplinares. Niterói: Intertexto, 2003.

KARAM, Maria Lúcia. *Juizados Especiais Criminais*: a concretização antecipada do poder de punir. São Paulo: Revista dos Tribunais, 1997.

KERCHOVE, Michel van de. *Le droit sans peines*: aspects de la dépénalisation en Belgique et aux Etats-Unis. Bruxelas: Facultés Universitaires Saint Louis, 1987.

KIRCHHEIMER, Otto; RUSCHE, Georg. *Punição e estrutura social*. Rio de Janeiro: Revan, 2004.

LACHAMBRE, Sébastien. La théorie de la dénonciation: nouvelles configurations théoriques de la rationalité pénale moderne. *In*: DUBÉ, Richard; GARCIA, Margarida; MACHADO, Maíra Rocha (ed.). *La rationalité pénale moderne*: réflexions théoriques et explorations empiriques. Ottawa: Presses de l'Université d'Ottawa, 2013. p. 73-90.

LANDREVILLE, Pierre. Médiation penale et travail d'intérêt général au Canada. *In*: MARY, Phillipe (org.). *Travail d'intérêt général et médiation pénale*: socialisation du pénal ou pénalisation du social? Bruxelas: Bruylant, 1997. p. 83-100.

LE ROY, Étienne. La médiation mode d'emploi. *Droit et Société*, [s.l.], n. 29, p. 39-55, 1995. Disponível em: https://www.persee.fr/doc/dreso_0769-3362_1995_num_29_1_1315. Acesso em: 17 maio 2019.

OLIVEIRA, Carlos Gomes de. *Saber calar, saber conduzir a oração*: a administração de conflitos num Juizado Especial Criminal do DF. 2005. Dissertação (Mestrado em Antropologia) – Instituto de Ciências Humanas, Universidade de Brasília, Brasília, 2005. Disponível em: https://dan.unb.br/images/doc/Dissertacao_187.pdf. Acesso em: 17 maio 2019.

OLIVEIRA, Marcella Beraldo de. *Crime invisível*: a mudança de significados da violência de gênero no Juizado Especial Criminal. 2006. Dissertação (Mestrado em Antropologia) – Departamento de Antropologia, Universidade de Campinas, Campinas, 2006. Disponível em: http://repositorio.unicamp.br/handle/REPOSIP/281510. Acesso em: 17 maio 2019.

PIRES, Alvaro. Aspects, traces et parcours de la rationalité pénale moderne. *In*: DEBUYST, Christian; DIGNEFFE, Françoise; PIRES, Alvaro (ed.). *Histoire des savoirs sur le crime & la peine*: la rationalité pénale et la naissance de la criminologie. Bruxelas: De Boeck Université, 1998. t. 2. p. 3-52.

PIRES, Alvaro; ACOSTA, Fernando. Les mouches et la bouteille à mouches: utilitarisme et rétributivisme classiques devant la question pénale. *Carrefour. Revue de la Société de Philosophie de l'Outaouais*, [s.l.], v. 16, n. 2, p. 8-39, 1994.

PIRES, Alvaro. A racionalidade penal moderna, o público e os direitos humanos. *Novos Estudos Cebrap*, São Paulo, v. 68, n. 3, p. 39-60, mar. 2004. Disponível em: https://edisciplinas.usp.br/pluginfile.php/121354/mod_resource/content/1/Pires_A%20racionalidade%20penal%20moderna.pdf. Acesso em: 17 maio 2019.

PIRES, Alvaro; GARCIA, Margarida. Les relations entre les systèmes d'idées: droits de la personne et théories de la peine face à la peine de mort. *In*: CARTUYVELS, Yves *et al.* (org.). *Droit de l'homme, bouclier ou épée du droit pénal?* Bruxelas: Facultés Universitaires Saint-Louis, 2007. p. 291-336.

RIBEIRO, Ludmila M. L.; CRUZ, Vinicius G.; BATITTUCCI, Eduardo C. *Liberdade tutelada*: a normalização e a burocratização da transação penal nos Juizados Especiais Criminais – estudo de caso de Belo Horizonte/MG. *Paper* apresentado no XXVIII Encontro Anual da ANPOCS, Caxambu/MG, 26 a 28 de outubro de 2004.

TULKENS, Françoise; KERCHOVE, Michel van de. La justice pénale: justice imposée, justice participative, justice consensuelle ou justice négociée? *In*: GÉRARD, Phillipe; OST, François; KERCHOVE, Michel van de (org.). *Droit négocié, droit imposé?* Bruxelas: Facultés Universitaires Saint-Louis, 1996. p. 529-579.

VASCONCELLOS, Vinicius Gomes de. *Barganha e justiça criminal negocial*: análise das tendências de expansão dos espaços de consenso no processo penal brasileiro. Belo Horizonte: D'Plácido, 2018.

VIANNA, Luis Werneck et al. *A judicialização da política e das relações sociais no Brasil*. Rio de Janeiro: Revan, 1999.

WACQUANT, Loic. *Punir os pobres*: a nova gestão da miséria nos EUA. Rio de Janeiro: Revan, 2007.

WUNDERLICH, Alexandre. A vítima no processo penal: impressões sobre o fracasso da Lei 9.099/95. *In*: WUNDERLICH, Alexandre; CARVALHO, Salo de (org.). *Novos diálogos sobre os Juizados Especiais Criminais*. Rio de Janeiro: Lumen Juris, 2005. p. 15-56.

WUNDERLICH, Alexandre; CARVALHO, Salo de (org.). *Novos diálogos sobre os Juizados Especiais Criminais*. Rio de Janeiro: Lumen Juris, 2005.

Capítulo 11
O problema da aceitação da vítima não punitiva no sistema de direito criminal[1]

José Roberto Franco Xavier

Introdução

A categoria "vítima de crime", ou "vítima da violência urbana", parece ter adquirido grande visibilidade nas duas últimas décadas. A emergência de movimentos de vítimas, a exploração dos dramas das vítimas pela mídia e a busca por mudanças legislativas para "proteger" as vítimas ou "em consideração" a elas são todos cenários que têm se tornado mais frequentes em muitos países de diferentes tradições jurídicas. No entanto, a visibilidade dessa categoria "vítimas" não ocorre livre de dificuldades. Para os atores tradicionais do sistema de direito criminal,[2] a superexposição desse grupo traz desafios e inconvenientes. Para juízes e membros do Ministério Público (MP), com certa frequência vítimas são percebidas

---

[1] Uma versão preliminar deste texto, em inglês, foi apresentada no encontro da Law & Society Association de 2013, em Boston. Essa versão anterior foi publicada na *Revista da Faculdade de Direito do Sul de Minas* (v. 34, n. 1), em 2018. Este texto é uma versão traduzida e ligeiramente modificada dessa publicação anterior. Agradeço à CAPES pelo financiamento da pesquisa que deu origem aos dados com os quais trabalhamos neste capítulo.

[2] O leitor notará que insistimos em privilegiar a expressão "sistema de direito criminal" no lugar da mais comum "sistema penal". Isso não é sem razão. Trata-se de um esforço de dessubstancialização da pena como central no direito criminal, seguindo aqui os ensinamentos de Pires. Essa questão fica mais clara no item 4, quando discutimos o quadro teórico desse autor que está subjacente na análise desenvolvida ao longo do texto e nessa preocupação em não usar a expressão "sistema penal".

como um novo ator judicial problemático que deveria permanecer afastado de todo o processo de imposição de uma sanção criminal. Trata-se de um novo ator na cena criminal, e um ator que não tem legitimidade estabelecida e reconhecida quando se trata de ponderar uma resposta jurídica no âmbito criminal. O processo de atribuição de uma pena, do ponto de vista teórico, não está preocupado com o desejo da vítima de fazer o infrator "pagar pelo crime", "sofrer pelo que fez" ou algo que o valha. Em suma, o inconveniente que a vítima coloca para o sistema de direito criminal vem de sua relativa novidade e também de seu (tal como percebido pelos atores criminais) forte sentimento punitivo.

Todavia, e este é o tema deste capítulo, o que acontece quando o sistema de direito criminal se depara com uma vítima que não quer punição? Como juízes e promotores reagem a uma vítima que está pronta para uma composição, para o perdão ou que não quer nenhuma forma de punição para o infrator? Para desenvolver essas questões, usaremos dados de algumas entrevistas qualitativas com juízes e membros do MP de diversos estados do Brasil que foram coletados ao longo de nossa pesquisa de doutorado. Ainda que este não tenha sido o tema da tese, abordamos nas entrevistas a percepção desses atores jurídicos sobre as dificuldades de lidar com demandas de vítimas. Pretendíamos levantar questões sobre como o sistema de direito criminal, especificamente ao considerar a pena, lidava com vítimas não punitivas. O interesse subjacente era compreender melhor como o sistema de direito criminal percebe soluções que fogem do quadro das modernas teorias da pena e suas punições tradicionais. Algumas perguntas que tínhamos em mente durante a pesquisa, para familiarizar o leitor: Pode o sistema de direito criminal aceitar o perdão da vítima? Pode aceitar o seu não desejo de punição ou seu interesse em uma conciliação? Pode esse sistema considerar que o "interesse da sociedade" é capaz de, por vezes, piorar um conflito mais do que trazer algum benefício? Podemos ainda conceber que, apesar de toda difusão midiática de uma imagem punitiva das vítimas, alguns indivíduos vitimados por ações criminais preferem uma solução diferente da inflição de sofrimento para o infrator, a única opção que o sistema de direito criminal parecer oferecer?

1. Notas preliminares

A emergência de vítimas como uma nova voz no contexto do sistema de direito criminal parece ser uma característica da virada de século. Essa nova "categoria social" (ERNER, 2006) parece ter se tornado um lugar comum para grupos ou atores sociais interessados em promover mudanças legislativas ou em influenciar processos criminais. As "vítimas", como atores reais ou como uma categoria evocada, alcançaram claramente nos últimos anos um novo *status* na sociedade, o que parece apresentar vários novos desafios para os agentes do sistema de direito criminal.

Em um contexto de crescente populismo penal, opor-se às demandas das vítimas (ou daquelas feitas em seu nome) parece ser uma tarefa inglória. Essa "categoria santificada" parece tanto possuir para grande parte da sociedade uma legitimidade autoevidente quanto ser portadora de uma nova ideia de "justiça". Responder às demandas das vítimas parece ter se tornado necessário, uma tarefa fundamental de uma justiça penal "humanista" e "justa". Como Garland (2001, p. 144) coloca,

> [i]f the centre-piece of penal-welfarism was the (expert projection of the) individual offender and his or her needs, the centre of contemporary penal discourse is (a political projection of) the individual victim and his or her feelings.

No entanto, se as vítimas se estabeleceram em posição de destaque nos discursos sobre a punição criminal, isso não significa que elas chegaram ao centro das preocupações dos agentes do sistema de direito criminal. Especialmente quando se trata de estabelecer uma pena criminal, os *inputs* da vítima parecem ser estímulos bastante problemáticos. Tradicionalmente, a tarefa de determinar uma punição criminal é, em ambas as grandes tradições jurídicas ocidentais, baseada em critérios legais e teorias da punição que não têm lá grandes preocupações com as vítimas. "Levar as vítimas em consideração" não parece ser, por si só, um discurso que traz problemas. Muitos juízes e promotores dizem estar preocupados com o sofrimento experimentado por vítimas de crimes e com a grande insensibilidade de um processo penal para elas. O problema aparece quando *levar as vítimas* em consideração significa *levar em consideração a opinião da vítima sobre o desfecho penal*. Se, por um lado, ser sensível às vítimas e ter compaixão com elas não parece colocar problema para o discurso de juízes e promotores, é até uma atitude humanista valorizada, por outro lado, aceitar o desejo da vítima com relação à resposta penal é percebido como algo inapropriado, como uma usurpação dos poderes do sistema de direito criminal.

Um dos principais argumentos para manter vítimas fora da "construção" da resposta criminal é que, além da falta de previsão legal para tanto (além de um momento específico e bem circunscrito de um depoimento), elas demandariam uma resposta desproporcional do sistema de direito criminal. Vítimas, como frequentemente são percebidas, reagiriam segundo fortes emoções e sentimentos de vingança, e por essa razão elas trariam desequilíbrio para o sistema, tornariam-no irracional e extremamente severo.

No entanto, sabemos que vítimas conciliadoras existem. Nossos entrevistados, quando indagados sobre elas, sempre lembram de um ou outro caso no qual depararam com uma vítima que não desejava causar sofrimento ao infrator ou ao menos se mostrava mais interessada em uma compensação ou conciliação. Dessa maneira, considerando a existência de vítimas não punitivas, nosso ponto aqui é: se um dos principais argumentos para não levar as vítimas em consideração na resposta criminal é a percepção de que são demasiado severas e irracionais na resposta pretendida ao crime, o que impede de levar em consideração vítimas que não estão interessadas no sofrimento do infrator? Por que não considerar as vítimas que acreditam que seu conflito é passível de resolução por mediação ou algum outro tipo de composição? Por que não sopesar o desejo de vítimas que perdoam os infratores? Ou então aceitar que algumas vítimas podem preferir uma compensação à punição do infrator?

Com essas questões em mente, conduzimos entrevistas com agentes do sistema de direito criminal (membros do Ministério Público e da Magistratura). Essa série de entrevistas (em um total de 44) teve não somente esse propósito. O ponto central era avaliar tanto a abertura do sistema de direito criminal para soluções que fugissem do quadro da RPM (da qual trataremos no item 4) e de suas penas tradicionais quanto a abertura do sistema de direito criminal para um estímulo que em teoria não faz parte do sistema, a opinião pública. Alguns resultados interessantes sobre esse ponto lateral da pesquisa apareceram, e aqui os apresento.

2. Uma rápida nota sobre os dados empíricos

Os extratos de entrevista que seguem são parte da base de dados acima mencionada. Realizamos entrevistas semidiretivas (com uma lista de temas, mas sem questões fechadas preliminares) de em média 1h15 para tentar compreender representações em muitos temas; penas mínimas, papel da opinião pública na decisão penal e alternativas à punição foram alguns deles. A parte relativa às vítimas se concentrou em identificar papéis atribuídos a esse grupo no sistema de direito criminal, bem como o espaço para a aceitação (do ponto de vista teórico ao menos, pois existem cenários para os quais não há previsão legal) de desfechos como composição entre vítima e agressor e perdão, quando desejados pela vítima.

3. A percepção dos atores do sistema de direito criminal das vítimas e as razões para mantê-las afastadas

Sobre as razões por que as vítimas não punitivas não deveriam exercer nenhum papel, estivemos particularmente interessados nas que reforçavam o sistema de pensamento do sistema de direito criminal (*ver* item 4). Como desenvolveremos na sequência, trabalhamos com um quadro teórico que nos chama a atenção para o fato de que as teorias da pena tornam extremamente difícil a emergência, estabilização e difusão de soluções diferentes da prisão. Alternativas que vislumbrem um sistema de direito criminal como uma instância de solução de conflitos mais do que uma de inflição de sofrimento. Essas teorias, em que pesem suas incompatibilidades, convergem todas para uma ideia de justiça criminal na qual a resposta ao crime deve ser a atribuição obrigatória de punição (sofrimento) para o infrator, excluindo soluções conciliatórias, perdão e outras soluções similares.

Portanto, nosso objetivo principal foi encontrar argumentos que sustentassem a exclusão de vítimas não punitivas baseados principalmente nas teorias da pena. No entanto, o espectro de razões que encontramos em nossas entrevistas era maior do que esperávamos. Nas próximas linhas expomos as principais razões aventadas pelos nossos entrevistados para recusar a participação de vítimas não punitivas no processo de determinação de uma resposta criminal para um crime.

3.1. A precedência da sociedade sobre a vítima individual

Em primeiro lugar, alguns entrevistados foram bastante explícitos em sua recusa às vítimas não punitivas, trazendo, no entanto, argumentos pouco desenvolvidos. Eis aqui um exemplo:

> Eu vou dizer para o senhor o seguinte: tô pouco interessado no que a vítima quer. Porque o direito da vítima, o direito de opinião da vítima, é uma coisa individual. Eu fico preocupado é com o coletivo. Você pode perdoar quem

você quiser, é um direito seu. [...] Acho até melhor para você, porque você vai crescer como pessoa, você vai atingir o nirvana, você vai o que você quiser. Só que eu aprendi [...] [que] se você não repreende você não se acerta. Não basta você dizer pra mim: "não eu estou, olha eu estou arrependido". Sim e daí? E aquela coisa que a gente aprende desde que o mundo é mundo que todo ato gera uma consequência. Eu mato você num acidente de trânsito, um acidente de trânsito em que eu tive culpa. Eu nunca quis matar você, eu estava em velocidade excessiva, mas eu jamais pensei em matar você. Eu sou uma boa pessoa, eu sou pai de família, crio os meus filhos, de repente os seus pais vão até me perdoar, eu não tive vontade de matar você... Mas eu cometi um crime, está ali na lei que aquilo é crime. Por que eu não vou ser responsabilizado? (Promotor 9)

Nesse excerto, vemos uma rejeição muito rígida da vítima não punitiva, mesmo que as razões para tanto não sejam explicitadas. Nos seus termos sarcásticos, esse promotor nos deixa saber que ela despreza completamente a noção de resposta para o conflito individual. O que o preocupa é o "coletivo": o conflito individual não deveria de forma alguma ter precedência ao papel da justiça criminal (na sua visão) de punir em nome do grupo. A obrigação de punir e a desconsideração das vítimas são claras aqui, embora não saibamos muito sobre as razões que sustentam sua concepção.

Um pouco mais eloquente no seu argumento é o nosso próximo entrevistado:

Bom, eu entendo, eu continuo dizendo por princípio e filosofia que a característica do direito penal é a de defesa máxima social e, assim sendo, a condição de que a vítima possa interferir no processo é e deverá permanecer sendo mínima. Então a movimentação da máquina e a imposição da pena é uma característica do Estado, transcende em muito os interesses pessoais da vítima e de seus familiares. [...] Então, [o discurso que diz] "olha, pra mim na verdade tá tudo bem, pra mim acabou, foi uma tragédia, uma infelicidade" [...] Me desculpe, mas não. Continua não havendo uma relevância na sua posição. A posição aí é uma posição da sociedade. Se isso ficar ao bel-prazer isso cria distorções e corrupções, e aí sim vai mostrar um direito penal ineficiente. (Juiz 8)

Esse juiz é muito claro em sua concepção de que o conflito "pertence" à sociedade: os desejos da vítima não podem ir de encontro ao fato de que o Estado tem o monopólio de dizer qual a resposta para a infração criminal.

Ancorando-se em um argumento tradicional das teorias da pena (o Estado é a única instância legítima de resposta para o evento criminal), essencial para a formação dos sistemas penais modernos, um deslocamento do conflito entre particulares para um terceiro intermediário é operado aqui. A presença das vítimas seria fonte de "distorções", "corrupções". Vale notar que o argumento da "distorção" é aqui usado de uma maneira a reforçar a severidade do sistema de direito criminal. Uma vez que outros são punidos pelo mesmo crime, de forma a evitar distorções, não devemos dar ouvidos a vítimas não punitivas e aliviar a punição do infrator.

3.2. Dissuasão específica e incapacitação

Outra razão aventada para não levar em consideração a opinião de vítimas não punitivas é o argumento da "relevância social" da segregação do infrator. A importância de infligir sofrimento em forma de pena estaria relacionada à periculosidade deste e à necessidade de incapacitá-lo ou dissuadi-lo. Nosso juiz 22 explicita bem esse tipo de argumento:

> Depende da situação do caso, por exemplo, há situações – vamos dizer crime contra o patrimônio, um furto – se a pessoa foi vítima num furto e tal e foi instaurado um inquérito a ação penal você vai ouvir a vítima e a vítima: "não, ele é um coitadinho... não, nem queria sabe, por mim não teria nem... mas eu fui na delegacia e tal...". É que depois que ele foi lá, que ele tava no calor da revolta, alguém lhe tinha retirado os bens, né, e foi lá e acusou e a pessoa foi encontrada... Mas depois daquilo esfriam os ânimos, se acalma, saiu de lá até não tinha tanto valor, aí vai ver a pessoa "ah, um coitadinho", fica com pena da pessoa, com pena do acusado e pensa: "puxa, mas por que isso está acontecendo?"... Aí nesse caso você não pode considerar a vontade da vítima. [...] Você vê que o crime realmente ocorreu e que pra pessoa não há importância, ela só tá agindo emocionalmente, né... Agora ali quem é vítima realmente é a sociedade também, né, não é só a pessoa, se você condenar ou não você tem que pensar na sociedade, não só na vítima que sofreu o furto. Por quê? Porque se essa pessoa for liberada, se é que não houve a consequência, a pessoa vai praticar novamente e qualquer outra pessoa da sociedade pode sofrer por aquilo. Então você tem que pensar também na sociedade, então nesses casos tem casos que você não pode considerar "não, tudo bem", você entende o que a vítima disse, você entende que ela sentiu pena e não pode reprová-la por isso, mas você tem que dar um peso menor .(Juiz 22)

Nesse excerto, o juiz evoca um antigo argumento de defesa social muito difundido na virada do século XIX para o século XX: o problema da recidiva impede que se atente para o desejo da vítima. Aqui ele não carrega na ideia de periculosidade, tão cara à escola positiva, mas esse argumento dá margem para seguirmos por essa via. A ideia, que tem retomado força no século XXI com uma nova teorização sobre incapacitação,[3] sustenta que algumas pessoas apresentam um perigo para a sociedade e que a única forma de detê-las é com uma sanção criminal (isto é, com a prisão). Dessa maneira, ainda que alguns infratores possam ser perdoados por suas vítimas, eles continuariam apresentando uma ameaça para a sociedade, e por essa razão o sistema de direito criminal deveria ignorar o que quer que a vítima deseje. Note-se, ademais, que o argumento de que a sociedade precede o indivíduo no cálculo penal está sempre presente, mas dessa vez com um argumento de incapacitação subjacente.

Na passagem seguinte, temos um argumento similar:

> Nesse caso, a vítima não é apenas a pessoa que foi morta ou os parentes da vítima, nesse caso é a própria sociedade [...]. Então nesse caso não é só os parentes... Você não vai estar tentando solucionar ou compor apenas aquele conflito, o conflito criado na família da vítima. De forma alguma, o conflito é bem maior. E se essa pessoa que cometeu esse crime [...] é potencialmente perigosa a ponto de ter que ser separada dos demais, ou seja, ser presa, ser condenada e ser mantida presa? Então isso mesmo que os familiares da vítima acham que não, o juiz, o Estado deve verificar se há essa necessidade, se houve essa necessidade no caso, entende... (Juiz 22)

O exemplo a que ele se refere era de um homicídio perpetuado por um infrator muito jovem, sem histórico criminal ou de violência, que mostrou um claro arrependimento. Por essa razão, a família da vítima perdoou o infrator (tratava-se de um caso com contornos hipotéticos baseado em um caso criminal verídico). Nesse caso, o fato de ser um improvável recidivista, com nenhum histórico de violência e sofrendo claramente as consequências morais do delito cometido não parece ser suficiente para contrapor o argumento de que se está lidando com uma ameaça em potencial à sociedade. Uma ameaça, portanto, que deve ser neutralizada, não tendo assim

---

[3] Sobre a emergência da incapacitação no final do século XX, ver Zimring e Hawkins (1995).

nenhuma relevância para a resposta penal a opinião de uma família da vítima que perdoa.

3.3. Dissuasão geral

Para os nossos entrevistados, outra boa razão para manter vítimas não punitivas fora de cogitação quando se trata de determinar uma pena é a dissuasão geral, um argumento clássico do utilitarismo penal.

>   (entrevistador) Se se trata de recompor a ordem jurídica por que o autor do delito não pode transacionar diretamente com a vítima?
>   (promotor) Porque aí você tem o interesse do Estado. O crime não é só um interesse da vítima, ele é um interesse do Estado, [...] porque quando um fulano A pratica um roubo contra o fulano B, a vítima o fulano B é quem tem um interesse maior em se ver ressarcido e etc., mas o Estado tem o interesse predominante de não ver aquela conduta se repetir. (Promotor 5)

Nessa passagem, vemos o argumento clássico da teoria da dissuasão: não punir significa deixar de enviar uma mensagem para outros infratores potenciais, de que o comportamento é inaceitável e quem quer que nele incorra será punido. Como se recitasse Beccaria, o promotor deixa claro que um acordo não é aceitável pois sabotaria o efeito de dissuasão da pena criminal. Em outros termos, a punição é necessária porque sem ela não seria possível impedir que terceiros transgredissem a norma. Aqui, mais uma vez, vemos a sociedade tendo precedência sobre o conflito individual, mas agora sob um argumento de dissuasão geral.

3.4. Retribuição

O argumento tradicional da teoria da retribuição – o mal da pena deve inexoravelmente ser aplicado para contrapor-se ao mal do crime e assim fazer justiça – é outra razão recorrente para não dar voz a vítimas não punitivas.

>   (entrevistador) Não pode deixar impune porque esse crime merece um castigo pra se fazer justiça com a concepção retributiva? É isso ou eu estou...
>   (juiz) Sim, também. [...] ele cometeu uma conduta gravíssima [...] e tudo, ele tem que ser punido, tem que receber uma consequência por isso. Porque eu sempre inclusive às vezes eu digo isso e eu já me acabei me indispondo com muitos colegas em relação a isso, eu vejo os juízes às vezes na hora de quantificação das penas... eu sempre fui de um juiz de uma linha assim mais

rigorosa na dosimetria da pena e às vezes eu digo com os colegas "mas vocês estão fixando pena baixa", [...] é como se a gente fosse fazer cortesia com a vida dos outros. Como é que eu vou fazer cortesia com a vida dos outros? Aí porque a família perdoou, a família falou "não eu estou bem já aceitei o erro que ele fez ele tá perdoado"? O crime é doloso, nós não estamos falando de crime culposo. Culposo é outra história, vale até o perdão judicial. Mas num crime doloso "não já está tudo bem, nós já aceitamos, já entendemos as circunstâncias que ele cometeu o delito" [...] Ou seja, eu estaria fazendo cortesia pra ficar de bem talvez perante o Criador com a vida da outra pessoa. Ninguém perguntou pra vítima se ela daria a ele delinquente, ele infrator, esse perdão (Juiz 21)

No trecho acima tratamos de um caso de homicídio, no qual obviamente a vítima direta não pode dar uma resposta. Aqui, o perdão da família da vítima parece insuficiente e inaceitável para o magistrado, mas o que nos parece relevante é a concepção subjacente de punição criminal. Ainda que o entrevistador tenha ido um pouco longe na sugestão do retributivismo, parece claro que o entrevistado acredita fortemente que a punição severa em casos de homicídio é a única forma de fazer justiça. Suas preocupações não são utilitárias: uma punição, que não seja leniente, é merecida e necessária. O infrator *tem que sofrer* uma consequência (no sentido literal). O entrevistado ainda vai mais longe. Seu senso de moralidade calcado na punição retributiva é tão forte que ele condena seus pares por não serem suficientemente severos. Ser leniente significa "ser generoso", "fazer cortesia" com a vida alheia. Na sua concepção, o juiz não tem o direito de não punir com severidade, pois isso seria menosprezar o valor da vida da vítima.

3.5. Gravidade da infração
Se a percepção geral defende escantear as vítimas, há um fator capaz de mitigar essa atitude. Quanto menos grave é o crime na percepção de juízes e promotores, mais eles estão dispostos a considerar a opinião das vítimas. Vejamos o trecho a seguir:

Uma coisa que me repugna em qualquer situação é a criação de exceções, estados de exceção pra mais ou pra menos, quer dizer me parece que deveria ser uma regra que a participação da vítima em graves ou em não graves, menos graves, certo que se teve a tutela penal teve alguma gravidade. No menos grave que até implicasse na abolição da pena, no perdão judicial, na substituição da pena; mas que nos mais graves mantivesse a pena se houvesse arrependimento, mas com a redução da sua extensão. (Juiz 10)

Dessa maneira, na percepção desse magistrado, alguns crimes não deveriam mobilizar a máquina da justiça penal, pois são de uma gravidade que não justifica a resposta mais gravosa do sistema jurídico. Alguns crimes de dano, de ofensas pessoais, pequenos furtos, etc. não parecem constituir uma matéria a suscitar graves preocupações na sociedade. Nesse sentido, é fácil considerá-los perdoáveis, não merecedores de uma pena aflitiva. É simples para magistrados e promotores considerar, em tais casos, que não seria um problema sopesar o desejo das vítimas. Afina, tais condutas muito frequentemente não são percebidas como "verdadeiros crimes", como questões "menos sérias" que não são o cerne da atividade do sistema de direito criminal. Por isso, o *input* de vítimas aqui não parece ser tão inconveniente.

Devemos notar que, embora o entrevistado esteja falando de crimes de pouca gravidade, tal representação da resposta criminal abre uma possibilidade muito interessante, do ponto de vista teórico, para a recepção de demandas de vítimas não punitivas no sistema de direito criminal. O mero fato de que esse juiz vê como aceitável reduzir uma pena em virtude do perdão da vítima é uma forma de escapar da RPM, da qual passaremos a tratar no próximo item.

4. A vítima e a RPM

Para concluir o nosso argumento, precisamos deixar explícito o quadro teórico que guiou a nossa observação da recusa da aceitação de vítimas não punitivas.

O que temos em mente aqui é a RPM, teorização desenvolvida por Pires (1998, 1999, 2001, 2002a, 2002b, 2004a, 2004b, 2006, 2007 e 2008; PIRES e ACOSTA, 1994; PIRES e CAUCHIE, 2007; PIRES e GARCIA, 2007), que é o ponto em comum dos trabalhos que compõem este livro. De acordo com esse autor, os sistemas de direito criminal ocidentais modernos foram capturados por um sistema de pensamento que torna muito difícil estabilizar qualquer forma alternativa de resolução de conflitos no âmbito do sistema de direito criminal. A criatividade desse sistema é limitadíssima quando se trata de oferecer respostas para o que considera crime, e isso porque há obstáculos cognitivos internos impostos pelo seu sistema de pensamento que o impedem de conceber outras formas de lidar com os desafios que lhe são apresentados.

Essa ideia de sistema de pensamento é oriunda da observação das teorias modernas da pena criminal – especificamente dissuasão, retribuição, neutralização e denunciação – a partir de um ponto de vista que foge das interpretações tradicionais da doutrina penal. Cada uma dessas teorias apresenta-se em oposição às demais quando se trata de justificar uma punição criminal. Contudo, se tentarmos observar o que essas teorias têm em comum em vez de nos atermos às suas óbvias oposições, o que podemos encontrar?[4] Podem elas de fato ser assim tão excludentes entre si quando é possível observá-las empiricamente sendo usadas juntas como reforço para uma pena criminal? De fato, como uma rápida pesquisa jurisprudencial pode mostrar, muitos operadores do direito não veem problema em defender ou determinar uma punição invocando ao mesmo tempo denunciação e retribuição, ou retribuição e reabilitação, ou até mesmo retribuição e dissuasão.

A questão que nos interessa aqui é: em que pesem todas as suas diferenças, quais são os elementos que permitem que essas teorias convivam sem muitas dificuldades quando se trata de justificar uma punição criminal? Quais são as características dos sistemas criminais modernos que elas apoiam em conjunto, malgrado suas declaradas diferenças inconciliáveis? Para responder a essas perguntas, a teorização sobre a RPM permite ver uma série de características do direito criminal moderno tão ontologizadas que fica difícil para aqueles que refletem sobre (e trabalham com) essa área do direito conceberem outras formas de solução de conflitos.

Apresentamos na sequência algumas dessas características.

4.1. Obrigação de resposta

Essas quatro teorias da punição sustentam a ideia de que o direito de punir é mais do que um direito-autorização. É taxativamente um direito-obrigação. Podemos usar aqui os conceitos de Luhmann (1998, p. 149 e s.) de *meio* e *forma* para deixar essa ideia mais clara. Podemos dizer que a expressão "direito de punir" é um *meio*, que pode tomar várias *formas* numa comunicação. Em outras palavras, um *meio* é um envelope vazio que aceita ser

---

[4] Essa "intuição" foi primeiro exposta por Van de Kerchove (1981).

substancializado (adquirir *formas*) de distintas maneiras. Um *meio* não tem um conteúdo preconcebido e imutável, não é, portanto, "substancializado": a *forma* que é dada ao *meio* depende do conteúdo a este associado. Podemos conceber o direito de punir como uma simples *autorização para a sanção*, ou como uma *obrigação de responder ao crime de forma ampla*, ou ainda como uma *obrigação de infligir uma punição*. Assim sendo, o "direito de punir" como tal não tem um conteúdo determinado, mas assume a *forma* que lhe vai ser atribuída pelas teorias da pena. E aqui está um ponto de encontro bastante notável das teorias da pena: a *forma* que elas criam é sempre a mesma, a de uma *obrigação de punir* stricto sensu.[5] A punição não está "autorizada"; ela é incontornável nessa *forma* criada pelas teorias da pena.

4.2. Punição como sofrimento

Além da obrigação de punir, esse sistema de pensamento formado pelas teorias da pena (a RPM) vai pregar que o sentido da pena é *infligir sofrimento*. Para os agentes do sistema de direito criminal, uma punição que pretenda ser positiva, que pretenda trazer reconciliação (em vez de punição, não em complemento a ela), pode até ser eventualmente uma alternativa aceitável, mas nunca será uma *verdadeira sanção penal*. A pena criminal deve *infligir sofrimento*, caso contrário pode ser vista como uma "sanção inapropriada", como "algo do direito civil". Retomando os termos luhmannianos do item anterior, o *meio* "pena" é investido pelo conteúdo *infligir sofrimento*: punir "para valer" é impor uma pena aflitiva.[6]

---

[5] Por uma via diferente da que expomos aqui, Foucault (1975) oferece uma explicação bastante interessante para a emergência e consolidação da obrigação de punir presente nos sistemas de direito criminal. Ao abordar o declínio de uma punição baseada nos suplícios e a emergência da punição moderna de uma sociedade disciplinar, Foucault mostrava quão importante foi para os reformadores limitar o poder absoluto do soberano de punir. Se por um lado esse limite significava "racionalizar" e "humanizar" a punição, suprimindo práticas de extrema violência, por outro lado (e essa é a parte que nos interessa aqui) tratava-se também de limitar o poder do soberano de perdoar e de libertar condenados. Para atingir uma justiça criminal "efetiva", como pretendido pelos reformadores, a punição deveria ser "moderada", mas inescapável, incontornável, certa. Isso significava excluir possibilidades de perdão e de composição entre as partes.

[6] Christie (1981, p. 46-47) também notou essa sobrevalorização do sofrimento no sistema de direito criminal: "Worse than the importance given to crime and individual blame is the legitimacy given to pain. Pain, intended to be pain, is elevated to being the legitimate answer to crime. But I learned in school, through the non-hidden curriculum, that the best answer was to turn the other cheek to him who struck me. Highly regarded solutions such as non-

4.3. A centralidade da prisão

A superutilização da prisão e a exclusão de outras respostas penais aparecem como consequência e como elemento de reforço nos itens 4.1 e 4.2. Uma boa explicação para a falta de imaginação para alternativas pode ser encontrada no apoio que a prisão recebe dessa RPM. Uma vez que todas as teorias da pena enfatizam uma obrigação de punição *stricto sensu*, a prisão funciona como uma luva para corresponder às expectativas dessas teorias: ela distribui sofrimento ao mesmo tempo em que não aparenta ser desumana quando comparada às formas pré-modernas de punição legal. Ademais, a prisão é o local ideal[7] para projetos de reforma individual, tal como defendido pela teoria da reabilitação. Portanto, com a centralidade da noção de pena como distribuição de sofrimento e com uma instituição tão socialmente difusa e aceita como a prisão,[8] não sobra de fato espaço para alternativas vingarem no âmbito do sistema de direito criminal. Elas até podem existir, mas sempre são observadas como marginais, como relevantes para crimes menos graves, para questões menos centrais à atividade do sistema. Há uma falta de apoio teórico para essas alternativas. Elas nunca chegam a ser percebidas como "verdadeiras" respostas para problemas criminais.

4.4. A proteção da sociedade

A concepção de proteção da sociedade é outra importante característica da RPM. Nela, o sistema de direito criminal, no quadro desse sistema de pensamento, concebe seu papel como fundamental para a existência e o funcionamento da sociedade. Essa concepção tem dois desdobramentos: a importância do argumento da *ultima ratio* e a noção da necessidade de mal concreto e atual para obter um mal imaterial (e por vezes no futuro).

---

reaction, forgiveness and kindness are pushed into obscurity in the neo-classical simplicities. [...] Neo-classicism presents punishment as the inevitable solution, as a matter of course, by making it the only, invariable, alternative".

[7] Em teoria, evidentemente. Afinal, com mais de dois séculos de prisão como pena de referência, não é muito difícil constatar que as mazelas do seu funcionamento sabotam qualquer idealismo transformador.

[8] E ninguém fez essa demonstração sobre a força inercial da prisão nas sociedades contemporâneas melhor do que Foucault (1975) com seu argumento de que toda crítica da prisão é contemporânea da própria instituição, e desde o princípio essa crítica tem contribuído para, paradoxalmente, pedir-se mais da prisão.

Quanto a esse segundo desdobramento, estamos tratando de uma maneira de pensar, presente em todas as teorias da pena, segundo a qual devemos fazer um mal tangível no presente para atingir um bem imaterial para a sociedade. Ao infligirmos o sofrimento agora (mal concreto e tangível da pena criminal), restabelecemos a justiça (retribuição) ou dissuadimos potenciais criminosos (dissuasão) (PIRES, 2004a, p. 43-44).

Quanto à noção de *ultima ratio*, a RPM encampa a ideia de que o direito criminal, diferentemente de outros ramos do direito, deve trazer a resposta mais forte possível, uma vez que é o último recurso da sociedade contra determinadas ações consideradas graves. Trata-se, na verdade, de uma concepção com duas faces: i) o direito criminal deve ser a última alternativa para determinadas situações e, por essa razão, ii) ele deve lançar mão das respostas mais duras. Todavia, e lançamos isso de forma apressada, parece que a face "última alternativa" permanece bem menos relevante que a da "resposta severa" (com a quantidade de comportamentos banais criminalizados em diferentes ordenamentos jurídicos ocidentais, fica de fato difícil levar ao pé da letra a noção do penal como último recurso).

5. Notas finais

Após essa digressão para tratar sobre o enquadramento teórico (RPM), o que isso tem a ver com o problema da não aceitação de vítimas não punitivas? Nosso ponto aqui – não mais do que o esboço de uma hipótese – é que a vítima não punitiva, visto que seu desejo conflita com o sistema de pensamento do sistema de direito criminal, é ainda mais indigesta para esse sistema do que a vítima punitiva. Se esta já é bastante problemática por ser percebida como estranha ao sistema de direito criminal, por fazer exigências que não lhe cabem ou por demandar respostas de um sistema que não é feito para lhe atender, no caso da vítima não punitiva esse inconveniente é ainda maior. Não só ela apresenta todos os inconvenientes da vítima punitiva, como também a *forma* de sua demanda é desconcertante. Essa *forma*, um pedido não punitivo, vai de encontro a um sistema configurado para ser punitivo, para infligir dor e que recusa a conciliação ou o perdão. Além disso, a vítima não punitiva desconstrói, de certa forma, um discurso do sistema de direito criminal de "pacificador": a ideia de que sem esse sistema os conflitos na sociedade certamente degenerariam em perpétuas retaliações. Afinal, como alguns agentes desse sistema podem sustentar a ideia de que estão agindo de forma a pacificar conflitos quando deparam com vítimas que não querem uma solução vingativa para seus conflitos?

Para concluir, e para deixar explícito nosso ponto, em que pesem todas as críticas para a não aceitação de demandas de vítimas não punitivas que fizemos neste texto, acreditamos que muitas precauções devem ser exercidas quando se considera a integração de vítimas no momento de decidir uma sanção criminal. Se ouvir e prestar atenção às necessidades das vítimas parece ser uma forma de ajudar indivíduos a lidar com as consequências de um crime do qual foram alvo e, portanto, uma maneira de esfriar conflitos sociais, sabemos que um grande número de vítimas não quer apenas ser ouvido, mas também ter um *input* na decisão penal de maneira a agravar a severidade da punição. Estamos certos de que as vítimas não punitivas de que tratamos aqui não são a parte numericamente significativa do contingente de vítimas de atos criminais.

Portanto, defender que vítimas sejam levadas em consideração para a determinação de uma resposta criminal pode ser uma estratégia arriscada. É evidente que acreditamos que vítimas não punitivas trazem um sopro de renovação no que se refere a possibilitar a resolução de conflitos e evitar a aplicação de penas que sejam socialmente nocivas. Todavia, é impossível não notar que em nossa sociedade de vítimas, retomando aqui uma expressão de Erner (2006), aquelas mais punitivas são mais eloquentes e mais visíveis. Além disso, vítimas punitivas, em que pese serem inconvenientes para o sistema de direito criminal, certamente são mais palatáveis por formularem demandas (mais punição) facilmente compreensíveis. Afinal, a RPM reforça, há pelo menos dois séculos, que a resposta criminal deve ser obrigatória, deve infligir sofrimento e deve desprezar alternativas e o perdão. Nesse sentido, vítimas não punitivas não parecem ter vez.

Referências

CHRISTIE, Nils. *Limits to pain*. Oregon: Wipf and Stock, 1981.
ERNER, Guillaume. *La société des victimes*. Paris: La Découverte, 2006.
FOUCAULT, Michel. *Surveiller et punir*. Paris: Gallimard, 1975.
FOUCAULT, Michel. La poussière et le nuage. *In*: PERROT, Michelle (org.). *L'impossible prison*. Paris: Seuil, 1980. p. 29-63.
GARLAND, David. *The culture of control*. Chicago: The University of Chicago Press, 2001.
KING, Michael; THORNHILL, Michael. *Niklas Luhmann's Theory of Politics and Law*. Londres: Palgrave MacMillan, 2003.

LUHMANN, Niklas. *La sociedad de la sociedad*. México: Herder/Universidad Iberoamericana, 2007.

PIRES, Alvaro. La formation de la rationalité pénale moderne au XVIIIe siècle. *In*: DEBUYST, Christian; DIGNEFFE, Françoise; PIRES, Alvaro (org.). *Histoire des savoirs sur le crime et la peine*. Bruxelas: De Boeck Université, 1998.

PIRES, Alvaro. Alguns obstáculos a uma mutação "humanista" do direito penal. *Sociologias*, Porto Alegre, v. 1, n. 1, p. 64-95, jan./jun. 1999. Disponível em: https://seer.ufrgs.br/sociologias/article/view/6896. Acesso em: 23 maio 2019.

PIRES, Alvaro. La rationalité pénale moderne, la société du risque et la juridicisation de l'opinion publique. *Sociologie et Société*, [s.l.], v. 33, n. 1, p. 179-204, 2001. Disponível em: https://www.erudit.org/en/journals/socsoc/2001-v33-n1-socsoc71/001562ar/abstract/. Acesso em: 23 maio 2019.

PIRES, Alvaro. La "ligne maginot" en droit criminel: la protection contre le crime versus la protection contre le prince. *In:* GIORGI, Raffaele De (org.). *Il diritto e la differenza. Scritti in onore di Alessandro Baratta*. Lecce: Edizioni Pensa Multimedia, 2002a.

PIRES, Alvaro. Codifications et réformes pénales. *In:* MUCCHIELLI, Laurent;. ROBERT, Philippe (org.). *Crime et sécurité. État des savoirs*. Paris: La Découverte, 2002b.

PIRES, Alvaro. La recherche qualitative et le système pénal. Peut-on interroger les systèmes sociaux? *In:* KAMINSKI, Dan; KOKOREFF, Michel (org.). *Sociologie pénale*: système et expérience. Ramonville Sainte-Agne: Éditions Érès, 2004a.

PIRES, Alvaro. A racionalidade penal moderna, o público e os direitos humanos na modernidade tardia. *Novos Estudos CEBRAP*, São Paulo, v. 68, p. 39-60, mar. 2004b. Disponível em: https://edisciplinas.usp.br/pluginfile.php/121354/mod_resource/content/1/Pires_A%20racionalidade%20penal%20moderna.pdf. Acesso em: 23 maio 2019.

PIRES, Alvaro. Tomber dans un piège? Responsabilisation et justice des mineurs. *In:* DIGNEFFE, Françoise; MOREAU, Thierry (org.). *La responsabilité et la responsabilisation dans la justice pénale*. Bruxelas: Larcier, 2006. p. 217-241.

PIRES, Alvaro. Théories de la peine: introduction générale. *Unpublished document*. Ottawa: Canadian Research Chair in Legal Traditions and Penal Rationality, University of Ottawa, 2008.

PIRES, Alvaro; ACOSTA, Fernando. Les mouches et la bouteille à mouches: utilitarisme et rétributivisme classiques devant la question pénale. *Carrefour*, [s.l.], v. XVI, p. 8-39, 1994.

PIRES, Alvaro; CAUCHIE, Jean-François. Un cas d'innovation "accidentelle" en matière de peines: une loi brésilienne sur les drogues. *Champ Pénal, Research Seminar*, 28 set. 2007. Disponível em: http://champpenal.revues.org/document1541.html. Acesso em: 3 ago. 2009.

PIRES, Alvaro; GARCIA, Margarida. Les relations entre les systèmes d'idées: droits de la personne et théories de la peine face à la peine de mort. *In:* CARTUYVELS, Yves; DUMONT, Hugues; OST, François; VAN DE KERCHOVE, Michel; VAN DROOGHENBROECK, Sébastien (org.). *Les Droits de l'Homme, Bouclier ou Épée du Droit Pénal?* Bruxelas: Publications des Facultés Universitaires Saint-Louis, 2007. p. 291-336.

POSSAS, Mariana. *Système d'idées et création de lois criminelles*: le cas de la loi contre la torture au Brésil. Tese (Doutorado em Criminologia) – University of Ottawa, Ottawa, 2009.

VAN DE KERCHOVE, Michel. Culpabilité et dangerosité. Réflexions sur la clôture des théories relatives à la criminalité. *In:* DEBUYST, Christian; TULKENS, Françoise (org.). *Dangerosité et justice pénale. Ambiguïté d'une pratique*. Genève: Masson, Médecine et Hygiène, 1981. p. 291-309.

XAVIER, José Roberto. *L'opinion publique au sein du système pénal*: l'affaire James Bulger. 2005. Dissertação (Mestrado em Criminologia) – University of Ottawa, Ottawa, 2005. Disponível em: https://ruor.uottawa.ca/handle/10393/27085. Acesso em: 23 maio 2019.

XAVIER, José Roberto. Les rapports entre l'opinion publique et la détermination de la peine du point de vue de la science. *Unpublished work*. Ottawa: University of Ottawa, 2008.

XAVIER, José Roberto. Public, opinion publique et détermination de la peine tels qu'ils sont vus par la science: quelques notes critiques. In: Dubé, Richard; Garcia, Margarida; Machado, Maira (org.). *La rationalité pénale moderne*. Réflexions théoriques et explorations empiriques. Ottawa: Presses de l'Uuniversité d'Ottawa, 2013.

ZIMRING, Franklin; HAWKINS, Gordon. *Incapacitation*: penal confinement and the restraint of crime. New York: Oxford University Press, 1995.

Capítulo 12
Justiça restaurativa e racionalidade penal moderna, uma alternativa possível

Juliana Tonche

Introdução

O reconhecido antropólogo Claude Lévi-Strauss, em seu livro *Tristes trópicos*, discorre sobre a prática da antropofagia e seus significados entre algumas populações originárias. A esse respeito, e fazendo o exercício antropológico do relativismo cultural, isto é, deslocando o olhar da perspectiva etnocêntrica que muitas vezes ainda marcava os estudos sobre esses sistemas culturais, ele distingue dois tipos de sociedade em relação às diferentes formas como lidam com a situação de quebra de uma norma social. Conta-nos o autor que:

> Penso em nossos costumes judiciários e penitenciários. Ao estudá-los de fora, ficaríamos tentados a contrapor dois tipos de sociedades: as que praticam a antropofagia, isto é, que enxergam na absorção de certos indivíduos detentores de forças tremendas o único meio de neutralizá-las, e até de se beneficiarem delas; e as que, como a nossa, adotam o que se poderia chamar de antropoemia (do grego *emein*, "vomitar"). Colocadas diante do mesmo problema, elas escolheram a solução inversa, que consiste em expulsar esses seres tremendos para fora do corpo social, mantendo-os temporária ou definitivamente isolados, sem contato com a humanidade, em estabelecimentos destinados a esse fim. Na maioria das sociedades que chamamos de primitivas, tal costume inspiraria um profundo horror; em seu entender isso nos marca-

ria com a mesma barbárie que seríamos tentados a imputar-lhes por causa de seus costumes simétricos. (LÉVI-STRAUSS, 2010, p. 366)

Michel Foucault, em *A sociedade punitiva*, retoma o argumento de Lévi--Strauss, na aula que abre o curso que deu origem à publicação, mas parte dele para fazer a crítica à noção de exclusão que está inserida no argumento do antropólogo. Foucault considera essa uma "hipótese lúdica" (2015, p. 4), mas concorda que ela pode ter sido útil em algum momento para fazer a análise do estatuto que sociedades como a nossa conferem a "[...] delinquentes, minorias étnicas, religiosas e sexuais, a doentes mentais, a indivíduos que ficam fora dos circuitos de produção ou consumo, enfim, a todos aqueles que possam ser considerados anormais ou desviantes" (2005, p. 4). Lévi-Strauss (2010, p. 367) fornece-nos ainda um exemplo concreto:

> Sociedades que nos parecem ferozes em certos aspectos sabem ser humanas e bondosas quando as encaramos de outro ângulo. Consideremos os índios das planícies da América do Norte, que são, neste caso, duplamente significativos, porque praticaram certas formas moderadas de antropofagia, e porque oferecem um dos raros exemplos de povo primitivo dotado de uma polícia organizada. Essa polícia (que era também uma instituição judiciária) jamais conceberia que o castigo do culpado devesse se traduzir numa ruptura dos laços sociais. Se um indígena infringisse as leis da tribo, era punido com a destruição de todos os seus bens: tenda e cavalos. Mas, com isso, a polícia contraía uma dívida para com ele; cabia-lhe organizar a reparação coletiva do prejuízo cuja vítima fora o culpado, devido ao castigo. A reparação transformava este último numa pessoa agradecida ao grupo, ao qual deveria mostrar seu reconhecimento com presentes que a coletividade inteira – e a própria polícia – ajudava-o a reunir, o que de novo invertia as relações; e assim por diante, até que, ao final de toda uma série de presentes e contrapresentes, a desordem anterior fosse progressivamente extinta e a ordem inicial fosse restaurada.

Para o propósito deste capítulo, que é discutir a Justiça Restaurativa (JR) a partir da teoria da RPM, como elaborada por Alvaro Pires, a distinção feita por Lévi-Strauss[1] pode ser uma forma interessante de abrir o debate. Ela nos permite distinguir dois tipos de justiça que estão atualmente em

---

[1] Foucault, entretanto, afirma em nota que Lévi-Strauss não foi o primeiro a abordar essa questão. Essa classificação das sociedades em assimilantes e excludentes, a partir de uma

situação de oposição, sistemas que contam com concepções profundamente divergentes no que diz respeito ao crime e as possíveis formas de resposta a esse fenômeno social.

Façamos o exercício de imaginar esses dois sistemas de justiça, situados em polos diametralmente opostos: de um lado, temos a JR; de outro, o sistema de justiça "oficial". Para a primeira, diante de uma situação de conflito, do rompimento de uma norma social ou do que convencionamos chamar de crime, o mais importante seria restaurar as relações que foram abaladas pelo incidente, por meio de práticas autocompositivas, e aceitar que existem diversas possibilidades de reparação do problema. Essas características nos permitem associar a JR à prática da antropofagia, de acordo com a exposição de Lévi-Strauss. A partir da descrição aprofundada das principais qualidades desse modelo alternativo de justiça, algo que será feito no próximo item, ficará ainda mais claro que sua maneira de lidar com esse tipo de situação-problema é baseada na lógica da *inclusão*.

Para o segundo, especialmente o ramo criminal do que chamo aqui de sistema de justiça "oficial", o foco reside na punição daquele que cometeu a infração. E a maneira como a punição é mobilizada pelo direito penal nos autoriza a pensar que a lógica que fundamenta o sistema de ideias desse modelo de justiça é a lógica da *exclusão*. Em nome de uma racionalização progressiva dos mecanismos da justiça e de uma pretensa defesa dos interesses coletivos feridos pelo delito,[2] primeiro excluiu a vítima (afastada do processo desde que o Estado assumiu a função de repressão do ato contrário à lei) e depois excluiu o ofensor, ao privilegiar formas de confinamento como principal resposta ao delito: "É a pena aflitiva – muito particularmente a prisão – que assumirá o lugar dominante no autorretrato identitário do sistema penal" (PIRES, 2004, p. 41). Por conseguinte, é possível dizer que estamos, nesse caso, diante da antropoemia de que falava Lévi-Strauss.

Pires tem documentado em seus trabalhos as principais características do sistema de pensamento da justiça criminal ocidental, desenvolvido a partir da segunda metade do século XVIII. O autor define os aspectos elementares desse sistema de pensamento (com inspiração na obra de Luh-

---

análise antropológica da antropofagia, já tinha sido elaborada por Alfred Métraux (1902-1963) em obras que tratavam da sociedade Tupinambá.

[2] Cf. Durkheim (2014).

mann) a partir do que ele denomina RPM, lembrando que esta se liga, por sua vez, a um conjunto de práticas (FOUCAULT, 2014 e 2015).

Partindo, assim, da constatação de que estamos falando de dois modelos de justiça ancorados em pressupostos completamente diferentes no que se refere ao conflito e de como podemos responder a ele, o objetivo deste texto é mostrar de que modo a JR se apresenta como uma alternativa à RPM, ainda que enfrente dificuldades para conseguir se desenvolver. Mais ainda, argumenta-se que, justamente por ser uma alternativa plausível à RPM, ou seja, por apresentar potencialidades que colocam desafios a esse conjunto de práticas e pensamentos que sustentam o direito criminal moderno, é que ela enfrenta essas resistências. Nas palavras de Pires: "É quando tentamos pensar o sistema penal de outra forma que tomamos consciência da colonização que ele exerce sobre a nossa maneira de ver as coisas" (2004, p. 40).

Já apresentei em outras oportunidades (TONCHE, 2015 e 2016) alguns dos obstáculos que desafiam a JR, mostrando como essas resistências passam por desde o público de uma forma geral, que desconhece esse modelo de justiça e seus benefícios, chegando até os profissionais do Direito que se contrapõem tanto à pauta quanto aos seus colegas envolvidos com ela. Ambos, público e profissionais, estão ainda situados em um marco punitivo em relação à gestão de conflitos, mostrando toda a força da RPM nesse campo.

A ideia para este texto partiu de reflexões resultantes de uma pesquisa de doutorado no tema da JR,[3] e da oportunidade que tive de passar um ano (doutorado-sanduíche) no Canadá, mais especificamente no Departamento de Criminologia da Universidade de Ottawa, sob a supervisão do professor Alvaro Pires. A ida ao Canadá, país referência em JR, e o consequente aprofundamento teórico da RPM, a partir do diálogo com Alvaro Pires e demais interlocutores do seu grupo de pesquisas, possibilitaram o refinamento da análise nos seguintes aspectos:

- permitiu-me compreender que as dificuldades que a JR enfrenta não são problemas internos a ela, mas problemas externos, advindos da hegemonia do modelo de justiça criminal ocidental, cujo sistema de pensamento basilar pode ser definido pela RPM;

---

[3] Tonche (2015).

- também possibilitou entender que, a despeito dos muitos problemas que a JR enfrenta, especialmente no contexto brasileiro, não podemos perder de vista o importante contraponto que ela faz ao modelo de justiça comum;
- finalmente, resulta disso que os trabalhos científicos sobre a JR não podem ignorar os dois pontos supramencionados, para que as possíveis críticas dirigidas a ela não venham a reforçar um discurso conservador no campo, resistente a mudanças no sistema penal.

Nos itens que se seguem, veremos como a JR pode ser pensada como um sistema destinado a substituir a forma de pensar e agir do sistema penal moderno, ao mesmo tempo em que serão indicados os principais obstáculos que ela enfrenta. Em um primeiro momento, deter-nos-emos sobre a JR em si, apresentando suas principais características, atributos que fazem dela um modelo alternativo de gestão de conflitos e uma opção penal interessantes do ponto de vista da superação da RPM. Em seguida, discutiremos o modelo restaurativo tomando por base o quadro teórico da RPM e mostrando como suas principais dificuldades se ligam ao predomínio desse sistema de pensamento colonizador. Por fim, nas considerações finais, indicaremos alguns caminhos possíveis para a JR.

A investigação que deu origem a este texto, como mencionado anteriormente, foi uma pesquisa de doutorado, de caráter qualitativo, que se baseou na coleta de dados a partir de duas fontes: foram realizadas entrevistas de roteiro semiestruturado com profissionais de diversas áreas envolvidos de alguma maneira com a questão da JR no Brasil, especialmente aqueles comprometidos com programas no estado de São Paulo;[4] e a observação de círculos restaurativos que ocorreram em uma escola pública do município de São Caetano do Sul (SP).[5] Os dados foram colhidos entre os anos de 2011 e 2015, período que compreendeu a realização do doutorado.

---

[4] Foram realizadas quatorze entrevistas no total com profissionais da antiga Secretaria de Reforma do Judiciário (Ministério da Justiça), profissionais dos programas de JR de São Caetano do Sul, Campinas, Heliópolis, São Paulo e São José dos Campos.

[5] Junto com Núcleo Bandeirante (DF) e Porto Alegre (RS), São Caetano do Sul foi um dos três projetos piloto de JR inaugurados no país em 2005, com financiamento e apoio institucional, na época, do Programa das Nações Unidas para o Desenvolvimento (PNUD) e do Ministério da Justiça via Secretaria da Reforma do Judiciário.

1. JR na teoria e na prática

Canadá e Nova Zelândia são países expoentes da JR, e o que eles têm em comum é o fato de serem países com uma tradição autóctone bastante expressiva. Por esse motivo, o desenvolvimento da JR nesses países esteve atrelado aos objetivos do estado de tentar oferecer aos indivíduos de origem autóctone uma possibilidade de gerirem seus conflitos de uma forma mais próxima aos procedimentos ancestrais que eram utilizados por seus grupos.

No entanto, além de ser utilizada como forma alternativa de gestão dos conflitos, a JR nesses países também foi pensada como alternativa penal, ou seja, como uma maneira de tentar evitar que pessoas de origem autóctone continuassem a ingressar em massa no sistema de justiça criminal, seja como vítimas, seja como agressores, compondo parcela significativa da população em situação de prisão. Sobre a situação de vulnerabilidade que essas comunidades autóctones ainda enfrentam, sendo sub-representadas na contagem nacional de seus países e sobrerrepresentadas nos números relativos aos sistemas de justiça criminal e penitenciário, McIntosh (2012, p. 16) argumenta, em relação ao contexto neozelandês:

> Que existem grandes desigualdades entre os Māori e não Māori está claro. [...] Desvantagens e diferenças dos Māori estão mais claramente marcadas no sistema de justiça criminal. Os Māori são sobrerrepresentados, tanto como vítimas quanto como agressores e enquanto representam 15% do total da população da Nova Zelândia, eles compõem mais de 50% da população encarcerada. Para muitos Māori a vida está ligada ao desemprego, doença, problemas psiquiátricos, pobreza e prisão. Embora a posição e legitimidade da cultura Māori dentro da sociedade da Nova Zelândia tenha sido bastante reforçada desde a década de 1970, com o maior respeito concedido à nossa cultura e língua, o renascimento Māori tem sido bem menos eficaz na resposta às muitas outras desigualdades sociais.

Na Nova Zelândia, a JR está contemplada na Carta Constitucional e ali ela é exercida como a "regra", e não a "exceção", em termos da resposta estatal para casos envolvendo crianças e adolescentes. Assim, desde 1989 esse país fez desse modelo de justiça o centro de todo o seu sistema penal para a infância e juventude (cf. ZEHR, 2008 e 2012). Essa ação foi uma reação à crise vivida à época na área do bem-estar para crianças e adolescentes, e também às críticas, por parte da população indígena Māori, de que as autoridades utilizavam um sistema colonial imposto e alheio à cultura local.

Embora o sistema judicial tenha sido mantido como retaguarda, o procedimento padrão para a maioria dos crimes cometidos por adolescentes naquele país passou a ser a conferência de grupos familiares, que se tornou o procedimento normativo para as ofensas sob a jurisdição das varas da infância e juventude. Essas conferências são organizadas e facilitadas por assistentes sociais pagos pelo Estado, chamados naquele local de Coordenadores de Justiça do Adolescente (ZEHR, 2012).

Como afirma Howard Zehr, autor mundialmente conhecido e considerado um dos principais autores sobre JR, na Nova Zelândia, salvo pelas conferências de grupos familiares, os demais modelos restaurativos são aplicados discricionariamente e por encaminhamento. Para ofensas menos graves, o encaminhamento geralmente vem da comunidade, escola, instituição religiosa ou das próprias partes. A maior parte dos casos, entretanto, vem do sistema judiciário neozelandês, sendo o agente encaminhador variável, de acordo com o caso e a situação: pode ser a polícia, o promotor de justiça, o oficial da condicional, o próprio tribunal ou vara criminal ou até a penitenciária, mostrando como a JR mesmo em contextos mais favoráveis à sua utilização ainda enfrenta dificuldades para se autonomizar das esferas relativas ao modelo de justiça comum.

No caso dos tribunais, em geral a indicação da prática restaurativa vem depois da instrução e alegações finais e antes da sentença. Nessas situações, afirma o autor, o juiz leva em conta o resultado da conferência ao sentenciar. Em algumas situações, o juiz pode ordenar a restituição dos bens e pedir que o valor devido seja decidido por meio de um encontro restaurativo, que passa a fazer parte da sentença e/ou concessão do livramento condicional (ZEHR, 2012).

A situação dos Maori, que deu origem à inclusão do modelo da JR para casos judiciais que envolvem especialmente crianças e adolescentes na Nova Zelândia, apresenta similaridades com o contexto canadense.

Sobre a situação dos indivíduos que fazem parte dos grupos chamados de *first nation people*, expressão utilizada naquele contexto para se referir às populações originárias, o *website* do Serviço Correcional do Canadá diz o seguinte: "[...] nossas prisões estão atualmente superpopuladas com ofensores aborígenes, especialmente nas províncias ocidentais, onde em muitas instâncias, 60-80% da população prisional é constituída por ofensores aborígenes" (ACHTENBERG, 2000, p. 32).[6] A mesma autora cita a seguinte pesquisa, que, embora faça referência a dados mais antigos, expõe a gravidade da situação desses grupos nesse país:

> Embora pessoas aborígenes representem cerca de 3% da população adulta no Canadá, eles representam 15% das internações provinciais para custódia. Tentativas de redução no número de admissões aborígenes em nível federal parecem ter falhado. De fato, a porcentagem de admissões federais de aborígenes continua a crescer: foram 11% em 1991-1992, 15% em 1996-1997 e 17% ano passado. (ROBERTS apud ACHTENBERG, 2000, p. 32, tradução livre)

É possível constatar ainda que o problema persiste mesmo após uma década, como os dados mais atuais, disponibilizados pelo mesmo *website*, mostram:

> Ofensores aborígenes continuam a ser desproporcionalmente representados em todos os níveis do sistema de justiça criminal canadense. Ao final de março de 2007, aborígenes compunham 17% dos ofensores sentenciados federalmente, embora a população aborígene represente apenas 2,7% da população canadense adulta. (Tradução livre)[7]

Foi nesse contexto que surgiram nesse país iniciativas de práticas restaurativas. Autores como Zehr (2008) afirmam que as abordagens circulares tiveram início nas comunidades tradicionais do Canadá. De fato, a bibliografia que trata do tema refere que os círculos de sentença, chamados também de círculos de determinação de pena, foram sistematizados pela primeira vez no território de Yukon, no Canadá, em 1992, notadamente pelo incentivo do juiz Barry Stuart. Para descrever o processo circular, esse juiz, em cuja vara um desses círculos foi reconhecido pela primeira vez, por meio de uma sentença judicial, escolheu a expressão "Círculos de Construção de Paz".

Conferências de grupos familiares na Nova Zelândia, Círculos de construção de paz em territórios canadenses; essas experiências (entre muitas outras existentes) desvelam o caráter plural da JR em sua dimensão

---

[6] Disponível em: http://www.csc-scc.gc.ca/005/007/forum/e121/e121j-eng.shtml. Acesso em: 30 set. 2018.

[7] Disponível em: https://www.csc-scc.gc.ca/aboriginal/index-eng.shtml. Acesso em: 26 jun. 2019.

empírica. Ela admite o uso de práticas variadas, desde que elas estejam de acordo com o seu corpo teórico. A esse respeito, existem ainda muitas discordâncias sobre a conceituação da JR, não havendo uma definição única para ela. Os autores convergem, entretanto, no reconhecimento de que muitos dos aspectos fundadores do modelo vieram de povos tradicionais.

Essas práticas ancestrais existiam como um sistema de "justiça" naqueles grupos, que devia atender ao conjunto de situações-problema com o qual tinham que lidar. Também é possível inferir que essas formas tradicionais de gestão de conflitos aproximam-se mais do que hoje conhecemos por JR do que em relação ao nosso atual sistema de justiça oficial, se tivéssemos de estabelecer uma comparação. Contudo, a JR não propõe somente uma tentativa de recuperação desses procedimentos ancestrais, como o uso do bastão da fala e a mobilização de formatos circulares. Ela atualmente conta com um corpo teórico-filosófico que pode ser considerado bastante sofisticado; veremos, a seguir, algumas de suas principais potencialidades.

Inicialmente, é preciso destacar que, ao contrário do modelo de justiça comum, a JR reconhece a multidimensionalidade das relações sociais e, consequentemente, dos conflitos, abrindo a possibilidade de discussão das emoções e dos sentimentos em jogo, bem como de outros conflitos relacionados que possam vir à tona no ritual. Ela também tenta escapar dos binarismos compartilhados pelo senso comum (bem/mal, vítima/ofensor, verdade/mentira, justo/injusto, culpado/inocente, entre outros), que são empobrecedores do ponto de vista da complexidade das relações sociais. A JR se baseia, portanto, em práticas relacionais, em que as responsabilidades são percebidas como recíprocas e há espaço para ambiguidades.

Ela tenciona o modelo de justiça corrente ao propor formas mais consensuais de gestão dos conflitos, devolvendo o protagonismo do ritual para as partes diretamente afetadas pelo ocorrido, e admitindo a participação de terceiros indiretamente envolvidos (familiares, comunidade, apoiadores) nos processos para a construção conjunta de soluções para o problema.

Além disso, a partir do quadro conceitual que sustenta a JR, para ela, mais importante do que se centrar sobre o que aconteceu é buscar formas de reparação do conflito que possibilitem abordar o problema a partir do tempo presente e garantindo relações futuras. No plano teórico do modelo, argumenta-se que seus procedimentos devem ser orientados por formas autocompositivas de administração de conflitos, pautados na ideia de escuta atenta, incentivo ao diálogo e horizontalidade das relações. E na medida em que devolve o protagonismo da gestão do conflito para as partes direta e indiretamente envolvidas na situação, resulta disso que não só as necessidades da vítima são colocadas em discussão, como também as do ofensor. Esse é o nível de complexidade que a JR apresenta e que o modelo de justiça comum não consegue alcançar. O "ofensor",[8] nesse caso, tem a oportunidade de se responsabilizar pelo ocorrido e pode ativamente colaborar para a reparação do problema.

Portanto, ela propõe, por meio de práticas não adversariais, a reparação no lugar da punição e a responsabilização em vez da culpabilização (como o modelo retributivo de justiça faz). Todos os potenciais participantes de uma prática restaurativa são convidados a participar, de modo que a adesão ao ritual é voluntária e permite o estabelecimento de um compromisso maior com a reparação do problema por parte de todos os envolvidos na situação.

A JR inova também ao introduzir uma nova figura no procedimento: os facilitadores de justiça.[9] O papel que cumprem no procedimento não é indiferente, ele visa garantir que não haja a sobreposição de uns participantes sobre outros, assegurando o direito de fala para todos e cuidando para que as próprias partes cheguem a consensos sobre as possíveis formas de reparação do problema. Fica claro como sua função nesse caso não é exercer uma figura de autoridade, um terceiro imparcial cujo papel seria o de decisão. Desse modo, é possível afirmar que saímos de um modelo tripartido de justiça (representado pelo modelo de justiça comum) e passamos para um modelo circular de justiça, em que todos ocupam posição semelhante no ritual, mesmo que o procedimento não seja efetivamente realizado em um formato de círculo.

Como seu próprio nome sugere, para a JR, mais importante do que a punição (como característica do modelo retributivo de justiça) é a reparação das relações afetadas pelo conflito. E isso é fundamental porque desloca o olhar da punição, como convencionalmente mobilizada pelo direito

---

[8] A RPM está tão arraigada no corpo social que temos dificuldade para tentar escapar até mesmo da linguagem que ela utiliza, a exemplo dos termos "ofensor" e "vítima". Para saber mais sobre a linguagem de uma perspectiva do abolicionismo penal, sugere-se a leitura da obra de Louk Hulsman e Jacqueline Bernat de Celis (1997).

[9] Os facilitadores de justiça não precisam ter formação no Direito, basta que tenham sido capacitados para atuar nos procedimentos ligados à JR.

penal moderno, para outras formas de resposta ao problema, como o reconhecimento moral da violência, a restituição do bem subtraído ou outros rearranjos em se tratando de conflitos interpessoais, ou seja, abre-se a possibilidade de uma miríade de outras respostas para o conflito, a depender do consenso entre as partes. Assim, de uma forma alternativa de gestão de conflitos a JR passa a ser uma alternativa penal, já que vislumbra outras possibilidades de fechamento para os casos além da pena por excelência (pena de prisão), foco ainda do sistema de justiça criminal moderno.

Como citado anteriormente, não existe uma definição única para a JR, o que pode ser compreendido como uma fragilidade associada a esse modelo, mas os autores concordam quando falam a respeito de seus principais valores e princípios. Para Zehr: "Para que funcionem adequadamente, os princípios da Justiça Restaurativa [...] devem ser cercados por um cinturão de valores" (2012, p. 47). E o primeiro dos valores citado pelo autor é a interconexão: "Estamos todos ligados uns aos outros e ao mundo em geral através de uma teia de relacionamentos. Quando esta teia se rompe, todos são afetados" (ZEHR, 2012, p. 47).

Nesse sentido, algumas das ideias e propostas da JR se aproximam muito da chamada "resposta circular", como já definia Mary Parker Follett na década de 1930:

> O pensamento mais fundamental em tudo isso é que a reação é sempre reação a uma relação [...] Eu nunca reajo a você, mas a você-mais-eu; ou, para ser mais preciso, sou eu-mais-você reagindo a você-mais-eu. "Eu" nunca posso influenciar "você" porque você já me influenciou; ou seja, no próprio processo do encontro, pelo próprio processo de encontro, que ambos nos tornamos algo diferente. Isso começa antes mesmo de nos encontrarmos, na antecipação do encontro. (FOLLETT, 1930, p. 62, tradução livre)

Embora ela estivesse dialogando mais no campo da psicologia (a autora pretendia com seu conceito de resposta circular contribuir no debate que havia entre o objetivismo e o subjetivismo), seus achados parecem encaixar-se nas características que os defensores do modelo restaurativo propagam. A JR compartilha de uma perspectiva até mesmo bastante sociológica, ao atentar para o caráter relacional dos conflitos e afastar-se das práticas disjuntivas do direito penal, voltadas à individualização dos conflitos e das percepções lineares a respeito deles. Assim, vemos mais uma vez como a lógica que prevalece no modelo restaurativo é, sobretudo, inclusiva.

2. JR e RPM

Pires (2013) argumenta que a teoria da RPM está construída sobre uma observação inicial: a de que as teorias convencionais da pena (retribuição, dissuasão, denunciação, reabilitação carcerária[10]), que são sustentadas e valorizadas pelo sistema de direito criminal, constituem um obstáculo cognitivo à reconstrução-inovação das estruturas e dos processos do direito criminal concernentes às penas, ao mesmo tempo em que não dão apoio suficiente às sanções não carcerárias ou outras sanções que não visem à imposição de sofrimento ao culpável.

A partir dessa observação inicial, o autor argumenta que essas teorias da pena exercem, no plano das ideias e de suas formas de legitimação, um bloqueio sobre a maneira de pensar uma reforma do direito criminal. Para ele, tais teorias eliminam a imaginação criativa dos criminalistas e os fazem "girar em círculo". Pires utiliza a figura da garrafa de moscas de Wittgenstein e de Watzlawick para ilustrar esse obstáculo cognitivo:[11] de acordo com essa imagem, a mosca entra na garrafa passando por sua abertura e cano mais estreito e, uma vez dentro da garrafa, não consegue mais sair dela (bastaria que ela percorresse o mesmo caminho por onde entrou, mas não logra fazê-lo).

A teoria da RPM alude, portanto, a esse sistema de ideias formado pelas teorias convencionais da pena que fazem referência a um problema de evolução em matéria de direito criminal: dificultam a sua superação e o desenvolvimento de modelos alternativos a ele.

São quatro os componentes principais da RPM, identificados por Garcia (2013): i) direito de punir definido como obrigação de punir e crítica do perdão; ii) valorização das penas aflitivas ou de exclusão social; iii) supervalorização da pena privativa de liberdade (prisão como pena de referência); e iv) desvalorização das sanções alternativas.

---

[10] Embora seja importante conhecer o que essas teorias modernas da pena propõem, no que convergem e no que se afastam umas das outras, tal empreendimento escapa aos limites propostos neste capítulo. Para saber mais sobre o assunto, recomendamos a leitura de Pires, Debuyst e Digneffe (2008).

[11] De acordo com Pires (2013), podemos dizer que estamos na presença de um obstáculo epistemológico (ou cognitivo) quando os hábitos profissionais ou as ideias que um sistema social julga (ainda) apropriado, bom ou interessante, impedem a adoção, a generalização e o estabelecimento a longo termo de novos hábitos ou ideias melhores, estruturas e práticas dentro do sistema ele mesmo.

A recorrência enunciativa dessa ideia da obrigação de punir forma a identidade penal do sistema de direito criminal moderno. Suas teorias sustentam que a pena deve ser aflitiva para ser uma verdadeira pena e que a sanção por reparação concernente à vítima não é uma pena (ou se porta mal como pena, exceto para as pequenas infrações): "Dentro das representações dominantes, aquilo que chamamos de punição deve procurar diretamente e intencionalmente a aplicação de um sofrimento ao culpável" (Pires, 2013, 303).

Por isso, parte-se da ideia de que a JR apresenta uma contribuição importante ao campo, já que ela propõe outras formas de resposta ao crime que escapam a essa noção cristalizada pelas teorias modernas da pena de compulsoriedade da punição e de uma penalidade que necessariamente implique sofrimento ao ofensor. Ela propõe, de maneira diversa, a reparação e até mesmo o perdão em alguns casos como um fechamento possível para o conflito, colaborando também para uma dissociação entre resposta estatal e pena de prisão, ou uma dissociação conceitual entre crime-pena, como coloca Angela Davis (2018). Entretanto, ela ainda não consegue sair da marginalidade diante da RPM, mesmo que se apresente inicialmente como uma alternativa que pudesse vir a substituí-la.

A RPM chegou até mesmo a impactar o desenvolvimento da JR e seus contornos contemporâneos ao definir os espaços prioritários em que ela poderia atuar. Vimos como a JR tem suas raízes em práticas tradicionais de povos originários, mas, no momento em que ela foi levada a se confrontar com a justiça penal moderna, evidentemente entrou em primeiro lugar e mais rapidamente nos espaços de justiça voltados para crianças e adolescentes. Isso aconteceu porque ali já havia uma pré-disposição para recebê-la, dada a ausência do teor punitivo atrelado às teorias da pena relacionadas à justiça para adultos (ou maior ausência, em alguns casos).[12]

Esse é o motivo por que, no contexto brasileiro, alguns dos principais profissionais do sistema de justiça que se envolveram com a JR foram juízes e promotores da área da infância e juventude. O comprometimento

---

[12] Entretanto, cabe destacar que a JR pode ser utilizada para casos considerados mais graves, atendidos pelo sistema de justiça criminal para adultos, sendo, inclusive, altamente recomendada para esses casos em que a necessidade de restauração social é maior. Em princípio, a única contraindicação hoje para o uso da JR ocorre nos casos em que uma das partes, ou ambas, não desejam participar do procedimento.

desses profissionais com o modelo restaurativo é, no entanto, motivo de tensões no campo.

Sobre essas disputas no mundo do Direito (BONELLI, 1998), e mais especificamente no que diz respeito àquelas ligadas à agenda da JR, um interlocutor vinculado à Comunicação Não Violenta[13] expressou em entrevista um argumento bastante interessante, ele disse: "Tem sido muito difícil para eles (juízes), então eles estão dentro de um ambiente em que muitas pessoas não veem do jeito que eles veem, eles são muito radicais dentro do meio deles, mas eles não são muito radicais dentro do mundo da justiça restaurativa".

Esses profissionais, ligados à agenda da JR e que se situam em uma posição mais heterodoxa da área, estão rompendo com alguns pressupostos internalizados em suas formações no Direito, mas, como o entrevistado relata, ainda não são suficientemente radicais do ponto de vista da JR. Essa situação cria ambiguidades que se refletem na própria dinâmica dos programas. Algumas das críticas às iniciativas de JR feitas por avaliadores, e que este texto endossa, apontam para como os programas ainda estão fortemente vinculados à justiça oficial e dependem, em princípio, da própria avaliação que o magistrado faz do caso, para que seja ou não encaminhado ao círculo restaurativo. Em vista disso, há também uma extensa discussão sobre se os valores do paradigma restaurativo estariam sendo seguidos fielmente nas regiões em que são aplicados, pois existiriam algumas adequações dos programas, advindas da mescla em relação aos tipos de justiça alternativa e oficial.

Ademais, se aplicada em conjunto com o sistema de justiça criminal, o risco é de que a JR seja cooptada e instrumentalizada pela RPM, perdendo, dessa forma, seu conteúdo potencialmente transformador. O mesmo entrevistado discorre também sobre a competição que presenciou entre juízes:

> [...] eu era a única pessoa que passava entre os projetos, a dinâmica de concorrência entre os juízes era cômica, mas era muito extremo assim, tinha cenas que assim ninguém iria acreditar [...] ele (um juiz) era o único que con-

[13] A Comunicação Não Violenta pode ser tida como uma técnica desenvolvida por Marshall Rosenberg, que visa ao estabelecimento de uma comunicação entre pessoas, grupos ou entidades menos violenta e mais efetiva. Aqui no Brasil, Dominic Barter é seu maior representante e teve participação fundamental na inauguração dos programas de JR no país.

seguiu manter a calma, os outros dois (juízes)...: "o que o outro tá fazendo? O que tá acontecendo?".

Também é preciso considerar que existe certa dificuldade para lidar com um conteúdo que diverge enormemente de tudo aquilo que foi estudado, interiorizado pelos profissionais da área jurídica, algo já incorporado em sua vida profissional, pessoal, postura e opiniões. Parece haver, portanto, um conflito nos profissionais que participam da proposta restaurativa, que vem do fato de ela abalar convicções sobre justiça que estão arraigadas nesses personagens, algo que vem desde sua formação profissional até o trabalho atual. Nenhum dos entrevistados dedica-se somente à JR, eles efetivamente têm que lidar com duas vertentes diferentes em seus cotidianos.

Essa divergência de ideários revela-se também na dificuldade de sustentar o conteúdo entre os pares, como comprovam as pequenas interações do dia a dia relatadas em entrevistas, as "piadinhas" entre colegas. A respeito dessa questão, um juiz de São Paulo afirma:

> Como é que você capacita elas pra que elas efetivamente tenham o mínimo de condição de ser um agente de mudança institucional e isso passa por como é que elas vão lidar com as resistências, porque virão e virão, e já ter consciência disso, olha vai ter contramovimento, refluxo de toda ordem, é piadinha no corredor, que tá abraçando árvore, que tá não sei o quê, tá acreditando em duende, ou você tá recebendo alguma coisa com isso [...].

O tipo de situação descrita nas entrevistas, em que os profissionais ouvem dos colegas expressões como "você é um juiz restaurador de dente", "está abraçando árvore" ou "está passando a mão na cabeça de aluno", é a forma que os pares encontraram para se oporem ao modelo: colocando a pauta sob suspeita, questionando a JR e alegando como, na verdade, essa não é uma *expertise*, ou um conhecimento especializado válido na área do Direito. *Grosso modo*, é como se, por rechaçar as teorias modernas da pena, que conformam o sistema de pensamento do direito criminal, a JR não tivesse legitimidade nesse campo.

Por tal motivo, é importante ressaltar que esses juízes já originalmente trabalham em um ramo da justiça visto por muitos colegas de profissão como menos prestigioso. Ali não são aplicadas as teorias convencionais da pena, e desde a criação do Estatuto da Criança e do Adolescente (ECA) o caráter pedagógico das sanções dirigidas a crianças e adolescentes foi reforçado, em detrimento da punição como originalmente concebida e aplicada na justiça para adultos, devido ao fato de se tratar de indivíduos em fase de formação. Esses profissionais da área da justiça voltada a crianças e adolescentes são, portanto, duplamente marginalizados no mundo do Direito: primeiro, por atuarem nessa área; segundo, por se vincularem à JR.

Contudo, é importante destacar que, mesmo com todas as fragilidades associadas às iniciativas de JR em nosso país, incipientes ainda se comparadas ao modelo de justiça oficial, muitos profissionais alavancam em suas carreiras por se envolverem com esse conteúdo. Assim, ainda que constitua pauta marginal dentro do mundo do Direito, foi possível observar do trabalho de campo realizado que diversos profissionais se beneficiaram de suas ligações com a questão, possibilitando que galgassem novas posições em suas áreas de atuação. Essa situação demonstra como usualmente não tem sido a JR quem tem alcançado novas dimensões, mas sim aqueles que estão nas redes apoiando-a.

Sobre as práticas associadas ao modelo alternativo, pesquisas já demonstraram como a JR ainda se tem defrontado com dificuldades para ser efetivamente implantada (TONCHE, 2015; PALLAMOLLA, 2017; CHINEN, 2017; SILVA, 2017), mesmo que possa haver consenso em relação ao seu potencial transformador.

Em minha pesquisa de doutorado, que se deteve especialmente sobre o programa em São Caetano do Sul voltado a atender conflitos que envolvem crianças e adolescentes, com foco nos que se originavam nas escolas públicas do município, pude observar como as facilitadoras tendiam a trazer para os procedimentos alternativos aspectos que marcam os rituais formais de administração da justiça.[14] Muitas vezes isso era feito como uma estratégia para tentar reverter a situação de se depararem com o desconhecimento da população atendida em relação à JR, e em relação ao que

---

[14] Os círculos restaurativos observados aconteceram em uma escola da rede pública de ensino em São Caetano do Sul (SP). Alguns desses casos foram enviados pelo Fórum da Vara da Infância e Juventude do município e os procedimentos aconteceram em sábados, no período da manhã, realizados ou na sala da biblioteca da escola, ou em uma das salas de aula da escola (sempre respeitados os formatos de círculo). Outros casos assistidos, entretanto, não foram enviados pelo magistrado ou promotor da área, mas foram resultantes de conflitos que haviam se originado na própria escola, que dispunha de uma professora mediadora para realizar atendimentos de acordo com os princípios da JR.

significava o trabalho delas como facilitadoras. Assim, recorriam o tempo todo às figuras imponentes dos profissionais da justiça (especialmente o juiz) para tentar reforçar entre os usuários do programa a importância do ritual informal, o que causava ainda maior confusão entre os participantes.

Também foi possível verificar no trabalho de campo a persistência de uma cultura de oficialização dos conflitos e o entendimento, por parte da população, de que a institucionalização deles seria a única via a contento para o tratamento dos casos. Havia um grande incentivo à feitura de boletins de ocorrência nos contextos em que se tentava implantar a JR, de modo que causava estranhamento entre o público atendido o fato de o procedimento restaurativo ser realizado em espaços outros que não o Fórum e liderado por pessoas alheias ao mundo jurídico.

O principal resultado dos fatos narrados acima é que os próprios usuários assimilam a posição subalterna da JR e a avaliam a partir dessa perspectiva. É como se a administração por uma via alternativa reforçasse a opinião de que, se o caso fosse realmente importante, ele estaria sendo julgado pelo juiz. Essa opinião não é combatida, mas compartilhada por muitos profissionais que atuam nos programas de JR, que se valem todo o tempo da autoridade do Judiciário para legitimarem suas atuações.

Em outra pesquisa sobre experiências inovadoras de administração de conflitos no interior do estado de São Paulo, igualmente se constatou que os rituais alternativos tendem a mimetizar as audiências judiciais (TONCHE, OZORES e SINHORETTO, 2012). No caso específico da JR, as práticas desconectadas do arcabouço teórico que a sustenta descortinam a fragilidade das capacitações daqueles que orientam os procedimentos alternativos, decorrência também da falta de investimentos em monitoramento e aperfeiçoamento dos programas:

> Os meios alternativos, aprisionados na sua condição subalterna de fazer muito sem nenhum custo, restritos pela racionalidade burocrática da administração judicial, acabam por se encaixar como mais uma peça de uma engrenagem judicial seletiva, que se vê às voltas com a necessidade de delegar aos voluntários a administração de uma parte dos conflitos, sem com eles pretender repartir uma parte dos seus recursos. (TONCHE, OZORES e SINHORETTO, 2012, p. 60)

Assim, o discurso de sucesso sustentado pelos principais incentivadores da JR no país contrasta fortemente com a precariedade das iniciativas analisadas pelas pesquisas (São Caetano do Sul, São Paulo, Heliópolis, Campinas e São José dos Campos), prenunciando a colonização dessas experiências por uma cultura jurídica tradicional e hierárquica.

Contudo, é importante esclarecer que um dos objetivos deste texto é contribuir para desfazer a confusão entre o ideário restaurativo (como construção crítica aos efeitos estigmatizantes e autoritários da justiça penal) e a sua recepção local, orientada muitas vezes por valores conservadores, ou mantenedores do sistema oficial. Por isso, o desafio que permanece é lutar para que os rituais alternativos não sejam colonizados por marcas do nosso sistema de justiça comum, tornando-se espaços menos prestigiosos de reprodução da lógica vigente.

Salm e Leal (2012, p. 216) acrescentam que: "[...] entende-se que com a intervenção estatal devem ser tomados diversos cuidados, para que estes espaços não sejam colonizados pelas dinâmicas burocratizadas que têm marcado a procedibilidade estatal de produzir (in)justiça (des)comprometida oficializada". Essa é uma preocupação presente na literatura a respeito da JR, a de que as iniciativas ou os programas que a utilizam precisam se ater aos princípios orientadores que fazem deles justamente um procedimento alternativo, para que não sejam colonizados por experiências já enraizadas nas estruturas do sistema de justiça oficial.

Faisting (1999, p. 50), em pesquisa sobre as experiências dos Juizados Especiais, expõe:

> Ao serem colocados diante de situações que envolvem relações sociais cada vez mais dinâmicas e complexas, os juízes apostam na conciliação como solução para muitas demandas, mas o fato é que eles não foram preparados para serem conciliadores, uma vez que são formados e socializados em uma cultura institucional baseada no poder de decidir. O risco, portanto, é o predomínio da lógica formal de decisão num ambiente no qual deveria vingar a lógica informal da mediação. (FAISTING, 1999, p. 50)

A novidade, em relação ao que Faisting (1999) aponta, é que essa impregnação do modelo informal pelo formal não ocorre apenas se o condutor do procedimento for um profissional do mundo do Direito, cujas redes e sociabilidades situam-se no mundo jurídico. Como se pode inferir do exposto, a respeito da pesquisa empreendida leigos também tendem a trazer para o procedimento alternativo aspectos característicos dos rituais formais.

Esse conjunto de dados apresentados expõe, mais uma vez, a enorme dificuldade associada ao enfrentamento da hegemonia do sistema de justiça criminal moderno, desafio ao qual a JR não pode se furtar se quiser prosseguir.

Considerações finais

Alvaro Pires colaborou de maneira ímpar com o campo dos estudos sobre o crime e a pena ao formular a teoria da RPM. Suas contribuições não se resumem, entretanto, ao domínio do Direito ou da Criminologia, sendo igualmente valiosas para outras áreas do conhecimento que também se interessam pelas formas como as sociedades concebem o fenômeno social definido como crime e os tipos de reação a ele, como a Sociologia, a Antropologia, a Psicologia, a História ou outras.

Partindo, assim, da ideia de que a JR abre um espaço cognitivo para refletirmos sobre a teoria da RPM, procurou-se explorar os obstáculos que esse modelo de justiça enfrenta para conseguir se desenvolver em todas as suas potencialidades.

O principal argumento sustentado aqui é que a JR pode ser compreendida como um sistema de justiça que apresenta potencial para substituir as maneiras de pensar e agir do sistema de justiça criminal moderno. Toda essa potencialidade, contudo, vem acompanhada de muitas resistências e dificuldades. Esses obstáculos ao seu avanço estão relacionados à supremacia do direito penal moderno, que vem acompanhado de todo um conjunto de ideias baseado na pena como principal resposta ao delito. Quadros como esse, da RPM, nos mostram como estamos presos a um sistema de justiça retributivo que não consegue transformar seu quadro interno de funcionamento, sustentado por um sistema de ideias próprio que não vislumbra outras possibilidades que não o estado presente das coisas.

Mathiesen *apud* Benedetti (2006) alerta para a elementar, porém importante, informação de que uma alternativa só se afigura como tal quando entra em contradição e compete com o sistema antigo. Pode-se, a partir dessa afirmação, questionar se da forma como vem sendo utilizada, a JR constitui-se como alternativa, pois não parece contradizer o sistema de justiça corrente; ao contrário, reproduz aspectos concernentes aos ritos oficias. Também não compete com a justiça comum; de maneira diferente, combina-se a ela, em uma configuração institucional que chega até mesmo a ser ambígua. Dessa maneira, o risco é de que a JR, ao entrar para as engrenagens do nosso sistema de justiça, que funciona de forma desigual para as diferentes camadas da população, acabe integrando o quadro; assim, ainda que entre subordinada, pode acabar reproduzindo desigualdades na distribuição de uma justiça seletiva e hierárquica.

Em contraste com o seu potencial transformador, a JR apresenta fragilidades em suas dimensões práticas, e agora como política pública.[15] É preciso frisar que o investimento do poder público nesses casos é sempre inicial, o que traz grande procura de grupos para a promoção de capacitações daqueles que vão participar dos programas, mas depois essas iniciativas precisam continuar com suas próprias "pernas", contando para isso com parcos e/ou esporádicos recursos. O trabalho dos facilitadores também não é reconhecido em toda a sua importância, sendo exercido em caráter voluntário e a partir de capacitações que podem ser consideradas muito simples quando comparadas ao nível de complexidade que a atividade exige. Além desses problemas, indicamos também o desconhecimento da população atendida pelos programas de JR, que não consegue enxergar seus benefícios, e a resistência de muitos profissionais da área jurídica.

Existe, assim, um caminho a ser percorrido para que a *expertise* da JR seja traduzida em boas práticas e para que ela consiga se desenvolver em toda a sua integralidade. Por outro lado, se a JR ainda não se constituiu como um *corpus* teórico fechado, com práticas rigidamente estabelecidas e operando como uma tradição, isso significa que ainda existe abertura para que seu conteúdo seja apropriado e disputado por saberes críticos, que possam fazer frente à RPM. E é com esse convite que finalizamos este capítulo. Muito embora ainda não tenhamos atingido um nível de maturidade da reflexão a ponto de indicar como a JR poderia dar conta da completa substituição do sistema de justiça que ora conhecemos, e se esse seria o caminho, não podemos desconsiderar que ela é hoje, senão a única, ao menos uma das únicas alternativas para pensarmos "fora da caixinha" ou, para retomar a metáfora utilizada por Pires, pensarmos fora da garrafa de moscas.

---

[15] Ver a Resolução n. 225 de 2016 do Conselho Nacional de Justiça (CNJ), que coloca a JR nos termos de uma política pública nacional de justiça.

Referências

ACHTENBERG, Melanie. Understanding restorative justice practice within the Aboriginal context. *Forum on Corrections Research*, [s.l.], v. 12, n. 1, p. 32-34, jan. 2000. Disponível em: https://www.csc-scc.gc.ca/research/forum/e121/121j_e.pdf. Acesso em: 25 jun. 2019.

BENEDETTI, Juliana Cardoso. A justiça restauradora em face da criminologia da reação social. *In*: SLAKMON, Catherine; MACHADO, Maíra Rocha; BOTTINI, Pierpaolo Cruz (org.). *Novas direções na governança da justiça e da segurança*. Brasília/DF: Ministério da Justiça, 2006. p. 491-520.

BONELLI, Maria da Gloria. A competição profissional no mundo do Direito. *Tempo Social*, revista de sociologia da USP, São Paulo, v. 10, n. 1, p. 185-214, maio 1998. Disponível em: http://www.periodicos.usp.br/ts/article/view/86766. Acesso em: 25 jun. 2019.

CHINEN, Juliana Kobata. *Justiça restaurativa e ato infracional*: representações e práticas no Judiciário de Campinas – SP. 2017. Dissertação (Mestrado em Direito) – Escola de Direito de São Paulo da Fundação Getulio Vargas, São Paulo, 2017. Disponível em: https://bibliotecadigital.fgv.br/dspace/handle/10438/18252. Acesso em: 25 jun. 2019.

DAVIS, Angela. *Estarão as prisões obsoletas?* Trad. Mariana Vargas. Rio de Janeiro: Difel, 2018.

DURKHEIM, Émile. *As regras do método sociológico*. São Paulo: Martins Fontes, 2014.

FAISTING, André Luiz. O dilema da dupla institucionalização do Poder Judiciário: o caso do Juizado Especial de Pequenas Causas. *In*: SADEK, Maria Tereza (org.). *O sistema de justiça*. São Paulo: Sumaré, 1999. p. 43-59.

FOLLETT, Mary Parker. *Creative experience*. New York: Longmans, green and Co., 1930.

FOUCAULT, Michel. *Vigiar e punir*. Petrópolis: Vozes, 2014.

FOUCAULT, Michel. *A sociedade punitiva*. São Paulo: Martins Fontes, 2015.

GARCIA, Margarida. La théorie de la rationalité pénale moderne: un cadre d'observation, d'organisation et de description des idées propres au système de droit criminel. *In*: DUBÉ, Richard; GARCIA, Margarida; MACHADO, Maíra Rocha (dir.). *La rationalité pénale moderne*: réflexions théoriques et explorations empiriques. Ottawa: Les Presses de l'Université d'Ottawa, 2013. p. 37-72.

HULSMAN, Louk; CELIS, Jacqueline Bernat de. *Penas perdidas*: o sistema penal em questão. 2. ed. Niterói: Luam, 1997.

LÉVI-STRAUSS, Claude. *Tristes trópicos*. São Paulo: Companhia das Letras, 2010.

MCINTOSH, Tracey. Sociologia Maori na Nova Zelândia. *Diálogo Global*, v. 2, n. 3, fev. 2012. Disponível em: http://globaldialogue.isa-sociology.org/wp-content/uploads/2013/07/v2i3-portuguese.pdf. Acesso em: 13 abr. 2020.

PALLAMOLLA, Raffaella da Porciuncula. *A construção da justiça restaurativa no Brasil e o protagonismo do Poder Judiciário*: permanências e inovações no campo da administração de conflitos. 2017. Tese (Doutorado em Ciências Sociais) – Escola de Humanidades, Pontifícia Universidade Católica do Rio Grande do Sul, Porto Alegre, 2017. Disponível em: http://tede2.pucrs.br/tede2/handle/tede/7735. Acesso em: 25 jun. 2019.

PIRES, Alvaro. A racionalidade penal moderna, o público e os direitos humanos. *Revista Novos Estudos Cebrap*, São Paulo, v. 68, n. 3, p. 39-60, mar. 2004. Disponível em: https://edisciplinas.usp.br/pluginfile.php/121354/mod_resource/content/1/Pires_A%20racionalidade%20penal%20moderna.pdf. Acesso em: 25 jun. 2019.

PIRES, Alvaro. Postface. *In*: DUBÉ, Richard; GARCIA, Margarida; MACHADO, Maíra Rocha (dir.). *La rationalité pénale moderne*: réflexions théoriques et explorations empiriques. Ottawa: Les Presses de l'Université d'Ottawa, 2013. p. 289-324.

PIRES, Alvaro; DEBUYST, Christian; DIGNEFFE, Françoise. *Histoire des savoirs sur le crime et la peine*. Vol. 2: La rationalité pénale et la naissance de la criminologie. 2. ed. Bruxelles: De Boeck Université et Larcier, 2008.

SALM, João; LEAL, Jackson da Silva. A justiça restaurativa: multidimensionalidade e seu convidado de honra. *Revista Seqüência*, Florianópolis, v. 33, n. 64, p. 195-226, jul. 2012. Disponível em: https://periodicos.ufsc.br/index.php/sequencia/issue/view/1880. Acesso em: 20 maio 2019.

SILVA, Fernanda Macedo Menezes da. *Alternativas penais*: uma análise empírica do Juizado Especial Criminal de Belo Horizonte. 2017. Dissertação (Mestrado em Direito) – Faculdade de Direito, Universidade Federal de Minas Gerais, Belo Horizonte, 2017.

TONCHE, Juliana. *A construção de um modelo "alternativo" de gestão de conflitos*: usos e representações de justiça restaurativa no estado de São Paulo. 2015. Tese (Doutorado em Sociologia) – Faculdade de Filosofia, Letras e Ciências Humanas, Universidade de São Paulo, São Paulo, 2015. Disponível em: http://www.teses.usp.br/teses/disponiveis/8/8132/tde-11122015-144029/en.php. Acesso em: 25 jun. 2019.

TONCHE, Juliana. Justiça restaurativa e racionalidade penal moderna: uma real inovação em matéria penal? *Revista de Estudos Empíricos em Direito*, São Paulo, v. 3, n. 1, p. 129-143, jan. 2016. Disponível em: https://reedrevista.org/reed/article/view/83. Acesso em: 25 jun. 2019.

TONCHE, Juliana; OZORES, Áudria; SINHORETTO, Jacqueline (coord.). *Justiça restaurativa e mediação judicial pré-processual*: experiências inovadoras de administração de conflitos em comarcas do interior paulista. INCT-InEAC: Projeto Utilização da Conciliação e da Mediação no Âmbito do Poder Judiciário, Relatório de pesquisa, UFSC, São Carlos, 2012. Disponível em: http://www.ufscar.br/gevac/wp-content/uploads/RELAT--sinhoretto-tonche-ozores.pdf. Acesso em: 20 maio 2019.

ZEHR, Howard. *Trocando as lentes*: um novo foco sobre o crime e a justiça. São Paulo: Palas Athena, 2008.

ZEHR, Howard. *Justiça restaurativa*. São Paulo: Palas Athena, 2012.

Capítulo 13
De dentro para fora e de fora para dentro: a prisão – no cinema – na sala de aula[1]

MAÍRA ROCHA MACHADO

"[...] podemos observá-la ou arriscar a percorrê-la."
Cohen (2008, p. 89) sobre a instalação *Através* de Cildo Meireles

Introdução
E enfim a questão prisional entrou na tela do cinema.

De maneiras muito diferentes, *O prisioneiro da grade de ferro* (2004) (Sacramento, 2004) e *Carandiru: o filme* (Babenco, 2003) levaram ao grande público imagens e narrativas das pessoas que habitam as instituições prisionais no Brasil. Não que as prisões estivessem ausentes da produção cinematográfica do país. Ao contrário, estas têm estado presentes – como temática ou locação – em várias produções audiovisuais que, nas últimas décadas, se debruçaram sobre o período ditatorial ou sobre as engrenagens da vio-

---

[1] Este texto foi originalmente publicado na *Revista Sistema Penal & Violência*, v. 6, n. 1 (MACHADO, 2014). Em 2012, foi apresentado e discutido no Workshop de Pesquisadores da Escola de Direito da FGV/SP e no Núcleo de Antropologia do Direito da USP (NADIR). A Ana Lucia Pastore, José Garcez Ghirardi, Luciana Ramos, José Roberto Xavier, Fabiana Leite, Marina Feferbaun e Flavia Puschel agradeço imensamente as críticas e os comentários – alguns deles puderam ser incorporados à presente versão, enquanto vários outros deram ensejo à formulação de novos projetos de pesquisa e de prática pedagógica. Por fim, agradeço a Marta Machado, pois sem sua interlocução este texto jamais teria sido escrito.

lência, em plena democracia.[2] É possível mencionar *O beijo da mulher aranha* (Babenco, 1985), *O que é isso, companheiro?* (Barreto, 1997), *Notícias de uma guerra particular* (Salles e Lund, 1999), *Estômago* (Jorge, 2007), *Meu nome não é Johnny* (Lima, 2008), *Salve geral* (Rezende, 2009) e *Tropa de Elite* (2007), especialmente o *Tropa de Elite II – O Inimigo agora é outro* (Padilha, 2010), entre vários outros.

Nesse grupo um tanto diverso de filmes, há ao menos um elemento que os une. Para utilizar a distinção elaborada por Nicole Rafter (2006, p. 176) sobre duas grandes categorias de filmes sobre prisão (*prison films*), é possível dizer que os filmes citados no parágrafo anterior "não justificam ideologicamente o sistema prisional" e, muito ao contrário, "propõem perguntas difíceis" sobre o funcionamento desse sistema. A estes opõem-se os filmes tradicionais que "mobilizam um sistema de moralidade claro e estável" no qual "os heróis podem ser criminosos, mas eles são claramente admiráveis, e os caras maus são obviamente abomináveis". Nesse tipo de enredo, segundo Rafter, até se questiona a justiça em casos particulares, mas o sistema prisional como um todo não é tematizado. Um bom exemplo desse segundo grupo na cinematografia nacional seria o filme *Uma pulga na balança* (Luciano Salce, 1953), uma produção dos estúdios Vera Cruz que apresenta a Penitenciária do Estado como um "lugar adorável" que oferece cama, comida e roupa lavada.

De todo modo, pela contundência das imagens e pela explicitação das implicações sociais, morais, econômicas e afetivas que a passagem pelo sistema prisional coloca a todos e todas nós, dispomos atualmente de um bom acervo para a elaboração de materiais didáticos. A partir dessa produção cinematográfica é possível subsidiar reflexões e discussões sobre as mais variadas questões: os diferentes níveis de tolerância às violações sistemáticas de direitos no interior das prisões; as exigências mínimas de recursos materiais e humanos para implementação do modelo de gestão da pena de privação de liberdade previsto na Lei de Execução Penal (LEP); a centralidade da questão do egresso para o funcionamento do próprio sistema de justiça criminal (que tende a considerar concluída a sua atuação

---

[2] Assume-se, por ora, que a discussão sobre a instituição prisional na ditadura situa-se em outro registro e provoca discussões diferentes das que temos interesse em pontuar aqui. Para os que quiserem avançar nessa discussão, um bom ponto de partida é a dissertação de Cunha (2006).

com a extinção da pena); o papel desempenhado pela criminalização, mas também pelo consumo, de substâncias psicoativas dentro e fora dos presídios, entre vários outros.

A proposta aqui, entretanto, é muito mais modesta e pontual.

O objetivo é refletir sobre as possibilidades de utilização desse material cinematográfico no curso de Direito. Na verdade, a temática parece ser bastante pertinente em vários outros cursos superiores – mesmo fora das ciências sociais. Parece ser adequada até mesmo no ensino médio. Afinal a prisão está presente na vida de todos e todas nós desde muito cedo, para algumas pessoas em função das experiências familiares ou da comunidade e para tantas outras por intermédio dos gibis, dos desenhos animados, da literatura e dos filmes infantojuvenis.[3]

A reflexão proposta aqui resulta de pesquisas desenvolvidas para a elaboração de programas de ensino, bem como da experiência pedagógica de utilização de recursos audiovisuais em disciplinas do curso de graduação e de mestrado em Direito. Como se buscará mostrar, os filmes permitem trazer a complexidade do fenômeno jurídico e de suas implicações para a sala de aula. Ao utilizá-los como instrumentos pedagógicos, enfatiza-se que os efeitos muito concretos da atuação do direito importam tanto quanto a elaboração normativa, a construção dogmática e os processos decisórios no interior dos tribunais.

A partir dessa perspectiva, duas possibilidades de utilização de material cinematográfico, construídas a partir de diferentes experiências pedagógicas, serão apresentadas. A primeira remete-nos mais diretamente ao campo jurídico-penal e criminológico e diz respeito à "teoria da reabilitação prisional" e, mais especificamente, ao percurso dessas *ideias* e *práticas* pelas instituições prisionais brasileiras entre o primeiro quartel e o final do século XX. Selecionamos dois olhares cinematográficos para marcar as extremidades desse percurso. Imagens preto-branco da recém-inaugurada Penitenciária do Estado, gravadas em 1928, marcam *o início*.[4] Sem áudio e com letreiros explicativos, o vídeo retrata *um* cotidiano da instituição prisional – à época em que ainda se alimentava "o mito de que era um presí-

---

[3] O filme infantojuvenil mais emblemático para a discussão da teoria da reabilitação prisional é, sem sombra de dúvida, *Megamente* (McGrath, 2010). No âmbito do ensino médio, há livros de história que utilizam amplamente recursos cinematográficos na composição do material didático. Ver, por exemplo, Machado (2007).

[4] O filme integra os extras do DVD *Carandiru: o filme* (Babenco, 2003).

dio-modelo" (SALLA, 2006, p. 193).[5] O *fim* desse percurso é retratado por *O prisioneiro da grade de ferro*, documentário produzido a partir de imagens captadas pelos próprios cidadãos presos às vésperas da implosão de algumas unidades do "Complexo Carandiru" – o resultado de uma série de expansões da antiga Penitenciária do Estado no decorrer do século XX.[6]

A segunda possibilidade está voltada a introduzir algumas noções de epistemologia, especialmente aquelas relacionadas à *posição* ou ao *ponto de vista* do observador e aos limites de nossas observações (pontos cegos). Nosso interesse aqui é confrontar as alunas e os alunos com a insuficiência analítica da dicotomia entre "o olhar de dentro" e "o olhar de fora" – ou "o ponto de vista interno" e o "ponto de vista externo". Como veremos na segunda seção, a chave "dentro" e "fora" é utilizada com frequência, até mesmo no campo do cinema, para observar a instituição prisional. Nesse momento, é possível dizer, simplesmente, que essa chave analítica – além de operar de maneira reducionista – de certa maneira compactua e reforça as barreiras que se formam entre as instituições prisionais e as sociedades que as criam tanto no plano da gestão do espaço urbano, das relações políticas e dos exercícios dos direitos quanto no plano da linguagem.[7] Para desenvolver esse ponto, o texto irá acrescentar ao percurso histórico proposto pelos dois primeiros filmes uma terceira experiência cinematográfica relacionada à questão prisional: *Carandiru: o filme*, de Hector Babenco.

Ainda que por caminhos diferentes, essas duas propostas pedagógicas buscam integrar o sistema prisional brasileiro aos cursos de Direito *de outro modo*, incluindo outras temáticas para além daquelas acessadas por intermédio da legislação, das decisões dos tribunais e de outros documentos. Este texto irá, portanto, oscilar em dois registros. De um lado, irá narrar e discutir experiências pedagógicas específicas e, de outro, irá explorar

---

[5] Em *As prisões em São Paulo. 1822-1940*, Fernando Salla (2006, p. 193) utiliza os termos "mito", "devaneio" e "fantasia" para fazer referência ao furor que a construção da Penitenciária causou na classe política e na sociedade paulistana. O sociólogo apoia-se em amplo material empírico para arrimar essa formulação. Merece destaque *o número de visitantes* que a Penitenciária recebeu em seus primeiros anos de vida: muito superior à população que ali cumpria pena. Voltaremos a esse ponto mais adiante.

[6] Para uma cronologia da construção de novos estabelecimentos e pavilhões no terreno e nos arredores da Penitenciária do Estado, no bairro do Carandiru, ver Bisilliat (2003, p. 250-257) e Cancelli (2005).

[7] Remeto o leitor a outro texto – Machado (2012) – em que esse argumento foi desenvolvido de modo mais detalhado.

livremente algumas questões que surgiram durante a preparação dos cursos e posteriormente, em leituras, reflexões e conversas com estudantes, professoras e professores sobre essas experiências.

Os três filmes selecionados para as atividades pedagógicas e para a reflexão proposta neste capítulo oferecem ao público um conjunto muito distinto de informações, percepções e perspectivas sobre a questão prisional. Grande parte dos alunos já conhece *Carandiru: o filme*. Baseado no livro *Estação Carandiru*, de Drauzio Varella, e com elenco de atores já famosos – como Rodrigo Santoro, Wagner Moura, Milton Gonçalves, entre vários outros –, o filme de Hector Babenco foi sucesso de bilheteria em 2003, ano de seu lançamento, o que permitiu, inclusive, que passasse a ser frequentemente exibido em canais de televisão a partir de então. Seguindo de perto a estrutura do livro, o filme narra as histórias ouvidas pelo médico Drauzio Varella no período em que desenvolveu trabalho voluntário de prevenção à AIDS na Casa de Detenção de São Paulo (Carandiru). Elaborando sobre temas semelhantes de modo muito distinto, *O prisioneiro da grade de ferro (Autorretratos)* oferece ao público imagens, cenas e entrevistas gravadas pelos próprios detentos no ano anterior à desativação da Casa de Detenção. O material foi editado pelo documentarista Paulo Sacramento, que havia também conduzido a oficina de formação para os detentos que operaram as câmeras. O filme foi lançado em 2004 e recebeu vários prêmios em festivais nacionais e estrangeiros. Por fim, o terceiro filme discutido neste capítulo constitui um registro cinematográfico da Penitenciária do Estado – onde se construiu o Complexo Carandiru – produzido na década de 1920. Com pouco mais de sete minutos de duração, o filme apresenta o cotidiano da instituição poucos anos depois de sua inauguração.

Com base nesses três filmes, este capítulo está organizado em três partes, além desta introdução. A próxima seção faz a narrativa da experiência pedagógica – repetida, ajustada e aprimorada ao longo dos anos – de utilização desses filmes em sala de aula. Os dois itens seguintes apresentam os contornos gerais da reflexão sobre as principais questões criminológicas e epistemológicas que a atividade provocou nas alunas, nos alunos e em mim.

1. A prisão na sala de aula

A atividade apresentada aqui foi inicialmente concebida para o curso *Crime e sociedade*, ministrado para o primeiro ano da graduação. Depois de ter sido repetida e reajustada naquela disciplina, a atividade integrou o curso *Crime, violência e instituições: um diálogo entre a linguagem cinematográfica e produção acadêmica*, ministrado em 2013, com a professora Marta Machado, para o quarto ciclo da graduação e do mestrado da Escola de Direito de São Paulo da Fundação Getulio Vargas (FGV DIREITO SP). A depender do curso e do número de aulas previstas para a atividade, é possível estendê-la a várias aulas ou concentrá-la em um único encontro, com 40 minutos dedicados à exibição dos filmes e uma hora para os debates. Nos limites deste texto, a narrativa da experiência pedagógica é condensada de modo a explicitar tão somente o percurso das reflexões empreendidas pelas alunas e alunos diante do material cinematográfico, bem como as possibilidades de intervenção e questionamento com base em outros materiais e recursos além dos filmes discutidos aqui.

Nas diferentes experiências dessa atividade, optou-se por projetar o filme de 1928 e, em seguida, os cinco primeiros capítulos de *O prisioneiro*. Franqueada a palavra ao grupo, as questões iniciais tendem a emergir da comparação – muito mais visual do que conceitual em um primeiro momento – entre os dois filmes. Ao menos cinco possibilidades de comparação aparecem explicitamente no decorrer dos debates.

A primeira delas diz respeito ao cenário, isto é, aos diferentes usos possíveis do espaço físico carcerário. Além do formato do pátio e dos corredores, o tamanho das celas, a posição do lavabo e das janelas tendem a chamar muito a atenção da sala. Em relação ao vídeo de 1928, o debate tende a se concentrar na impessoalidade das "instituições totais" e nas características daquele ideal penitenciário que inspirou o projeto do início do século. As imagens das celas individuais, com cama, travesseiro e lençol chegam a colocar dúvidas sobre o tipo de instituição retratada: poderia ser um internato ou um hospital, mas as cenas de *O prisioneiro* retratam uma transformação brutal do espaço carcerário. As celas coletivas, beliches, redes, minicozinha, desenhos coloridos e quadros nas paredes, toalhas e lençóis que funcionam como divisórias levam as alunas e os alunos a discutirem a apropriação, pelos cidadãos em privação de liberdade, do espaço prisional. No cenário, restam poucos traços do espaço impessoal e estéril do vídeo de 1928. Para avançar com os alunos no debate sobre as razões dessas mudanças, parece interessante discutir as alterações nos patamares de penas por intermédio da elevação das penas mínimas e pela criação da categoria de crimes hediondos que contribuíram para o aumento vertiginoso da população prisional e por sua permanência por mais tempo no regime fechado.[8]

O segundo componente da comparação entre os dois filmes que prontamente surge nos debates refere-se à caracterização dos cidadãos em privação de liberdade. Ao uniforme completo – calça, camisa e chapéu – do filme de 1928 opõe-se a diversificação do público conforme o pavilhão retratado em *O prisioneiro*. Aqui, a roupa é claramente um elemento caracterizador das identidades. Nesse ponto, as entrevistas reproduzidas no livro organizado por Maureen Bisilliat (2003) podem contribuir para marcar a especificidade do Carandiru retratado no filme em relação ao sistema prisional como um todo – um aspecto que invariavelmente é questionado no decorrer dos debates.[9]

Um terceiro aspecto da comparação diz respeito às relações de poder no interior do espaço prisional. Nesse âmbito, o filme de 1928 mostra a administração prisional no comando: formações hierárquicas, culto à disciplina, filas e outras formas claras de alinhamento dos indivíduos. *O prisioneiro*, ao contrário, insinua, em diversas passagens, formas de autoridade descentralizadas e difusas. Para os alunos, é o que deixa entrever a pluralidade de instâncias religiosas, bem como a formação de lideranças a partir das práticas esportivas ou artísticas. Essa discussão tende a enveredar rapidamente para o Massacre do Carandiru, o surgimento do Primeiro Comando da Capital (PCC) e o modo como este levou a público as questões prisionais nos eventos de 2001 e 2006.[10]

Os dois outros componentes centrais da comparação entre os dois filmes são mais complexos e exigentes do ponto de vista pedagógico e, portanto, serão abordados em detalhe a seguir, nas seções 2 e 3. O primeiro deles diz respeito ao cotidiano prisional e ao seu potencial para realizar as finalidades da pena. Nesse ponto, o filme de 1928 é um retrato do ideal

---

[8] Podem fornecer subsídios para esse debate os textos de Suzann Cordeiro (2009 e 2010) sobre a relação com o espaço prisional e o texto de Carolina Ferreira e Maíra Machado (2012) sobre as alterações no quadro de penas na legislação brasileira.
[9] Ver, nesse sentido, trecho de entrevista com Oliveira Filho, último diretor da Casa de Detenção: "Não tem um presídio que se possa tomar como parâmetro dessa penitenciária. Ela tem vários prédios e cada prédio é como se tivesse vida própria [...]. Em outras cadeias todos os pavilhões são iguais", em Bisilliat (2003, p. 238).
[10] Vale a pena, nesse ponto, reproduzir trechos da entrevista com o ex-Secretário Furukawa (MIRAGLIA e SALLA, 2008) e, no campo cinematográfico, recomendar o filme "Salve Geral" (Rezende, 2009). Sobre o Massacre do Carandiru, ver Machado e Machado (2015).

penitenciarista do século XIX, que se alicerça nos preceitos de higiene, trabalho, estudo, religião, atividades corporais e assistência médica. Em *O prisioneiro*, diferentemente, os alunos parecem confrontar-se à impossibilidade prática (e/ou fática) do ideal da reabilitação prisional em virtude das imagens que retratam a precariedade das condições de vida em prisão. O último componente desse exercício comparativo debruça-se sobre o tipo de registro e a legitimidade do conteúdo de cada um dos filmes. No decorrer de todo o debate há uma forte preocupação dos alunos em indicar o gênero ao qual pertencem os filmes e extrair dessa classificação elementos que lhes permitam atribuir mais veracidade a outro dispositivo. O filme de 1928 é documentário de época ou propaganda institucional? E *O prisioneiro*, é documentário ou ficção? Como distinguir as cenas gravadas pelos próprios presos das filmagens dos cineastas profissionais que participaram do projeto? Essa separação importa?

Depois da primeira rodada de debates, é interessante notar que rapidamente as alunas e os alunos tendem a buscar explicações históricas às diferenças que identificaram. Isto é, tendem a atribuir à época da filmagem as diferenças no tocante ao número de habitantes por cela, à dinâmica e à extensão das atividades laborais no interior da prisão, ao culto, ao asseio e à higiene, à centralização/institucionalização da disciplina, entre vários outras.

Nesse ponto do debate, parece-nos interessante confrontar o grupo com informações sobre *o contexto* ou *o entorno* desses estabelecimentos prisionais nesses dois momentos históricos. O primeiro movimento seria: nem todas as prisões brasileiras da década de 1920 poderiam ser retratadas com aquelas características.[11] E, no sentido contrário, nem todas as prisões do início dos anos 2000 podem ser representadas pelo que vimos em *O prisioneiro*. Podemos alimentar o debate sobre o contexto contemporâneo com ilustrações de situações ainda piores – como os relatos sobre os Centros de Detenção Provisória, a chacina de Urso Branco ou os containers do Espírito Santo – e melhores também.[12] Dependendo do número de horas

---

[11] Os livros mencionados de Salla (2006), Cancelli (2005) e Bisiliat (2003) funcionam muito bem como leituras complementares.

[12] Há vários relatórios e documentos disponíveis na internet que ajudam a subsidiar esse ponto. Sobre as situações "melhores", vale a pena percorrer com os alunos o *site* da Secretaria de Administração Penitenciária (SAP) do Estado de São Paulo. Tanto o conteúdo do *site* quanto a revista digital publicada pela Secretaria apresentam várias fotos de estabelecimentos recém-

previstas para a atividade, vale a pena lançar a turma na busca de informações sobre o sistema prisional brasileiro – facilmente se identifica que nos faltam dados elementares para uma boa compreensão da extensão do problema que temos diante dos olhos.[13]

Estabilizado esse grupo de inquietações iniciais, duas questões permanecem muito presentes. A primeira diz respeito às finalidades e aos objetivos da instituição prisional nos dias de hoje (Seção 2). E a segunda refere-se às diferentes vozes que os dois documentos cinematográficos veiculam (Seção 3).

2. Prisão por que e prisão para que: as teorias da pena

Os dois filmes selecionados para essa atividade podem ser vistos como instrumentos didáticos poderosos para abordar as concepções de direito e justiça criminal projetadas pelas teorias da pena. É possível dizer que as teorias da retribuição, da dissuasão e da reabilitação prisional constituem o núcleo duro das ideias que utilizamos desde o século XVIII para justificar as sanções na esfera criminal. Ainda que não possamos apresentar em detalhes o conteúdo de cada uma das teorias, reproduzimos a seguir um quadro que busca sintetizar as principais características de cada uma delas. Tendo em vista que, para os propósitos deste texto, interessa-nos muito mais observar a teoria da reabilitação e sua complexidade interna, uma única coluna é dedicada às teorias que se formaram a partir da segunda metade do século XVIII (retribuição e dissuasão). Ainda que essas duas teorias sejam frequentemente apresentadas pela doutrina penal em forte oposição, interessa aqui o que juntas construíram e aportaram ao direito criminal contemporâneo. É suficiente reter nesse momento que essas duas teorias são inteiramente indiferentes à inclusão social do indivíduo que violou uma norma penal.

inaugurados e programas particularmente bem-sucedidos. Para um quadro das sistemáticas violações de direitos humanos, podemos contar com diversos relatórios de Organizações Não Governamentais comprometidas com essa questão. Entre os mais recentes, e trazendo uma perspectiva latino-americana, está o relatório da Comissão Interamericana de Direitos Humanos sobre pessoas em privação de liberdade (*Report on the human rights of persons deprived of liberty in the Americas, 2011 – Inter-American Commission on Human Rights*).

[13] Mais uma vez os *sites* governamentais podem ser interessantes. Além da SAP, vale a pena visitar a página do Departamento Penitenciário Nacional no Ministério da Justiça e, muito particularmente, as estatísticas do Infopen. Ficamos sempre muito impressionados com a quantidade de perguntas que os dados produzidos atualmente não são capazes de responder...

A teoria da reabilitação, por sua vez, é muito mais difícil de apresentar. Primeiro porque não conta com autores de referência como as duas anteriores, que facilmente associamos a Kant (teoria da retribuição) e Beccaria (teoria da dissuasão). Segundo porque a teoria da reabilitação pode ser vista como resultante de várias ideias, às vezes convergentes, às vezes em franca oposição. De modo muito simples, poderíamos dizer que, no final do século XIX, a "Escola Positiva Italiana" contribuiu à estabilização dessa teoria que já vinha se formando desde o final do século XVIII, início do XIX, com o nascimento da prisão.[14] Uma vez estabilizada, essa teoria acrescenta às finalidades de "pagar o mal com o mal" e "dissuadir o culpado e a sociedade de cometer novos crimes" a de "reeducação ou tratamento dos condenados". E terceiro porque a teoria da reabilitação, diferentemente das duas anteriores, que permanecem relativamente estáveis, complexificou-se de maneira substancial por volta dos anos 1950-1960. O cerne dessa transformação diz respeito ao papel da instituição prisional no cumprimento das finalidades de reeducação e reabilitação. Nesse sentido, é possível dizer que parte da teoria da reabilitação "aprendeu com as críticas" altamente contundentes que a instituição prisional recebeu, sobretudo no decorrer do século XX, e, mesmo mantendo a finalidade de reeducar e reabilitar, passou a privilegiar as formas de sanção que se realizam fora do ambiente prisional. Essa transformação, no entanto, não tomou conta da teoria. Permanecem presentes e talvez em expansão as ideias voltadas à reabilitação, que ainda estão fortemente vinculadas à prisão. É essa bifurcação que buscamos representar a seguir.

O objetivo do Quadro 1 é sistematizar as principais ideias que fornecem sustentação à "teoria da reabilitação prisional" – diretamente tematizada pelos filmes discutidos neste capítulo. Para isso, o quadro busca distinguir essa teoria, de um lado, das teorias da retribuição e da dissuasão e, de outro, das alterações que a própria teoria da reabilitação sofreu, permitindo que passasse a ser caracterizada como teoria da reabilitação "não prisional". Sete aspectos foram selecionados para elaborar a comparação: as concep-

---

[14] Para mais detalhes sobre os aportes da "escola positivista italiana", de um lado, e do "penitenciarismo", de outro, para a formação da teoria da reabilitação, ver Machado *et al.* (2009). No Brasil, é comum a utilização de outros termos – como "ressocialização", "reinserção", "reintegração" – para fazer referência aos enunciados que estamos discutindo aqui. Para os propósitos deste texto importa menos a variação terminológica e mais a função atribuída à instituição prisional para a realização das finalidades estabelecidas pela teoria.

ções de infrator e de justiça, a margem de atuação do julgador, o alcance da limitação do poder de punir, o enfoque da intervenção, as sanções e os componentes da determinação (cálculo) da pena.

Quadro 1 – Três concepções de direito e justiça criminal projetadas pelas teorias da pena[15]

	Teoria da retribuição e teoria da dissuasão	Teoria da reabilitação – Prisional	Teoria da reabilitação – Não prisional
Concepção de infrator e de crime	Infrator é um indivíduo normal e dotado de livre-arbítrio. Crime é o resultado de uma escolha livre do indivíduo.	Infrator pode (ou não) ser visto como anormal ou portador de patologia (biológica, psicológica ou social).	Chave "infrator-crime" é substituída por uma preocupação mais ampla com a norma de comportamento, a inclusão social do infrator e a vítima.
Concepção de justiça	Essencialmente punitiva	Tratamento. Intervenção preventiva fundada na predição da "patologia" do indivíduo.	Ênfase nos vínculos sociais imediatos e concretos.
Margem de atuação do julgador	Desconfiança do poder discricionário das burocracias e da falta de transparência das decisões.	Grande margem de atuação para adaptar o "tratamento/programa de reabilitação" ao infrator e à evolução de sua "patologia".	Grande margem de atuação ao julgador para melhor adaptar a sanção às características do caso concreto (infrator, vítima, comunidade).
Alcance da limitação do poder de punir	Insiste sobre a necessidade de limitar *a priori* o poder de punir por intermédio, entre outras coisas, do princípio de proporcionalidade e de igualdade da pena.	Não apresenta limites *a priori*.	Não apresenta limites *a priori*

---

[15] Esse quadro foi extraído de Machado *et al.* (2009). Modificamos somente a nomenclatura da divisão interna da teoria da reabilitação. Em vez de "prisional" e "não prisional", havíamos utilizado a distinção "primeira modernidade" e "segunda modernidade" proposta por Alvaro Pires e desenvolvida em Dubé (2008).

Enfoque da intervenção	Punição do infrator para proteger a sociedade e/ou dissuadir.	Punição "para o próprio bem" do infrator e da sociedade em seu conjunto.	Ênfase no direito individual (dos infratores) de receber a menor intervenção ou sofrimento possível.
Sanções privilegiadas	Morte, multa, prisão	Prisão (por tempo indeterminado ou longos períodos); trabalho comunitário e liberdade assistida; e morte (para os incorrigíveis). *Em algumas variantes da teoria, há compatibilidade com um novo conjunto de sanções: reparação, indenização, multa em substituição à prisão. Medidas comunitárias na execução da pena, como o sursis.*	Não intervenção (em alguns casos); intervenção não penal; programas de conciliação ou compensação com a vítima; perdão da vítima; trabalho comunitário; liberdade assistida e pena de prisão (em último caso e pelo menor tempo possível).
Equação de determinação da pena	"Pena – Crime" (Infrator integra a equação apenas no que diz respeito à imputação – responsabilidade moral, culpabilidade e motivação.)	"Pena – Infrator" (Crime integra a equação, pois há exigência de violação da norma de comportamento. Pena é definida em função do infrator.)	"Pena – Infrator, Vítima e Inter-relações sociais" (Gestão do conflito pensada em função das características e peculiaridades do caso concreto.)

Fonte: Machado *et al.* (2009), com adaptações.

A leitura do quadro permite observar a que a ideia da "exclusão/inclusão social do indivíduo" manifesta-se de modo distinto para as três concepções de direito e justiça retratadas no quadro. A primeira coluna – dedicada à retribuição e à dissuasão – é claramente indiferente à inclusão social, enquanto a terceira (teoria da reabilitação não prisional), ao contrário, organizou-se justamente para favorecer a inclusão social. E em que lado da distinção seria mais adequado alocar a teoria da reabilitação prisional (coluna do meio)? Em virtude da valorização da sanção prisional, este texto irá situá-la na face da exclusão, mas irá também indicar que, mesmo nesse lado da distinção, essa teoria diferencia-se das anteriores por atentar ao retorno do indivíduo ao convívio em sociedade. Com Foucault, opta-se por caracterizá-la como um modo de "inclusão por exclusão social" (Fou-

CAULT, 2003, p. 114).[16] Com essa expressão, é possível diferenciar a reabilitação prisional da retribuição e da dissuasão (ênfase na exclusão social), mas também da reabilitação não prisional (ênfase na inclusão social).

A partir deste brevíssimo percurso teórico, interessa *localizar* a teoria da reabilitação prisional e também *organizar* o conjunto mais amplo de justificativas atribuídas à sanção criminal. É claro que outros recursos pedagógicos – não somente os dois filmes discutidos aqui – são necessários para explorar em sala de aula as demais teorias. Porém, quando o foco é a teoria da reabilitação prisional – e suas práticas institucionais no decorrer do século XX – o aporte desse material cinematográfico é notável. Como material de leitura complementar, vale a pena indicar o texto da Declaração de Princípios do *National Congress on Penitenciary and Reformatory Discipline*, realizado em 1871.[17] Há várias formulações dos letreiros do vídeo de 1928 que podem ser encontradas naquele documento. Por intermédio da Declaração é possível tematizar com as alunas e os alunos *o alcance* dessa perspectiva no plano mais abstrato das ideias que constituem o sistema de direito criminal contemporâneo.

3. O cineasta como observador, o filme como observação

A discussão sobre o(s) ponto(s) de vista expresso(s) nesses dois filmes tende a surgir rapidamente e a se adensar no decorrer do debate em sala de aula. Em relação ao filme de 1928, ele pode ser de imediato identificado como um "vídeo institucional" que, como tal, "contou a história da perspectiva da instituição" e não dos indivíduos que ali estão. Pode até mesmo surgir a pergunta: e se houvesse um Paulo Sacramento em 1928 para realizar a oficina, facilitar o uso das câmeras e, depois, editar o material para

---

[16] O Capítulo III de *A verdade e as formas jurídicas* pode ser uma boa referência para leitura complementar. O trecho que destacamos é o seguinte: "Mesmo se os efeitos dessas instituições são a reclusão do indivíduo, elas têm como finalidade primeira fixar os indivíduos em um aparelho de normalização dos homens. A fábrica, a escola, a prisão ou os hospitais têm por objetivo ligar o indivíduo a um processo de produção, de formação ou de correção dos produtores. [...] Pode-se, portanto, opor a reclusão do século XVIII, que exclui os indivíduos do círculo social, à reclusão que aparece no século XIX, que tem por função ligar os indivíduos aos aparelhos de produção, formação, reformação ou correção de produtores. Trata-se, portanto, de uma *inclusão por exclusão*. Eis porque oporei a reclusão ao sequestro; a reclusão do século XVIII, que tem por função essencial a exclusão dos marginais ou o reforço da marginalidade, e o sequestro do século XIX que tem por finalidade a inclusão e a normalização" (grifos nossos).
[17] A íntegra do documento encontra-se reproduzida em Gross e Von Hirsch (1981).

que fosse veiculado no cinema? O mesmo em relação à outra ponta: e se o governo do Estado contratasse um cineasta para retratar a instituição prisional nos dias de hoje? "Não veríamos as mesmas coisas", concluem. Quando essas possibilidades não surgem espontaneamente, um recurso interessante é oferecer trechos de textos chamando atenção justamente para as práticas pouco visíveis – ou invisibilizadas – do sistema prisional do início do século,[18] bem como textos contendo as "versões oficiais" do sistema prisional contemporâneo.[19]

Esse tipo de raciocínio tende a deslocar as alunas e os alunos das explicações históricas sobre as diferenças entre os filmes e aproximá-los de explicações centradas na *posição do observador*. Isto é, a questão central deixa de ser "quando" para ser "quem" observou. Esse movimento é particularmente importante no mundo jurídico, que produz e reproduz um tipo de discurso que parece esforçar-se para omitir os vieses de perspectiva dos autores dos textos – ou a parcialidade inerente a toda e qualquer observação. Temos a impressão de que esses recursos cinematográficos facilitam a visualização de que *uma observação* é sempre *uma observação de um observador* – e que identificar/observar *o observador* importa tanto quanto identificar/observar *a observação* que ele fez (MOELLER, 2006).

Tratar um filme como uma observação pode parecer um tanto arriscado se pensarmos que, frequentemente, o que assistimos é resultado de inúmeras observações de diferentes observadores. Até mesmo essa questão é possível explorar com os filmes discutidos neste texto. Não temos informações técnicas sobre o filme de 1928, mas é possível supor, pelos planos utilizados e pela época, que um operador de câmera, um diretor e um montador fariam o trabalho. A realização de *O prisioneiro*, por outro lado, exigiu o trabalho de muito mais gente. Além das pessoas que conduziram a oficina de vídeo com presos, a equipe técnica inclui várias pessoas que operaram câmeras, assistentes de produção e direção, diretor de fotografia, editores de som, montadores, entre outros. E isso ocorre com

---

[18] O livro de Fernando Salla, já mencionado, é nossa referência-chave nesse ponto, em especial os itens do Capítulo V que tratam da "mecânica das punições" no interior da penitenciária recém-inaugurada, bem como da "rebeldia individual" e dos "movimentos coletivos" (SALLA, 2006, p. 201-226).

[19] A entrevista com Furukawa e o passeio pelos *sites* do Depen e da SAP, já mencionados, podem ser úteis, mas as cenas finais de *O prisioneiro* com os discursos de políticos inaugurando novas unidades prisionais no Estado parecem ser ainda mais eloquentes.

os textos também – ainda que de modo muito menos visível. Neste texto, por exemplo, por mais que a autoria seja facilmente identificável, há várias outras observações não atribuíveis à autora (citações, paráfrases, ideias sugeridas por colegas) – ou melhor, atribuíveis à autora apenas em virtude da escolha e da decisão de integrá-los ao produto final.

Ao enveredarmos por esse caminho, não há como fugir da discussão sobre "o estatuto" ou "o gênero" dos dois filmes. Vídeo institucional e documentário podem designar o mesmo tipo de produção audiovisual? Ambos têm compromisso com "o real"? Ou com "a verdade", como diriam os juristas?

Em *O prisioneiro*, nem todas as imagens foram captadas pelos próprios cidadãos em privação de liberdade.[20] Isso impede que seja qualificado como documentário? E o trabalho de edição e montagem do material não introduz um "terceiro elemento" entre as imagens que os detentos gravaram e o que estamos assistindo? Enfim, como compreender o papel do cineasta no documentário? Quando a questão se formula desse modo, as comparações com *Carandiru: o filme*, de Hector Babenco, são inevitáveis. "*Carandiru* é ficção e *O prisioneiro* é documentário" parece ser a posição majoritária – mas a indicação de que o filme do Babenco está baseado no relato pessoal de Drauzio Varela perturba a dicotomia ficção/realidade.

Como organizar essas questões e tirar o máximo proveito da reflexão sobre elas para avançar com os alunos algumas noções-chave do campo epistemológico? O primeiro passo é estimulá-los a exercitar mudanças na direção do olhar: do suporte ou conteúdo da observação (o cotidiano prisional) para a observação em si mesma (os filmes).

Essas duas possibilidades estão claramente refletidas nas duas partes que compõem este texto. Na seção anterior, os filmes foram utilizados para discutir as ideias, teorias e práticas prisionais. Esta seção, diferentemente, busca tomar distância desse conteúdo e *utilizar os filmes* para discutir *a forma de produzir filmes* sobre as práticas prisionais. Nesse segundo momento não estamos mais observando a instituição prisional, mas sim observando como os filmes que tratam dessa temática são produzidos – gravados, montados, editados. O desafio pedagógico é oferecer condições para que os alunos percebam que se trata de duas formas diferentes de

---

[20] Ao final do filme, antes dos créditos, aparece a nota: "Este filme foi realizado por uma equipe mista composta de profissionais de cinema e detentos da Casa de Detenção de SP, como resultado de um curso de vídeo ministrado naquele estabelecimento prisional".

observar os filmes – que nos conduzem a observações diferentes também. Mais uma vez: assistindo aos filmes, podemos observar a prisão ou podemos observar como as pessoas que produziram os filmes observaram a prisão. Nesse segundo caso, nossa atenção está voltada a *como o olhar deles* sobre a prisão *se construiu*. O cineasta (e sua equipe) integram nossa observação tanto quanto o filme.[21]

Quando esse primeiro passo está mais ou menos estabelecido, podemos avançar um pouco mais na compreensão desses observadores (cineastas e equipe) que produzem observações (filme) que são observadas por nós. Há, obviamente, uma extensa literatura discutindo questões da linguagem cinematográfica, que escapa aos objetivos deste texto e das experiências pedagógicas abordadas aqui. De todo modo, a chave ficção-documentário, pelos poucos textos percorridos, não ajuda em nada a explorar esses dois filmes. A formulação de Amir Labaki – "é tudo cinema" – parece refletir o estado atual da questão.[22] E não se trata de uma perspectiva recente. No final da década de 1970, Ismail Xavier rejeita a oposição entre "cinema documentário" e "cinema ficcional" nas duas modalidades geralmente propostas. Na primeira delas, essa oposição tomaria por base a dicotomia "natural (espontânea)/artificial (representação)". A segunda modalidade de oposição, de acordo com Xavier, debruça-se sobre o "grau de veracidade" do filme, que variaria conforme sua "pertinência a um gênero ou outro" (XAVIER, 2012, p. 14). E explica: "Aqui é assumido que o cinema, como discurso composto de imagens e sons é, a rigor, sempre ficcional, em qualquer de suas modalidades; sempre um fato de linguagem, um discurso produzido e controlado, de diferentes formas, por uma fonte produtora" (XAVIER, 2012, p. 14).[23]

---

[21] Estou trabalhando aqui com as noções de "observação de primeira ordem" e "observação de segunda ordem" desenvolvidas por Niklas Luhman na formulação dada por Moeller, citado anteriormente.

[22] "Nunca distingui documentário e ficção como espectador, crítico ou curador. Para mim, sempre, é tudo cinema" (LABAKI, 2010, p. 17). Para uma discussão sobre oposições e aproximações entre o documentário e a ficção, ver Escorel (2005). É interessante notar que o autor organiza o debate ao redor do olhar "para dentro" – subjetivo e próprio da ficção – e do olhar "para fora" – objetivo e próprio ao documentário. E ainda, reforçando a distinção e enfatizando os papéis sociais que o documentário pode cumprir, especialmente no campo prisional, ver Brown (2012, p. 101-117).

[23] Os trechos citados correspondem à edição original de 1977, reeditada em 2012. Para avançar na reflexão desse ponto a partir das transformações do olhar cinematográfico no decorrer do século XX, ver Xavier (2003).

O debate que se travou no campo cinematográfico sobre os filmes que, recentemente, colocaram a instituição prisional no centro da cena traz contribuições muito interessantes para a discussão epistemológica proposta neste texto. Tanto *Carandiru: o filme* quanto *O prisioneiro* colocaram na pauta, de diferentes formas, a questão do ponto de vista do observador – o "falar de fora" e o "falar de dentro".[24] Para Calil, por exemplo, *Carandiru* figura na categoria de um novo tipo de documentário que se caracteriza como "instrumento de investigação". Trata-se de "uma apropriação do método documental para fazer ficção realista ou hiper-realista, verossímil ou inverossímil". Os filmes baseados em pesquisa de campo ou em livros de autores que viveram aquilo que contaram são, para Calil, "tão verdadeiros" quanto os documentários.[25]

Igualmente esvaziando a dicotomia "ficção-documentário" – ou, de modo mais preciso, reduzindo uma e outro a características (e não gêneros) que podem tranquilamente se combinar –, Esther Hamburger constrói sua observação sobre o filme *Carandiru* a partir da distinção entre o dentro e o fora. Sua utilização da distinção é interessante para os propósitos deste texto pois a autora parece resolver o problema de partida – sobre a posição do observador – utilizando um esquema binário e, em princípio, mutuamente excludente (ou se está dentro, ou se está fora). Para observar o filme *Carandiru* nessa chave, Hamburger fixa o olhar em Drauzio Varella – e no livro em que registrou o seu relato – e o descreve como "um ponto de vista ambivalente" ou "um misto de olhar "de dentro" e "de fora". A essa posição Hamburger atribui uma "perspectiva privilegiada". O "dentro" e o "fora" estão claramente marcados pelo espaço físico da instituição prisional no cotidiano de Drauzio Varella: "enquanto médico do presídio [...] é de dentro mas sai todo dia" (HAMBURGER, 2005, p. 212).

A chave dentro e fora desaparece totalmente quando outro observador se debruça sobre *O prisioneiro da grade de ferro*. Reconhecendo que o filme

---

[24] Há duas referências centrais para aprofundar com as alunas e os alunos a compreensão sobre o ponto de vista do interior e o ponto de vista do exterior. No campo das reflexões epistemológicas, Alvaro Pires apresenta três modelos de "busca da verdade nas ciências sociais", nos quais "o olhar de dentro" e "de fora" estão associados a uma pretensão de *neutralidade* que o autor considera mistificadora e depositária de uma confiança desmedida na metodologia (PIRES, 2008). No mesmo sentido, mas no campo das reflexões sobre a linguagem cinematográfica, Jean-Claude Bernardet discute a crise desse "olhar exterior" – que ele denomina "modelo sociológico" – a partir de documentários brasileiros produzidos nos anos 1960 (BERNARDET, 1985).

[25] Calil (2005, p. 170) refere-se explicitamente nesse trecho a Drauzio Varella e Paulo Lins.

aporta "reflexões cruciais para o cinema", Leandro Saraiva (2004) organizou seu argumento ao redor de duas dimensões do filme: o registro das imagens e a montagem.[26] Para marcar o interesse no tocante à primeira dimensão, sintetiza o processo de filmagem com a expressão "câmera de mão em mão". Trata-se, para ele, da resposta de Paulo Sacramento (diretor do filme) ao esvaziamento da "ruptura emblemática" que a *câmara na mão* representou para o cinema moderno. "O gesto da câmera na mão ajudava a romper a versão cinematográfica da distinção cartesiana 'eu *versus* mundo', quebrando a quarta parede e imiscuindo o observador no mundo observado, gesto de criação narrativa e autoral [...]" (SARAIVA, 2004, p. 179). A inovação no processo de filmagem vem então na *diversificação dos olhares*, em que tanto os presos que participaram da oficina quanto a equipe de profissionais que a conduziu assumem a posição de cinegrafistas. "O Carandiru que emerge deste filme-mosaico é o resultado de uma intersecção multifacetada de uma gama de olhares. O filme compõe, assim, um olhar coletivo sobre a experiência na prisão" (SARAIVA, 2004, p. 180).

Podemos, com as alunas e os alunos, esmiuçar essa bela formulação de Saraiva. O filme é uma composição de olhares. O olhar de dentro, de fora, do cineasta profissional, do cineasta detento ficam então horizontalizados: trata-se um *olhar coletivo*. E um olhar coletivo sobre a *experiência*. A *experiência na prisão* que também todos tiveram – cada um de um jeito, cada um a sua. Aqui não tem espaço para um "olhar privilegiado", tampouco para categorias de observadores, mais dentro ou mais fora. Cada observação e cada observador podem ser observados em sua singularidade – com a potencialidade e os limites de sua posição como observador e de sua observação.

É difícil explicitar com os alunos esse ponto, e o uso de ilustrações, extraídas dos filmes, pode ajudar. Desse modo, é possível esclarecer que não se trata de ignorar as diferentes trajetórias pessoais que podemos presumir existir entre os presos e a equipe de cinegrafistas profissionais, mas de não tomá-las como categorias homogêneas de observadores – os "de

---

[26] Pelo que foi possível apurar até o momento, nem Leandro Saraiva publicou análise sobre *o Carandiru*, nem Esther Hamburger sobre *O prisioneiro*. É importante chamar atenção dos alunos para essa mudança de observador (e, portanto, de distinções utilizadas para observar...). Quanto a Esther Hamburger não haver publicado uma análise sobre *O prisioneiro*, vale a pena destacar que os dois textos dela discutidos aqui mencionam várias vezes o filme de Sacramento, mas em nenhum momento se detém sobre ele – como ocorre com *Carandiru*.

dentro" e os "de fora" – nem tampouco como observadores fixos, isto é, incapazes de se deslocar e modificar seu ângulo de observação.

Um recurso é mostrar trechos com diferenças de pontos de vista e chamar atenção para o fato de que essas diferenças só são lidas como "incoerências" por aqueles que pressupõem um ponto de vista uníssono para os que estão dentro e para os que estão fora. Não temos a expectativa de que dois cineastas observem do mesmo modo a instituição prisional – o mesmo raciocínio se aplica aos detentos-cinegrafistas. Ao mesmo tempo, há imagens no filme que só puderam ser captadas porque havia alguém dentro da instituição prisional com uma câmera na mão depois "da tranca"... Só os que estão fisicamente posicionados no interior da instituição podem captar as imagens dos ratos e da Avenida Paulista que se vê da janela à noite. Estar fisicamente posicionado ali é uma condição de possibilidade para as observações que fizeram. Como em qualquer outra observação, nossa posição define possibilidades e, sempre e necessariamente, limites.

Essa é a segunda noção-chave do campo epistemológico para a qual os filmes oferecem excelente material de reflexão. De maneira muito simples, poderíamos dizer que toda observação tem seu *ponto cego*: ao observar, selecionamos um objeto, uma ideia, um plano. Não dá para ver tudo ao mesmo tempo nunca – há sempre um atrás da câmera. Os filmes parecem resistir menos que os textos a essa afirmação tão perturbadora. Lançar as alunas e os alunos no exercício de identificação dos pontos cegos das observações que realizam utilizando o suporte cinematográfico em vez do textual pode ser uma boa forma de familiarizá-los com essas noções-chave da teoria da observação. Podemos convidá-los a observar os pontos cegos do documento de 1928 e de *O prisioneiro* e, em seguida, apresentar o resultado de exercícios desse tipo realizados por outras pessoas.

Saraiva, por exemplo, em sua crítica ao filme de Sacramento chama atenção para o fato de que o filme não inclui "as polêmicas entre os presos em torno das pautas de filmagem, as negociações com a instituição, as tensões da presença da equipe no presídio" (SARAIVA, 2004, p. 181). Claro, o *making off* do próprio filme não entrou no filme. Ficou no ponto cego. O que definitivamente não é um problema, ao contrário, é uma condição da própria observação que o cineasta decidiu fazer. Ainda nesse mesmo registro, um último exemplo para ampliar o repertório de ilustrações dos alunos ao redor dessa questão: no decorrer das filmagens de *Carandiru: o filme*, outra cineasta, Rita Buzzar, produziu um documentário sobre os bastidores do filme de Babenco – o *Carandiru.doc*. De novo: o que ficou no ponto cego da observação de um tornou-se matéria de observação para outro – que por sua vez terá, certamente, seus próprios pontos cegos. Quando estiverem um pouco mais familiarizados com essa habilidade, vale a pena convidá-los a buscar os pontos cegos que eles são capazes de observar em suas próprias observações.

Bom, essa aventura pelas possibilidades de utilização de diferentes olhares cinematográficos sobre a prisão busca contribuir para uma nova forma de pensar, ensinar e aprender direito no Brasil. Muito além da utilização de recursos audiovisuais na sala de aula, o interesse deste texto é participar desse verdadeiro salto qualitativo no tocante ao que importa para conhecer o direito. Nesse sentido, o texto buscou marcar dois pontos. Primeiro, conhecer o direito é conhecer também as instituições e os indivíduos concretos que participam de sua elaboração, de sua gestão, de sua reforma ou, muito simplesmente, que o *experenciam* em suas vidas cotidianas. Segundo, conhecer o direito é conhecer também, a cada texto, decisão, documento normativo ou governamental, "quem está falando", isto é, "quem está observando o que" e "como essa observação está sendo feita". Como este capítulo procurou mostrar, esse tipo de observação que integra o observador no que está sendo observado é um convite a refletir de modo sofisticado sobre as condições de possibilidade e os limites da produção no campo jurídico.

E – para encerrar esse percurso com várias questões em aberto para outras aulas, outros cursos, outros textos e outros filmes – retornamos à epígrafe deste texto. Colocar *a prisão* na sala de aula – com a eloquência dos filmes discutidos aqui – é um convite *a percorrê-la*. Aqui, como na obra de Cildo Meireles, o dentro e o fora cedem lugar para o através.

Referências

BERNARDET, Jean-Claude. *Cineastas e imagens do povo*. São Paulo: Brasiliense, 1985.

BISILLIAT, Maureen (org.). *Aqui dentro, páginas de uma memória*. São Paulo: Imprensa Oficial do Estado, 2003.

BROWN, Michelle. Social documentary in prison: the art of catching the state in the act of punishment. *In*: CHELIOTIS, Leonidas K. (ed.). *The arts of imprisonment*. Control, resistance and empowerment. Burlington: Ashgate, 2012. p. 101-117.

CALIL, Carlos Augusto. A conquista da conquista do mercado. *In*: LABAKI, Amir; MOURÃO, Maria Dora (org.). *O cinema do real*. São Paulo: Cosac Naify, 2005. p. 158-173.

CANCELLI, Elizabeth. *Carandiru*: a prisão, o psiquiatra e o preso. Brasília: UnB, 2005.
CARANDIRU: o filme. Direção: Héctor Babenco. Produção: Héctor Babenco. Intérpretes: Luiz Carlos Vasconcelos, Wagner Moura, Milton Gonçalves, Julia Ianina, Aida Leiner, Ricardo Blat *et al*. Roteiro: Victor Navas, Fernando Bonassi, Drauzio Varella e Héctor Babenco. Fotografia: Walter Carvalho. [Brasil] Columbia Pictures do Brasil; HB Filmes, 2003. (145 min), son., color.
COHEN, Ana Paula. Cildo Meireles. *In*: PEDROSA, Adriano; MOURA, Rodrigo. *Através*: Inhotim. Brumadinho: Instituto Cultural Inhotim, 2008. p. 82-103.
CORDEIRO, Suzann. *Até quando faremos relicários*. A função social do espaço penitenciário. 2. ed. rev. e ampl. Maceió: EDUFAL, 2010.
CORDEIRO, Suzann. *De perto e de dentro*: a relação entre o indivíduo-encarcerado e o espaço arquitetônico penitenciário a partir de lentes de aproximação. Maceió: EDUFAL, 2009.
CUNHA, Rodrigo de Moura. *Memória dos ressentimentos*. A Luta Armada através do Cinema brasileiro dos anos 1980 e 1990. 2006. Dissertação (Mestrado em História) – Programa de Pós-Graduação em História Social da Cultura do Departamento de História, Pontifícia Universidade Católica do Rio de Janeiro, Rio de Janeiro, 2006.
DUBÉ, Richard. *Système de pensée et réforme du droit criminel*: les idées innovatrices du rapport Ouimet (1969). 2008. Tese (Doutorado em Sociologia) – Universidade do Quebec, Quebec, 2008. Disponível em: https://archipel.uqam.ca/973/1/D1647.pdf. Acesso em: 30 maio 2019.
ESCOREL, Eduardo. A direção do olhar. *In*: LABAKI, Amir; MOURÃO, Maria Dora (org.). *O cinema do real*. São Paulo: Cosac Naify, 2005. p. 259-272.
ESTÔMAGO. Direção: Marcos Jorge. Produção: Cláudia da Natividade e Fabrizio Donvito. Intérpretes: João Miguel, Babu Santana, Fabiula Nascimento *et al*. Roteiro: Lusa Silvestre, Cláudia da Natividade, Fabrizio Donvito e Marcos Jorge. Curitiba: Zencrane Filmes; Indiana Production Company; Downtown Filmes, 2007. (113 min), son., color.
FERREIRA, Carolina; MACHADO, Maíra. Exclusão social como prestação do sistema de justiça: um retrato da produção legislativa atenta ao problema carcerário no Brasil. *In*: RODRIGUEZ, José Rodrigo (org.). *Pensar o Brasil*: problemas nacionais à luz do direito. São Paulo: Saraiva, 2012. p. 77-105.
FERREIRA, Luisa; MACHADO, Marta; MACHADO, Maíra. Massacre do Carandiru: 20 anos sem responsabilização. *Novos Estudos Cebrap*, São Paulo, n. 94, p. 5-29, nov. 2012. Disponível em: http://www.scielo.br/scielo.php?pid=S0101-33002012000300001&script=sci_arttext. Acesso em: 30 maio 2019.
FOUCAULT, Michel. *A verdade e as formas jurídicas*. 2. ed. Rio de Janeiro: Nau Editora, 2003.
GROSS, Hyman; VON HIRSCH, Andrew. *Sentencing*. New York: Oxford University Press, 1981.
HAMBURGER, Esther. Políticas da representação: ficção e documentário em Ônibus 174. *In*: LABAKI, Amir; MOURÃO, Maria Dora (org.). *O cinema do real*. São Paulo: Cosac Naify, 2005. p. 196-215.
LABAKI, Amir. *É tudo cinema*: 15 anos de É tudo verdade. São Paulo: Imprensa Oficial do Estado de São Paulo, 2010.
MACHADO, Maíra Rocha. A superpopulação prisional como obstáculo ao desenvolvimento sustentável. *In*: OLIVEIRA, Carina; SAMPAIO, Romulo. *Instrumentos jurídicos*

para a implementação do desenvolvimento sustentável. Rio de Janeiro: FGV, 2012. p. 135-154. Disponível em: https://bibliotecadigital.fgv.br/dspace/handle/10438/10355. Acesso em: 30 maio 2019.

MACHADO, Maíra Rocha. De dentro para fora e de fora para dentro: a prisão – no cinema – na sala de aula. *Sistema Penal & Violência*, Porto Alegre, v. 6, n. 1, p. 103-116, jan./jun. 2014. Disponível em: http://revistaseletronicas.pucrs.br/ojs/index.php/sistemapenaleviolencia/article/view/15851/0. Acesso em: 28 maio 2019.

MACHADO, Maíra Rocha; MACHADO, Marta Rodriguez de Assis. *Carandiru não é coisa do passado*: um balanço sobre os processos, as instituições e as narrativas 23 anos após o Massacre. São Paulo: Editora Acadêmica Livre, 2015. Disponível em: https://bibliotecadigital.fgv.br/dspace/handle/10438/13989. Acesso em: 30 maio 2019.

MACHADO, Maíra Rocha; PIRES, Alvaro; FERREIRA, Carolina Cutrupi; SCHAFFA, Pedro Mesquita. *A complexidade do problema e a simplicidade da solução*: a questão das penas mínimas. Brasília: Secretaria de Assuntos Legislativos do Ministério da Justiça do Brasil, v. 17, 2009. Disponível em: http://pensando.mj.gov.br/wp-content/uploads/2015/07/17Pensando_Direito3.pdf. Acesso em: 30 maio 2019.

MACHADO, Ronilde Rocha *et al*. *História*. Ensino Médio. Brasília: CIB – Cisbrasil, 2007. v. 1, 2 e 3.

MEGAMENTE. Direção: Tom McGrath. Produção: Ben Stiller, Denise Nolan Cascino e Lara Breay. Intérpretes: Will Ferrell, Ben Stiller, Brad Pitt, David Cross, Tina Fey *et al*. Roteiro: Alan Schoolcraft e Brent Simons. [EUA] DreamWorks Animation; Paramount Pictures, 2010. (95 min), son., color.

MEU NOME não é Johnny. Direção: Mauro Lima. Produção: Mariza Leão. Intérpretes: André de Biase, Cássia Kiss, Eva Todor, Luis Miranda, Rafaela Mandelli, Selton Mello *et al*. Roteiro: Guilherme Fiúza, Mauro Lima e Mariza Leão. Rio de Janeiro: Atitude Produções; Sony Pictures Home Entertainment; Globo Filmes; Teleimage; Apema; Downtown Filmes. 2008. (128 min.), son., color.

MIRAGLIA, Paula; SALLA, Fernando. O PCC e a gestão dos presídios em São Paulo. Entrevista com Nagashi Furukawa. *Novos Estudos Cebrap*, São Paulo, n. 80, p. 21-41, mar. 2008. Disponível em: http://www.scielo.br/scielo.php?script=sci_arttext&pid=S0101-33002008000100003. Acesso em: 30 maio 2019.

MOELLER, Hans-George. *Luhmann Explained*: from souls to systems. Illinois: Open Court, 2006. (Especialmente o Capítulo 3: "What is real?", p. 65-78).

NOTÍCIAS de uma guerra particular. Direção: Kátia Lund e João Moreira Salles. Produção: Raquel Freire Zangrandi. Intérpretes: Nilton Cerqueira, Carlos Luís Gregório, Paulo Lins, Hélio Luz *et al*. Roteiro: Kátia Lund e João Moreira Salles. Rio de Janeiro: Videofilmes; Alliance Atlantis Home Video; Miramax Films, 1999. (57 min), son., color., 35 mm.

O BEIJO da mulher aranha. Direção: Héctor Babenco. Produção: Francisco Ramalho Jr. e Paulo Francini. Intérpretes: Raul Julia, Sônia Braga, William Hurt, Miriam Pires *et al*. Roteiro: Leonard Schrader e Manuel Puig. São Paulo: HB Filmes; FilmDallas Pictures; Embrafilme, 1985. (120 min), son., color., 35 mm.

O PRISIONEIRO da grade de ferro. Direção: Paulo Sacramento. Produção: Gustavo Steinberg. Roteiro: Paulo Sacramento. São Paulo: Olhos de Cão Produções Cinematográficas; TV Cultura; Secretaria de Estado da Cultura, 2004. (123 min), son., color.

O QUE é isso, companheiro? Direção: Bruno Barreto. Produção: Lucy Barreto e Luiz Carlos Barreto. Intérpretes: Pedro Cardoso, Fernanda Torres, Alan Arkin, Selton Mello *et al*. Roteiro: Leopoldo Serran e Fernando Gabeira. Rio de Janeiro: Columbia Pictures Television Trading Company; Filmes do Equador; Luiz Carlos Barreto Produções Cinematográficas; RioFilme, 1997. (110 min), son., color., 35 mm.

PIRES, Alvaro. Sobre algumas questões epistemológicas de uma metodologia geral para as ciências sociais. *In*: PIRES, Alvaro *et al*. (org.). *A pesquisa qualitativa*. Enfoques epistemológicos e metodológicos. Petrópolis: Vozes, 2008. p. 69-94.

RAFTER, Nicole. *Shots in the mirror*. Crime films and society. Oxford: Oxford University Press, 2006.

SALLA, Fernando. *As prisões em São Paulo*. 1822-1940. São Paulo: Annablume, 2006.

SALVE geral. Direção: Sérgio Rezende. Produção: Joaquim Vaz de Carvalho. Intérpretes: Almir Barros, Andréa Beltrão, Bruno Perillo, Catarina Abdala, Chris Couto *et al*. Roteiro: Patrícia Andrade e Sergio Rezende. São Paulo: Toscana Audiovisual; Sony Pictures e Downtown Filmes; Globo Filmes. 2009. (119 min.), son., color.

SARAIVA, Leandro. Câmara de mão em mão. *Novos Estudos Cebrap*, São Paulo, n. 68, p. 176-181, 2004.

TROPA de elite. Direção: José Padilha. Produção: James D'arcy (iii), Marcos Prado. Intérpretes: Wagner Moura, Caio Junqueira, André Ramiro *et al*. Roteiro: Bráulio Mantovani e José Padilha. Rio de Janeiro: Universal Pictures; Zazen Produções. 2007. (115 min.), son., color. Série 1.

TROPA de elite 2 – O inimigo agora é outro. Direção: José Padilha. Produção: James D'arcy (iii), José Padilha e Marcos Prado. Intérpretes: Wagner Moura, André Ramiro, Maria Ribeiro, Milhem Cortaz. Roteiro: Bráulio Mantovani, José Padilha e Rodrigo Pimentel. Rio de Janeiro: Vinny Filmes. 2010. (116 min.), son., color. Série 2.

UMA PULGA na balança. Direção de Luciano Salce. Produção: Vittorio Cusani e Geraldo Faria Rodrigues. Intérpretes: Waldemar Wey, Gilda Nery, Luiz Calderaro, Mário Sérgio. Roteiro: Fabio Carpi. São Paulo: Columbia Pictures; Marte Filmes Ltda.; Embrafilme – Empresa Brasileira de Filmes S.A. 1953. (86 min.), son., P&B.

XAVIER, Ismail. *O olhar e a cena*. Melodrama, Hollywood, Cinema Novo, Nelson Rodrigues. São Paulo: Cosac Naify, 2003.

XAVIER, Ismail. *O discurso cinematográfico*. A opacidade e a transparência. São Paulo: Paz e Terra, 2012.